"十二五"国家重点图书出版规划项目

国家出版基金项目
NATIONAL PUBLICATION FOUNDATION

中国隧道及地下工程技术史

第三卷 工程施工

刘 辉 主编

北京交通大学出版社
http://www.bjtup.com.cn

内 容 简 介

　　本书客观全面、细致深入地介绍了数千年以来中国隧道及地下工程技术的发源与发展情况，充分反映了中国劳动人民无穷的智慧和卓绝的创造能力。本书共分为四卷，其中第一卷全面地介绍了中国各时期隧道及地下工程建设情况，第二卷至第四卷分别详细地介绍了中国隧道及地下工程勘察设计、工程施工、运营维护等方面的技术发展历程。

　　本书结构严谨、条理清晰、文字通顺、语言精练，是至今资料收集全面、学术价值较高的一本隧道及地下工程技术史书，可供科技史工作者、隧道及地下工程技术人员、高等院校师生、对隧道及地下工程技术史感兴趣的读者阅读参考。

图书在版编目（CIP）数据

　　中国隧道及地下工程技术史. 第三卷，工程施工 / 刘辉主编. — 北京：北京交通大学出版社，2021.12
　　ISBN 978 - 7 - 5121 - 4413 - 2

　　Ⅰ. ①中⋯　Ⅱ. ①刘⋯　Ⅲ. ①隧道施工 - 技术史 - 中国　②地下工程 - 工程施工 - 技术史 - 中国　Ⅳ. ①U45 - 092　②TU94 - 092

　　中国版本图书馆 CIP 数据核字（2021）第 028895 号

中国隧道及地下工程技术史（第三卷：工程施工）
ZHONGGUO SUIDAO JI DIXIA GONGCHENG JISHUSHI (DI-SAN JUAN: GONGCHENG SHIGONG)

总　策　划：郑光信	
项目负责人：高振宇	
责 任 编 辑：严慧明　陈可亮	
出 版 发 行：北京交通大学出版社	电话：010-51686414
地　　　址：北京市海淀区高梁桥斜街 44 号	邮编：100044
印 刷 者：艺堂印刷（天津）有限公司	
经　　　销：全国新华书店	
开　　　本：185 mm×260 mm　　印张：28.5　　字数：712 千字	
版 印 次：2021 年 12 月第 1 版　　2021 年 12 月第 1 次印刷	
定　　　价：498.00 元	

本书如有质量问题，请向北京交通大学出版社质监组反映。对您的意见和批评，我们表示欢迎和感谢。
投诉电话：010-51686043，51686008；传真：010-62225406；E-mail：press@bjtu.edu.cn。

《中国隧道及地下工程技术史》
编委会

主　　编　刘　辉

副主编　李　林　喻　渝　洪开荣　裴清宁

编　　委　万晓燕　杨建民　郭卫设　张晓明　严金秀　高红兵
　　　　　伍晓军　李　伟　杜　俊　尚海松　吴　剑　王　彬
　　　　　何发亮　陈礼伟　高菊如　刘志强　郑　波　卢　松
　　　　　张　博　陈　鹏　杜云超　刘　凯　朱建林　许召强
　　　　　康　芮　万建国　王　芳　袁　伟　张广泽　王　磊
　　　　　林　刚　郑杰元　胡　炜　汤　曦　赵　平　杨　翔
　　　　　赖鸿斌　钟昌桂　范雲鹤　范圣明　杨　征　范　磊
　　　　　李学仕　甄文战　姜　波　苟　波　冉利刚　刘金松
　　　　　李　坚　张　增　刘昕铭　张　敏　佘光华　舒东利
　　　　　肖红玉　彭劲松　张　磊　邱　成　卿伟宸　刘伊江
　　　　　黄　华　刘志韬　王志远　谭信荣　袁　珏　陈永江
　　　　　牟元存　吕建乐　李志军　方俊波　杨立新　李建华
　　　　　徐　辉　张　迅　刘洪震　陈　旺

面对《中国隧道及地下工程技术史》厚重的文稿，我想起了 20 世纪初，杰出的工程师詹天佑先生用人字形展线方案，将京张铁路必须修建的八达岭隧道的长度缩短到 1 091 m，从而用人力艰辛地完成了这座穿透坚硬地层的隧道工程，在中国近代隧道修建史上写下了重要的一页。到了 20 世纪 50 年代，宝成铁路则以短小隧道群迂回展线的方式"翻越"了秦岭，其中最长的隧道全长 2 364 m。20 世纪 60 年代，在修建成昆铁路时，进行了利用长隧道提高线路平顺度的探索，长度为 6 187 m 的关村坝隧道应运而生，成功地将一段贴近大渡河的线路截弯取直。经过大凉山的那一段线路，设计院的同志曾考虑过长度近 20 km 的小相岭隧道穿越方案。可惜的是，受当时技术水平和工期所限，只好代之以 6 383 m 的沙马拉达隧道，还是留下了一段"灯泡线"。直至 1987 年，长达 14.295 km 的大瑶山隧道建成，隧道工程师们才算圆了在自己的国家修建长隧道的梦。而今，在成昆铁路的扩能工程中，正在修建的长度为 21.775 km 的小相岭隧道，一改铁路"翻越"山岭为"穿越"山岭。这些历史资料都完整地写进了本书之中。

我们眷念这一段历史，赞叹隧道界同行们的辛劳和智慧，为在利用和开发地下空间方面具有悠久历史的中国人的创造性而自豪。同时，深感隧道修建能力的提升，不仅取决于经济实力的增强，而且同技术的开发和创新密切相关。以量大面广的山岭隧道工程为例，高效能施工机具、新型围岩支护技术和岩土改良技术确实是工程理念更新和隧道修建能力提升的基础。

查阅本书，可以看到，不唯铁路和公路的山岭隧道，用沉管法、盾构法和矿山法建成的水下隧道，城市的地下铁道和市政隧道，用途不同的洞库、水工隧洞和地下建筑，林林总总，诸多工程亮点无不显示了技术创新的力量。

感谢参与本书编撰的隧道界专家和同行们提供了丰富的史料，包括他们在设计、施工和运营管理方面积累的宝贵经验。这些资料弥足珍贵，不但反映了我国隧道及地下工程的技术进步，而且对技术的进一步发展具有重要的价值。

时至今日，中国的隧道及地下工程不仅建设规模可观，而且在长隧道、大型地下工程、复杂环境条件下隧道的修建能力及修建方法的多元化等方面更是取得了令人瞩目的成绩。追随新的时代，隧道及地下工程的功能，已经不限于克服交通运输的地形障碍，而同保护生态、改善人居环境的可持续发展战略密切关联。这就对技术进步提出了更为迫切的要求。

"温故而知新"，相信这部《中国隧道及地下工程技术史》会对读者有所帮助。

2021 年 12 月

总　序

　　中国开发利用隧道及地下空间的历史与华夏文明一样延续数千年，璀璨夺目。从先秦时期开凿在褒斜栈道上的石门隧道、黄河流域黄土高原上勤劳奋进的人民居住的窑洞，到如今逢山开路、遇水架桥的川藏铁路上的长大隧道及隧道群，全国各大城市四通八达的便民惠民的地铁，在世界隧道及地下工程历史上树立了一座又一座丰碑。中华儿女在这片充满活力和希望的热土上，用智慧和勤劳为隧道及地下工程的发展做出了历史性的巨大贡献。

　　我国隧道及地下工程建造技术经历了数千年的发展，目前仍在日新月异地向前进步。我们现在的技术有哪些得失？未来技术将向何处发展？如何处理技术与社会民生、技术与生态环境、技术与经济发展之间的复杂关系？诸如此类的问题每天都会摆在每一位负责任的隧道及地下工程从业者的案头，更是秉承匠心精神、勇担社会责任的大国央企中国中铁股份有限公司应该直面和思考的。我们的前辈有诸如"成昆铁路"精神这样彪炳史册的光辉历史，我们从他们手中接过历史的接力棒，继续为隧道及地下工程技术的发展而努力奋斗，使中国的隧道及地下工程建设事业更加蓬勃地发展壮大，为社会和经济的发展做出更大的贡献。

　　习近平指出，昨天的成功并不代表着今后能够永远成功，过去的辉煌并不意味着未来可以永远辉煌。"以古为镜，可以知兴替"，为了隧道及地下工程技术更好地发展，更好地与时俱进，我们有必要坚持以下四点宗旨，去详尽而深入地了解它的发展历史。

　　一是要明确掌握隧道及地下工程的存在形式和技术类别。"壹引其纲，万目皆张"，"举一纲而万目张，解一卷而众篇明"。隧道及地下工程的存在形式和技术类别就是这样的"纲"，对其有明确的了解，才能构建起整个隧道及地下工程的大框架，对各种形式和类别的工程与技术了如指掌，在工程实践中达到事半功倍、举重若轻的效果，大大提高建设效率。

　　二是要深刻认识隧道及地下工程技术的发展脉络和优缺点。事物的发展具有其自身的规律，认识隧道及地下工程技术的发展脉络就是发现和掌握其发展规律的过程。只有掌握了规律，才能更好地应用技术、发展技术、创新技术。认识技术的优缺点，就能够将最合适的技术应用于最合适的工程，从而提高工程的建设效率和建设品质，多出精品工程、世纪工程。

　　三是要充分了解隧道及地下工程技术对生态环境的影响。"绿水青山就是金山银山"，隧道及地下工程的建设不可避免地要和"绿水青山"打交道。中国古代讲究"天人合一"，历史上的工程建设都很重视对周边自然环境的选择和保护，在改造自然的同时，也依托大自然给予的得天独厚的地理优势。古人这种朴素的环境保护思想值得我们在今天的隧道及地下工程技术中去弘扬和践行，将生态文明建设深入到隧道及地下工程建设的每一个环节中去。

　　四是要清晰判断社会经济发展的需求和方向。每一个历史时期都有其自身的社会经济发展使命、需求和方向。要将技术与社会经济发展的需求和方向紧密地联系起来、有机地结合起来，才能够做到有的放矢、持续创新、与时俱进。

秉持以上四点宗旨，本书从隧道及地下工程建设历程、勘察设计、工程施工和运营维护四个方面，深入挖掘、总结和提炼各个方面的技术史料，编著完成让人读之"可知兴替"的隧道及地下工程技术史。全书共分四卷二十篇八十三章，其中第一卷（建设历程）包括四篇二十三章，第二卷（勘察设计）包括七篇十九章，第三卷（工程施工）包括七篇三十章，第四卷（运营维护）包括两篇十一章。每一卷在编写过程中都紧紧围绕上述四点宗旨，力求准确、全面、发展、辩证地将每一卷所涉及的隧道及地下工程技术史展现给读者。

本书的亮点主要体现在以下四个方面。

一是涵盖面广，包含了有史料可查的历史上出现过的各种隧道及地下工程技术，在力求全面的基础上，做到了严谨求证、认真总结和高度提炼。

二是技术发展脉络清晰，从隧道及地下工程的建设历程、勘察设计、工程施工和运营维护四个方面入手，将每个方面的技术发展脉络进行了清晰的展开和详尽的论述。

三是突出技术与社会、环境及文化的关系，在讲技术发展的同时，注重结合当时的社会、环境及文化发展，进行多角度的论述，加深对技术发展所必需的社会、环境及文化的认识。

四是注重创新，在讲技术史时重点论述重要的技术变革和技术创新，为现在和未来的技术突破提供重要参考。

习近平在庆祝改革开放 40 周年大会上的讲话指出："在这个千帆竞发、百舸争流的时代，我们绝不能有半点骄傲自满、固步自封，也绝不能有丝毫犹豫不决、徘徊彷徨，必须统揽伟大斗争、伟大工程、伟大事业、伟大梦想，勇立潮头、奋勇搏击。"本书以史为鉴，相信一定能够为广大读者"勇立潮头、奋勇搏击"提供源源不竭的动力！

编　者

2021 年 12 月

目　录

第一篇　隧道及地下工程施工技术综述 1

  第一章　隧道与地下工程施工技术发展脉络 3

    第一节　施工方法分类 3

    第二节　开挖技术与设备的发展进程简述 7

    第三节　支护技术的发展进程简述 12

    第四节　隧道工程材料发展简述 14

  第二章　其他配套作业技术 17

    第一节　通风作业 17

    第二节　测量作业 18

    第三节　防排水作业 19

    第四节　出渣作业 20

第二篇　明挖法 23

  第三章　明挖法概述 25

    第一节　明挖法的发展历程 25

    第二节　明挖法分类 30

  第四章　明挖隧道施工 36

    第一节　放坡明挖施工 36

    第二节　围护明挖施工 39

  第五章　盖挖法施工技术 60

    第一节　概述 60

    第二节　盖挖顺作法 61

    第三节　盖挖逆作法 63

第三篇　暗挖法 67

  第六章　暗挖法概述 69

    第一节　暗挖法的发展历程 69

    第二节　暗挖法的分类及施工特点 70

  第七章　传统矿山法 73

    第一节　概述 73

    第二节　传统矿山法隧道施工技术 75

  第八章　钻爆法 86

    第一节　概述 86

    第二节　钻爆法隧道施工技术 90

第九章　浅埋暗挖法 ……………………………………………………………… 111
　　第一节　概述 …………………………………………………………………… 111
　　第二节　浅埋暗挖法隧道施工技术 …………………………………………… 113
第十章　辅助坑道 ………………………………………………………………… 124
　　第一节　竖井 …………………………………………………………………… 124
　　第二节　大坡度斜井 …………………………………………………………… 133
第十一章　掘进机法 ……………………………………………………………… 139
　　第一节　掘进机的起源与分类 ………………………………………………… 139
　　第二节　盾构施工技术 ………………………………………………………… 144
　　第三节　TBM 施工技术 ……………………………………………………… 152
　　第四节　顶管施工技术 ………………………………………………………… 162

第四篇　沉管法 …………………………………………………………………… 169
第十二章　沉管法的起源与发展 ………………………………………………… 171
　　第一节　沉管隧道概述 ………………………………………………………… 171
　　第二节　国内沉管隧道发展进程 ……………………………………………… 172
第十三章　沿海沉管隧道 ………………………………………………………… 189
　　第一节　沿海沉管隧道的特点 ………………………………………………… 189
　　第二节　应用与发展 …………………………………………………………… 190
第十四章　内河沉管隧道 ………………………………………………………… 197
　　第一节　内河沉管隧道的特点 ………………………………………………… 197
　　第二节　应用与发展 …………………………………………………………… 197
第十五章　海域沉管隧道 ………………………………………………………… 204
　　第一节　海域沉管隧道的特点 ………………………………………………… 204
　　第二节　应用与发展 …………………………………………………………… 206

第五篇　辅助工法 ………………………………………………………………… 221
第十六章　降水 …………………………………………………………………… 223
　　第一节　降水技术概述 ………………………………………………………… 223
　　第二节　降水技术的应用与发展 ……………………………………………… 223
第十七章　注浆 …………………………………………………………………… 234
　　第一节　注浆技术概述 ………………………………………………………… 234
　　第二节　洞内注浆技术 ………………………………………………………… 235
　　第三节　洞外注浆技术 ………………………………………………………… 248
第十八章　冻结 …………………………………………………………………… 262
　　第一节　冻结技术概述 ………………………………………………………… 262
　　第二节　垂直冻结技术 ………………………………………………………… 262
　　第三节　水平冻结技术 ………………………………………………………… 270
第十九章　管幕（超前支护） …………………………………………………… 277

第一节　管幕技术概述 277

第二节　管幕技术的应用及发展 277

第二十章　通风技术 289

第一节　概述 289

第二节　隧道施工通风技术的应用和发展 289

第六篇　测量技术 303

第二十一章　隧道测量技术概述 305

第一节　隧道测量内容及特点 305

第二节　隧道测量技术发展 306

第二十二章　新中国成立前的测量技术 311

第一节　测量仪器 311

第二节　测量方法 314

第二十三章　光学测绘技术在隧道工程中探索发展（1949—1970 年）..............316

第一节　测量仪器 316

第二节　测量方法 320

第二十四章　电磁波测距与电子化测绘技术兴起（1970—1990 年）..............329

第一节　测量仪器 329

第二节　测量方法 333

第二十五章　精密光机电子测量技术：为特长隧道修建质量保驾护航（1990—

2005 年）..338

第一节　主要测量仪器综述 338

第二节　测量方法 340

第二十六章　智能化及信息化测量技术：为超长隧道建造提供质量和工艺保障

....342

第一节　测量仪器 342

第二节　测量方法 349

第七篇　监控量测技术 369

第二十七章　监测理念、内容与管理模式 371

第一节　地下工程监测目的 371

第二节　地下工程监测理念发展与现状 372

第三节　地下工程监测内容发展与现状 373

第四节　地下工程监测管理模式的发展与现状 377

第二十八章　监测手段 384

第一节　监测手段的发展与现状 384

第二节　监测仪器的发展与现状 396

第二十九章　监测数据判释 404

第一节　监测数据判释方法的发展概况 404

第二节　基于变形累计值和变形速率的监测数据判释 405

第三节　基于曲线线型的监测数据判释 409

第四节　块体理论与块体稳定性判释 410

第三十章　自动化、信息化监测 415

第一节　自动化、信息化监测背景 415

第二节　自动化、信息化监测关键技术 416

第三节　自动化、信息化监测的发展、现状与展望 421

参考文献 427

编后语 439

第一篇

隧道及地下工程施工技术综述

第一章　隧道与地下工程施工技术发展脉络

第一节　施工方法分类

　　我国隧道与地下工程修建技术经过几代隧道工程技术人员的艰苦奋斗，在施工方法、工艺、施工机械配套技术等方面，已步入世界先进水平行列。施工方法的发展与科学技术的进步紧密关联，施工方法决定了工程的施工进度和安全，应根据地质条件、隧道横断面大小、埋置深度、施工条件、环保要求等因素加以合理选择。

　　目前隧道与地下工程常用的施工方法有明挖法、暗挖法、沉管法等，如图 1.1 所示。

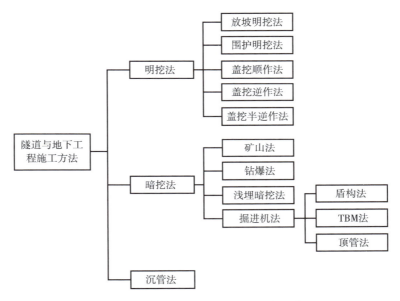

图 1.1　隧道与地下工程施工方法分类

一、明挖法

　　明挖法是一种先将地面挖开，在露天的情况下修筑地下结构物，然后再回填覆土的施工方法，在城市地下工程中应用广泛。明挖法的工程特点为基坑开挖，基坑开挖过程的支护设计包括结构侧向土压力的支挡和基坑底部围岩的抗突涌两大部分；施工内容包括围护结构作业、支撑体系作业、分层分段土方开挖作业和主体结构施作。明挖法可分为放坡明挖法、围护明挖法、盖挖顺作法、盖挖逆作法、盖挖半逆作法等。

（一）放坡明挖法

　　放坡明挖法是根据隧道及地下工程侧向土体边坡的稳定能力，由上向下分层放坡开挖隧道及地下工程所在位置及其上方土体至设计隧道及地下工程基底高程后，再由下向上进行隧道及地下工程结构和防水层施工，最后施作结构外填土并恢复地表状态的施工方法。放坡明挖法主要适用于埋置较浅、边坡土体稳定性较好，且地表没有过多限制条件的隧道及地下工程中。放坡明挖法虽然开挖方量较大且易受地表和地下水的影响，但可以使用大型土方机械。其施工速度快，质量也易得到保证，作业场所环境条件好，施工安全度高。当边坡局部稳定性较差时，可采用表面喷混或锚喷支护加固边坡土体。

（二）围护明挖法

围护明挖法是在基坑开挖前，用预先埋入的桩或板进行基坑围护，在基坑开挖后，在主体结构由下向上顺作的施工过程中，按要求的时序逐层分段拆除水平支撑，完成结构体系转换，分段浇筑主体结构，最后施作结构外回填土并恢复地表状态的施工方法。这种方法主要适用于埋置深度较大、边坡土体稳定性较差、外侧土压力较大且地表有一定限制要求的隧道及地下工程的修建。

（三）盖挖顺作法

盖挖顺作法是在地表作业及围护结构完成后，以定形的预制标准覆盖结构（包括纵、横梁和路面板）置于围护结构上维持交通，往下反复进行开挖，直至设计高程。依由下而上的顺序施工主体结构和防水结构，回填土并恢复管线路或埋设新的管线路。在道路交通繁忙、不能长期中断交通的情况下修建车站主体或区间隧道时，可考虑采用盖挖顺作法。

（四）盖挖逆作法

盖挖逆作法是先从地表面向下做基坑的围护结构和中间桩柱。和盖挖顺作法一样，基坑围护结构多采用地下连续墙或围护桩，中间支撑多利用主体结构本身的中间立柱以降低工程造价。随后即可开挖表层土体至主体结构顶板地面高程，利用未开挖的土体作为土模浇筑顶板。顶板可以作为一道强有力的横撑，防止围护结构向基坑内变形，待回填土后将道路复原，恢复交通。以后的施工都在顶板覆盖下进行，即自上而下逐层开挖并建造主体结构直至底板。当开挖面积较大、覆土较浅、周围沿线建筑物过于靠近，需尽量防止因开挖基坑而引起邻近建筑物的沉陷，或需及早恢复路面交通，但又缺乏定形覆盖结构时，常采用盖挖逆作法施工。

（五）盖挖半逆作法

盖挖半逆作法与盖挖顺作法相似，但具备盖挖顺作法和盖挖逆作法两者的优点，可以避免地面二次开挖，减少施工对道路交通的影响，大大提高结构防水性能。

二、暗挖法

暗挖法可分为矿山法、钻爆法、浅埋暗挖法、掘进机法（盾构法、TBM法、顶管法）等。

（一）矿山法

矿山法是一种传统的施工方法，是人们在长期的施工实践中发展起来的，指的是用开挖地下坑道的作业方式修建隧道及地下工程的施工方法，因借鉴矿山开拓巷道的方法而得名。它是以木或钢构件作为临时支撑，待隧道开挖成形后，逐步将临时支撑撤换下来，而代之以整体式衬砌作为永久性支护的施工方法。木构件支撑的耐久性差，对坑道形状的适应性差，支撑撤换既麻烦又不安全，且对围岩有所扰动，因此目前已很少使用。钢构件支撑具有较好的耐久性和较高的坑道形状适应性等优点，施工中可以不进行撤换，也更安全。国内隧道界将以钢构件作为临时支撑的矿山法称为"背板法"。钢木构件支撑类似于地上的"荷载—结构"体系。它作为一种维持坑道稳定的措施，很直观和奏效，也容易被施工人员理解和掌握，因此这种方法常被应用于不便采用锚喷支护的隧道。但衬砌的设计工作状态与实际工作状态的不一致，以及临时支撑存在的一些缺陷等，在一定程度上限制了它的发展和应用。

采用矿山法时，隧道开挖后受爆破影响，造成岩体破裂形成松弛状态，随时都有可能坍落。基于这种松弛荷载理论，其施工方法是按分部顺序，采取分割式开挖，并要求边挖边撑以求安全，所以支撑复杂，木料耗用多。这种施工方法因其工作面小，不能使用大型凿岩钻孔设备和装卸运输工具，施工进度慢，建设周期长，机械化程度低，并且耗用劳力多，不是隧道和地下工程发展的方向。

（二）钻爆法

钻爆法是通过钻孔、装药、爆破开挖岩石，以围岩—结构共同作用为支护设计理论，采用复合式衬砌结构，以钻爆开挖作业线、装渣运输作业线、初期支护与防排水作业线、二次模筑衬砌作业线、辅助施工作业线为特点的施工方法，是应用极广、人们首选的隧道及地下工程施工方法。这一方法从早期由人工手把钎、锤击凿孔，用火雷管逐个引爆单个药包，发展到用凿岩台车或多臂凿岩台车钻孔，应用毫秒雷管爆破、预裂爆破及光面爆破等控制爆破技术。

钻爆法与矿山法的"硬顶硬撑"不同，它充分利用围岩的自稳性，将围岩当作支护的一部分，实施锚喷支护，以便控制围岩的变形和应力释放，从而在支护和围岩的共同变形过程中，围岩应力重分布而达到新的平衡，以求最大限度地保持围岩的固有强度和利用其自承能力。

（三）浅埋暗挖法

浅埋暗挖法是在距离地表较近的地下进行各种类型的地下洞室暗挖施工的一种方法。1984年该方法在军都山隧道黄土段试验成功，1986年该方法又被应用在具有开拓性、风险性、复杂性的北京地铁复兴门折返线工程中，在拆迁少、不扰民、不破坏环境的条件下获得成功。同时，结合我国国情及水文地质条件，我国创造了小导管超前支护技术、"8"字形网构钢架设计和制造技术、正台阶环形开挖留核心土施工技术及变位进行反分析计算的方法，提出了"管超前、严注浆、短开挖、强支护、快封闭、勤量测"的"18字方针"，突出时空效应对防塌的重要作用，提出在软弱地层快速施工的理念，由此形成了浅埋暗挖法，创立了适用于浅埋或超浅埋软弱地层的地下工程设计和施工方法。

浅埋暗挖法提出新的设计理念，初期支护承担全部设计荷载，二次模筑衬砌作为安全储备，初期支护和二次模筑衬砌共同承担特殊荷载。应用浅埋暗挖法设计、施工时，采用多种辅助工法超前支护，改善加固围岩，调动围岩的自承能力；并采用不同的开挖方法，及时支护，封闭成环，使其与围岩共同作用形成联合支护体系；在施工过程中应用监控量测、信息反馈和优化设计方法，实现不塌方、少沉降、安全施工，并形成多种综合配套技术。

（四）掘进机法

掘进机法是利用隧道掘进机（tunnel boring machine，TBM）在岩石地层挖掘隧道的一种施工方法。该方法利用特制的大型切削设备，将岩石剪切挤压破碎，然后通过配套的运输设备将碎石运出，同时进行管片衬砌或一次性支护施作，实现破岩、出渣和支护连续作业，全断面一次成洞。在我国，掘进机法分为盾构法、TBM 法、顶管法。

1. 盾构法

盾构法是指利用盾构机修建隧道的方法，即在盾构保护下拼装盾构管片的一种施工方法。盾构机是进行软弱、不能自稳围岩开挖的支护机械。盾构法以高度自动化为特征，以围岩—支护共同作用为支护设计理论，适用于不稳定地层。该法具有速度快、效率高、施工质量好、相对安全等优点，在隧道与地下工程中的应用前景广阔。

盾构法主要用于软土和软岩隧道开挖，在刀盘上除切刀外还布置一定数量的滚刀，以适应遇到的短距离岩石段，采用螺旋输送机或泥浆管路出渣。

2. TBM 法

TBM 法是以 TBM 为主的掘进方法。该法以使用开敞式掘进机破岩，开挖、支护过程为一体为特征，遵循以围岩自承为主的支护设计理论，采用复合式衬砌结构，适用于硬岩特长隧道的施工。TBM 问世于 1952 年，由美国 Robbins 公司生产，发展至今，其在技术上已经很成熟。根据工程对象的变化，其类型也呈现出系列化和多样化的特点。目前 TBM 施工技术已逐渐成为一种成熟并具有高竞争力的隧道施工技术，TBM 是山岭隧道高度机械化的开挖设备。与钻爆法相比，TBM 法虽然投资多，但具有施工快速、优质、安全、经济、环保等突出优点。

TBM 法主要通过盘形滚刀破碎岩石，用于岩石隧道开挖，主要采用皮带机出渣。

3. 顶管法

顶管法是继盾构法之后发展起来的隧道施工方法，主要用在修建城市人行通道、车站出入口通道或地铁穿越地面铁路（或公路）的立交工程中，通过传力顶铁和导向轨道，用支承于基坑后座上的液压千斤顶将管压入土层中，同时挖除并运走管正面的泥土。当第一节管全部被顶入土层后，将第二节管接在后面并继续顶进，这样将一节节管顶入，做好接口，建成涵管。该方法的特点是在保证地面交通安全运行的同时，在地面以下工作坑内将预制好的钢筋混凝土箱形框架（箱梁）用机械力量顶入地层中，成为一个地下结构建筑物。

三、沉管法

沉管法是在水底建筑隧道的一种施工方法，最早在 19 世纪末用于排水管道工程。沉管法是指在水底预先挖好沟槽，把在特殊场地预制的适当长度的钢筋混凝土管段浮运到沉放现场，然后将其顺序地沉放到沟槽中并进行连接构成隧道，最后回填覆盖的施工方法。沉管法是隧道施工安全性很高的方法，适用于水流平缓、基底软弱的水下隧道施工。

四、"新奥法"原理的阐述与引进

"新奥法"即新奥地利隧道施工方法（new Austrian tunneling method，NATM）的简称。"新奥法"概念由奥地利学者拉布希维兹（L. V. Rabcewicz）教授于 20 世纪 50 年代提出，它以隧道工程经验和岩体力学理论为基础，将锚杆和喷射混凝土组合在一起作为主要支护手段。经过一些国家的实践和理论研究，该方法于 20 世纪 60 年代取得专利权并被正式命名，之后该方法在西欧、北欧、美国和日本等国家的许多隧道及地下工程中获得极为迅速的发展。20 世纪 80 年代，我国在修建衡广铁路复线的大瑶山双线隧道时将"新奥法"加以引入、吸收和推广，由此我国隧道与地下工程施工技术发生了质的飞跃。

"新奥法"的特点是采用光面爆破技术，开挖后及时施作密贴于围岩的薄层柔性喷射混凝土和锚杆支护，以便控制围岩的变形和应力释放，从而在支护和围岩的共同变形过程中，调整围岩应力重分布而达到新的平衡，以求最大限度地保持围岩的固有强度和利用其自承能力，同时进行监控量测。

"新奥法"原理的三大要素为喷混凝土、锚杆、监控量测，它是一个具体应用岩体动态性质的完整力学方法，其目的在于促使围岩能够形成圆环状承载结构。本书将"新奥法"归纳成一种支护理念，而不是一种施工方法，这在后面还将会讲到。

第二节　开挖技术与设备的发展进程简述

随着人类社会的发展，当生产力进步到一定程度时，人类社会就会制造出挖掘工具，地下通道随即出现。早期地下工程的开挖主要依靠"火焚法"和木石、青铜器、铁器等原始工具，体力劳动强度和施工难度非常高。我国隧道与地下工程开挖技术和设备大致经历了五个发展阶段，每个阶段均有显著的技术进步和突破。

一、1949 年前，全人工作业（原始阶段）

这一时期我国隧道与地下工程开挖基本上是全人工作业，即人工用钢钎、大锤打眼（见图 1.2），人工用炸药、火雷管爆破，人工装渣，人工利用手推车运输或人工挑抬，以木材支架支撑的支护方式，人工浆砌块石衬砌或人工拌和混凝土浇筑衬砌。这一时期主要采用随挖随支，混凝土衬砌紧跟，边衬砌边拆支架的办法，这种办法效率低下、劳动强度大、安全性低。

二、20 世纪 50 年代，人工辅以小型机械（起步阶段）

这一时期是新中国隧道施工技术发展的起步阶段，从人力开挖往小型机械过渡，具有机具简单、手工操作、技术落后的特点。对于土质或松软的石质隧道，使用铁铲、镐、鹤嘴斧及铁撬棍和铁楔进行开挖；对于需要爆破的石质隧道，多数使用钢钎及铁锤人工打眼，较长的重点隧道使用手持风钻打眼（见图 1.3），机械通风，试用水泥砂浆堵水，施工方法以上下导坑、先拱后墙为主。

图 1.2　人工打眼

（a）干风钻打眼

（b）湿风钻打眼

图 1.3　风钻打眼

该阶段以渝黔铁路、天兰铁路、宝成铁路、丰沙Ⅰ线铁路、鹰厦铁路、川黔铁路隧道施工为代表。

三、20 世纪 60—70 年代，推广机械化作业（提升阶段）

这一时期我国隧道机械化施工水平有了很大提高，主要以中小型施工机械为主，普遍采用了带风动支架的凿岩机、混凝土搅拌机、手持振捣机、空压机和通风机等装备，2 km以上的重点隧道实现了半机械化作业。在成昆铁路的个别隧道施工中，试验采用了门架式凿岩台车、槽式运渣列车和内燃机车。

这一时期的施工方法以上下导坑、先拱后墙和漏斗棚架、先墙后拱为主，少量采用蘑菇形开挖、全断面开挖等方法，重点隧道普遍使用了辅助坑道方案，并试用光面爆破。这一阶段的施工效率明显提高，劳动强度大大降低，其中成昆铁路关村坝隧道创双口月成洞672.71 m的纪录。

　　该阶段以贵昆铁路、成昆铁路、襄渝铁路、湘黔铁路、枝柳铁路的建设为代表，枝柳铁路通车时的场景如图1.4所示。

图1.4　枝柳铁路通车

四、20 世纪 80 年代，进入机械化配套阶段（高速发展阶段）

　　这一时期是中国隧道施工技术高速发展的阶段，中国开始进入大型机械化配套隧道施工时期。该阶段以衡广铁路复线大瑶山双线隧道为典型代表（见图1.5）。衡广铁路复线大瑶山双线隧道施工中引进了国外大型设备（见表1.1），其中四臂凿岩台车、喷射三联机如图1.6和图1.7所示，并从国外引进"新奥法"，在施工过程中大胆实施深孔爆破和全断面、半断面开挖，实现了隧道施工的开挖、支护、运输、衬砌、注浆5条机械化作业线，从而结束了旧式手工操作、分部开挖的施工方法。在该阶段中，施工效率大大提高，月成洞最长达到217.68双线米（其中开挖205双线米，衬砌263双线米），创造了双线隧道全国纪录。

图1.5　建成后的衡广铁路复线大瑶山双线隧道

表 1.1　衡广铁路复线大瑶山双线隧道主要引进国外大型设备表

序号	机械类型	引进国家	型号
1	四臂凿岩台车	瑞典	阿特拉斯 TH286-2 型
2	两臂装药台车	瑞典	阿特拉斯 PT-100
3	喷射三联机	瑞典	BI.5-4.0 轮胎式
4	装载机	瑞典	沃尔沃 BM1641
5	装载机	美国	卡皮特拉 996D
6	自卸载重汽车	意大利	佩尔利尼 DP205C 型（20T）
7	混凝土拌和工厂	意大利	西法 M30 型（27 m³/h）
8	风机	日本	MFA110 kW（1 000 m³/min）
9	混凝土搅拌运输车	日本	三菱 FV313JML 型（6 m³）
10	混凝土泵	日本	石川岛播磨 PTF60s 型（60 m³/h）
11	模板台车	日本	CKK 型（12 m）

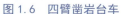

图 1.6　四臂凿岩台车

图 1.7　喷射三联机

　　我国 20 世纪最长的双线铁路隧道大瑶山双线隧道全长 14 295 m，于 1989 年建成，名列世界第 10。大瑶山双线隧道的建成实现了隧道大断面施工，于 1992 年获国家科学技术进步奖特等奖，其修建模式逐渐被我国长大隧道的修建采用。

　　这一时期随着"新奥法"理念的推广和进一步提升，全断面、半断面、台阶法及适应浅埋暗挖、软弱围岩开挖的 CD 法、CRD 法、双侧壁导坑法等多种施工方法及锚喷支护，得以全面开发和应用，使隧道施工方法变换灵活，适应各种围岩。这一阶段中，我国全面推行光面爆破，全面推广复合式衬砌，全断面整体二衬、内置防水板材和立体防排水工艺迅速发展。这一阶段的隧道主要施工方法如图 1.8 所示。

（a）全断面光面爆破效果图

（b）CRD 法施工图

（c）双侧壁导坑法施工图

（d）整体式二衬施工图

图 1.8　20 世纪 80 年代我国隧道主要施工方法

五、20 世纪 90 年代及以后，全机械施工（突破性发展阶段）

这一阶段我国隧道修建技术取得了突破性进展，TBM 法、盾构法异军突起，从单一的钻爆法发展到钻爆法、TBM 法、盾构法并存，顶管法、沉管法也在相应的环境中得到广泛应用。我国不仅掌握了 TBM 法和盾构法的全套施工技术，还具备了设备研发、制造能力，并制定了相应规范，隧道施工技术达到了世界水平。随着隧道机械化施工的全面推行，中国迈入了长大隧道大型机械化施工新时代。这个阶段的特点是隧道施工装备实现大型化，并向智能化方向发展，隧道施工全面推广全断面液压凿岩台车、自行式仰拱栈桥、全断面液压模板台车、锚杆钻注一体机、拱架安装台车、防水板作业台车、混凝土湿喷机械手等大型机械配套模式。在这一阶段，钻爆法全机械化作业线基本形成，钻爆法隧道全工序机械化配套时代即将来临。

1995 年，我国在西康铁路修建秦岭隧道施工中采用 TBM 掘进，开启了隧道机械掘进的序幕，标志着中国隧道施工达到了世界先进水平。目前中国采用 TBM 已成功修建了多座铁路隧道，如秦岭隧道、磨沟岭隧道、中天山隧道、西秦岭隧道、高黎贡山隧道等（见图 1.9），施工纪录不断被刷新。

（a）秦岭隧道 TBM 总装图

（b）西秦岭隧道 TBM 总装图

（c）高黎贡山隧道 TBM 进洞图

（d）TBM 掘进现场

图 1.9　TBM 施工图

第三节　支护技术的发展进程简述

天然洞穴、地下溶洞等可视为自然界的地下工程，人类历史上也有通过简易工具开凿洞穴的先例，但这些地下工程起初都没有施作防护或支护措施。随着人类社会的不断进步，地下工程的支护措施也逐渐丰富起来。在古代皇陵、墓穴中已经充分使用了砌体结构作为支撑，我国隧道与地下工程支护系统也经历了从粗略到精确，从单一结构到多样结构，从经验设计逐渐上升到理论分析的过程。我国支护技术主要有以下几类。

一、木支撑

20 世纪 70 年代以前，我国隧道及地下工程临时支护主要采用木支撑（见图 1.10），导坑用梁柱门架，扩大开挖多用扇形支撑。

二、锚喷支护

1957 年前后，我国技术人员开始探索锚杆和喷射混凝土支护技术，为以后推动锚喷新技术在铁路隧道上的应用起到了积极的作用。20 世纪 60 年代以后，锚喷技术的发展和应用为隧道及地下工程支护开辟了新的途径，逐步发展为喷射混凝土、喷射混凝土加锚杆等多种支护形式。

图 1.10　木支撑

1965 年，在成昆线的修建过程中，锚喷支护得到了推广应用，如图 1.11 所示。此后至 1978 年，锚喷支护已在 8 条铁路干线、120 多个隧道工点中被采用，总延长约 35 km，为隧道施工带来极大的方便和较高的经济效益。锚喷支护已逐渐取代耗费大量木材的木支撑，有效地控制围岩变形，防止坍塌，并且施工进度加快，劳动强度降低，主动控制了地层环境，较好地解决了施工安全问题。

20 世纪 80 年代初，中国开始推广应用格栅和钢拱支撑加喷混凝土，以提高支护的强度和刚度，支护技术从木排支架支护发展到由锚杆、锚索、钢拱架、钢筋网、喷射混凝土组合形成的联合支护。随着施工技术的发展，小导管注浆、管棚等超前预支护也成功地被推广应用于不良地质地段的隧道施工项目中。

图 1.11　锚喷支护

三、复合式衬砌

随着 20 世纪 80 年代"新奥法"的引进和推广，复合式衬砌作为"新奥法"的核心内容之一也逐渐成为主流衬砌结构。复合式衬砌是指在隧道开挖后，先及时施作与围岩密贴的外层柔性支护（锚喷支护），也称初期支护，容许围岩产生一定的变形，而又不至于造成松动而产生过度的变形，待围岩变形基本稳定以后，再施作内层衬砌，也称二次衬砌。在两层衬砌之间，根据需要设置防水层。

复合式衬砌采用先后两次支护，对衬砌受力非常有利，外层支护与围岩形成统一的受力整体，共同承担因开挖坑道所产生的围岩释放应力。围岩在柔度较大的外层支护条件下，可产生较大的形变，释放了大部分的变形能，因而能减小后设的内层衬砌受力。内层衬砌施作以后，又会对原先处于二维受力状态的外层支护产生径向抗力，从而改善外层支护的受力条件。内层衬砌表面光洁平整，有利于隧道通风和防水，并可以保护外层支护，使喷层内钢筋网和锚杆端部免于锈蚀。

四、装配式衬砌

装配式衬砌是将若干在工厂或现场预制的构件运入坑道内，并用机械拼装而成的。其一经装配，即可承受围岩压力。装配式衬砌早在 1956—1958 年黔桂线张家山 1 号隧道和宝兰线 29 号隧道施工中试用过，但由于当时新建山岭隧道洞口场地狭窄，难以满足大量砌块预制工作的要求，坑道内可使用的拼装空间又不够，而且制备构件的尺寸要求精度高，接缝多，防水处理较困难，这导致装配式衬砌的推广使用受到了限制。

随着社会不断地向工业化和机械化发展，隧道施工也提出向工业化和机械化改进，尤其是在盾构法和 TBM 法的引进和推广后，装配式衬砌被大量使用。采用盾构法和 TBM 法施工的隧道使用集中预制衬砌管片，现场机械装配形成衬砌结构，其具有以下优点：

（1）一经装配成环，不需养护时间，即可承受围岩压力；

（2）大量构件可以在工厂成批生产，在洞内进行机械化拼装，从而改善劳动条件，节省劳动力；

（3）拼装时不需要临时支护，如拱架、模板等，从而节省大量的支撑材料及劳动力；

（4）拼装速度因采用机械化而提高，缩短了工期，还可能降低造价。

第四节　隧道工程材料发展简述

一、隧道工程材料的发展历程

（一）18 世纪前：土、砂、石、木等

隧道工程材料是随着人类社会生产力和科技水平的提高而逐步发展起来的。人类最初直接从自然界中获取天然材料作为隧道工程材料，如土、石、木等。随着社会生产力的发展和人类活动范围的扩大，人类能够利用黏土烧制砖瓦，用岩石烧制石灰，隧道工程材料由此进入人工合成阶段，为较大规模建造隧道创造了基本条件。早期隧道使用的主要工程材料有砖瓦、砂、石、木等，至今它们仍在隧道工程材料中占有重要的地位。

（二）18—19 世纪：钢材、水泥、混凝土等

钢材、水泥、混凝土的相继问世取代了传统土、木、砂、石等材料，奠定了现代建筑基础，隧道工程材料进入了一个全新的发展阶段。钢材作为近代隧道工程材料的代表，随着品种、规格、生产规模大幅度增长，其强度也不断提高，钢材的切割和连接等加工技术大为发展，为隧道结构向大跨方向发展奠定了重要基础。与此同时，钢筋混凝土的问世使近代隧道工程结构的形式和规模更发生了飞跃性的进步。

（三）20 世纪 80 年代起：喷射混凝土等

随着"新奥法"的引进和推广，喷射混凝土成为隧道及地下工程结构的主要支护形式。早期普遍使用干式喷射混凝土设备，但作业中存在粉尘浓度大、回弹率高等弊端，造成环境污染，严重影响施工人员的身体健康，并对原材料造成极大浪费。为改善这种状况，自 1986 年 4 月起，我国在军都山隧道着手对喷射混凝土设备进行改进及试验，后联合原徐州煤矿采掘机械厂及原河南省煤炭科学研究所等单位进行科技攻关，于 1990 年完成 HPJ-1 型喷射混凝土机组的设计研制，并在云台山隧道、北京地铁八角游乐园车站及西单站折返线等项目中进行施工性试验，对局部问题进行了改进，最终成功研制开发了一种新型的 HPJ-1 型喷射混凝土机组及一套能减少粉尘、降低回弹率的半湿喷混凝土工艺。

（四）20 世纪后期：新型材料

随着社会生产力的发展，以及材料科学和工程科学的不断进步，以高分子材料、新型金属材料和各种复合材料等为代表的新型材料异军突起，大力带动了隧道与地下工程的发展。隧道工程材料的性能不断提高，品种不断增加，一些具有特殊功能的土木工程材料使隧道工程的功能和外观发生了根本性的变革。现代隧道工程材料中混凝土的强度等级比以往的混凝土更高，并且出现高性能混凝土和纤维混凝土等。

二、现代隧道工程材料的发展方向

近些年来，隧道防排水装饰新材料等高效、环保、节能的"绿色建材"逐渐普及，一大批新型土木工程材料将应运而生。随着社会的进步，环境保护和节能降耗的需要对土木工程材料提出了更多更高的要求，因此今后一段时间内，隧道工程材料将向以下几个方向发展。

（一）轻质高强

为了提升建（构）筑物的使用功能，轻质高强是现代隧道工程材料的一个重点发展方向。随着城市化进程加快，城市人口密度日趋加大，城市工厂日益集中和强化，需要建造地铁、地下储物间等设施以解决人口交通问题和物资存放等问题。然而现今钢筋混凝土结构材料自重大，这限制了建筑物结构向地下、大跨度的延伸，因此要求结构材料向轻质高强方向发展。

（二）高耐久性

为了延长隧道与地下工程建（构）筑物的使用寿命，材料的高耐久性越来越重要。传统建筑物的寿命一般是 50～100 年。现代社会基础设施的建设日趋大型化、综合化，如海底隧道等大型工程，耗资巨大，建设周期长且维修困难，因此对材料耐久性的要求越来越高。目前主要的开发目标有高耐久性混凝土、防锈钢筋、陶瓷质外壁贴面材料、防虫蛀材料、耐低温材料，以及在地下、海洋、高温等恶劣环境下能长久保持性能的材料。

（三）性能多元化

进入 20 世纪后，一些具有特殊功能的新型隧道工程材料，如吸声隔声材料、各种装饰材料、耐热防火材料、防水抗渗材料及耐磨、耐腐蚀、防爆和防辐射材料等应运而生。由于社会生产力的发展及材料科学与工程科学的不断进步，土木工程材料不仅在性能和质量方面得以不断改善，而且其品种数量不断增加，以有机材料为主的化学建材发展迅猛。21 世纪从食品和医疗方面发展起来的抗菌剂将应用于日常生活和新型建筑材料方面，并发展成为兼有抗菌和净化功能的生态建材。它以传统的浇筑材料为载体，采用催化剂和抗菌剂使之功能化。这些外加剂又选用新的催化剂来提高各种新型建筑材料的二次催化新功能，从而开发出一系列生态建材，主要包括：具有大气净化功能的外墙材料及涂料；具有抗菌、防霉、防污、除臭功能的室内装饰材料；具有空气净化功能的内墙材料及涂料等。通过在隧道建筑材料配料中掺加一些特殊的功能性物质，科学家们可以制作具有光致变色、自调湿、灭菌、处理汽车尾气等功能的材料。

（四）智能化

随着电子信息技术和材料科学的不断进步，混凝土材料正在向智能化方向发展。作为混凝土材料发展的高级阶段，研究和开发具有主动、自动地对结构进行自诊断、自调节、自修复、自恢复的智能混凝土已形成结构—功能一体化发展趋势。国内外学者于 20 世纪 80 年代中后期提出了机敏材料与智能材料概念。机敏材料能够感受外界环境的变化，而智能材料要求材料体系集感知、驱动和信息处理于一体，形成类似于生物材料那样的具有智能属性的材料，具有自感知、自诊断、自修复的功能。1989 年，美国的 D. D. L. Chung 发现将一定形状、尺寸和掺量的短切碳纤维掺入到混凝土中，可以使混凝土具有自感知内部应力、应变和损伤程度的功能。将碳纤维应用于工程中，利用混凝土的电热效应可实现自动融雪和除冰功能。

（五）低碳节能和绿色环保

随着时代的发展和社会文明的进步，各种低碳节能和绿色环保材料的开发将成为隧道工程材料产业发展的方向，对不可再生资源的替代和再资源化研究将成为材料产业的一大热门。

在全球气候变暖的背景下，以低能耗、低污染为基础的"低碳经济"成为全球热点。世界各国大力发展"低碳技术"，并对产业、能源、技术、贸易等政策进行重大调整，以抢占先机和产业制高点。低碳经济的争夺战已在全球悄然打响，对中国而言，这是压力，也是挑战。新能源、新材料产业是转变经济发展方式和调整经济结构中要大力发展的战略性新兴产业。

绿色建筑材料是指采用清洁生产技术，不用或少用天然资源和能源，大量使用工业、农业或城市固态废弃物生产的无毒害、无污染、无放射性，达到使用周期后可回收利用，有利于环境保护和人体健康的建筑材料。它是人类历史上继天然材料、金属材料、复合材料、智能材料之后的又一新概念材料。

第二章 其他配套作业技术

隧道及地下工程施工是一整套作业体系，除了开挖和支护作业外，还包括其他重要配套作业，如通风、测量、防排水、出渣等。

第一节 通 风 作 业

通风作业在隧道及地下工程施工中非常重要，尤其对瓦斯、高温及其他有毒气体隧道而言，施工通风能沟通隧道洞内外的空气，供给洞内足够的新鲜空气，稀释并排除有害气体和降低粉尘浓度，而且改善劳动条件，为隧道施工带来安全的作业环境，提高劳动生产率，同时能保障作业人员的身体健康，是隧道内施工人员的生命线。

目前，隧道施工常用的通风方法有扩散通风、机械通风、利用辅助坑道通风。

一、扩散通风

扩散通风不需要通风设备，利用新鲜风流的扩散作用使其与工作面的空气掺混，逐渐使洞内的污浊空气排出，从而达到通风换气的目的。扩散通风只在极短的隧道施工中才有效，且换气时间长，一般不宜采用。

二、机械通风

使用通风机和管道的机械通风是隧道施工中最普遍的通风方法，在掘进距离较长的隧道施工中都应采用机械通风。通风系统的基本布置形式有压入式、吸出式、混合式三种。

（一）压入式

压入式通风是指利用通风机或局部扇风机把新鲜空气经风管压入工作面，稀释有害气体，污浊空气则由隧道洞内排至洞外。

（二）吸出式

吸出式通风是利用通风机或局部扇风机经风管把工作面的污浊空气抽出，新鲜风流沿隧道流入。

（三）混合式

混合式通风由压入式通风和吸出式通风组合构成。在风机的作用下，新鲜风从隧道洞外进入洞内，流向送风管路的入口并进入送风管路，经送风管路送到掌子面；污风从掌子面由隧壁流向排风管路的入口并进入排风管路，经排风管路排至洞外。

三、利用辅助坑道通风

在开挖长隧道时，为了缩短通风距离，常利用平行导坑、斜井、竖井、钻孔等作为辅助通风坑道，在射流风机的作用下，新鲜风从一个隧洞进入，污风从另一个隧洞排出。新鲜风由送风管路送到掌子面。

四、通风技术的发展进程

随着我国隧道及地下工程施工技术水平的不断提高，隧道修建的长度越来越长、规模越来越大，隧道施工通风从初期的利用自然条件进行通风逐步发展到借助通风管路和施工巷道进行通风，通风设备逐步大型化，通风控制逐步自动化。

早在 1640 年，人们开始利用自然通风进行矿井通风。为了加大通风压力，1650 年在回风路线上设火炉以利用热风压通风。1898 年，电力轴流式通风机开始投入使用。

20 世纪 50 年代起，我国逐步建立和发展了隧道及地下工程的机械通风系统，应用以水为主的综合防尘措施，提高了隧道及地下工程施工的通风水平。

20 世纪 80 年代开始，隧道专用的大功率通风机的研制和大直径柔性风管的研制，为大风量的快速输送提供条件。长大隧道无轨运输全断面开挖，采用管道压入式通风，常见风量已达 4 000～5 000 m³/min，爆破后通风时间只需 15 min。例如，衡广铁路复线大瑶山隧道、朔黄铁路寺铺尖隧道均为双线铁路隧道，分别采用压入式和混合式机械通风，独头通风长度达到了 4 km 左右，取得了很好的效果。利用辅助坑道进行巷道式通风，西康铁路秦岭隧道独头通风长度更是达到了 9 km。

近年来，对于设有平行导坑等辅助坑道的隧道，施工中需要的通风量大，工作面多，采用现有的通风布置难以达到令人满意的通风效果。例如家竹菁隧道、云台山隧道等一般采用固定风机巷道式通风，设置专用的通风洞摆放大功率的通风主扇，并在平导口设置风门，存在通风机功率大、能耗高、需要修建风门等临时工程等问题。针对传统巷道式通风系统，我国创新和发展了隧道射流无风门施工通风技术，利用先进的射流技术推动洞内外空气的交换，充分发挥了巷道式通风的优势，降低了能源消耗，简化了现场操作，增加了可靠性，在广邻高速公路华蓥山隧道、内昆线青山隧道、渝怀线圆梁山隧道等工程的施工通风中得到应用，并取得了良好效果。

目前，计算机技术及自动控制技术在国内隧道及地下工程施工通风中得到了推广应用，由于变频控制技术的发展，风机转速由原来的三级调速变成无级连续变速，为自动控制调节提供了途径。用计算机技术对各种控制参数进行技术经济对比，使拟订的通风方案在技术、经济上均达到最优，运行中自动变频控制技术可实现节能。自动变频控制技术被应用在了成兰铁路平安隧道、杭黄铁路天目山隧道、郑万铁路小三峡隧道、大瑞铁路高黎贡山隧道中，并取得了极大的节能效果。

第二节　测　量　作　业

测量作业是隧道与地下工程建设中不可缺少的一个环节，它的主要任务是保证隧道的中线、水准和纵向距离按规定的精度要求贯通，最大限度地控制超欠挖，保证混凝土衬砌厚度及每个洞内结构物的外形尺寸符合设计要求。同时施工测量工作极大程度上决定着工程成本，只有提高测量精度，控制好超欠挖，才能保证工程质量，从而创造出更高的经济效益。我国测量技术大致经历以下几个阶段。

（一）第一阶段：1949年前

这一阶段因技术欠缺，国内隧道施工还没有测量技术标准，控制测量以三角网（锁）测量为主，施工测绘仪器精度较低，施工测量中使用钢卷尺或皮尺、罗盘仪、平板仪、活镜水准仪等，后期使用游标经纬仪。

（二）第二阶段：20世纪50年代初—70年代初

随着技术的发展，这一阶段以光学测绘仪器为主，主要有经纬仪、平板仪、微倾精密水准仪、光学视距仪等，在此基础上发展形成光学测绘技术，并于1964年出版我国第一部测量技术规范《铁路隧道测量技术通则》。

（三）第三阶段：20世纪70年代初—90年代初

在这一阶段，随着电磁波测距与电子化测绘技术的兴起，光学经纬仪、陀螺经纬仪、光电测距仪、激光指向仪、全站型速测仪等仪器在隧道测量中得到了广泛应用。测量作业普遍使用便携式微机和通用平差软件及专业测量软件，基层测量人员配备了编程计算器或袖珍微机，采用自编程序进行测量数据处理，效率显著提高。

（四）第四阶段：20世纪90年代初—2005年

在这一阶段，精密光机电子测量技术不断发展，尤其是全站仪和电子水准仪在隧道及地下工程施工测量作业中逐步普及，全球导航卫星系统和多功能隧道断面测量仪也不断被应用到测量工作中，测量精度大大提高。

（五）第五阶段：2005年至今

在这一阶段，智能化及信息化测量技术成为新兴发展方向，智能型全站仪、高精度全站型陀螺经纬仪、三维激光扫描仪等新型测量设备自动化控制、精度高、效率高，而光学经纬仪等逐渐退出市场。

第三节 防排水作业

一、防排水技术理念

防排水作业是隧道及地下工程施工的重要组成部分，直接关系到结构本身的安全性和耐久性、环保水保、运营成本和运营安全，因此必须高度重视防排水系统的质量。从环境保护角度出发，目前隧道及地下工程设计已经越来越少强调"以排为主"的设计理念，而更多地探讨"以堵为主，控制排放"的设计原则。"以排为主"的防排水设计可能会致使隧道的壁后在长期水流冲刷淘蚀作用下出现空洞和围岩松软现象，这在一定程度上破坏了结构与围岩的共同作用，导致结构受围岩的约束不一致而产生开裂，加重隧道渗漏水病害的程度。

二、防排水技术的发展进程

我国隧道与地下工程防排水技术以"新奥法"的引进为分界点大致分为两个阶段。

（一）第一阶段：20 世纪 80 年代前

这一阶段国内隧道与地下工程多采用无支护、木支撑、砌体支撑或锚喷支护模式，防排水系统质量较差，渗漏水较严重。

（二）第二阶段：20 世纪 80 年代后

随着"新奥法"的引进和应用，复合式衬砌的防排水系统迅速发展起来，至今仍为主流，它使得隧道及地下工程防排水性能得到了质的提升。

三、复合式衬砌的防排水体系

复合式衬砌的防排水体系主要由围岩注浆堵水、初期支护防水、防水板防水、薄弱部位防水、二次衬砌防水五部分构成。

围岩注浆堵水：在地下水量较大而影响施工作业和运营安全时，采用超前注浆或径向注浆提高围岩的防渗性能。

初期支护防水：初期支护加背后注浆，视地质条件决定喷射混凝土是否加钢筋和网构拱架。

防水板防水：在初期支护与二次模筑混凝土间设置封闭的塑料防水板隔水层，其作用是防止二次模筑混凝土开裂，并起到隔水和防水作用，同时埋置环向和径向排水盲管。

薄弱部位防水：在施工缝、变形缝和安装设备的孔眼等薄弱位置采取可靠防水措施，如中埋式止水带、止水条等。

二次衬砌防水：二次模筑采用抗渗等级高的防水混凝土，并做好接头缝的处理。

第四节　出渣作业

"隧道隧道，出渣进料"，出渣运输能力的强弱在很大程度上影响着隧道的施工进度。隧道内的运输工作量很大，包括在开挖面上装渣并运出洞外弃土场，即装渣、出渣与卸渣；另外还要从洞外运进大量混凝土拌和料、钢筋网、钢拱架、模板及轨道等材料。根据统计分析，出渣作业在整个作业循环中所占的时间为 40%～60%。

隧道洞内出渣运输方式分为有轨和无轨两种，应根据隧道长度、开挖方法、机具设备、运量大小等选用相应的运输方式。运输设备的配套应首先考虑隧道施工环境的要求，根据技术条件与经济条件选择设备型号，在这一前提下应尽可能地选择运输量大的运输设备，在数量确定上应保证装渣设备随时保持装渣作业，不能出现装渣设备等车现象。

一、有轨运输

有轨运输是采用轨道式运输车出渣进料，它需要铺设小型钢轨轨道。有轨运输大多数采用电瓶车或内燃机车牵引，采用 0.75～6 m³ 矿车或梭式矿车运送石渣，是一种适应性强且较为经济的运输方式。一般而言，对于单线隧道独头长度超过 3 km 的宜采用有轨运输。

二、无轨运输

无轨运输是采用无轨运输车出渣和进料，其优点是机动灵活，不需要铺设轨道，适用于弃渣场离洞口较远和道路纵坡度较大的场合；缺点是由于大多采用内燃车辆，作业时会在整个洞中排出废气污染洞内空气。故无轨运输适用于大断面开挖和中等长度的隧道施工，且使用时应注意加强洞内通风。

对于铁路隧道装运作业线而言，其发展趋势是以大功率装载机装渣、反铲配合，大容量运输车运输为主。

三、出渣作业的发展进程

我国隧道及地下工程施工出渣作业主要经历以下几个阶段。

（一）第一阶段：20 世纪 50 年代

在这一阶段，我国隧道施工技术落后，基本上使用手推斗车、架子车、板车、三轮车等出渣，效率低下。个别重点隧道试用风动后翻式装载机装渣，电瓶车牵引轨道运输。

（二）第二阶段：20 世纪 60—70 年代

随着社会的进步和机械设备的发展，后翻式装渣机、槽式运渣列车和内燃机车等设备逐渐在施工中得到使用，施工效率显著提升。在 1962 年第一台井下柴油机驱动的无轨铲运机问世后，无轨运输开始在隧道及地下工程中逐步得到应用。

（三）第三阶段：20 世纪 80 年代至今

从 1988 年开始，国外无轨运输胶轮车陆续进入我国市场，大型装载运输机械不断被引进和国产化，出渣效率得到了极大的提高，在这期间有轨运输也不断被发展起来。国内隧道施工中的有轨运输设备主要是梭式矿车，用电瓶车或内燃机车牵引，并正在向大容量重载运输的方向发展。此时，盾构机（TBM）皮带出渣也是重要的出渣方式之一。

第二篇

明 挖 法

第三章 明挖法概述

第一节 明挖法的发展历程

明挖法通俗来讲就是在地表明槽开挖基坑或沟槽，构筑地下结构的施工方法。明挖法施工的历史悠久，在地面建筑较少、地表干扰较少的地区修建浅埋的地下工程时一般适合采用明挖法。

一、古代明挖隧道施工技术

人类很早以前就知道利用自然洞穴作为住处，当社会发展到能制造挖掘工具时，就出现了人类挖掘的隧道，但准确的年代是无从查考的。这里主要从历史记载和现代文献中搜集资料，谈谈隧道的历史和发展概况。

我国最早有文字记载的地下人工建筑物出现在东周初期（约公元前 700 年）。《左传》中记述了一段很有名的"阙（同"掘"）地及泉，隧而相见"的历史故事，故事大致内容是：郑庄公之母姜氏纵容郑庄公之弟段反叛，段夺权未遂后自刎，郑庄公对母亲的做法非常生气，一怒之下将其母遣送至颍城（今河南临颍县西北）并发誓说："不及黄泉，无相见也！"后来，郑庄公又想念母亲，对之前的做法深感后悔。有个为人正直的小官叫颍考叔，他想出了一个体面的办法，这个办法既能保证郑庄公不自食言，又能帮郑庄公见到母亲。具体的办法就是掘地深十余丈，泉水涌出，在泉侧架木为室，象征"黄泉"，最终郑庄公母子在"黄泉"相见。郑庄公赋曰："大隧之中，其乐也融融。"接着，郑庄公就迎母回宫。从记载分析，它是个木结构的地下建筑，而且建造得不错。

为了避免土石风化和坍塌，或是阻止地下水流浸入隧道，就要把隧道周边衬砌起来。为了省去衬砌的麻烦，古代隧道工程往往选择在坚硬的岩石中开凿。但开凿坚硬的岩石非常困难，古人左思右想，最后终于想出了可行的办法，就是先架上柴火把岩壁烧热，再用冷水往上浇，这样岩石在热胀后会突然冷缩，进而开裂，使人开凿起来方便一些。这即所谓的"淬火法"剥裂岩石，使岩石易于开挖。火焚水淬是我国历史上经常采用的一种方法，这种方法早在秦昭王时蜀守李冰在四川大修水利就采用过（《水经注·江水》）。

古代隧道的开凿是非常艰难的，在火药出现之前，这个时期的开挖主要依靠火焚水淬和锤、钎、楔等原始工具，体力劳动强度和施工难度都非常高。隧道建设还处于经验阶段，一切还是根据建造者的长期经验积累，没有什么理论作为指导。

我国历代皇帝陵墓和陪葬墓许多都是以地下工程形式构筑的，例如举世闻名的秦始皇陵陪葬兵马俑坑就是其中之一，它也是用明挖法建成的。其总长度约为 2.5 km，横断面约为 3.7 m×3.2 m（高×宽），使用了间隔约为 1 m 的木质半框架式结构，无腰撑。帝王陵墓的建筑集当时地下工程之精粹，是我国地下工程技术的宝贵遗产。由商代至清代的漫长年代里，采用明挖法修建了为数甚多的陵墓和墓道，值得我们专门研究。

二、近代明挖隧道施工技术

约公元 7 世纪，我国隋末唐初时的孙思邈在《丹经》一书中记载了黑火药的制法。公元 1225 年以后，我国的火药和火器的制法传入伊斯兰国家，13 世纪后期传到欧洲。1627 年，奥地利的工业家首先将火药用于开矿生产。1666 年，法国在开凿兰葵达克运河隧道时使用了火药，它可能是最早用火药开凿的公用隧道。在 19 世纪 60 年代以前，都用人工凿孔和黑火药爆破方法修建隧道。1866 年，瑞典人诺贝尔发明了胶质黄色炸药，后来人们用这种威力很大的黄色炸药取代了黑色火药，为开凿坚硬岩石提供了条件，黄色炸药被广泛用于隧道工程。1830 年前后，铁路成为一种新的运输手段，社会对隧道的需要激增，这促进了隧道工程技术的发展。1851 年凿岩机问世，从此开始了所谓近代施工方法，修建了大量的隧道工程。

这一时期的大部分明挖隧道的开挖工作都是人工完成的。对于土质或松软的石质隧道，则使用铁铲、镐、鹤嘴斧及铁撬棍和铁楔等进行开挖；对于需要爆破的石质隧道，多数使用钢钎及铁锤进行人工打眼，少数使用风动凿岩机。

中国最早建成的铁路隧道是中国台湾的刘铭传隧道，又称狮球岭隧道（见图 3.1～图 3.3），它位于台湾基隆经台北至新竹窄轨铁路的基隆与七堵之间，全长 261 m。据考证，该隧道是采用技术简明的明挖法修建的。

图 3.1　狮球岭隧道

图 3.2　以砖和石块砌成半圆拱形的隧道　　　图 3.3　狮球岭隧道北口

1876 年 10 月，清政府以 28.5 万两白银将英国人在上海修筑的吴淞铁路赎回，然而腐败的清政府根本认识不到铁路这种新式运输工具的优越性，反而昏庸地把这条不惜重金赎回的铁路拆掉了。当时的福建巡抚兼台湾学政丁日昌请求在台湾修筑铁路，于是他把拆下来的钢轨、机车、车辆等器材运到了台湾的打狗港（今高雄港）。但清政府拒绝在经济上继续支持丁日昌的筑路计划，这使台湾铁路一时未能修筑。

1885 年，刘铭传任台湾首任巡抚，上任后他两次上书清政府主张在台湾修筑铁路。当时，由于中法战争，基隆两次遭法军进攻，列强对我国领土虎视眈眈，垂涎三尺。为了免遭厄运，清政府决定有限制地修筑铁路，以强国防。正是在这种形势下，刘铭传的第二次上书才得到了批准。为解决筑路的款源，刘铭传采用了招股集资的方法，发行了铁路股票。

1887 年，刘铭传主持修筑基隆至台北的铁路，这条铁路虽然只有 28.5 km 长，但基隆、八堵之间有一座高高的狮球岭，要想顺利施工，必须要打通这条长 261 m、深 61 m 的隧道并开凿近 1 km 长、两侧坚石陡立的路堑，工程十分艰巨。当年 7 月，狮球岭隧道从南北两端同时掘进。根据当时的文献记载，因为地层土质复杂，北段为坚硬的岩石，南段为潮湿的软土，开凿极为困难，主要的工匠多系征调兵工，另又聘请了数位英、德工程师为顾问。隧道中在地层压力较大处以砖或石块砌成半圆拱，直径约 4 m，边墙用石料作衬砌，在岩层较好处，则用木料作衬砌。限于当时的资金和技术条件，施工的工具简陋，设备落后，筑路者先后克服了土石多次塌方、底部水平面偏差错位、洞内增设曲线等重重困难，前后耗时达 30 个月，终于在 1889 年贯通隧道。刘铭传听到消息当即前往视察，大加赞赏之余题写了"旷宇天开"四个大字（见图 3.4）。次年，隧道经衬顶、砌壁和铺轨后告竣，刘铭传还特意撰写了两副楹联，分别悬挂于隧道南北洞口旁，并在 1890 年 5 月 20 日的上海《申报》上刊出。南口楹联曰："十五年生面独开，羽毅飙轮，从此康庄通海屿；三百丈岩腰新阔，天梯石栈，居然人力胜神工。"这说明了当年以人力开凿的壮举，也为历史留下见证。

图 3.4　首任台湾巡抚刘铭传亲题"旷宇天开"

狮球岭隧道成为台湾第一条铁路专用隧道，也是仅有的清代铁路隧道。狮球岭隧道的建成，在中国铁路隧道史上创造了以下纪录：

（1）中国最早建成的铁路隧道；

（2）中国最早建成的窄轨铁路隧道；

（3）中国最早建成的铁路单线隧道；

（4）中国最早建成的窄轨铁路单线隧道。

狮球岭隧道在仅仅被使用了 7 年后，因铁路改线而被废弃。1985 年，为了纪念刘铭传开拓台湾铁路交通的历史功绩，该隧道被定为"百年铁道文物"加以整修保护。从此，这里成为台湾铁道游必看的一处景观。

三、现代明挖隧道施工技术

随着科学技术的进步与施工技术水平的不断提高，现代明挖隧道的施工方法和施工技术已有较大发展，而且由于大量使用施工机械，减轻了人的体力劳动强度，提高了安全性，使工程质量得到保证。

现代明挖法施工技术在我国发展起步较晚，改革开放前的几十年中，地下构筑物埋深浅，地面建筑物的高度也不高，很少用地下室，明挖基坑开挖的深度一般都小于 7 m。当时的支护结构也比较简单，比较常用的就是木支护，最多也就采用钢板桩支护解决问题，对于土质较好而基坑开挖又不深的隧道基坑工程直接采用放坡开挖。

明挖法具有施工简单、快捷、经济、安全的优点，因而城市地下隧道工程发展初期都把它作为首选的开挖技术。在地面交通和环境允许的地方通常采用明挖法施工，浅埋地铁车站和区间隧道经常采用明挖法。

我国第一条地铁工程——北京地铁 1 号线就是采用敞口明挖法修建的。1965 年，北京建设地铁。北京地铁 1 号线一期工程自北京站至苹果园，全长 23.6 km，采用明挖填埋法施工，其二期工程为环线，全长 16.1 km，在老城墙下修建，采用浅埋明挖法施工。

（一）"两落三起"的首条地铁

中国地铁工程咨询有限责任公司专家委员会秘书长、教授级高工周庆瑞说："1953 年，我国首次提出要修建地铁。"他曾参加过我国第一条地铁的筹建和设计。

1953 年 9 月，北京市在制定的《关于改建与扩建北京市规划草案》中首次明确提出："为了提供城市居民以最便利、最经济的交通工具，特别是为了适应国防的需要，必须及早筹划地下铁道的建设。"1956 年，经中央批准，北京地铁建设项目正式启动。但是地铁在当时还是新事物，不但老百姓一无所知，就连国内的工程技术人员也知之甚少。"以前只是听说过地下铁道这个名词，见过少许地铁资料，对地铁的认识还很肤浅。"周庆瑞说。

1956 年 10 月 9 日，以莫斯科地下铁道设计局总工程师巴雷什尼科夫为组长的五人苏联专家组来到北京，他们都是 1931 年参加过莫斯科地铁建设的专家。苏联专家不仅帮助我们绘制了地下铁道路网规划图，并对我们的工程技术人员进行了两个多月的培训。

但 1957 年国内政治形势巨变，中央决定地下铁道工程暂时"下马"。1959 年，地下铁道项目再次"上马"，并成立了北京地下铁道工程局。但 1961 年中国遭遇连续三年自然灾害，北京地铁工程再次被迫"下马"。

1965 年初，国民经济复苏，中央又一次把目光投向了北京地铁。当年 2 月，毛泽东主席给北京地铁建设领导小组组长杨勇呈报的"北京地下铁道修建方案"做出批示："精心设计，精心施工。在建设过程中，一定会有不少错误失败，随时注意改正。"（见图 3.5）

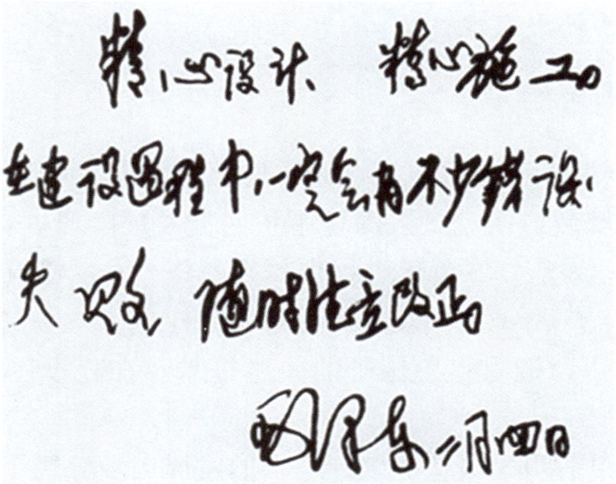

图 3.5　毛主席批示

　　至此，历经波折的北京地铁 1 号线一期工程终于要从图纸变为现实。该工程定于 1965 年 7 月 1 日开工，其线路沿长安街与北京城墙南缘自西向东贯穿北京市区，连接西山的卫戍部队驻地和北京站，采用敞口明挖填埋法施工，全长 23.6 km，设 17 座车站和一座车辆段（古城车辆段）。

　　在北京地铁设计之初，就埋设方案上曾有过一段争议：采用深埋（入地面数十米以下）还是浅埋（入地面 10 m 内）？按原定的设计，北京地铁是战备工程，要采取深埋法且修建在基岩层内。后来从实际的地质考察分析看，北京地下稳固地层上面为松散的砂砾石层，并且越往东越厚。"如果按照深埋法，从复兴门到公主坟段就要埋到 30～40 m 深，而东边的北京站将达到 100 多米。这样的深度使得电梯的长度至少要 400 m，而这种超长电梯，当时我国根本无法生产，况且深埋修建时间长，施工技术很复杂，当时也缺少必要的设备。"周庆瑞说。

　　在最早参加北京地铁 1 号线设计的专家中，中国工程院院士、北京交通大学教授施仲衡，当年是中国第一个被选派赴苏联学习地铁专业的留学生。

　　1965 年 2 月 4 日，我国决定自主设计修建北京地铁 1 号线，施仲衡奉令从唐山铁道学院调到北京地铁工程局，担任北京地铁工程局科研所所长。施仲衡大胆提出了"采用防护性结构浅埋明挖"的地铁施工方案，最终得到中央批准。

　　此外，为了解决地铁建筑结构中的肥梁胖柱问题，我国设计人员大胆地将"钢管混凝土柱"运用到了地铁站台的支柱上。为了论证这个办法的可行性，他们在上海重型机械厂用当时刚研制成功的"万吨水压机"来测试抗压能力，实验取得了成功，完全达到设计要求。

　　1965 年 7 月 1 日，在党的 44 岁生日这一天，北京地铁 1 号线一期工程开工典礼在京西玉泉路西侧举行，党和国家领导人朱德、邓小平、彭真、罗瑞卿等出席。一条深十几米的宽大壕沟，以北京火车站为起点，沿长安街一线向北京西山延伸开去。

　　基于交通与战备相结合的考虑，北京地铁是由铁道兵第 12 师、北京地铁工程局和北京市建设局等单位参与施工的，参加人员高达 4 万余人。

　　经过 4 年零 3 个月的紧张施工，1969 年 10 月 1 日，第一辆地铁机车从古城站呼啸驶出，北京地铁 1 号线一期工程建成通车，结束了中国没有地铁的历史，而彼时的新加坡、旧金山、汉城等国际都市还没有地铁。

（二）我国明挖技术的发展

北京地铁 1 号线一期工程开启了我国地铁时代的大幕，随着我国技术的进步和时代的发展，明挖技术由浅埋敞口明挖进入深埋围护明挖发展阶段。特别是 1978 年改革开放后，随着我国经济的高速发展，城市化进程也越来越快，大量建筑特别是高层建筑及市政工程开始涌现，以上海、广州等为代表的大城市相继建成了一些高层建筑。我国的明挖基坑工程技术在这种背景下，通过借鉴国外的先进技术及在建设过程中积累的经验快速发展起来。

按照发展过程，我国的明挖深基坑工程技术的发展大致经历了三个阶段，成果主要体现在设计理念的进步，施工技术的进步，机械化水平的提高，管理制度的建立、完善和风险控制能力的增强等方面。

第一阶段为 20 世纪 80 年代。这一时期在一些大城市开始兴建高层建筑，深基坑工程问题逐渐显现。但那时多数是一层地下室，二至三层地下室比较少，主要的围护结构形式是水泥搅拌桩的重力式结构。对于比较深的基坑则采用排桩结构，如果有地下水，再加水泥搅拌桩止水帷幕。地下连续墙用得比较少，SMW（soil mixing wall）工法正在研究中。

第二阶段为 20 世纪 90 年代。这一时期在总结前期经验的基础上，制定了基坑规范、指南和标准，武汉、上海、深圳等地方还编制了地方规范、指南，一些地方政府还建立了深基坑方案的审查制度。此时开始出现超深、超大的深基坑工程，基坑面积达到 2 万～3 万 m^2，深度达到 20 m 左右。在这一时期，复合式土钉墙在浅基坑中得到应用，SMW 工法开始得到推广；大量采用地下连续墙，并采用逆作法施工。

第三阶段是进入 21 世纪以后。在这一时期，在更多的城市中大规模地兴建高层建筑和地铁，地下工程向更深部空间发展，出现更深、更大的深基坑工程，基坑面积达到了 4 万～5 万 m^2，深度超过 30 m，最深达 50 m，深基坑工程施工与相邻环境的相互影响更趋严峻。逆作法施工、支护结构与主体结构相结合的设计方法在更多的工程中得到推广应用。

第二节　明挖法分类

我国土木工程技术人员在借鉴国外明挖基坑开挖支护设计和施工经验的基础上，结合国内各地区的地质条件、施工设备、可用材料及工程经验等实际情况，在数十年来的工程实践中，开发应用了许多明挖基坑开挖与支护方法。从基坑边坡稳定的角度出发，根据地层条件和基坑规模，明挖法施工大体经历了从大坡率敞口放坡、小坡率敞口明挖、直挖放坡、支护放坡到围护明挖的发展历程，基坑深度从地面浅埋发展到数十米，支护结构和支撑技术从无支护、木支护、混凝土支护、钢支护、锚喷支护到组合支护，支护方式、支撑形式和技术都得到了长足的发展。

一、明挖基坑开挖方法

明挖法根据主体结构施工顺序，分为放坡明挖法、垂直明挖法、盖挖顺作法、盖挖逆作法和盖挖半逆作法。按照开挖方式大体又分为无支护放坡明挖及基坑支护明挖两种形式。

施工时，采用无支护放坡开挖还是基坑支护开挖，应根据工程地质条件、开挖工程规模、地面环境条件、交通状况等因素综合确定。

（一）无支护放坡明挖法

放坡明挖法是根据隧道侧向土体边坡的稳定能力，由上向下分层放坡开挖隧道所在位置及其上方土体至设计隧道基底高程后，再由下向上顺作隧道衬砌结构和防水层，最后施作结构外填土并恢复地表状态的施工方法。

无支护放坡明挖法主要适用于埋置浅、边坡土体稳定性较好，且地表没有过多的限制条件的隧道工程中。放坡明挖法虽然开挖方量较大且易受地表和地下水的影响，但可以使用大型土方机械，施工速度快，质量也易得到保证，而且作业场所环境条件好，施工安全度高。当边坡局部稳定性较差时，可采用喷射混凝土进行坡面防护或采用锚杆加固边坡土体。

无支护放坡明挖法的优点是不必设置支护结构，而且主体结构施工时场地较大，便于施工布置；缺点是开挖工程量相对较大，而且占用场地大，适合用于在旷野采用明挖法修建的地下工程中。

在场地条件受限的情况下，如城市地下工程施工，常采用基坑支护明挖法。

（二）基坑支护明挖法

通常为保证基坑侧壁稳定及邻近建筑物的安全，需采取基坑侧壁的支护加固措施，即设置基坑支护结构。基坑支护结构安全与否不仅直接关系所建工程的成败，而且关系邻近已建工程的安危。

基坑支护明挖法就是先在基坑周围设置围护排桩或地下连续墙等围护结构，然后再开挖土方的施工方法，也有边开挖边设置围护结构的情况，必要时还设置内支撑或拉锚。根据地基土质、基坑面积和深度、工期要求等，可采用逐层全面开挖、盆式开挖、岛式开挖、分段开挖及逆筑法开挖等方式。

二、基坑支护类型

明挖法的关键工序是：降低地下水位—基坑支护—土方开挖—结构及防水工程施工等。其中基坑支护是确保安全施工的关键技术，如何安全合理地选择合适的支护结构，并根据基坑工程的特点进行科学的设计是基坑工程要解决的主要问题。迄今为止，基坑支护类型已经发展至数十种，最早用木桩支护，现在常用的有排桩支护、地下连续墙支护、水泥土墙支护、土钉墙支护和锚喷支护等。

（一）排桩支护

排桩支护体系是由桩排式围护墙、支撑体系、防渗结构所构成的防水挡土体系。支护墙体的主要形式有钢板桩、钢筋混凝土板桩、H型钢木挡板、钻孔灌注桩和SMW支护结构。

钢板桩支护是一种施工简单、投资经济的支护方法，它由钢板桩、锚拉杆（或内支撑、锚碇结构、腰梁等）组成。由于钢板桩本身柔性较大，如支撑或锚拉系统设置不当，其变形会增大。基坑深度 7 m 以上的软土地层，基坑不宜采用钢板桩支护，除非设置多层支撑或锚拉杆。钢板桩适用于软弱地基及地下水位较高的浅基坑支护，其优点是施工简便，止水性能好，可以重复使用。

钢筋混凝土板桩是一种传统的支护结构，其截面带企口有一定的挡水作用。钢筋混凝土板桩施工方便、速度快，打桩后可立即开挖，工期短，与地下连续墙支护相比造价低，经济效益显著。其支护强度高、刚度较大、变形小，打桩时的振动、挤土及噪声对周围环境影响较大，因此不适合在建筑物及地下管线密集的区域使用。

H 型钢木挡板是国内外常见的基坑支护结构，能充分发挥 H 型钢抗弯能力强的特点，减少所需支撑或拉锚道数。其适用于土质较好、不需抗渗止水或是地下水位较低的基坑，如果在含水地层中使用，需要采用人工降低地下水位或配合明沟排水，保证施工作业面的干燥环境。其对水土流失的封闭作用差，需采取隔水降水措施。由于该种支护墙体形式基底以下无挡板，必要时需采取措施保证基底的稳定性。

钻孔灌注桩是将单个桩体并联连续起来而形成的排桩式挡墙，其施工工艺简单，成本低，平面布置灵活，墙身强度高，刚度大，支护稳定性好，变形小，但整体性差，在地下水位较高的地区不能单独起到挡水的作用，需设置挡水帷幕墙来挡水。钻孔灌注桩适用于软黏土质和砂土地区，在砂砾层和卵石中施工困难，在重要地区、特殊工程及开挖深度较大的基坑中应用时需要特别慎重。

SMW 支护结构是在水泥搅拌桩内插入 H 型钢或其他种类的受拉材料，形成支护和防水的复合结构，在日本称为 SMW 工法，同时具有受力和防渗两种功能。它施工时噪声小，对周围环境影响小，结构强度可靠，凡是适合应用水泥搅拌桩的场合都可以使用，特别适合于以黏土和粉细砂为主的软土地层，挡水防渗性能好，不必另设挡水帷幕。早年因我国经济条件不允许消耗大量造价高的型钢，因而 SMW 工法未能得到推广应用。近些年，由于施工后型钢拔出技术、钢管甚至竹木加劲部分地取代型钢加劲技术，使 SMW 工法在我国得到推广应用并有所创新，特别是在上海、广州、深圳等沿海城市，当前正在广泛使用 SMW 工法。

（二）地下连续墙支护

地下连续墙支护最早于 1950 年出现在意大利，用作大坝或储水池的防渗墙。我国于 1958 年开始采用排桩式地下连续墙作为水坝防渗墙。近几十年来，我国地下连续墙技术在工程实践和理论研究上都获得了很大成就，国内将地下连续墙用于城市明挖深基坑支护结构最早的是广州白天鹅宾馆的施工工程。

地下连续墙是在地面上用专门的挖槽设备在泥浆护壁的条件下分段开挖深槽，并向槽内吊放钢筋笼，用导管法在泥浆下浇筑混凝土，便在地下形成一段墙段，以此逐段施工，从而形成一条连续的钢筋混凝土墙体。作为基坑支护结构，在基坑工程中它一般兼有挡土或截水防渗作用，同时往往还"二墙合一"，即与地下主体结构一起作为建筑承重结构。地下连续墙支护刚度大，止水效果好，是支护结构中最强的支护形式，适用于地质条件差和复杂，基坑深度大，周边环境要求较高的基坑，但是其造价较高，并且施工时要求使用专用设备。

（三）水泥土墙支护

水泥土墙支护是重力式支护结构的主要形式，它是在搅拌桩的基础上基于化学加固土体的机制，于 20 世纪 70 年代初在瑞典发展起来的一种主动支护形式。我国于 20 世纪 70 年代末开始研究和应用水泥土墙支护，于 20 世纪 90 年代初才开始大量将其应用于明挖工程实践。它是利用水泥系材料作固化剂，通过特制的搅拌机械边钻边往软土中喷射浆液或雾状粉体，在地基深处就地将软土和固化剂强制搅拌，由固化剂和软土之间所产生的一系列物理化学作用，形成抗压强度比天然土强度高得多，并具有整体性、水稳性的水泥加固土桩柱体，由若干根这类加固土桩柱体和桩间土构成复合地基。水泥土搅拌桩适用于加固各种成因的软黏土，一般用于开挖深度不大于 6 m 的明挖基坑。

（四）土钉墙支护

土钉墙是通过土钉加固天然土体并与喷射混凝土面板结合，形成的一种用以抵抗墙后土压力的支护结构，其重点为在"新奥法"原理基础上形成的物理加固土体机制。我国于 20 世纪 80 年代初将其应用于矿山边坡支护，于 20 世纪 90 年代将其在明挖基坑中加以迅速推广应用，其示意图如图 3.6 所示。它由被加固土、放置于原位土体中的细长金属杆件（土钉）及附着于坡面的混凝土面层组成，形成一个类似于重力式的支护结构，一般适用于开挖深度不大于 12 m 的基坑。

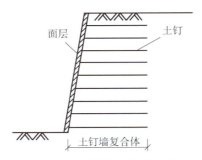

图 3.6　土钉墙支护示意图

（五）锚喷支护

锚喷支护是在新奥法的基础上基于物理加固土体的机制，于 20 世纪 90 年代在我国发展起来的一种主动支护形式，其示意图如图 3.7 所示。它由锚杆、钢筋网喷射混凝土面层和土体组成。锚杆是一种受拉杆件，它的一端与工程结构物或挡土桩墙联结，另一端锚固于地基的土层或岩层中。它利用地层的锚固力维持结构物的稳定，锚杆主要由锚头、拉杆、锚固体三部分组成，分自由段和锚固段。它为挖土、地下结构施工创造了条件，故在明挖法支护中被广泛应用。其拉杆可以是粗钢筋、钢筋束或钢铰线，以钢铰线为多用。锚固体一般为水泥砂浆圆柱体，其后不久就研究出了带扩大头或通过多次高压注浆形成的葫芦串锚固体。为了回收拉杆材料，我国还成功设计和使用可拆卸式土层锚杆。

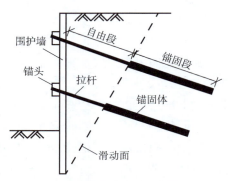

图 3.7　锚喷支护示意图

锚喷支护是一种柔性支护结构，它能很好地与其他支护结构形式共同作用以达到支护的目的。锚喷支护与土钉墙支护在施工工艺上有相似之处，但在构造、作用机理和适用等方面有较大差别。在构造上，锚喷支护的锚杆较长，要伸入滑动面以外的稳定土层中，分自由段和锚固段。土钉则较短，大多位于滑动面以内或附近，无自由段、锚固段之分。此外，土钉设置间距比锚杆密得多。在工作机理方面，锚喷支护是利用锚杆逐次超前"缝合"滑动控制面的裂缝而使土体形成整体的自稳能力；土钉墙支护则利用土钉与土体的共同作用，以弥补土体自身强度和刚度的不足。土钉墙支护一般不适于流砂、淤泥和淤泥质土等黏结力低的软弱土层，而锚喷支护则在这类土层中有较好的适应性。锚喷支护基坑最大开挖深度目前已达 18 m，在淤泥地层坑深也已超过 10 m。

三、盖挖法施工技术

盖挖法是指首先施工结构顶板或者临时盖板，然后在结构顶板或临时盖板遮护下进行土方开挖并施工地下结构的一种施工方法。实际上，盖挖法是明挖法和暗挖法的结合，就是顶部先明挖后作"盖"，再在"盖"下暗挖。与明挖法相比，盖挖法增加了盖板、盖板梁及将路面荷载传至地基的中间立柱和立柱桩，施工工艺较为复杂，施工成本有所提高。但是临时盖板的存在可以尽快恢复交通，并减小施工对居民的影响，在城市闹市区、交通流量大的地段施工，盖挖法的社会效益和综合经济效益远远优于明挖法。盖挖法适用于地质条件松散、隧道处于地下水位以上的地区。

按支护结构形式，盖挖法可分为无边柱（墙）盖挖法和有边柱（墙）盖挖法，按主体结构的施工顺序，可分为盖挖顺作法、盖挖逆作法和盖挖半逆作法。

（一）盖挖顺作法

在道路交通不能长期中断的情况下修建地下结构时，可考虑采用盖挖顺作法。

首先由地表面依设计要求完成护壁桩或地下连续墙等围护结构和必要的纵、横地梁，在围护结构上铺设预制盖板，形成临时路面系统，即所谓的"盖"，以维持基坑上方路面的正常使用，然后往下逐层进行土方开挖，每挖一段进行相应的支撑，开挖结束后再从下往上施工做建筑的主体结构及相应的防水措施。待主体结构完成后，拆除临时路面系统的"盖"后回填土并恢复路面交通的使用。盖挖顺作法看似于棚下明挖施工，开挖从上至下，然后自下而上进行结构施作。其主体结构和地面建筑施工类似，具有较好的整体性，但是相对于逆作法，顺作法对周围的建筑环境影响更大，基坑周围易产生较大的变形。

（二）盖挖逆作法

盖挖逆作法的逆作在于主体结构的建造自上而下进行并起着维护基坑稳定的作用。

盖挖逆作法是先在地表面向下做基坑的围护结构和中间桩柱，和盖挖顺作法一样，基坑围护结构多采用地下连续墙或帷幕桩，中间支撑多利用主体结构本身的中间立柱以降低工程造价。随后即可开挖表层土体至主体结构顶板地面高程，利用未开挖的土体作为土模浇筑顶板。顶板可以作为一道强有力的横撑，以防止围护结构向基坑内变形，回填土后将道路复原，恢复交通。以后的工作都是在顶板覆盖下进行，即自上而下逐层开挖并建造主体结构直至底板。

盖挖逆作法施工基坑暴露时间短，拆迁量小，并且可尽快恢复路面，对道路交通和环境影响较小；其缺点是作业面少，相互干扰大，施工速度较慢且施工难度大，因此造价相对较高。此外，混凝土结构的施工缝较多，处理比较复杂，防水难度大。

（三）盖挖半逆作法

盖挖半逆作法和盖挖顺作法相似，也是在开挖地面、完成结构顶板及恢复路面后，向下挖土至地下结构底板的设计高程，先建筑底板，再依次向上逐层建筑侧墙、楼板。其与盖挖顺作法的区别在于，盖挖顺作法所完成的顶板是将来要拆除的临时性盖板，而不是永久结构的顶板；而盖挖半逆作法所完成的顶板就是地下结构的顶部结构，因此在地下结构完成后不必再一次挖开路面。

第四章　明挖隧道施工

第一节　放坡明挖施工

放坡明挖适用于场地开阔和地下地质条件较好的情况，基坑应自上而下分层、分段依次开挖，随挖随刷边坡。对变形要求不严格的项目，可根据开挖深度采取一次、二次、三次放坡。放坡明挖工期短，造价相对低，但土方回填量也较大。在地下水位以下开挖还需采取降水措施，在水量丰富的地区还要设置止水帷幕，如在雨季施工还需采取坡面防护措施。

按照边坡的防护方式，放坡明挖包括直挖放坡和支护放坡两种方式。

一、直挖放坡

（一）直挖放坡特点

直挖放坡开挖严格来说应称之为"原状土放坡开挖"，是明挖施工工程中常用的施工方案。在明挖施工中，通过选择并确定合理的基坑边坡坡度，使基坑开挖后的土体在无加固及无支撑的情况下依靠土体自身的强度，在新的平衡状态下取得稳定的边坡，为建造基础或结构提供安全可靠的作业空间，同时又能确保基坑周边的工程环境不受影响或满足预定的环境要求，这类无支护措施下的明挖开挖方法通常称作直挖放坡，如图4.1所示。

图 4.1　直挖放坡施工

直挖放坡主要通过土体自身的抗滑移能力来保持基坑的稳定性。为了保证放坡具有更好的稳定性，同时减少放坡量，也可以通过在坡底放置沙袋（见图 4.2）、安插隔板（见图 4.3）等简易支护方式来实现。

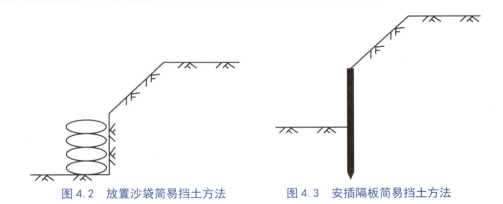

图 4.2　放置沙袋简易挡土方法　　　　图 4.3　安插隔板简易挡土方法

直挖放坡适用于地基土质较好，开挖深度不深，以及施工现场有足够放坡场所的工程。直挖放坡开挖一般费用较低。

（二）直挖放坡施工造就的传奇——兵马俑坑的修建

放坡明挖在我国有悠久的历史，举世闻名的秦始皇陵陪葬兵马俑坑就是采用直挖放坡方式修建的，如图 4.4 所示。

秦始皇陵陪葬兵马俑坑是深入当时地下土层 5 m 的地下土木结构建筑，俑坑总长度约为 2.5 km，横断面约为 3.7 m（高）×3.2 m（宽），每隔 3 m 设有承重墙，承重墙两边立有梁柱，坑顶为密集的横木，上面铺有草席，再上面为 2.0 m 覆土，地下部分高 3.2 m，坑底青砖铺地，其结构合理、坚实。

图 4.4　秦始皇陵陪葬兵马俑坑

兵马俑是深埋地下的随葬品，那么其陈列就成了一个很大的问题。因为数量众多，规模巨大，需要挖很深的陪葬坑才能陈放这些随葬品。秦始皇陵陪葬兵马俑坑的陪葬坑面积有 19 000 多平方米，相当于 50 多个篮球场那么大，里面陪葬有 8 000 多个比成人还高的兵马俑，这么大的规模被誉为世界第八大奇迹。规模如此之大，而且是在地下，这就相当考验当时中国工匠们的技术和才华了。在 2 000 多年前，当时既没有钢结构，也没有混凝土，即使开挖这么大面积的坑也是个巨大的工程。

聪明、智慧的中国工匠们想到了非常经济、实用的施工方案，即只挖出兵马俑站立的地方，对其他区域不进行挖掘，这就是两列兵马俑之间的土堆，它有个专用名词——土隔墙。土隔墙的出现不但让工程量大大减少，更是让整个工程变得非常稳固。土隔墙并不是只挖得剩一堵土墙，工匠们对土隔墙进行了加固，在墙体上面搭上夯土，并钉入木板进行墙体固定。形象地说，当时的土隔墙就是现代工程上的承重墙。

在挖完兵马俑站立的坑道和固定土隔墙的墙体后，需要进行坑道的平整，并铺设地砖。这种地砖的铺设既保证了兵马俑站立的平整和稳定，又有防水功能。坑道平展完毕后就要开始放置兵马俑了，工匠们把烧制完成的陶俑按照事先设置好的位置在坑道内进行一一摆设。兵马俑放置完毕后，就开始进行顶棚处理了。由于两堵土隔墙之间只有三五个兵马俑站立的距离，也就 3 m 左右距离，工匠们就在两个土隔墙上面搭上横木（石）板进行封盖，然后在木（石）板上填土、夯实，整个兵马俑的陪葬坑就算施工完成了。

二、支护放坡

（一）支护放坡特点

由于边坡稳定失控引起的事故波及面大，特别是在软土及地质复杂、挖深较大的明挖场地，一旦发生边坡失稳，则补救困难且受损严重。因此放坡开挖基坑工程必须保证边坡的稳定性，其中包含坡面的自立及整体的边坡稳定性。

在放坡开挖过程中，为了增加基坑边坡的稳定性，减少挖土土方量，边坡常采用挂网锚喷支护，或增加预应力锚索、土钉支护等，这类明挖方法称为支护放坡明挖。总体来说，放坡明挖只适用于开挖深度比较浅且土质条件比较好的地质条件。

（二）土钉墙支护放坡明挖修建广州轨道交通区间隧道

在广州市轨道交通 2、8 号线延长线三元里至嘉禾土建工程基坑明挖施工中，大量应用了土钉墙及复合土钉墙支护，远景站至江夏站之间的 3 个地铁区间明挖基坑全部采用分级放坡+土钉墙的支护方式。其中新市站至江夏站区间明挖基坑全长 804.9 m，基坑深 8.67～12.77 m。基坑开挖范围内地层主要为人工填土层、冲积～洪积黏性土层、坡积土层；沿线地形平坦，地势开阔，地下管线均为废弃管线。距离基坑周边 3 倍基坑深度范围内无建筑物，具备良好的明挖基坑工程施工环境。

区间支护结构在初步设计阶段经过了排桩支护、大放坡开挖和放坡+土钉墙支护等几种支护方案的比选，最终选择了放坡+土钉墙的支护形式。新市站至江夏站区间明挖基坑于 2008 年初开始开挖，采用两级放坡+土钉墙支护的形式，一级放坡坡度为 1∶0.5（含砂层段 1∶0.75），坡高为 5 m，设置 1.5 m 宽中间平台；二级放坡坡度为 1∶0.75。土钉间距为 1.5 m（水平）×1.2 m（竖直），长度为 5～9 m。普通黏土层中土钉采用 HRB 335 钢筋，砂层土层中土钉采用钢花管注浆。面层采用挂网喷射混凝土护坡，钢筋网为 $\phi8@200$ mm，泄水管间距为 2.4 m×2.4 m，基坑坡顶设置咬合搅拌桩作为止水帷幕。放坡+土钉墙支护示意图如图 4.5 所示。

该区间基坑采用土钉墙支护放坡明挖是非常成功的。这种支护方式的优点在于施工方便、造价低廉、设备简单且施工周期短。坡面喷混凝土层、钢筋网和土层锚杆，形成一个整体，提高了基坑边坡稳定性。

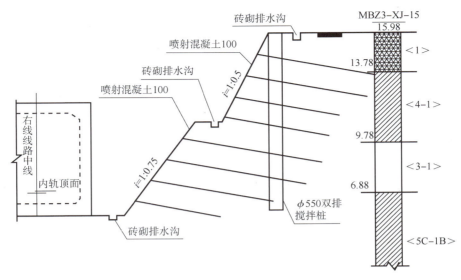

图 4.5　放坡+土钉墙支护示意图

第二节　围护明挖施工

迄今为止，明挖基坑支护开挖类型已经发展至数十种，最早用木桩，现在常用的有锚杆、排桩与地下连续墙及通过加固改良基坑周围土体的方法形成的水泥土挡墙和土钉墙等。

一、排桩支护

排桩支护是指队列式间隔布置人工挖孔桩、预制钢筋混凝土桩、钻（冲）孔灌注桩、钢板桩等排桩式围护墙，将其作为主要的挡土结构。排桩支护有较大的侧向刚度，可有效地限制支护结构的变形。其结构形式可分为悬臂支护、单锚、多锚杆结构、内撑式围护结构；按布桩方式可分为稀疏柱列式、连续密排式和双排式。悬臂支护适用于开挖深度不超过 10 m 的黏土层、不超过 8 m 的砂性土层及不超过 5 m 的淤泥质土层。当基坑深度较大或地基条件很差，采用单排结构不能满足结构强度或变形要求时，可采用双排式桩支护。从结构上分析，双排式桩支护如同嵌入土中的门式框架，与单排悬臂结构、内撑式维护结构相比，具有施工方便、不用设置内支撑、挡土结构受力条件好等优点，在工程中得到广泛应用。

（一）人工挖孔桩围护

1. 人工挖孔桩概述

借鉴人类古代的掘井技术，人工挖孔桩应运而生。人工挖孔桩依靠人工开挖成孔，边开挖边施工护壁，在护壁的保护下逐层循环开挖至桩底，成孔后绑扎、下放钢筋笼，浇筑混凝土，最后成桩。为了确保人工挖孔桩施工安全，施工时必须考虑预防孔壁坍塌和流砂现象发生，制定合理的护壁措施。护壁方法可以采用现浇混凝土护壁、喷射混凝土护壁、砖砌体护壁、钢套管护壁、型钢或木板桩工具式护壁等多种。

人工挖孔桩在我国应用也已有较长的历史，国内建筑行业自 20 世纪 80 年代开始应用人工挖孔桩技术。随着人工挖孔桩工艺的不断进化和发展，采用小铁锹或抢镐挖土已逐渐被淘汰，取代小铁锹和抢镐的是风镐，其动力可以是电动或柴油动力空压机。

人工挖孔桩的提升设备都是施工单位自行焊制的辘轳架，有手摇的，但多为电动的。开挖时采用小鼓风机带塑料风管通风，人工挖孔桩施工工具有机具简单、组织灵活、适应性强且造价相对低廉的特点。

人工挖孔桩常用的截面形式包括矩形截面、圆形截面、椭圆形截面及其他特殊形式的截面，其中圆形截面是最常见的形式。1995 年，矩形截面被首次采用在广州地铁 1 号线西门口车站的围护结构中，在结构受力和防、止水等方面均获得了良好的效果。1999 年 10 月，广州地铁 2 号线市二宫车站由中铁三局采用密排矩形人工挖孔桩作围护结构。

2. 矩形人工挖孔桩在广州地铁 2 号线市二宫站围护结构施工中的应用

广州地铁 2 号线市二宫站位于广州市江南大道与同福路、小港路交叉路口下，偏江南大道东侧布置，车站所处江南大道是连接广州市珠江两岸的重要交通干道，地面交通非常繁忙，车站周边是高密度建筑群，既有几十层的高层建筑，又有 2～3 层的低矮旧房居民区。

市二宫站为地下两层结构，车站全长 168.2 m，标准段宽 17.7 m，车站基坑开挖深度为 16.3 m。车站站区内地层自上而下依次为：人工填土层、海冲积淤泥层、淤泥质砂、黏性土层；可塑性土、硬土；砂泥岩全风化、强风化、中风化、微风化带。其中海冲积淤泥层在站内分布很广，厚度为 0.4～6.7 m，是围护结构施工中地层加固的重点。

广州地铁 2 号线市二宫站采用密排矩形人工挖孔桩作围护结构，同时矩形桩也作为车站主体结构的墙体，属复合式单层墙形式。全站共有 281 根矩形人工挖孔桩，其基本桩型平面尺寸为 1.5 m×1.0 m，桩间连接采用凹、凸榫接形式，先施作凹型桩，后施作凸型桩。矩形人工挖孔桩墙水平剖面图如图 4.6 所示。

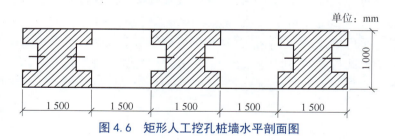

单位：mm

图 4.6　矩形人工挖孔桩墙水平剖面图

矩形人工挖孔桩采用人工配合风镐、铁铲开挖，手摇辘轳提升吊斗出土，入岩地段采用毫秒雷管微差控制爆破。

由于车站范围内普遍存在厚 0.4～6.7 m 的海冲积淤泥层，为流塑～软塑状，局部还有 1.0 m 左右的冲积砂层，从以往地铁工程施工情况来看，人工挖孔桩并非不能穿越淤泥层，但人工挖孔桩大范围穿越淤泥层时的施工安全性仍然较低，且工期影响也较大，尤其人工挖孔桩穿越砂层时，流砂、流水对工程及周边环境的影响较大。为了解决人工挖孔桩的施工安全问题，根据本工程地质上软下硬的特点，设计采用了先对上覆软土进行搅拌桩加固，然后再人工开挖矩形桩，形成人工地下连续墙。这样既满足施工的安全，又达到了止水的目的，且可大范围同时施工，大大加快施工进度。水泥搅拌桩布置示意图如图 4.7 所示。

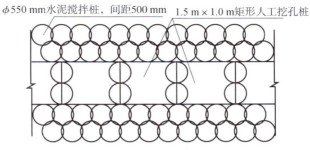

图 4.7　水泥搅拌桩布置示意图

矩形人工挖孔桩围护结构作为主体结构边墙（不设内衬墙），在广州地铁属首次采用，与地下连续墙、钻孔灌注桩及圆形人工挖孔桩围护结构相比，其省去了施作防水层、内衬墙等工序。市二宫站整个车站结构施工仅用了 227 天，大大缩短了施工工期，降低了工程造价。

人工挖孔桩常常作为基坑围护墙。据统计，在广州地铁 2 号线 16 个地下车站采用的基坑支护体系中，有 11 个车站采用了人工挖孔桩围护体系（见图 4.8）。

图 4.8　人工挖孔桩围护体系

（二）钻孔灌注桩围护

钻孔灌注桩是在泥浆护壁的条件下，利用机械钻进形成桩孔，采用导管法进行混凝土浇筑的施工方法。

1. 概述

早在 1893 年，工程师们就借鉴掘井技术发明了在人工挖孔中浇筑钢筋混凝土而成桩，即灌注桩。20 世纪 40 年代初，随着大功率钻孔机具的研制成功，钻孔灌注桩技术在世界得到广泛的应用。

我国应用钻孔灌注桩始于 20 世纪 60 年代初，首先在桥梁和港口建设中采用。1963 年冬，在河南安阳冯宿桥的两座桥台中首先采用了钻孔灌注桩基础。钻孔使用的是水利部门打井用的大锅锥，用人力推磨方式钻孔，孔径一般为 60～70 cm。1965 年 4 月，交通部在河南召开钻孔灌注桩技术鉴定会，认为它是一项重大技术革新，成为公路桥梁下部基础的首选形式，从而风靡全国。1965 年，在成昆铁路建设中进行了钻孔灌注桩基础试验，利用 YKC-30 型冲击式钻机造孔，顺利通过了大粒径的漂卵石层。自 20 世纪 70 年代中期以来，我国又陆续在广州、深圳、北京、上海、厦门等大城市将钻孔灌注桩应用于高层和重要建筑物基坑围护。在 20 世纪 80 年代末 90 年代初，随着改革开放步伐的加快，钻孔灌注桩技术发展迅速，新工艺、新方法、新设备不断出现。时至今日，随着科学技术的日新月异发展，钻孔灌注桩在我国高层、超高层的建筑物和重型构筑物的基坑围护中被广泛应用，钻孔灌注桩支护设计及施工水平也得到长足的发展。

钻孔灌注桩因成孔的机械不同而通常有以下几种成孔施工方法：螺旋钻机成孔法，潜水钻机成孔法，冲击钻机成孔法，正循环回转法，反循环回转法，冲抓钻机成孔法，旋转锥钻孔法，简易取土钻孔法。

钻孔灌注桩将单个桩体并排连续起来便可形成排桩式挡墙，施工工艺简单、成本低、平面布置灵活，墙身强度高，刚度大，支护稳定性好，变形小，但整体性差，在地下水位较高的地区不能单独起到挡水的作用，需设置挡水帷幕墙来挡水，适用于软黏土质和砂土地区，在砂砾层和卵石中施工困难。

钻孔灌注桩围护结构的应用在我国已有较久的历史。现阶段我国地铁的建设根据各地的地质条件和工程特点，充分利用了钻孔灌注桩作为围护结构。上海地铁 2 号线龙东路站的开挖深度 7～11 m，基坑宽 59 m，长 240 m，围护结构采用 ϕ800 mm 钻孔灌注桩，桩长 16 m，外侧辅以双排的搅拌桩作为止水结构。

2000 年，由中铁隧道集团施工的深圳地铁 1 号线一期工程会购区间（会展中心站～购物公园站区间）明挖段围护结构，为国内首次采用钻孔咬合桩作为围护结构的工点。桩径为 1 000 mm，选用套管钻机可以有效地控制垂直度，从而保证咬合面的成型。此外，在施工中可以在无泥浆条件下成孔，避免了泥浆对市区环境带来的危害。

南京地铁又在深圳地铁建设经验的基础上，对上述工法进行了改进，产生了新的钻孔咬合桩、旋转钻与套管钻咬合桩、钻孔桩与搅拌桩咬合等新的围护结构形式。

2．国内首次采用钻孔咬合桩施工的深圳地铁 1 号线一期工程会购区间明挖段围护结构

钻孔咬合桩是采用机械钻孔施工，桩与桩之间相互咬合排列的一种基坑围护结构，如图 4.9 所示。

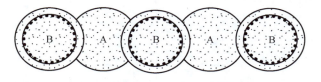

图 4.9　钻孔咬合桩平面示意图

为便于切割，桩的排列方式设计为一个素混凝土桩（A 桩）和一个钢筋混凝土桩（B 桩）间隔布置，施工时先施工 A 桩，后施工 B 桩。A 桩混凝土采用超缓凝型混凝土，要求必须在 A 桩混凝土初凝前完成 B 桩的施工。B 桩为基坑围护的骨架桩，钻孔咬合桩采用液压全套管钻机施工，施工 B 桩时，利用液压全套管钻机的切割能力切割掉相邻 A 桩与其相交部分的混凝土，则实现了咬合。钻孔咬合排桩施工原理示意图如图 4.10 所示。

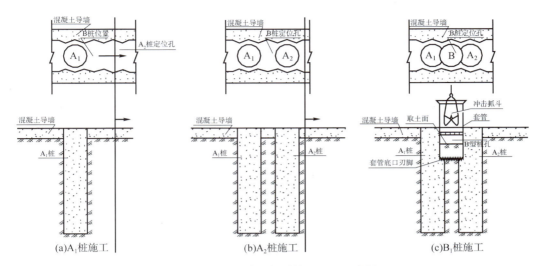

(a)A₁桩施工　　　　　(b)A₂桩施工　　　　　(c)B₁桩施工

图4.10　钻孔咬合排桩施工原理示意图

　　深圳地铁1号线一期工程会购区间隧道位于深圳市福田区福华路下，为单层左右箱体结构（原设计为双层三跨结构），全长448.19 m，其中暗挖段长76.86 m，明挖段长371.30 m。明挖段基坑深度16 m，围护结构采用直径1 000 mm钻孔咬合排桩，桩心距800 mm，两桩咬合200 mm。桩型分A、B、C三类，其中：A型桩为C15素混凝土桩，桩长18 m；B型桩为C25圆形钢筋笼混凝土桩，桩长21 m；C型桩为C25异形钢筋笼混凝土桩，桩长21 m。A、B、C型桩平面布置示意图如图4.11所示。

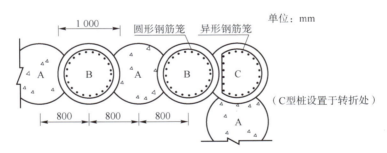

图4.11　A、B、C型桩平面布置示意图

　　本区间地处冲积平原，地势平坦、开阔，两侧建筑物稀少。区间隧道范围内上覆素填土、黏土、中砂、粗砂、砾砂、粉质黏土、淤泥质粉质黏土层，隧道底板位于残积层，桩底位于全风化花岗岩层中。地下水埋深3.0～5.5 m，隧道位于地下水位之下。

　　本区间段共施工钻孔咬合桩1 027根，其中A型桩507根，B型桩513根，C型桩7根。投入施工的钻桩机械共计7台，分别为MZ-1、MZ-2型套管钻机5台（国产）、MT-150型套管钻机1台、MT-200型套管钻机1台（日产）。7台钻机日平均成桩10根，满足了该工程的施工进度要求。

　　本区间钻孔咬合桩施工需解决的一个技术核心问题是A型桩和C型桩混凝土的缓凝问题。通过工艺设计及工程试验，确定A、C型桩的混凝土需缓凝60 h以上（混凝土初凝时间在60 h以上）。经过大量的原材料选择和混凝土配合比设计试验，配制出了能批量供应并能够满足要求的缓凝混凝土材料。

钻孔咬合桩的成孔精度也是施工技术的一个重点，由于 A 桩和 B 桩咬合的厚度只有 20 cm，如果成孔精度控制不好，将会产生桩前后、左右开叉的后果。根据规范要求成桩精度要达3‰，据此采取了成孔精度全过程控制的措施。

本区间明挖围护结构钻孔咬合桩施工完成后，桩的外观（见图 4.12）具有成桩外形规格、桩间咬合效果良好的特点，完全满足了设计要求的挡土防渗功能，由此成为深圳地铁领域颇受欣赏、符合该地区地质条件且经济实用的一种围护结构形式，填补了我国内地地下工程围护结构的一项空白。

图 4.12 深圳地铁 1 号线一期工程会购区间钻孔咬合桩

钻孔咬合桩是一种新型的明挖围护结构形式，与传统的人工挖孔桩、地下连续墙、钻孔密排桩等相比，具有防渗效果好、造价适中等优点，值得推广和应用。

（三）钢板桩围护

1. 钢板桩在国内的应用情况

钢板桩是带有锁口的一种型钢，其截面有直板形、U 形及 Z 形等，有各种大小尺寸及联锁形式，常见的有（U 形）拉森式、拉克万纳式等。钢板桩支护系统由钢板桩、锚拉杆（或内支撑）、锚碇结构、腰梁等组成，是一种利用打桩机及振动锤将型钢板桩沉入地下而形成的一道连续板墙，以此实现围护结构在明挖基坑开挖时临时的挡土、防水功能，如图 4.13 所示。

图 4.13 钢板桩围护

钢板桩的前身是由竹子、木材或者铸铁等材料制作的板桩，接着出现了使用钢板材料简单加工的钢板桩。20世纪初期，由于轧钢生产技术的发展，人们才意识到轧制工艺生产的钢板桩在低成本、可重复使用、质量稳定等方面所表现出的优异性能，在此理念的进一步探索中，钢板桩逐步在防波堤、船坞、码头、人工岛、地下隧道、挡土墙、防渗墙等永久性工程和围堰、基坑围护临时性工程中得到了广泛的应用。

1957年，我国在武汉长江大桥建设中，由铁道部大桥局从苏联引进U形钢板桩并将其应用于桥墩围堰施工中。20世纪60年代，我国在葛洲坝施工中使用钢板桩作围堰。此后数十年，受我国经济实力的制约，加之国内不具备生产装备与轧制技术，同时受限于工程机械匮乏及施工技术落后等因素，钢板桩在我国的应用与发展十分缓慢。

20世纪末，马钢自国外引进了万能轧机生产线的工艺装备，在此基础上生产了幅宽为400 mm的U形钢板桩5 000余吨，并成功应用在靖江新世纪造船厂30万吨船坞、嫩江大桥围堰及孟加拉防洪工程等项目中。

近年来，随着我国经济的高速发展，各类新颖、高效、环保的工程施工技术与材料逐渐得以推广应用。钢板桩因其高强轻质、止水性好、耐久性强、施工效率高、占地少等本身固有的独特性能，解决了我国若干大型工程建设的施工难题。如上海长兴岛造船基地一期项目、唐山曹妃甸煤炭码头等重大工程，为钢板桩提供了用武之地，钢板桩施工工法获得了实践舞台。

此外，在基坑围护、挡水围堰、码头建设等一些工程中，如浦东国际机场二期工程、上海世博园项目、杭州湾跨海大桥、温福铁路、港珠澳大桥等工程，钢板桩发挥了重要作用，较好地满足了我国经济建设对科技创新、环保与可持续发展的需求。

2. 东湖隧道双层拉森钢板桩围堰施工

武汉东湖隧道（见图4.14）是中国最长的湖底隧道，全长10.6 km，宽60～70 m，其中穿东湖隧道长4.94 km，里程桩号为DHTDK0+300～DHTDK5+240。因受施工成本、东湖湖底淤泥地质条件等影响，该隧道工程采用围堰明挖法，即先在东湖中修筑围堰，再抽干围堰内的湖水，然后往下挖掘10～14 m，接着浇筑隧道，浇筑好后回填黏土并拆除围堰，回水还湖。

图4.14　武汉东湖隧道

武汉东湖隧道单侧围堰长度约为 8.045 km，采用双层钢板桩土芯围堰，长度约为 7.16 km，为全国涉湖隧道之首。钢板桩围堰横断面图如图 4.15 所示。

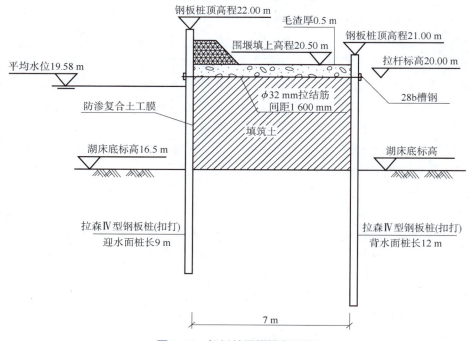

图 4.15 钢板桩围堰横断面图

钢板桩围堰迎水面与背水面两侧均选用拉森Ⅳ型钢板桩，拉森钢板桩相互咬合。迎水面钢板桩围堰内侧铺设复合土工膜防渗止水，背水面钢板桩相隔 2 m 距离桩身打孔，提供在推填过程中水及淤泥的排出通道。两侧拉森桩之间上部设置一道 $\phi 32$ mm 钢拉杆，外侧采用 28b 槽钢腰梁，拉杆处钢板桩和腰梁打孔，拉杆与腰梁之间采用"L"或"T"形焊接。围堰顶部宽度 7 m，东湖最高控制水位 20.35 m，迎水面钢板桩桩顶高程 22.00 m，钢板桩围堰背水面钢板桩顶高程 21.00 m。

武汉东湖隧道根据钢板桩围堰工程规模和周边环境特点，采取将 HSG2511 高频打桩机固定于特制浮箱上进行钢板桩插打施工，钢板桩的插打次序为从两侧开始向中间进行，最后在中心合龙。

武汉东湖隧道于 2013 年 10 月正式由中建三局开工建设，于 2015 年 12 月 28 日通车。武汉东湖隧道的双层钢板桩土芯组合围堰的优点为：施工简便，拆除快捷，黏土始终处于钢板桩之间，无土方扩散流失，易于恢复水域原始生态环境。

双层钢板桩土芯组合围堰施工形成钢板桩、堰芯土、土工膜 3 道防水体系，显著提高钢板桩围堰抗渗性能。并且通过钢板桩之间的拉筋、填土、插打深度控制及反压平台的设置，将钢板桩、堰芯土、反压平台三者结合成一体，有效增大围堰刚度，解决钢板桩柔性结构变形较大的问题，较大地提高了钢板桩围堰的整体稳定性和安全性。

武汉东湖隧道钢板桩围堰施工如图 4.16 所示，完成的武汉东湖隧道围堰如图 4.17 所示。

图 4.16　武汉东湖隧道钢板桩围堰施工　　图 4.17　武汉东湖隧道围堰完成

（四）SMW 工法桩围护

1. SMW 工法桩围护技术发展概况

SMW 工法桩也称劲性水泥土搅拌桩墙，即在水泥土桩内插入 H 型钢等（多数为 H 型钢，亦有插入拉森式钢板桩、钢管等），主要应用于软土基坑围护中。

SMW 工法施工原理：通过多轴深层搅拌机在施工现场按设计深度将土体切散，同时从其钻头前端将水泥浆注入土体，并使之与原位土体反复混合搅拌，然后在水泥土未硬化之前插入 H 型钢作为应力加强材料，直至水泥土硬结。在施工平面，桩与桩之间重叠搭接，加之 H 型钢强度高，在地下形成一个抗渗性好、刚度大、能承受较大水平土压力、连续完整、无接缝的地下连续墙体。该墙体可作为地下开挖基坑的挡土和止水结构。在地下结构施工结束后，可拔出 H 型钢加以回收再利用。总的来说，SMW 工法作为一种新型的施工技术，具有地层适用性强、成本低、施工周期短、环境污染小、挡水性强等优点，发展潜力大。SMW 工法桩围护结构如图 4.18 所示。

图 4.18　SMW 工法桩围护结构

在国内，水泥土深层搅拌桩的主要应用于挡土墙和防渗帷幕。20 世纪 80 年代末，国内开始对 SMW 工法进行研究，1987 年冶金部冶金科学研究院开始立项研究这一技术。1994 年通过部级鉴定，其所用的加劲材料（或称芯材）除国外常用的 H 型钢外，还有根据我国国情研制的钢筋笼和轻型角钢组合骨架等，适用于地下开挖深度为 6～10 m 的基坑。

与此同时，同济大学建筑设计研究院等也开始研究 SWM 工法，并于 1993 年应用于上海环球世界大厦施工中开挖深度 8.65 m、桩长 18 m 的基坑工程。

上海隧道工程股份有限公司自 1994 年起对 H 型钢/水泥土复合结构进行了较系统的试验研究，并于 1997 年初将其研究成果应用于上海申海大厦的修建，该课题于 1997 年通过上海市科委技术鉴定。

上海隧道工程股份有限公司和同济大学及江阴建筑总公司机械施工公司等单位合作，在上述课题中着重对 H 型钢的回收起拔技术（包括其减摩隔离材料及起拔机械）进行了重点攻关并最终获得成功，从而为降低 SWM 工法地下墙的造价开辟了途径。

此外，为适应工程需要，1996—1997 年武汉、上海两地先后引进了日本的三轴专用搅拌机数台。1998 年，上海隧道工程股份有限公司等单位联合研制 SJB-42/30×4 型四轴搅拌机，最终获得成功。根据上海地区经验，SWM 工法地下连续墙的造价约为钻孔灌注排桩的 80%，为常规地下连续墙的 60%。

上海隧道工程股份有限公司于 1998 年研制成功的四轴深层搅拌机，呈正方形布置，成桩面积 1.2 m×1.2 m，成桩深度达 28 m。1999 年 1 月，SJB-42/30×4 型四轴搅拌机在上海地铁陆家嘴站 1 号出入口工作井工程中被应用于地基处理并取得初步成功。1999 年 6 月，该四轴搅拌机被应用于上海轨道交通明珠线宝兴路站承台围护工程，成桩深度 26 m，完成双排桩墙 3 800 m²，施工性能优于 SJB-37×2 双轴搅拌机。

为适应工程项目不断增多的对施工机械的需要，除上述进口和自行新研制的机械外，我国还在传统的、非加筋水泥土搅拌桩机的基础上，利用预制桩的压桩设备，将二者组合而形成一种具有双立柱、双导向的专用桩机，从而满足了当搅拌施工完毕后，随即将 H 型钢压入桩体的工艺要求。

1997 年 10 月，SMW 工法桩在上海东方明珠国际会议中心工程中得以成功应用。上海东方明珠国际会议中心位于东方明珠电视塔西侧黄浦江东岸，工程建筑总面积约为 80 000 m²，地下室二层，基坑面积约为 13 400 m，开挖深度 9.7～10.7 m。除局部由于树根、块石等杂物夹入墙体引起局部渗漏外，墙体较好地起到了挡土隔水作用，水泥土搅拌桩施工速度快、结构占用空间小、无泥浆、噪声等污染，较好地解决了工程工期紧、主体结构离红线只有 800 mm 等问题，同时较好地保护了环境。

1998—1999 年，SMW 工法在上海逐步被推广应用，主要工程有地铁 2 号线静安寺站下沉式广场、陆家嘴站 5 号出入口地下人行通道、龙冬路延伸段、浦东国际会议中心和明珠线二期工程蓝村路站等。据统计，成桩最大深度 25 m，基坑开挖最大深度 15 m。

经过后续近 20 年的发展改良，SMW 桩的施工机具性能得到提高，同时型钢减磨剂也被成功开发和利用，该工法已被成功应用于我国软土地区的基坑支护中。在 SMW 工法的基础上，联合采用土锚、降水等措施，形成新的围护结构形式，已被应用于较深的明挖基坑围护结构之中。此外，由于后续工后型钢拔出技术、钢管甚至竹木加筋部分地取代型钢加筋技术的研究成功，SMW 工法在我国得到推广应用并有所创新，特别是在上海、广州、深圳等沿海城市，当前正广泛用于地铁基坑工程、市政建设工程、建筑基坑工程及海岸防渗工程等，成为目前国内常规支护结构形式之一。

根据钻机轴数，SWM 围护结构可分为单轴、双轴、三轴等类型；根据芯材，SWM 围护结构可分为无芯材、拉接筋、刚性芯材等；根据施工排数，SWM 围护结构可分为单排、双排、多排等。三轴搅拌施工如图 4.19 所示。

图 4.19　三轴搅拌施工

SMW 工法的排桩形式有以下两种。

（1）单排水泥土搅拌桩：H 型钢有隔孔设置、全孔设置和混合设置三种方式（见图 4.20）。

（2）双排水泥土搅拌桩：H 型钢有隔孔布置、全孔布置和混合设置三种方式（见图 4.21）。

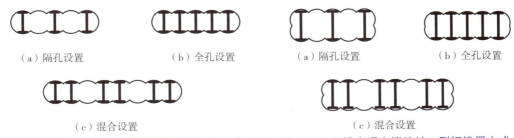

（a）隔孔设置　　　　　（b）全孔设置　　　　　（a）隔孔设置　　　　　（b）全孔设置

（c）混合设置　　　　　　　　　　　　　（c）混合设置

图 4.20　单排水泥土搅拌桩 H 型钢设置方式　　　图 4.21　双排水泥土搅拌桩 H 型钢设置方式

SMW 支护结构的支护特点主要为：施工时基本无噪声，对周围环境影响小，结构强度可靠，凡是适合应用水泥土搅拌桩的场合都可使用，特别适合于以黏土和粉细砂为主的松软地层；挡水防渗性能好，不必另设挡水帷幕，可以配合多道支撑应用于较深的基坑；在一定条件下可代替作为地下围护的地下连续墙，如果在费用上能够采取一定施工措施成功回收 H 型钢等材料，则成本大大低于地下连续墙，因而具有较大发展前景。

2. 南京地铁 1 号线百家湖站 SMW 工法桩围护施工

南京地铁 1 号线百家湖站，设计为地下二层三跨箱形结构，车站总长 210.2 m，车站段结构外包尺寸为 21.2 m×13.88 m（宽×高）；车站顶部覆土 0.75～1.0 m。车站站区工程地质从上到下分别为杂填土、粉质黏土、粉土，本站区场地地下水主要为浅部孔隙潜水和中部两层弱承压水，水位高程在 7.80 m 左右。

车站采用明挖顺作法施工，车站基坑深 14.49～14.97 m，围护结构采用 ϕ850 mm@600 mm 水泥土三轴搅拌桩内插 HN700×300 型钢支护，内插型钢根据基坑深度、地质资料按插二跳一、密插型两种方式布置，内支撑采用 ϕ609 mm 钢管支撑，钢管壁厚 14 mm，支撑水平间距 4 m，基坑竖向设 3 道支撑。桩顶设 900 mm×800 mm（宽×高）钢筋混凝土冠梁，主体结构施工完成后回收型钢，型钢拔除后在其孔洞内灌注水泥砂浆。

通过南京地铁 1 号线百家湖车站的施工实践可知，SMW 工法桩具有以下优点。

（1）对周边环境影响小。一是对邻近土体扰动较小；二是施工占用场地仅为其他施工方法的 60%～80%；三是残土及泥浆量小，废土外运量远比其他工法小，有利于保护环境。

（2）防水效果好。钻掘与搅拌的反复进行，可使水泥系强化剂与土体得到充分均匀的搅拌，墙体全长无接缝，使得形成的水泥土墙具有较高的抗压、抗剪强度，也可使它比传统的连续墙具有更可靠的止水性。

（3）工程造价低。搅拌桩的水泥使用量远低于其他围护方法，型钢又可回收，造价明显降低。

（4）可成墙厚度 550～1 300 mm，常用厚度 600 mm；成墙最大深度目前为 65 m，视地质条件可施工至更深。

二、地下连续墙支护

（一）地下连续墙的发展

地下连续墙又称连续墙，施工时在地面上用抓斗式或回转式等成槽机械沿着开挖工程的周边，在泥浆护壁条件下开挖出一条狭长的深槽。清槽后在槽内吊放钢筋笼，然后用导管法灌筑水下混凝土筑成一个单元槽段。各单元槽段之间以特定的接头方式相互连接，形成一条地下连续墙壁。也可在挖好深槽后直接放置预制的钢筋混凝土或预应力钢筋混凝土墙板作为基坑支护结构，在基坑工程中它一般兼有挡土和截水防渗之作用，同时往往还"二墙合一"，即与地下主体结构一起作为建筑承重结构。地下连续墙刚度大，止水效果好，是支护结构中最强的支护形式，适用于地质复杂、基坑深度大、周边环境要求较高的基坑，但是造价较高，施工要求专用设备。

地下连续墙技术于 1920 年起源于欧洲，但我国也是较早应用该技术的国家之一。1957 年，我国学者到意大利考察地下连续墙施工技术后，1958 年在青岛月子口水库（见图 4.22）的砂卵石地基中进行了国内首个桩排式防渗墙施工试验。当时是把 959 根直径 600 mm、深度 18 m 的圆桩互相搭接 200 mm 形成了防渗墙（有效厚度 430 mm），防渗效果不错，但施工难度很大。

图 4.22 青岛月子口水库

1958 年秋天，我国在密云水库白河主坝（见图 4.23）的黏土铺盖下面进行槽板式防渗墙试验施工，利用的是我国自主开发的（主、副孔）施工工法，到 1960 年 5 月建成了长度 755 m、深度 44 m 的地下防渗墙，工程规模很大。此时距意大利发明槽板式防渗墙不过 6 年。

图 4.23　密云水库白河主坝

我国像其他国家一样，也是从水利工程的地下防渗墙开始使用地下连续墙，逐步推广到建筑市政等各部门的。1974 年，当时的北京京水建设公司（原水利基础总队）在鹤岗煤矿两个深度为 30 m 和 50 m、直径 5.5 m 的通风副井中采用了地下连续墙，为当时国内第一且效果很好，由此推动了煤矿行业"帷幕法竖井施工技术"的发展。与此同时，上海基础公司和隧道公司、航运部门在天津也都开展试制和试验工作。1977 年，上海研制成功了导板抓斗和多头钻成槽机，并首次采用这种机械施工了某船厂升船机港地岸壁，为我国加速开发这一技术起到了积极推动作用。

1977 年，由水利水电部门组织召开了全国防渗墙经验交流会，水利水电、煤炭、城建、航运和铁路部门的代表互通信息，交流经验。

20 世纪 80 年代初期，由于自制和仿制的设备不太理想，各地逐步开始引进国外比较先进的地基基础施工设备和工法。北京京水建设公司在 1992—1994 年间投资 450 万美元，从意大利和日本引进了地基基础先进施工设备 20 多台套，包括伸缩式液压抓斗、伸缩式导杆旋挖钻机、高压喷射灌浆设备、预应力锚索设备和 MD-684 超声波测斜仪等，其中伸缩式液压抓斗和伸缩式导杆旋挖钻机曾经是后来国内多个工程引进设备和仿造的样板。引进的一大批国外设备推动了我国工程建设的发展，与此同时，全国很多厂家开始仿制、创造各种地基基础施工设备。自 2000 年到现在，我国正处于积极研制先进设备的过程中。

2018 年 10 月，首台纯国产地下施工装备双轮铣（见图 4.24）在南昌地铁 4 号线安丰站进行了一个多月的地下连续墙施工。经检验，地下连续墙施工各项性能合格，打破了发达国家在这一领域的垄断。

图 4.24　首台纯国产地下施工装备双轮铣

2000 年以后，随着国内又一轮建筑高潮的兴起，深大基坑和市区内周边环境保护要求较高的基坑工程不断涌现，地下连续墙工艺又得到了进一步发展，同时也出现了一批设计难度较高的工程。例如上海 500 kV 世博地下变电站工程直径 130 m 的圆形基坑，基坑开挖深度为 34 m，采用了 1.2 m 厚的地下连续墙作为围护结构，同时在正常使用阶段又作为地下室外墙。

我国水利水电工程中也建造了许多难度较高的工程。例如：在三峡地区建造了挡水水头最高的三峡围堰防渗墙；在西藏和新疆建造了深度 158 m（墙厚 1.2 m）和 186 m 的防渗墙；在城市地铁工程建造了深度 65 m 的地下连续墙；南水北调穿黄竖井的连续墙深度达 77 m；在多座悬索桥中建造了直径 80 m 的大体积混凝土锚碇；使用宝峨的双轮铣在上海进行了深度 150 m 的试验开挖工作。到目前为止，无论在理论研究还是在施工技术中，我国的地下连续墙技术都取得了很大进步，在工程实践中取得了很好的经济效益。

地下连续墙按其填筑材料分为土质墙、混凝土墙、钢筋混凝土墙（现浇、预制）、组合墙（预制和现浇）；按成墙方式可分为桩式、壁板式、桩壁组合式。我国应用得较多的是现浇的钢筋混凝土壁板式地下连续墙，多用作防渗挡土结构并常作为主体结构的一部分。总体上，地下连续墙属于一种先进的支护形式，即利用地下空间结构的围护外墙兼作深基坑支护，取消了某些地下工程另做支护墙的施工方法，这样可节约材料，降低造价，具有显著的经济效益。

（二）海域段围堰上软下硬地层中明挖隧道地下连续墙施工实践

汕头市苏埃通道是《汕头市城市总体规划》中确定的四条跨海通道之一，苏埃通道项目南岸明挖隧道处于海域围堰内，围护结构地下连续墙在上软下硬地层中，地层上层为极软流塑性淤泥层，夹含部分砂层，下部为极硬花岗岩岩层（100～140 MPa），存在孤石、软土和砂土液化等不良地质和特殊性岩土。

南岸明挖隧道基坑开挖深度 8.8～26.5 m，围护结构设计形式有钻孔桩（抗拔桩和临时立柱）、地下连续墙、SMW 工法桩和搅拌桩等，其中地下连续墙厚度分 1 200 mm、1 000 mm 和 800 mm，槽壁加固采用单轴搅拌桩 ϕ650 mm@400 mm，加固深度为 15 m。

对软土地层地下连续墙施工，预先在导墙两侧采用 ϕ650 mm@400 mm 搅拌桩进行槽壁加固，加固深度为 15 m。淤泥土、全风化岩层采用成槽机成槽，对存在的孤石、基岩凸起、搅拌桩侵限采取冲锤"往返冲击破碎法"进行处理。

对于孤石地段（见图 4.25），先采用地质钻机沿槽边缘，在孤石上布满间距不大于 300 mm 的钻孔，钻孔穿透孤石后可破坏孤石的整体性，再采用冲锤破碎，3 h 内可完全破碎，实现了进度上的巨大突破。后续当地下连续墙成槽遭遇类似孤石时，均采用此种方法，孤石处理困难的问题得到有效解决。

强风化岩的硬度较高，成槽机抓取困难。地下连续墙成槽至 27 m 左右时进入强风化岩层，成槽机抓取困难，每小时仅取土 3.5 m³。更换为冲锤冲孔后，泥浆黏度、比重、含砂远远超出了设计值，其对冲锤的浮力明显增大，冲孔效率降低，护壁能力降低，坍孔的可能性增大。采用旋挖钻机对强风化岩进行引孔处理后，再用成槽机进行抓土，效率提升了 30%。

图 4.25　基坑开挖孤石岩样

对斜坡岩，基岩表面为斜面，采用前面处理孤石的方式无效，旋挖钻机也无法引孔、取芯且钻头崩齿严重；采取冲锤冲孔时，因岩石表面倾斜经常偏孔，但将旋挖钻机普通钻头更换为牙轮钻头（牙轮钻头是将桶钻头端部刮齿更换为可旋转的牙轮），对斜坡岩的钻取十分有效。通过成槽机抓取软土、冲锤破除孤石、旋挖钻机挖除强风化岩、牙轮钻头钻取基岩和冲击锤修孔等几种方法的组合，斜坡岩地段成槽效率提升了 10 余倍。

三、水泥土墙支护

水泥土墙支护（见图 4.26）是由水泥土搅拌桩相互搭接形成的格网状、壁状等形式的重力式挡土结构物。通常采用搅拌桩及深层搅拌机就地将土和输入的水泥浆强行搅拌，形成连续搭接的水泥土柱状加固体挡墙支护，也可采用旋喷桩等。

图 4.26　水泥土墙支护明挖基坑

水泥土搅拌桩支护技术在第二次世界大战后起源于美国，当时称为水泥就地搅拌桩，即从不断回转的、中空轴的端部向周围已被搅松的土中喷出水泥浆，经翼片的搅拌而形成水泥土桩，桩径 0.3～0.4 m，长度 10～12 m。我国于 20 世纪 70 年代引进水泥土搅拌桩支护技术，随后研制出适合我国国情的具有不同特色而且互相配套的多种专用搅拌机械和由地质钻机等改装成功的搅拌机械，并且已经形成了庞大的专业施工队伍。

1977 年 10 月，冶金部建筑研究总院地基所和交通部水运规划设计院开始进行深层搅拌法的室内试验和施工机械的研制工作。1978 年底，我国研制出了第一台 SJB-1 型双轴中心管输浆的搅拌桩机械，目前 SJB-2 型的加固深度可达 18 m。1980 年，交通部第一航务工程局科研所等又开发出了单轴搅拌叶片输浆型搅拌机,其后水泥土搅拌桩支护技术在全国得到了迅速推广和应用。

1980 年在上海宝山钢铁总厂,由第五冶金建设公司在三座卷管设备基础软土地基加固工程中正式采用深层搅拌法并获得成功。同年 11 月,由冶金部基建局主持,正式通过"饱和软黏土深层搅拌加固技术"技术鉴定,认为该方法可在后续逐步加以推广与使用。

1981 年,国内已能批量生产 SB 型成套深层搅拌机械,并开始组建专门的施工公司。1982 年,在上海宝钢纬三路 P5 号污水处理站基坑开挖中,国内第四次采用壁状深层搅拌水泥土桩作为护坡支护并获得成功。

1980 年初,天津市机械施工公司与交通部一航局科研所等单位合作,利用日本进口螺旋钻孔机械进行改装,制成单搅拌轴翼片喷浆深层搅拌机,并于 1981 年在天津造纸厂蒸煮锅改造扩建工程中首次加以应用且获得成功。1983 年,浙江大学土木系联合当地施工单位,也制造出 DSJ 型单轴喷浆陆上型水泥系深层搅拌机。

1991 年开始,各地的机械制造厂又因地制宜制造出了双搅拌轴翼片喷浆型和可变轴距的双轴搅拌机。1994 年,上海探矿机械厂研制出 GDP-72 型双轴深层搅拌机,加固深度可达 18 m,成孔直径 700 mm。1997 年,由上海申元岩土工程有限公司和上海航天局 809 研究所联合研制出的"施工监控自动化—SC 型水泥搅拌桩注浆监测记录仪"得到了广泛的采用。它不仅是施工时测定水泥浆量的一种装置,而且可以控制并记录水泥浆量在桩身范围内分布的均匀程度,使施工质量得到可靠保证。

2002 年,为配合 SMW 工法桩施工,上海探矿机械厂研制出三轴钻孔搅拌机,其最大钻孔深度可达 27～30 m,钻孔直径 650～850 mm。上海建工在上海浦东国际机场二期 2#联络通道工程中采用三轴水泥土搅拌桩加固地基施工工艺,取得了非常好的施工效果。在传统钻孔灌注桩及 SMW 工法桩的基础上,上海建工成功研制了预制构件复合水泥土搅拌桩施工工艺,并于 2015 年成功在上海建工医院病房楼改建项目中进行了应用。

随着建筑基坑向大、深方向发展,对深基坑工程提出了新的要求,尤其是在高水位、富水量软土地区基坑工程深层土体加固及地下水阻隔方面,传统加固方式受到越来越多的限制。

自 2009 年以来,我国自日本引进了等厚度新型水泥土搅拌墙技术(也称深层地下水泥土连续墙工法或渠式切割深层搅拌地下水泥土连续墙工法,即 TRD 工法)及配套设备,并在上海、武汉、南昌、天津、淮安、苏州、杭州等地的 10 余项基坑明挖工程中成功应用。TRD 工法施工步骤如图 4.27 所示。

该工法通过动力箱液压马达驱动链锯式切割箱,分段连接钻至预定深度,水平横向挖掘推进,同时切割箱底部注入固化液,使其与原位土体强制混合搅拌,并持续横向掘进、搅拌、水平推进,构筑成高品质的水泥土搅拌墙。根据地层情况及深度的不同,选择一次性切割成槽并成墙或"两次成槽、一次成墙"等方式。TRD 工法最大水泥土搅拌构筑深度可达 60 m,垂直度偏差不大于 1/250,墙体均质性好、隔水性能可靠。该工法不仅适用于黏性土、砂土、直径小于 100 mm 的砂砾及砾石层,也适用于标贯击数达 50～60 击的密实砂层和无侧限抗压强度不大于 5 MPa 的软岩地层。该工法也可插入型钢预制混凝土构件以增加搅拌的刚度和强度,其成墙精度高,且配备智能化控制系统,综合性能十分优越,已成功应用于上海国际金融中心、上海白玉兰广场、上海轨道交通 14 号线云山路站、南昌绿地中央广场、奉贤中小企业总部大厦、中钢天津响螺湾、淮安雨润中央新天地等项目。

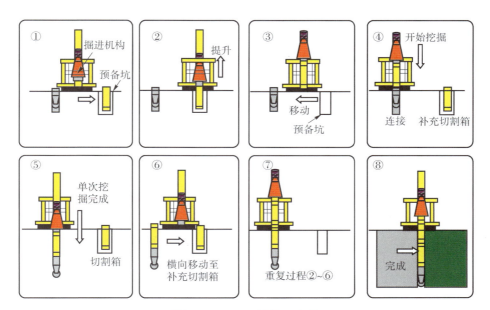

图 4.27　TRD 工法施工步骤

　　以 2013 年上海建工承建的上海国际金融中心（见图 4.28）项目为例，该项目基坑面积约 48 860 m²，最大开挖深度约 27.9 m，采用国产化 TRD-E 型工法主机及配套控制设备，施工等厚度水泥土搅拌墙（墙厚 700 mm）作为截水帷幕，创造了试成墙深度达 56.7 m、施工成墙深度 53 m 的国内已完项目新纪录。上海国际金融中心 TRD 工法明挖基坑如图 4.29 所示。上海国际金融中心地下连续墙及等厚度水泥土搅拌墙平面布置图及 TRD 施工现场图分别如图 4.30 和图 4.31 所示。

图 4.28　上海国际金融中心

图 4.29　上海国际金融中心 TRD 工法明挖基坑

　　水泥搅拌桩适用于淤泥、淤泥质土、素填土、软塑～可塑黏性土、松散～中密粉细砂、稍密～中密粉土、松散～稍密中粗砂和砾砂、黄土等土层，不适用于含大孤石或障碍物较多且不易清除的杂填土、硬塑及坚硬的黏性土、密实的砂类土及地下水渗流影响成桩质量的土层。

　　水泥搅拌桩按施工设备分为单轴、双轴和三轴搅拌桩，按施工工艺分为浆液搅拌法（简称湿法）和粉体搅拌法（简称干法）。

　　水泥搅拌法可采用单头、双头、多头搅拌或连续槽搅拌成水泥加固土，在湿法搅拌中还可插入型钢以形成排桩（墙）。加固体形状包括柱状、壁状、格栅桩或块状等。

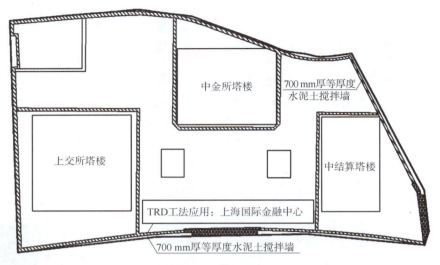

图 4.30　上海国际金融中心地下连续墙及等厚度水泥土搅拌墙平面布置图

图 4.31　TRD 施工现场图

桩体主要布置形式如图 4.32 所示。

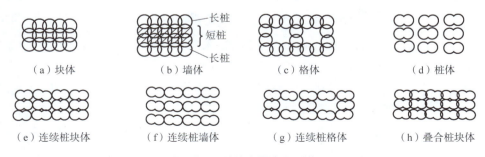

图 4.32　桩体主要布置形式

四、土钉墙支护

（一）土钉墙支护在国内的发展

土钉墙支护是一种原位土体加固技术，是以一定角度、密度及一定长度置于土体的土钉杆件及注浆体为主要受力构件，与钢筋网和喷射混凝土面层共同组成的挡土结构，承受墙后土体的主动土压力，从而保持开挖面的稳定，如图 4.33 所示。土钉墙支护具有节约工期、简便易施工、工程造价低的优点，一般适用于土质较好地区、开挖深度不大于 12 m 的基坑。

图 4.33　土钉墙支护

我国对土钉墙支护技术及其应用的研究起步较晚，有记载的首例工程是现煤炭工业太原设计研究院集团有限公司王步云 1980 年将土钉墙用于山西柳湾煤矿的边坡支护，边坡的挖深为 10.2 m，坡角 80°，总长度 80 m，土体为粉质黄土，采用长 9 m 的注浆钉，孔径 120～200 mm，土钉钢筋直径 25 mm，面层喷射混凝土厚 18 cm。之后数年，该技术的工程应用不多且基本上用于边坡支护，没有引起太多关注。

20 世纪 90 年代以后，国内深基坑工程大规模兴起，有学者尝试着将土钉墙支护技术用于基坑，了解到的首例工程为 1991 年胡建林等人完成的金安大厦基坑。该基坑位于深圳市罗湖区文锦南路，周长约 100 m，开挖深度 6～7 m。半年后（1992 年），在开挖深度达 12.5 m 的深圳发展银行大厦基坑施工中采用土钉墙并获得成功，建设部为分析总结土钉墙支护技术在国内基坑中的研究、设计和应用情况，于 1996 年委托清华大学举办了"深基坑支护技术研讨会"，推动了这项技术在建筑基坑工程中的应用。另外，同济大学土木工程学院地下建筑与工程系突破了软土地区不易使用土钉墙技术的禁区，在上海软土中初步尝试了土钉墙支护技术，并获得了成功。1997 年，中国工程建设标准化协会推出了《基坑土钉支护技术规程》。这些举措对我国土钉墙支护技术的发展起到了很大的促进作用，使土钉墙支护技术在短短几年时间内就在各种基坑支护技术中独占鳌头，迎头赶上了国际水平。

土钉墙施工的方法是：先成孔，将钢筋置入孔内，并在孔内注浆包裹钢筋形成土钉体，然后在坡面挂钢筋网喷射混凝土，并与土钉连接，如图 4.34 所示。

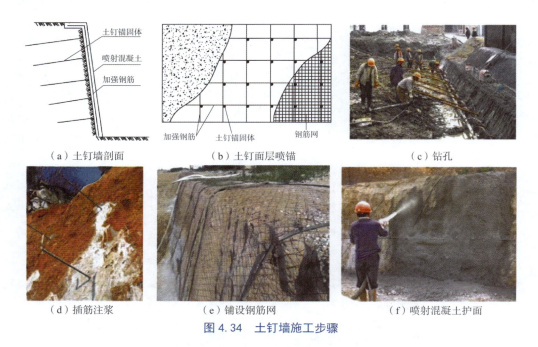

（a）土钉墙剖面　　　　　（b）土钉面层喷锚　　　　　（c）钻孔

（d）插筋注浆　　　　　（e）铺设钢筋网　　　　　（f）喷射混凝土护面

图 4.34　土钉墙施工步骤

（二）玻璃纤维土钉墙在地铁昆明南站基坑支护中的应用

昆明市地铁 1 号线支线工程昆明南站站为地铁 1、4 号线平行换乘车站，昆明南站站主体结构采用地下一层（局部二层）钢筋混凝土箱形框架结构，车站外包长度为 571 m，最大宽度为 55.25 m，建筑面积为 38 576.22 m²。

昆明南站站采用明挖法施工，拟建场地现状地面起伏较大，自然地面高程 1 920.03～1 939.78 mm，地铁工程基底高程约为 1 923.070 mm，地铁基坑开挖深度约 0～9.3 m。地下水主要为松散岩类孔隙潜水和基岩裂隙水，稳定水位高程约为 1 921.725 mm，分布土层主要有粉土及粉质黏土。

基坑两侧高差较大，对撑体系难以实施，只能采用放坡及悬臂支挡方案。若采用悬臂支挡，至少需要 16 个月工期，不满足要求，因此考虑放坡开挖或土钉墙支护。本工程采用玻璃纤维土钉墙支护方案，将玻璃纤维筋引入本工程土钉墙支护，充分利用玻璃纤维筋抗拉强、抗剪弱的特点，消除土钉钢筋对后续桩基施工的影响。

GFRP 筋土钉墙支护方案如图 4.35 所示，基坑高度 9.4 m，坡率 1∶0.5 分两级放坡，中间平台宽 2 m；钻孔直径 100 mm，间距 1.5 m×1.5 m；表面挂钢筋网 $\phi8@150$ mm×150 mm，喷射 C20 早强混凝土面层 100 mm。

GFRP 筋土钉墙施工工艺流程依次为挖土、修坡、喷射第一层混凝土、安设土钉（包括成孔、插 GFRP 筋、注浆、安设连接件等）、挂网、焊接骨架钢筋、喷射第二层混凝土、养护。

玻璃纤维土钉墙在地铁昆明南站基坑支护中的应用，解决了传统土钉墙钢筋残留影响基坑周边工程施工的问题。该工法施工安全、投资合理、所占场地小、省工期，在后续交叉作业的地铁基坑工程中有较大的推广价值。

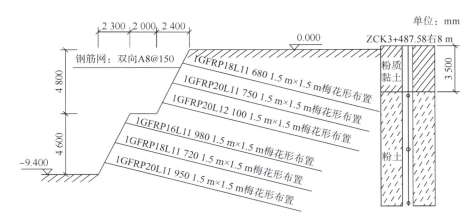

图 4.35　GFRP 筋土钉墙支护方案

第五章　盖挖法施工技术

第一节　概　　述

盖挖法是相对于明挖法而言的，传统的明挖法造价便宜，施工简单，是地下工程施工的重要方法之一，目前在各地地下工程中仍然有广泛的应用。但是明挖法的缺点是施工期间对城市交通及居民生活干扰较大，一般需要对道路进行较长时间的封闭。城市的快速发展使得道路车流量、人流量越来越大，城市交通已不堪重负，施工因素引起的道路封闭更造成干扰。因此，在一些重要路口进行明挖施工被难以接受，从而出现了盖挖法。

盖挖法是在明挖法基础上发展起来的一种施工方法，突破了"先挖后盖"的模式而代之以"先盖后挖"，即先修筑结构顶板或临时顶板以恢复路面而维持地面交通，而后在顶板的遮护下安全、顺利地修建地下结构其他部分，这在一定程度上缓解了工程施工对城市交通的干扰。

我国的盖挖法始于 20 世纪 80 年代中期，是由哈尔滨市人防系统创造性地发展起来的。哈尔滨秋林街地下通道、奋斗路地下商业街都是盖挖法成功应用的范例。长春、延吉、石家庄等地也在 20 世纪 80 年代末先后成功应用盖挖法修建了一大批地下防空工程和地下商场。从 1989 年开始，受北京市科委委托，中国建筑科学研究院承担了"地铁盖挖法技术"的研究课题，开始系统研究盖挖法的结构形式、受力分析方法、关键部位设计等问题，取得了一系列成果，对城市地下工程设计和施工具有指导意义。

20 世纪 90 年代初，北京市市政总公司和北京市的设计单位合作，成功地应用盖挖法修建了前门 4 号、7 号人行地下通道和地铁复八线永安里站，把北京地区盖挖法施工技术推进到了一个新阶段。20 世纪 90 年代中后期，随着北京、上海、广州等地地铁建设的大规模兴起，适用于在闹市区浅地层中进行施工的盖挖法得到了大规模的应用。

广州地铁经过多年的探索，将明挖顺作法和盖挖逆作法相结合，创造性提出盖挖顺作法（也称铺盖法）和半盖挖顺作法（也称半铺盖法）。广州地铁 2 号线江南西站采用柱列式挖孔桩作为基坑围护结构及路面系统的支撑传力体系，采用六四式军用梁作为临时路面的支撑构件，军用梁上敷设钢板及沥青路面，用来对各类既有地下管线进行悬吊或换管处理。广州地铁 2 号线萧港站工程首次在国内应用半盖挖法工艺进行施工并获得成功，既保证了施工的顺利进行，又不影响市内繁忙的交通运输。

半盖挖顺作法的优点是可以在不中断交通的情况下进行明挖顺作，其工期、质量容易得到保证。与明挖顺作法相比，半盖挖顺作法只增加了临时铺盖系统的费用，可在城市交通比较密集、不允许中断交通的路段修建车站。该工法在广州地铁昌岗站、宝岗大道站、沙园站、凤凰新村站等车站得到很好的应用。

广州地铁 2 号线越秀公园站（见图 5.1）长 275.8 m，最大宽度约 33.8 m，顶部覆土约 2 m。该车站采用了明挖、盖挖和半盖挖法等多种方法施工。

图 5.1　广州地铁 2 号线越秀公园站

2001 年 7 月施工的深圳地铁科学馆站位于深圳市深南中路行车道下方，长 22.5 m，宽约 20 m，结构底板埋深约 16.8 m，采用盖挖顺作法施工。其主要围护结构为 506 根人工挖孔桩，临时路面由 20 m 跨度的六四式军用梁构成。

随后，盖挖法作为一种成熟的施工方法被写进了《地下铁道工程施工及验收规范》（GB 50299—1999）和《地下工程防水技术规范》（GB 50108—2001）。近几年，盖挖法与其他技术（如桩下梁技术、土体预应力锚索技术、SMW 围护桩技术等）不断结合，在地铁、工业与民用建筑、市政工程等多个领域得到广泛的应用。

第二节　盖挖顺作法

最早使用的盖挖法是指在支护基坑的工字钢桩上架设钢梁，铺设临时路面维持地面交通，在路面下施工的盖挖顺作法（也称铺盖法）。

在路面交通不能长期中断的道路下方修建地下结构时可以采用盖挖顺作法。采用这种方法时，首先由地表面依设计要求完成护壁桩或地下连续墙等围护结构和必要的横、纵地梁，把预制的标准化模数的盖板（混凝土盖板或钢盖板）覆盖在挡土结构上，形成临时路面以恢复道路交通；而后在盖板下方往下反复进行开挖和加设横撑，直至设计高程；然后再依照地上建筑物的常规施工顺序由下而上施工主体结构和防水措施；在上述工序完成后拆除临时顶盖进行土方回填，最后视需要拆除挡土结构的外露部分并恢复永久性道路。盖挖顺作法施工示意图如图 5.2 所示。2001 年开工的深圳地铁科学馆站和深圳地铁一期工程华强路站等几个车站就是成功采用盖挖顺作法修建地铁车站的实例。

深圳地铁 2 号线一期工程华强路站位于深圳市最繁华的深南中路与华强路交叉口西侧，深南中路行车道下。该地区市政道路密集，车流量大，最高车流量达 3 865 辆/h。车站主体为单柱双层双跨结构，车站全长 224.2 m，标准断面宽 18.9 m，基坑深约 18.9 m。2001 年 2 月此工程开始施工，主体结构施工工期为 2 年，其中围护结构及临时路面施工工期为 7 个月。为保证深南中路在地铁站施工期间可以正常行车，该路段主体结构采用盖挖顺作法施工方案，并采用军用梁作为临时路面支撑系统，施工进程顺利，为我国在繁华路段的地下工程施工积累了宝贵经验。

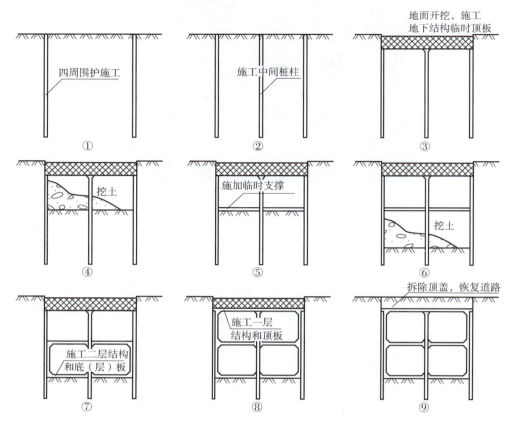

图 5.2　盖挖顺作法施工示意图

地铁华强路站的施工顺序如下：首先施工车站外侧作为施工期间围护结构的人工挖孔桩，再分幅施工临时路面系统，待恢复路面交通后从侧面进行基坑土方开挖。当开挖到一定深度时，架设由 $\phi 600\ mm$ 钢管组成的横撑以维持基坑的稳定。当开挖到设计深度后，随即进行主体结构的施工，主体结构完工后拆除临时路面系统并回填土，恢复原路面。

地铁华强路站的围护结构采用人工挖孔桩。人工挖孔桩采用两种桩径，即直径为 1 200 mm 的圆形桩和长轴直径为 2 000 mm、短轴直径为 1 200 mm 的椭圆桩。人工挖孔桩采用"跳三挖一"的顺序成桩，即四根桩为一组，先施工圆形桩，后施工椭圆桩，人工挖孔桩上再设置冠梁，冠梁随挖孔桩施工进度分段施作。

根据交通疏解的要求，将围护结构及临时路面系统分解为四幅围挡进行施工，在深南中路原八车道的基础上，两侧占用人行道各拓宽两车道，围护结构及临时路面系统施工时分幅每次占用 3 车道，宽度不得超过 12 m，以保证临时路面施工期间深南中路七车道行车。第一次围挡施工南侧围护结构，第二次围挡施工南侧临时路面系统，第三次围挡施工北侧围护结构，第四次围挡施工北侧临时路面系统。本方案采用分次围挡形成路面体系来满足交通要求，一定程度上缓解了交通与施工之间的矛盾，对于地处繁华闹市的商业区、交通流量加大的深南中路的交通疏解有明显的环境及社会效益。本施工方案科学合理，结构防水的质量得到了更好的保证，因而该方案综合社会效益明显。

第三节　盖挖逆作法

一、盖挖逆作法的发展

逆作法在欧洲被称为 up-down method，意思是从上向下的施工方法，其施工与顺作法相比，主要的改进之处在于：用地下连续墙取代了工字钢桩，用结构顶板代替临时路面系统和临时横撑；结构施作顺序与传统相反，自上而下。这是地铁施工方法的一次飞跃，除继承了盖挖顺作法的优点外，它在地铁工程中提出和运用了一个新概念，即将临时结构与永久结构合二为一，今天这个概念已被广泛应用于各种地下工程。逆作法为复杂环境条件下的深基坑开挖工程（尤其是在饱和软土地层中）提供了一种最安全、对地面沉降影响最小的施工方法，使以修建地铁为契机的城市地下空间的大规模开发比较容易实现，进一步加强了地铁在大都市中的地位。

在我国首次应用逆作法是在 1955 年的哈尔滨地下人防工程中。随着地下连续墙开始在我国使用，逆作法在国内的推广得到了很大的促进。我国工程界在 20 世纪七八十年代逐渐开始了对逆作法设计施工技术的探索和研究，首先是在民用建筑多层地下室工程中进行探索应用，较典型的有上海基础公司科研楼（地下 2 层），主要目的是探索地下地上结构同时施工以缩短总工期的能力，然后就陆续出现了上海电信大楼（地下 3 层）、上海环球金融中心（地下 3 层）、天津紫金花园商住楼（地下 3 层）、深圳地王大厦（地下 3 层）、杭州凯悦大酒店（地下 3 层）、杭州西湖国际饭店（地下 3 层）等逆作法工程。同时，随着轨道交通的大力发展，逆作法也在该领域得到了广泛的应用，如北京地铁永安里站、天安门东站，上海地铁等都成功应用了逆作法施工工艺。

北京地铁复八线（现北京地铁 1 号线东段）共有 3 座车站采用了盖挖逆作法施工。永安里站是北京地铁复八线上的一座车站，位于迎宾路线上，且地面交通流量大，施工期间不能中断交通。针对该地区的具体状况，工程技术人员对明挖法、暗挖法和盖挖法 3 种施工方法从技术难易程度、对交通干扰、施工占用场地、地上地下拆迁量、对周围环境的影响、施工安全、工程造价及工期等 8 个方面进行综合比较，确认该车站采用盖挖逆作法施工为最优方案。

地铁永安里站东西长 235.4 m，南北宽 20.3 m，结构净高 15.3 m，顶板以上覆土厚约 1 m，车站为 3 层结构。根据工法的需要，首先在车站结构外侧施作 $\phi600$ mm 的混凝土灌注桩作为护壁桩，桩长 21.5 m，桩中心间距 1.0 m，共计 561 根。沿车站纵轴线两侧设两排桩柱合一的中间支承桩，纵向中心距 6 m，排距 5.4 m，共计 87 根。中桩（柱）在车站底板以下部分为 $\phi500$ mm 的钢筋混凝土灌注桩，长 13 m，在底板以上为 $\phi600$ mm 的钢筋混凝土柱，然后自上而下依次做车站 3 层结构。地铁永安里站是目前国内第一座采用中桩和桩墙（连续桩）支承顶板及地面荷载进行盖挖逆作施工的车站，如图 5.3 所示。该站由北京市市政工程局施工，1992 年 6 月 24 日开工，1995 年 3 月 27 日完成主体结构。

图 5.3　北京地铁复八线永安里站

　　北京地铁天安门东站（见图 5.4）为第四纪土层中的三跨二柱三层框架结构，车站主体结构长 218.3 m，高 15.25 m，宽 24.2 m，顶部覆土厚 1～1.8 m，采用条形基础盖挖逆作法施工。该工程于 1993 年 10 月开工，于 1995 年 12 月底完成主体工程，其设计施工单位是铁道部隧道工程局。在施工过程中，他们进行了新技术的开发与研究，独创性地选用了柱下条形基础、出入土深度短桩作周边围护结构等一系列新技术，并通过对工程的科学管理和精心组织，最终在较困难的条件下使天安门东站得以顺利建成，并创造了 139 天顶板封盖、全面恢复地面交通的施工纪录。这一工程的建成开创了条形基础盖挖逆作法在繁华地区施作的先例，它的产生和发展为城市大型地下构筑物的建设提供了新的施工技术。

图 5.4　北京地铁天安门东站

　　地铁大北窑站是北京地区盖挖逆作法和地下连续墙防渗帷幕工法成功结合的实例，车站主体为三层结构，长 213.18 m，高 16.75 m，宽 21.80 m，顶部覆土厚约 0.8 m。在该车站的建设中，成功应用了地下连续墙防渗帷幕工法和十字桩基钢管混凝土柱等先进技术。

　　上海地铁工程所处地层基本为饱和含水流塑或软塑黏土层，地铁线路穿越市中心区，为缩短重要路段对城市交通的干扰，淮海路、南京路路段上的车站成功地采用了逆作法施工。例如上海地铁 2 号线河南中路站（现为南京东路站）施工期间，应用了树根桩、地基托换、对撑温升应力调整等成套技术，并根据时空效应采用顺作逆作结合的工法，合理组织抽条施工，取得了在饱和软土地层中成功修建大型地铁车站的良好成果。还有上海地铁陕西路站、静安寺站，杭州地铁武林广场站等，都成功应用了逆作法施工工艺，取得了明显的社会效益和经济效益，逆作法得到了工程界越来越多的肯定和重视，逐步成为一项很有发展前途和推广价值的深基坑支护技术。

随着全国轨道交通建设热潮的兴起和大型换乘车站的出现,逆作法发展迅速。现如今,逆作法早已列入了各级标准规范当中,比如《地铁设计规范》(GB 50157—2013)、《建筑基坑支护技术规程》(JGJ 120—2012)、上海市工程建设规范《基坑工程技术规范》(DG/TJ 08—61—2010)、上海市工程建设规范《城市轨道交通设计规范》(DG/TJ 08—109—2017)、浙江省工程建设标准《建筑基坑工程技术规程》(DB 33/T 1096—2014)及专门的逆作法规范规程《地下建筑工程逆作法技术规程》(JGJ 165—2010)、浙江省工程建设标准《建筑基坑工程逆作法技术规程》(DB 33/T 1112—2015)等。同时我国科学研究及工程领域人员也对逆作法的设计、施工等进行了大量的全方位研究,通过理论研究和工程实践得出了一定的研究成果和工程实践经验。

二、盖挖逆作法施工步骤

在地下构筑物顶板覆土较浅、沿线建筑物过于靠近的情况下,为防止因基坑长期开挖而引起地表明显沉陷危及邻近建筑物的安全,或是为了避免盖挖顺作法两次占用道路的弊病,可以采用盖挖逆作法施工。盖挖逆作法施工示意图如图 5.5 所示。

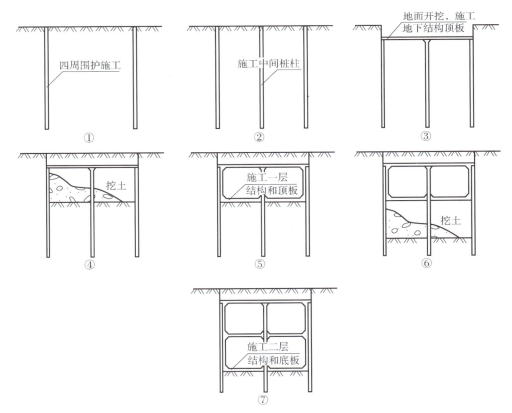

图 5.5　盖挖逆作法施工示意图

盖挖逆作法可缩短基坑开挖和支护结构大面积暴露的时间,改善支护结构受力性能,使其刚度大为增强,节省支撑的费用,也使支护结构的变形及对相邻建筑物的影响大为减小，从而使总造价降低，是一种先进的施工作业方法。

三、盖挖半逆作法

盖挖半逆作法和盖挖顺作法相似，它们的区别在于：盖挖顺作法所完成的顶板是将来要拆除的临时性盖板，而盖挖半逆作法所完成的顶板是地下永久结构的顶板，在地下结构完成后不必再一次挖开路面。盖挖半逆作法施工示意图如图5.6所示。

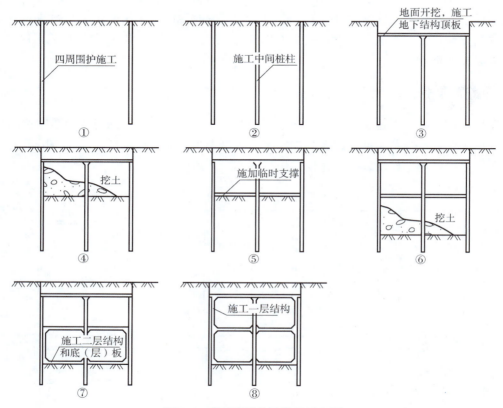

图 5.6　盖挖半逆作法施工示意图

盖挖半逆作法吸收了盖挖顺作法和盖挖逆作法两者的优点，可以避免进行地面二次开挖，减少了对交通的影响；除地下一层边墙和顶板为逆作连接外，其余各层均为顺向施工，减少了结构的应力转换，对结构的整体性和使用寿命有利，结构的防水施工也变得简单可靠。

第三篇

暗挖法

第六章 暗挖法概述

第一节 暗挖法的发展历程

20世纪50年代以来，隧道及地下工程施工方法经历了人力工具、小型机具、半机械化、大型配套机械化到全断面掘进机工厂化的发展过程，施工技术原理应用上也经历了从传统的矿山法到现代钻爆法的发展历程。隧道及地下工程施工技术的发展是中国20世纪50年代以来重大科技成就之一，它不仅有力地促进了交通运输事业的发展，同时也带动了土木工程、水利工程等相关基础设施建设的发展。尤其是21世纪前20年，我国隧道及地下工程的施工工艺、施工机械配套技术、成洞速度、不良地质条件下施工技术等方面都有了突飞猛进的发展，达到或超出世界先进水平，这不仅使中国的隧道及地下工程建设取得了令世人瞩目的伟大成就，也为丰富世界隧道施工技术宝库做出了巨大贡献。

我国隧道施工技术的发展可分为四个阶段：第一阶段为萌芽阶段，新中国成立初期的20世纪50年代，施工方法和机械相对落后，施工突破2 km；第二阶段为20世纪60—70年代的起步阶段，广泛使用风动凿岩+锚喷（木）支护，施工突破6 km；第三阶段为稳定发展阶段，这一阶段对应20世纪70年代末至90年代末，"新奥法"支护理念和大型机械化得到普及，隧道建设长度突破10 km；第四阶段为快速发展阶段，对应时间为21世纪初至今，浅埋暗挖法得以成熟应用，修建了一大批越岭、深埋长度超10 km以上的隧道，施工突破20 km直至30 km，铁路隧道、城市地铁大规模普及。

纵观20世纪，我国隧道及地下工程施工技术走过了明显的四个阶段：即50年代及以前的手工工具时代，生产能力低下，一般只能够在中、硬岩中开凿断面10 m²左右的坑道，进而逐步扩大成隧道；60年代至70年代为小型机具施工阶段，以相当复杂的分部方法"化整为零"来构筑隧道，如开挖采用上下导坑法、正反台阶法、漏斗棚架法、蘑菇形开挖法，衬砌采用先拱后墙法或先墙后拱法等；80年代以后，从国外引进了隧道施工大型专用设备和相关的先进技术，施工能力有了较大的提高，较好岩层隧道钻爆掘进施工多采用全断面法、短台阶法、中导洞法，软弱地层隧道开挖施工则采用台阶法、CD工法、CRD工法、双侧壁导坑法等；到了90年代，以大型TBM、盾构机为代表的现代化施工装备的使用，使得特长隧道、软土隧道和水下隧道的建设有了突破性的发展，同时隧道施工大型设备国产化配套也有了较快进步，隧道施工技术更加成熟、全面。

中国内地公路隧道的快速发展源于20世纪80年代。此前因所修建的公路等级低，线路标准不高，当公路翻越山岭时，大都采用盘山展线绕行，隧道仅有几十座，最长的山岭公路隧道仅361 m。20世纪80年代中期，随着高速公路的发展，对于能够缩短线路里程、提高线路等级、绕避地质病害、保护生态环境的长大公路隧道的修建开始受到各地交通主管部门重视。我国及时制定了公路隧道的设计、施工、通风、照明、养护等技术规范，对公路隧道建设起到了促进与推动作用。

第二节　暗挖法的分类及施工特点

前面已经提到，暗挖法分为矿山法、钻爆法、浅埋暗挖法、掘进机法等，这里主要介绍各类施工方法的特点。

一、矿山法

矿山法采用圆木、型钢、钢轨等形成支架，对开挖面形成强力支承。矿山法的依据是"松弛理论"，认为围岩可能由于扰动产生坍塌，支护需要支承围岩在一定范围内由于松弛可能坍塌的岩体重量。在 20 世纪 80 年代及以前，因施工工艺落后、钢材紧张而普遍采用该方法。但是矿山法因安全性差，现已很少使用。

二、钻爆法

钻爆法施工的全称为钻眼爆破法施工，是指采用炸药爆破来破碎岩体、开出洞室的一种施工方法。我国绝大部分铁路隧道均采用此方法施工而成。钻爆法施工的基本工序包括：①钻眼；②装药爆破；③通风；④必要的施工支撑；⑤出渣清场。钻爆法施工特点主要包括以下几点。

（1）适用于各种地质条件和地下水条件。可以适应坚硬完整的围岩，也可以适应较为软弱破碎的围岩。

（2）具有适合各种断面形式和变化断面的高度灵活性。

（3）通过分部开挖和辅助工法，有效地控制地表下沉和坍塌。

（4）与盾构法比较，在较短的开挖地段使用时，经济性较好。

（5）与掘进机法比较，对围岩匀质性质无要求。

（6）与明挖法比较，可以极大地减少对地面交通和商业活动的影响，避免大量的拆迁。

（7）从综合效益观点出发，是比较经济的一种方法。

（8）可以开挖各种形状、尺寸、大小的地下洞室。

（9）就施工设备而言，可以采用比较简单便宜的施工设备，也可以采用先进、高效、比较贵的设备。

当然，钻爆法也具有一些缺点，如工序复杂、进度慢、工作条件差、超欠挖比较难控制、独头开挖长度受限、对围岩扰动大、安全性差等，实现高速、高效、安全、文明施工是对工程师们的挑战。

三、浅埋暗挖法

对于浅埋地下工程而言，其显著特点是埋深浅，在施工过程中地层承载力差，开挖引起的地层应力波迅速传到地表，从而引起明显的地表沉降，对周边环境的影响较大，超过一定限度时就会导致整体失稳，最终发生塌方，这就对地层预加固、开挖方法、支护衬砌等提出了更高的要求。

与钻爆法一样，浅埋暗挖法也遵循"新奥法"原理，是在距离地表较近的地下进行各种类型地下洞室的一种暗挖施工方法。与钻爆法不同的是，浅埋暗挖法强调预支护，及时支护，控制地面沉降，保证施工和地面地下建筑物的安全。

　　浅埋暗挖法具有结构形式灵活多变、对地面建筑、道路和地下管影响不大、拆迁占地少、扰民少、对污染城市环境小等优势，但也存在施工速度慢、喷射混凝土粉尘多、劳动强度大、机械化程度不高及高水位地层结构防水比较困难等缺点。

四、掘进机法

　　这里主要介绍盾构法、TBM 法。

（一）盾构法

　　盾构法施工的优点主要有：①开挖安全；②掘进速度快；③盾构的推进、出土、拼装衬砌等全过程可实现自动化作业，施工劳动强度低；④不影响地面交通与设施，同时不影响地下管线等设施；⑤施工中没有噪声和扰动；⑥在松软含水地层中修建埋深较大的长隧道往往具有技术和经济方面的优越性。其缺点主要有：①断面尺寸多变的区段适应能力差；②新型盾构购置费昂贵，对施工区段短的工程不太经济。

　　盾构掘进控制的目的是确保开挖面稳定的同时，构筑隧道结构、维持隧道线形、及早填充盾尾空隙。因此，开挖控制、一次衬砌、线形控制和注浆构成了盾构掘进控制四要素。

（二）TBM 法

　　广义上的 TBM 包括盾构施工，而工程上常将土质隧道中采用的机械称为盾构，而将岩质隧道中施工的机械称为 TBM。TBM 的主要优点集中在：①快速，施工速度为钻爆法的 4~6 倍；②优质，开挖洞壁光滑，超欠挖量小；③高效，节约衬砌，节约人工劳动；④安全，施工安全，作业环境安全；⑤环保，采用非爆破开挖，尘土、气体、噪声污染小，可减少竖井等辅助洞室，减少对地表的破坏；⑥自动化、信息化程度高。其缺点体现在：①设备成本高；②施工途中不能改变开挖半径；③地质适应性较差；④断面适应性较差；⑤机械运输困难。

　　总体来说，TBM 和盾构的优缺点相差不大，但是 TBM 法施工要点与盾构法有所差异，主要集中在工程地质条件、断面直径、掘进长度等方面。工程地质条件方面主要表现在：①岩石硬度过大，石英含量较多，粒径较大，刀具磨损很大，因此硬岩中刀盘的磨损是值得关注的点；②对施工安全影响大，如地下水丰富的地段容易造成工作面崩塌，应慎用；破碎带、风化带地段容易造成拱顶崩塌、机体下沉、支撑反力降低等问题；③对施工效率的影响大，如在良好的岩层中 TBM 月进尺可达 500～600 m，而在破碎岩层中仅 100 m 左右，在塌陷、涌水、暗河地段甚至需要停机处理；断面直径对 TBM 施工的影响也很大，如在硬岩中开挖大直径隧道十分困难，日本实例的最大直径仅 5 m；开挖直径越大，刀头内周、外周差速越大，将对刀头产生不良影响；此外，随着开挖直径的增大，所需顶推力也越大，支撑靴也要增大，将导致运输困难与顶推承载能力不足等问题。另外，开挖长度对 TBM 的施工适用性也会有一定影响，由于 TBM 设备长 100～200 m，正规的掘进也需先构筑一段长 200 m 左右的隧道。若隧道长度小于 1 000 m，运行成本急剧增大。当隧道长度大于 3 000 m 时，从运行成本的角度上来说 TBM 法是比较合适的。

五、顶管法

顶管法是地下工程建设中的一种非开挖施工方法，在管道的敷设、更换和修复中应用得较多。同为机械掘进方法，顶管法和盾构法在工作基坑、进出洞施工技术、接缝防水、非标沉降控制、周边环境保护和注浆施工等方面差别不大。两者的不同点主要体现在以下几个方面。

（1）盾构法为衬砌管片，一般拼装好后不会移动，而顶管法的每环管节由顶进装置依次顶进，直至第一节管节到达接收井。

（2）盾构法主要的千斤顶布置在盾构机的支撑外沿，而顶管法的顶进装置在工作井内，如果顶推力不足需要架设中继间。

（3）盾构法适用于大断面城市地下隧道、水工隧道、公路隧道施工，顶管法则适用于断面较小一些的地下管线铺设。

同盾构和 TBM，顶管施工在地表控制、环保、施工机械化、信息化、施工安全等方面优势明显。但在施工过程中，仍可能存在工具管的旋转与偏移、管节接头漏浆、止水圈撕裂或外翻、导轨偏移、顶管后靠背严重变形、位移或损坏、顶铁外崩、管节破裂等问题，这些都是顶管施工中需要控制的要点。

第七章 传统矿山法

第一节 概 述

"矿山法"一词来自古老的修筑矿山地下工程所采用方法的总称，凡用一般开挖地下坑道的方法修筑隧道的都称为矿山法，它与钻孔、爆破技术联系在一起，因此有时也称矿山法为钻爆法。现在所谓的矿山法，主要是针对开挖方法而与掘进机法等全机械化开挖相区分。矿山法就支护方式而言，又可分为传统矿山法、现代矿山法等。采用钻爆法开挖和使用钢（木）构件支撑的施工方法称为传统矿山法，采用钻爆法开挖和使用以锚喷支护为主要特征的施工方法称为现代矿山法。无论是传统矿山法还是现代矿山法，其开挖方式有全断面开挖法、台阶开挖法、断面分部开挖法等。

本节主要针对传统矿山法而论。国内外使用传统矿山法建成了大量的隧道和地下工程，这些隧道和地下工程的建设也丰富和发展了传统矿山法。传统矿山法作为成功的工程技术方法是长期以来国内外众多隧道建设先驱们的经验和智慧的总结。

传统矿山法是建立在经典的岩土力学基础之上的，尽管现代的岩土力学理论比经典的岩土力学理论有了很大的进步和发展，但是经典岩土力学的理论精髓并没有完全废弃，莫尔-库仑定律及兰金定律沿用至今，用于深埋隧道的普氏坍落拱理论、泰沙基卸荷拱理论及用于浅埋隧道的沉降漏斗压力理论和全土柱压力理论在现实中仍有指导意义。隧道设计、施工的某些方面仍在自觉或不自觉地使用着传统矿山法的技术指导原则，如隧道支护结构物现行的设计计算方法基本上袭用了设计地面结构物时所采用的"荷载—结构物"概念，其要点有以下两点。

（1）把支护结构物与围岩看成是相互作用的两个方面，认为它们之间的相互作用表现为：围岩产生一个"主动荷载"（通常被称为"山体压力"）作用在支护结构物上；与此同时，围岩对支护结构物在主动荷载作用下所产生的变形具有约束作用，这种约束作用用弹性地基所提供的"被动抗力"来表达。按照这种概念，在分析支护结构物受力时采用的图示如图 7.1 所示。

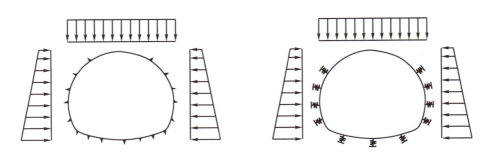

图 7.1 现行设计计算方法所采用的图示

（2）认为作用在支护结构物上的"主动荷载"纯粹是由于围岩中坍落下来的岩块的重量所引起的。岩块的坍塌是支护结构物受力的唯一原因。在设计时采用隧道开挖后不加支护情况下围岩所可能坍塌下来的全部岩块的重量来计算"主动荷载"。在地下工程的实践中发现，大多数情况下，地下洞室开挖后围岩的坍塌并不延伸到地表。即使不加支护，围岩的坍塌也是有限度的。当这种坍塌致使洞室形状改变到一定程度时将不再发展，而在围岩中建立起新的平衡。这就是说，如果不加支护，洞室开挖后围岩力学形态将经历"平衡—变形、破坏、坍塌—新的平衡"的过程，即围岩通过运动自身建立起新的平衡的过程，这种过程的最终产物就是人们熟知的坍落拱。

我国《铁路隧道设计规范》则根据各类围岩中的 200 多个坍方资料，用数理统计方法加以整理，从而得出计算各类围岩中坍塌高度 h 的经验公式：

$$h=0.45×2^{S-1}w \tag{7.1}$$

$$w=1+i（B-5） \tag{7.2}$$

式中：S——围岩级别；

w——宽度影响系数，按式（7.2）计算；

B——坑道宽度，m；

i——B 每增加 1 m 时围岩压力的增减率。当 $B≤5$ m 时，取 $i=0.2$；当 $B>5$ m 时，取 $i=0.1$。

坍落拱的形成充分说明了围岩的"自承"能力。根据这一点，人们很自然地想到：只要支护结构物能把坍落拱范围内可能坍塌下来的全部岩块支撑住使之不落入洞内，就能保证隧道的安全使用，围岩也不会继续坍塌。传统矿山法支护结构物设计取坍落拱范围内的全部岩石的重量来作"主动荷载"就是从这一点出发的，认为围岩构成荷载，坑道需要支撑来维持稳定，隧道衬砌结构应能抵御围岩压力。即传统矿山法施工的工程机制建立在对围岩"松弛荷载"的支护概念上，是传统的、一般工程构筑的思维模式，把注意力放在内外因果关系上，其工程行为重在支撑效果和对支撑的处理上。

传统矿山法的核心内容是：稳定的围岩有自稳能力，不产生荷载；不稳定的岩体则可能坍塌，需要用支护结构予以支撑。它只将围岩视为被挖去的岩体，开挖后受爆破影响，造成岩体破裂形成松弛状态，随时都有可能坍塌。基于这种松弛荷载理论依据，其施工方法是按分部顺序采取分割式一块一块地开挖，并要求边挖边支护以求安全，所以支护复杂，木料耗用多。它是以木或钢构件作为临时支撑，等到隧道开挖完成后，逐步将临时支撑撤换下来，而用整体式后衬砌来代替它作为永久性支护的施工方法。例如方木接顶就是一种用于防止隧道落顶的方法，它具有取材方便、支护及时的特点。但是，其由于耐久性差和对隧道形状等实际情况的适应性差，支撑撤换工作既麻烦又不安全，甚至对围岩造成扰动，因此已经很少被采用。相反地，钢构件支撑具有较好的耐久性和良好的对隧道形状等实际情况的适应性，施工中不用更换，所以较方便高效。更重要的是，它的安全性高。传统矿山法施工的基本点就是支护结构物能承受其顶部覆盖岩层的全部重量和侧面土压力，不考虑洞室周围岩体自身形成的岩石支撑环的作用，不但支护结构物很庞大，还经常因支护结构物的自承能力及自身强度不足而坍塌。

这种建立在坍落拱理论基础上的现行设计方法从一定角度上反映了支护结构物同围岩之间的相互关系和支护结构物的作用原理。通过对已成隧道衬砌工作状况和山体压力的调查、量测发现，按上述原理对衬砌所进行的计算，其结果与隧道衬砌的真实工作状态常常很不相符。尤其是在对锚喷支护进行研究的过程中，也发现现行的设计理论不能说明这种新型支护的作用原理。故传统矿山法需要进行改进与发展才能更好地服务于隧道及地下工程。

第二节　传统矿山法隧道施工技术

20 世纪 50 年代是新中国隧道施工技术发展的第一个阶段，该阶段隧道施工均为矿山法。开挖以人工手持钢钎大锤打孔和小型机械凿岩为主；装载多数靠人力斗车或翻斗车，只有极少数使用电瓶车；临时支护采用圆木作扇形支撑，衬砌有浆砌片石也有混凝土浇筑；洞内通风只有小功率的鼓风机或利用辅助导坑进行自流通风。由于技术水平和装备条件限制，隧道施工长度多数在 3 km 以下，同时应对不良地质的能力也较低。

虽然这一时期的施工技术落后，但是隧道建设者们满怀建设新中国的激情，艰苦创业、忘我奉献，建造出一项项超越前人的业绩。1950—1959 年，我国平均每年建成隧道 30 多 km，隧道平均长度 305 m，总数量是新中国成立前的 2 倍。与此同时，我国对隧道工程的科研、规章和技术标准也逐步进行建立和颁布，并发动群众开展技术攻关、技术革新和技术交流，使隧道施工技术、施工效率和管理水平不断改进和提高。例如根据石质变化调整上导坑法、上下导坑法、漏斗棚架法的分部工序以提高劳动效率，采用辅助导坑来加快施工进度，地质条件好的地段进行全断面开挖，用钢拱架代替木拱架，将隧道外贴式防水层改为压浆防水等。这一时期隧道最高单口月成洞 201 m（天兰铁路柏树湾隧道），建成的隧道最长为 4.27 km（川黔铁路凉风垭隧道），海拔 3 690 m、长 4.01 km 的青藏铁路一期工程关角隧道也于 1958 年 8 月开工。

一、早期传统矿山法隧道施工方法

（一）人力开挖

用钢钎大锤打孔，用人力斗车装运，用圆木棚架作支护，在百废待兴的新中国成立初期，隧道建设者们就这样艰苦创业。丰沙Ⅰ线铁路人力开挖图如图 7.2 所示。

图 7.2　丰沙Ⅰ线铁路人力开挖图

　　丰沙Ⅰ线铁路长 105 km，共有隧道 65 座，总长 27.08 km，其中 500 m 以下的 59 座，长 12.464 km，全部为人力开挖。全线于 1952 年 9 月开工，于 1955 年 6 月通车，如图 7.3 所示。共有 4 万余人修建丰沙Ⅰ线铁路，有集体转业原中国人民解放军铁路工程第八师，有原各营业线的职工，也有祖国各地的农民兄弟。这支建设队伍在与坚石、塌方、流砂、洪水、烈火展开斗争的过程中，共有 108 名同志献出了自己的宝贵生命，平均每一公里就有一个人牺牲。

图 7.3　人力开挖修建完成丰沙Ⅰ线铁路短隧道

（二）小型机具施工

　　20 世纪 50 年代，虽然施工设备简陋且缺少，但大规模的铁路建设使隧道工程日益增多。为了加快隧道施工进度，建设者们大搞技术革新，因地制宜地对传统矿山法进行改进，创造出上导坑先拱后墙法、上下导坑先拱后墙法、漏斗棚架先墙后拱法等施工方法，在不需要增加很多设备的情况下，平均单口月成洞由新中国成立前的 10 m 左右提高到 50 m。

1. 上导坑先拱后墙法

　　上导坑先拱后墙法施工顺序如图 7.4 所示，采用该方法修建的隧道有宝成铁路紫兰坤隧道和天兰铁路曲儿岔隧道，如图 7.5 所示。

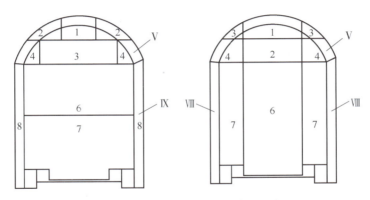

图 7.4　上导坑先拱后墙法施工顺序

（a）宝成铁路紫兰垭隧道　　　　　　（b）天兰铁路曲儿岔隧道

图 7.5　采用上导坑先拱后墙法修建的隧道

2. 上下导坑先拱后墙法

上下导坑先拱后墙法施工顺序如图 7.6 所示。丰沙铁路下马岭隧道（16 号隧道）长 2.435 km，为全线第一长隧，采用上下导坑先拱后墙法施工，期间曾用风道式通风。

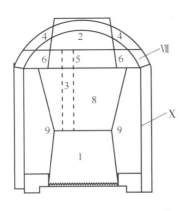

（a）上下导坑先拱后墙法施工顺序　　　　　　（b）丰沙铁路下马岭隧道

图 7.6　采用上下导坑先拱后墙法修建的丰沙铁路下马岭隧道

京承铁路夹马石隧道（见图 7.7）（16 号隧道）长 2.387 km，为全线第一长隧，采用上下导坑法施工，石质松软地段先拱后墙，石质较好地段先墙后拱。该工程于 1955 年 5 月开工，于 1957 年 7 月建成。

川黔铁路凉风垭隧道（见图 7.8）长 4.27 km，是 20 世纪 50 年代修建的最长的铁路隧道，也是中国隧道施工由人工到轻型机械化的标志性工程。该工程采用上下导坑先拱后墙法施工，首先使用了凿岩支架、轴流式通风机、电动空压机等机械，并在线路上坡方向右侧设长 4.51 km 的平行导坑，实现长隧短打。该工程于 1957 年 11 月开工，于 1960 年竣工。

图 7.7 夹马石隧道　　　　　　　　图 7.8 凉风垭隧道

3. 漏斗棚架先墙后拱法

漏斗棚架先墙后拱法（下导坑全断面开挖法）施工顺序如图 7.9 所示。

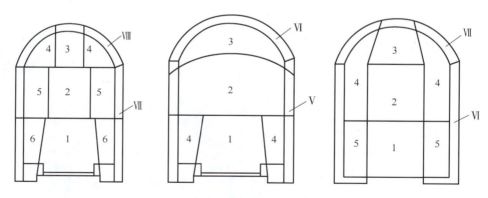

图 7.9 漏斗棚架先墙后拱法施工顺序

川黔铁路娄山关隧道（见图 7.10）长 2.146 km，采用漏斗棚架先墙后拱法施工，于 1956 年 3 月开工，于 1959 年建成主体。

贵昆铁路梅花山隧道（见图 7.11）长 3.986 km，是全线第一长隧，采用漏斗棚架先墙后拱法施工，进口端平均月进 117.4 m，出口端平均月进 89.6 m。该工程于 1959 年开工，于 1966 年 5 月建成，期间曾停工 3 年多。

图 7.10 娄山关隧道

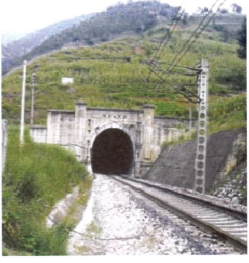

图 7.11 梅花山隧道

二、改进后矿山法隧道施工方法

20 世纪 60—70 年代，我国对传统矿山法施工技术继续加以改进和提高，出现了蘑菇形开挖法、正台阶开挖法、反台阶开挖法等、全断面开挖法等，并学习外国先进施工技术，开始了解和接受国外先进的施工方法与理念。

伴随着西南"三线"建设的展开，我国开始自制和引进大量的隧道施工机械，普遍采用了风动支架凿岩机、风动或电动装渣机、混凝土搅拌机、空压机、通风机、电瓶车等，成昆铁路隧道施工中还采用了门架式凿岩台车和槽式运渣列车。隧道开挖在以轻型凿岩机分部开挖为主的同时，也已开始尝试应用凿岩台车全断面开挖；隧道支护出现了锚杆喷射混凝土技术，主动利用和控制地层环境，尝试应用"新奥法"；衬砌由石砌发展到模筑混凝土，除了整体式衬砌外，还有连拱、大拱脚薄边墙、半衬砌、锚喷衬砌等多种类型；针对不同的地质条件采用不同的施工方法，对于长隧道则充分利用辅助坑道等有效措施，初步形成一套对付岩爆、岩溶[①]、有害气体、大量涌水、软弱围岩等地质灾害的方法和措施。

施工技术的改进和机械化程度的提高不仅显著改善了隧道施工现场的劳动条件，提高了劳动效率，而且还促进了施工管理水平的提高。20 世纪 60—70 年代，铁路隧道导坑单口月进 270 m 以上的有 13 个洞口，正洞单线全断面单口月成洞 100 m 以上的隧道有 10 座，多口开挖年进度 2 km 以上的单线隧道有 5 座。

（一）蘑菇形开挖法

蘑菇形开挖法施工顺序如图 7.12 所示。枝柳铁路彭莫山隧道（见图 7.13）长 5.592 km，主要采用漏斗棚架法和蘑菇形先拱后墙法施工，连拱墙及喷浆防护，单口最高月成洞 235 m。该工程于 1971 年 10 月开工，于 1973 年 12 月建成主体。

---

① "岩溶"一词的英文为 karst，又译为"喀斯特"。

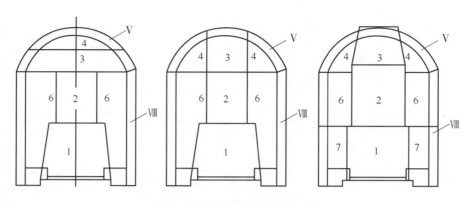

图 7.12　蘑菇形开挖法施工顺序

　　成昆铁路沙马拉达隧道（见图 7.14，曾名沙木拉打隧道）长 6.383 km，1959 年 3 月开工时采用上下导坑法施工，1963 年 4 月停工，完成成洞 2.405 km。1964 年 12 月复工后，该工程的开挖、运输实现机械化，并通过开展技术革新，实现蘑菇形开挖和对开马口，进度加快，平均月成洞 131.4 m，于 1966 年 11 月建成主体，共完成成洞 3.975 km。

图 7.13　彭莫山隧道　　　　　　　　　图 7.14　沙马拉达隧道

（二）正台阶开挖法

正台阶开挖法施工顺序如图 7.15 所示。

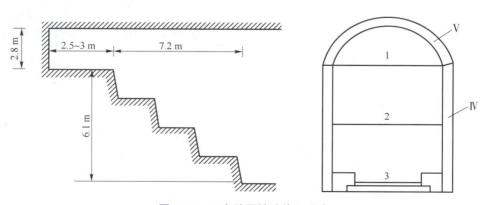

图 7.15　正台阶开挖法施工顺序

襄渝铁路大巴山隧道（见图7.16）长5.334 km，采用弧形导坑正台阶大断面开挖，先拱后墙衬砌。该工程于1970年3月开工，于1972年12月完成主体工程，月均成洞151 m。

图 7.16 大巴山隧道

（三）反台阶开挖法

反台阶开挖法施工顺序如图7.17所示。成昆铁路老昌沟隧道（见图7.18）长1.784 km，隧道围岩较完整，但当时尚缺少大型机械，故采用反台阶先墙后拱法施工，于1966年建成。

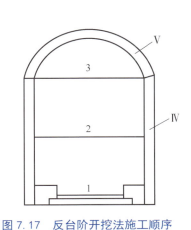

图 7.17 反台阶开挖法施工顺序   图 7.18 老昌沟隧道

（四）全断面开挖法

全断面开挖法是将隧道断面一次开挖完成。20世纪70年代初期之前，由于支护手段仍以木支撑为主，全断面法开挖法仅局限于围岩完整并配备有凿岩台车或台架的隧道。之后，随着大型隧道施工机械的引进，全断面开挖法迅速被推广和应用。至 20 世纪 70 年代末，应用全断面开挖法的铁路隧道已有 20 多座。

成昆铁路蜜蜂箐 2 号隧道长 1.338 km，是较早采用全断面凿岩台车开挖的隧道（见图 7.19）。1966 年 3 月至 11 月，该隧道昆明端全断面凿岩台车月掘进平均达到 153 m，最高月掘进 200 m。蜜蜂箐 2 号隧道如图 7.20 所示。

襄渝铁路蜀河隧道（见图 7.21）长 2.853 km，采用全断面开挖法施工，最高月进度 150.5 m。该工程于 1971 年 3 月开工，于 1973 年 6 月竣工。

（a）多功能作业台架全断面开挖

（b）凿岩台车联合作业全断面开挖

图 7.19　全断面作业

图 7.20　蜜蜂箐 2 号隧道

图 7.21　襄渝铁路蜀河隧道

（五）双线及多线隧道施工方法

双线及多线隧道跨度大、岩层暴露面大，在机械设备较差、以木支撑为主的 20 世纪 70 年代前，均选择较安全的开挖方式。开挖方式多种多样，因地而异。20 世纪 80 年代后，虽然有了先进的机械装备并普遍采用了"新奥法"，但仍有大量的双线及多线隧道采用传统矿山法开挖。

宝成铁路秦岭青石崖车站宝鸡端伸入 37 号隧道出口 142.86 m，成都端伸入 38 号隧道进口 95 m。37 号隧道为粗中粒花岗岩，岩石坚固性系数 $f=6$，风化轻微，采用了 4 种开挖方法：双下导坑开挖法、双下导坑混合开挖法、上下导坑开挖法和单面侧壁导坑开挖法（见

图 7.22）。38 号隧道为风化花岗岩，f=4～6，采用双侧壁导坑先墙后拱法。采用该方法还建成了襄渝铁路大巴山、焦柳铁路古丈三号三线隧道（见图 7.23）。另外演变的工法还有：双侧壁导坑先墙后拱开挖法（见图 7.24）、品字形导坑先拱后墙开挖法（见图 7.25），施工案例如图 7.26 所示；品字形导坑先墙后拱开挖法（见图 7.27）、中隔墙式双连拱四线隧道开挖法（见图 7.28），施工案例如图 7.29 所示。

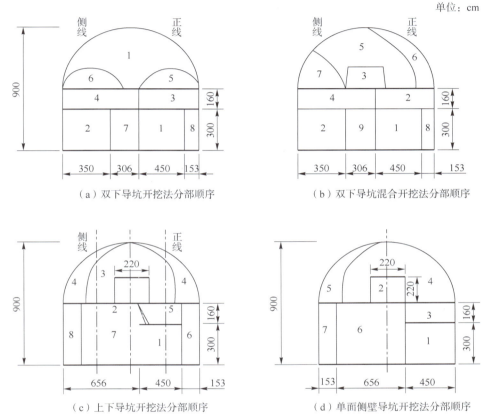

（a）双下导坑开挖法分部顺序　　　　（b）双下导坑混合开挖法分部顺序

（c）上下导坑开挖法分部顺序　　　　（d）单面侧壁导坑开挖法分部顺序

图 7.22　上下导坑开挖方法

（a）襄渝铁路大巴山三线隧道　　　　（b）焦柳铁路古丈三号三线隧道

图 7.23　襄渝铁路大巴山、焦柳铁路古丈三号三线隧道

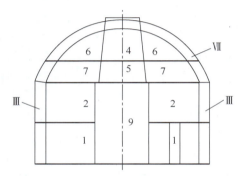

图 7.24 双侧壁导坑先墙后拱开挖法

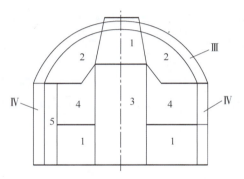

图 7.25 品字形导坑先拱后墙开挖法

（a）襄渝铁路文畈三线隧道

（b）湘黔铁路大坳三线隧道

图 7.26 襄渝、湘黔铁路三线隧道

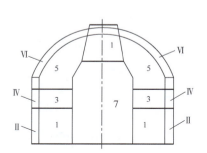

图 7.27 品字形导坑先墙后拱开挖法

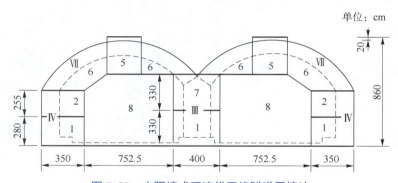

图 7.28 中隔墙式双连拱四线隧道开挖法

图 7.29　襄渝何家湾双连拱四线铁路隧道

第八章 钻 爆 法

第一节 概　　述

按坍落拱理论对隧道衬砌所进行的计算，其结果与隧道衬砌的真实工作状态常常很不相符合，并且采用传统矿山法施工时，存在多个导坑开挖增加了工程造价，开挖马口时施工干扰大，衬砌整体性差，消耗的木材钢轨多；棚架易因爆破受损；工序多，不便于施工管理等问题，故传统矿山法需要发展和创新。在传统矿山法向前发展的过程中，新的支护工艺"新奥法"产生了。"新奥法"是"新的奥地利隧道施工方法"的简称，是 1964 年拉布希维兹教授在总结了奥地利的一些软岩隧道工程的施工经验之后提出的，用以区别于旧有的比利时隧道施工法（不注意立即封闭岩面，不注意封底，并且加厚拱端，加大含钢率）。"新奥法"是采用锚喷支护、施工监测并与岩石力学理论构成一个体系而形成的一种施工方法。它不仅是简单地采用锚喷支护，而且还要进行动态的施工量测。它的基本原则可归结为：光面爆破、锚喷支护、变形监测、分次支护、先柔后刚、封闭衬砌、断面圆顺，其中最为重要的两点是隧道锚喷支护和变形监测。采用"新奥法"施工时，支护必须分两次实施。隧道开挖后立即进行初期支护，并进行围岩的变形监测。当隧道变形监测结果表明围岩已基本稳定时，进行二次衬砌的施作。此外，还需根据变形情况调整支护设计，这在现代术语中被称为"信息化施工"。也就是说"新奥法"是专门系统工程技术，是隧道设计和施工的技术法则。严格来说，它是一种原理、原则、思想或者理念，而不是一般意义上的施工技术或施工方法。"新奥法"针对的不是指开挖方法，更多的是指支护方法。

另外，利用围岩的自承载能力来建造洞穴、开挖巷道远在"新奥法"之前。如何提高围岩的自承载能力和柔性支护技术也不应该是"新奥法"的独创。但是"新奥法"的高明之处在于其创始者摆脱了单纯的建模研究思维方式，在隧道工程现场建立起信息收集和信息反馈系统，进而弄清了围岩、支护的变形及位移与应力分布和变化的关系，为隧道设计和施工提供了可靠的依据，这正是由隧道及地下工程的基本特点所决定的。因此从某种意义上来说，"新奥法"的理论基础除岩土力学外，更应该是近代才发展起来的信息科学。

"新奥法"和传统矿山法有显著不同的工程原理和技术方法。半个世纪以来，"新奥法"由于其更客观、更科学、更先进而赢得了隧道建设者的认同，这符合自然科学技术发展的规律，应该以"科学的发展观"来认识这个现象。新技术的产生带来了社会生产能力的提高，社会生产能力的快速发展又会促使更新技术的诞生。所以新旧技术的更替是历史发展的必然规律。"矿山法包括'新奥法'，'新奥法'是矿山法的一个分支"的说法是站不住脚的，就像不能说现在的激光照排印刷技术是古代发明的活字排版印刷技术的一个分支一样。虽然我们现在已拥有包括"新奥法"在内的许多隧道新技术，但是隧道技术依然需要创新和发展。在此情况下，我国在早期的传统矿山法吸收或利用"新奥法"的基础上，结合我国国情，创造了更具有中国特色的钻爆法及浅埋暗挖法等。这里的"钻爆法"是指结合了传统矿山法及"新奥法"支护技术的人工钻孔爆破施工方法，区别于 TBM 或盾构法的综合隧道施工方法。

一、钻爆法的发展历程

喷射混凝土是一种混凝土的成形工艺，它由喷浆工艺发展而来。自从 20 世纪 50 年代发明了喷射混凝土机及混凝土速凝剂以来，喷到岩石上的材料不再限于水泥浆，还可喷射带有砂石的混凝土。20 世纪 60 年代修建成昆铁路时，曾有几座隧道采用喷射混凝土支护取代 30～40 cm 厚度的隧道衬砌。这种支护技术是否真的有效，20 世纪 70 年代铁道部要求铁道科学研究院通过科学试验解开这一疑问。铁道科学研究院成立了铁路隧道锚杆喷射混凝土研究课题组，其技术带头人是隧道室主任周翼青。该课题组根据"新奥法"理论，探索我国锚喷支护的施工技术。1973 年吉首隧道试验结束以后，1975 年，该课题组在西延铁路的韩家河隧道稳定性较差的三类灰岩地层中进行试验。1977 年，该课题组又在皖赣铁路下坑隧道稳定性极差的云母片麻岩 Ⅱ、Ⅲ 类地层中进行试验。对下坑隧道经过 10 年的长期观测，发现隧道支护衬砌完整稳定。1978 年，该课题组在西延铁路嶂岘河黄土隧道中成功地采用了喷射混凝土支护。黄土在当时的围岩分类中属于 Ⅰ 类不稳定地层。

锚喷支护中的岩石锚杆在整个支护体系中起着十分重要的作用。1977 年，国家计委在安徽宿县召开全国各有关系统锚杆喷射混凝土支护技术推广大会，最后由冶金部牵头，铁道部、煤炭部、水利部参加，编制了第一本《锚杆喷射混凝土支护技术规范》（GBJ 86—1985）。从此，锚喷支护的设计、施工、机械、材料均有章可循。之后铁道部又编制了《新奥法施工指南》，这项新技术得到广泛的支持和推广。

大瑶山隧道是衡广复线中当时全国最长的一条双线电气化铁路隧道，1981 年开工，全长 14.295 km。为了给大瑶山隧道提供技术储备，对皖赣铁路安徽省境内下坑隧道进行光面爆破及锚喷支护大断面开挖工艺试验。隧道全长 65 m，穿过锥形低丘，主要岩层为千枚岩、粉砂岩及长白砂岩，岩性软弱破碎，部分呈薄片状，极严重风化，属 Ⅱ、Ⅲ 类围岩。该隧道于 1979 年 5 月开工，当年 11 月竣工。当时的试验组由铁四局主持，由铁建所、铁四院、西南所和专业设计院等单位组成。

大瑶山隧道由隧道工程局承建，应用了光面爆破大断面开挖，深孔爆破，进尺突破达5 m，及时施作锚喷支护，采用"新奥法"原理，整套大型施工机械应用非常成功。当时进出口采用轮式液压凿岩台车：四臂的 3 台，二臂的 2 台，大型轮式装载机 6 台，大型自卸汽车 25 台，混凝土喷射机械手 4 台。大型机械化施工效果显著，创造双线隧道单口平均月成洞 83 m 的好成绩。大瑶山隧道是当时国内最长的双线铁路隧道，全长 14.295 km，施工工期短，安全条件获得改善。从此铁路选线不再回避长隧道方案，从而有可能根本改善铁路线路平纵断面质量。1989 年，大瑶山隧道获得国家科学技术进步奖特等奖。

二、钻爆法施工的基本原则

钻爆法施工除吸收"新奥法"少扰动、早锚喷、勤量测、紧封闭基本原则外，还本着安全、有序、优质、高效的指导思想，符合安全环保、工艺先进、质量优良、进度均衡、节能降耗的要求，按照保护围岩、内实外美、重视环境、动态施工的原则组织施工。在施工中应积极推广应用"四新"技术，进一步深化和创新现场作业标准，大力推行示范样板引领，促进隧道施工机械化的推广应用。

所谓"保护围岩"有两层含义。一是不损伤或少损伤围岩的固有支撑能力，这是对坚硬围岩而言的，可以通过采用机械开挖技术和控制爆破技术予以解决。二是通过各种手段和方法增强围岩的支撑能力，如采用支护技术、加固或预加固技术及各种辅助施工技术等，这是对软弱破碎围岩而言的。保护围岩的前提是认识和了解围岩，因此，如何认识和了解围岩的技术，也就成为隧道施工成败的关键技术。

所谓"内实外美"，关键是内实，就是要做到四密实（贴），即混凝土密实、喷混凝土密实、喷混凝土与围岩密贴、二次衬砌与初期支护密贴，这牵涉混凝土、喷混凝土、回填、支护接触等一系列技术。

所谓"重视环境"，也有两层含义：一层是指内部环境，即施工作业环境；另一层是指对外部环境的影响，即对周边环境的影响。

所谓"动态施工"，是指隧道施工过程中地质条件是不断变化的，力学状态是不断变化的，因而采用的各种施工方法和技术也应该是不断变化的，以适应不断变化的过程。因此，隧道施工的各种决策都要在施工阶段的地质技术、施工阶段的量测技术和施工阶段的质量控制技术的基础上进行，根据暴露出来的围岩状态来采取对策是隧道施工的基本原则。

三、钻爆法施工的基本工序

（一）开挖方案选择

隧道施工中，开挖方法是影响围岩稳定的重要因素。开挖方法的选择是在保护围岩的稳定或减少对围岩的扰动及尽量提高掘进速度的基础上，选择适当的开挖方法和掘进方式。

（二）测量放线

首先放样标记出隧道的轮廓线及部分炮孔的位置，便于后续的钻爆施工。测量放线还包括初期支护放线、仰拱开挖放样、初期支护净空测量、二次衬砌台车定位、二次衬砌净空检测、水沟电缆槽施工放样、仰拱调平层放样等。

（三）爆破

隧道钻爆施工中最重要的是"掏槽爆破"，主要是在一定范围内钻孔并放入适量的炸药，先炸出一个槽口，为后面的爆破提供较多的临空面，然后由槽口扩大至整个设计断面。

1. 隧道钻孔爆破的注意事项

爆破时应尽量减小对围岩的扰动和对初期支护的破坏；爆破后的隧道断面形状尺寸须满足规范要求；爆破后的掌子面须平整，掘进进尺应满足设计要求；爆破后的渣石大小适中，被抛范围集中，便于石渣运输；掘进速度要快，少占作业循环时间；尽量减少钻孔工作量和炸药等爆破材料的消耗量；避免破坏周围设备和自然环境。

2. 爆破参数确定

（1）炮孔数量：其主要与岩石特性、开挖轮廓及炸药功能有关，通常依据各炮孔分配的炸药量来计算炮孔个数。

（2）炮孔直径：合理的炮孔直径应依据岩石特性、凿岩器具及炸药性能等综合分析，一般为 40 mm 左右。

（3）炮孔长度：炮孔长度的合理性，应从减轻对围岩的松动，避免过大的超欠挖，提升掘进速度等方面来考虑，一般炮孔长度在 3～5 m。

（4）炮孔密度：爆破设计根据被爆岩体的坚硬程度、完整程度、临空面的个数、不同部位炮孔的作用来选择不同的炮孔密度。炮孔密度越大，炸药在岩体中的分散度越好，炸药单耗量越低，石渣块度越均匀，坑道周边轮廓越平顺。

（5）装药分散度：在开挖断面上，由于掏槽孔、辅助孔、周边孔的作用不同，装药分散度也不同，即采用不同的炮孔密度和炸药单耗量。最先爆破的槽口只有一个临空面，爆破难度最大，需要布置较密集的炮孔和较高的炸药单耗量，而后面的爆破炮孔的数量和炸药单耗量减少。

3．炮孔的布置

1）掏槽孔的布置

隧道开挖爆破开始时只有一个临空面，为提高爆破效果，先在开挖断面的中央偏下部布置数个掏槽孔。掏槽孔又分为斜孔掏槽和直孔掏槽。

斜孔掏槽与开挖面斜交，可根据岩层的实际情况选择掏槽方式和角度，方便把岩石抛出，所需要的掏槽孔数量也较少，但掏槽孔深度受坑道断面尺寸的影响。

直孔掏槽垂直于开挖面，分为柱状掏槽和螺旋形掏槽。柱状掏槽充分利用大直径空孔作为临空面和岩石破碎后的膨胀空间，爆破后可形成柱状槽口；螺旋形掏槽以中心孔为空孔，邻近空孔的装药孔与空孔之间距离逐渐加大，其连线呈螺旋形状。直孔掏槽凿岩较为方便，可多台机器同时使用，只需改变炮孔深度，同时也缩短了渣石的抛掷距离，但炮孔数量会随之增多，单位用药量也会增加，并且炮孔位置与钻孔方向要求精确，对工人技术要求较高，否则不能达到良好的爆破效果。

2）辅助孔的布置

辅助孔位于掏槽孔与周边孔之间，其作用是扩大掏槽孔炸出的槽口，为周边孔的爆破创造临空面。

3）周边孔的布置

沿隧道设计轮廓均匀布置的炮孔称为周边孔，其作用是使爆破后的隧道断面满足设计要求。

4．光面爆破

光面爆破是通过正确确定周边孔的各爆破参数，使爆破后的围岩断面轮廓整齐，最大限度地降低对围岩的扰动和破坏，尽可能维持围岩原有的整体性和稳定性的爆破技术。光面爆破对围岩的扰动较轻，施工速度较快，断面平整，危石少，应力集中现象不明显，避免了局部坍落，也适用于不良地质的隧道。

5．影响爆破效果的因素

岩体的内聚力越强，爆破越困难；临空面数量越多，爆破越容易。在一定的围岩条件下，分部开挖面积越大则断面进尺比越大。围岩对被挖岩体的约束作用越小，爆破效率越高。

（四）出渣

出渣运输时间大约占掘进循环时间的一半，出渣能力的强弱直接影响着整个施工效率。出渣施工主要分为装渣、运输。

（1）装渣：其方式根据具体情况确定，可以为无轨机械装渣，也可以为有轨装渣，根据隧道断面大小和运输选择。装渣机械有侧卸式装载机、反铲、挖装机等几种类型。

（2）运输：分为有轨运输和无轨运输。目前最常用的为无轨运输，即大吨位自卸汽车运输。

（五）支护与衬砌

钻爆法主要采用锚喷网及钢构件承担早期围岩压力，以保护围岩的稳定。随后在此基础上施作模筑混凝土内衬来承受部分的围岩压力，提供安全储备。

钻爆法之所以成为目前最成熟的隧道开挖技术，是因为它适用于各种地质条件和地下水条件。再加上近年来对钻爆法的改进，它在以后的隧道施工中有着不可替代的作用。

第二节　钻爆法隧道施工技术

一、早期钻爆法隧道施工方法

隧道爆破开挖是以钻孔、装药、爆破工序为主，配以装运机械出渣，完成隧道向前掘进的方法，是隧道施工的主要工序。钻爆开挖效果直接影响围岩的稳定及后续工序的正常进行和施工速度，是隧道施工的重要环节。

（一）隧道开挖方法

钻爆法施工隧道按照一次开挖断面的大小，通常分为全断面法、台阶法和分部开挖法。全断面法按仰拱滞后或仰拱紧跟前方工作面两种情况，又分为常规全断面开挖法、全断面带仰拱开挖法。台阶法按台阶个数，分为两台阶开挖法、三台阶开挖法；按台阶长度，又分为微台阶开挖法、长台阶开挖法；按仰拱滞后或仰拱紧跟下台阶两种情况，又分为常规台阶开挖法、下台阶带仰拱台阶开挖法。分部开挖法包括中隔壁法（CD 法）、交叉中隔壁法（CRD 法）等。

隧道钻爆法施工常见的开挖方法有以下几种。

1. 全断面法

常规全断面开挖法是按设计断面将隧道仰拱以上部位一次开挖支护成形，滞后一定距离后再施工仰拱或底板，最后再施作拱墙衬砌的施工方法。为加快施工进度，减少对围岩的扰动，使开挖断面及时封闭，在确保安全的情况下，尽量采用全断面法。在围岩稳定性稍差时，采用超前支护的方式加固围岩后采用全断面法，全断面法施工方法如图 8.1 所示。其中，N 表示掌子面坡度，L 表示洞渣回填范围长度。

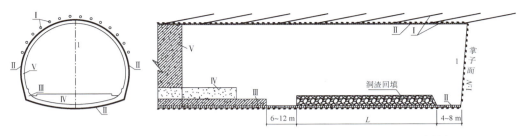

1—开挖；Ⅰ—超前锚杆；Ⅱ—初期支护；Ⅲ—仰拱初期支护；Ⅳ—仰拱；Ⅴ—二次衬砌。

图 8.1　全断面法开挖示意图

施工时应配备钻孔台车及高效率装运机械设备，以尽量缩短循环时间，各道工序应尽可能平行交叉作业，加快施工进度，其施工流程如图 8.2 所示。

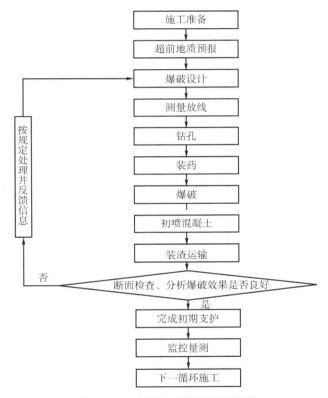

图 8.2　全断面法开挖施工流程图

2.　台阶法

台阶法施工是将隧道结构断面自上而下分成两个或几个部分，即分成上下两个工作面或几个工作面分别进行开挖，上、下工作面之间控制一定距离，采用同时并进的隧道开挖施工方法。其施工方法如图 8.3 所示，其施工流程如图 8.4 所示。

台阶法开挖时应根据围岩条件合理确定台阶长度，一般应不超过 1 倍洞径，以确保开挖、支护质量及施工安全。台阶高度应根据地质情况、隧道断面大小和施工机械设备情况确定，一般上台阶高度设置为 4 m 左右以便于小型机械化设备作业。当岩体不稳定时，应缩短循环进尺，必要时上下台阶可分左、右两部错开开挖，并及时施作初期支护和仰拱。台阶长度也可适当保持在 3～5 m，上下台阶同时钻孔爆破，以起到加快施工进度，减少设备配置的目的。施工中应解决好上下台阶的施工干扰问题，下部施工应减少对上部围岩、支护的扰动。

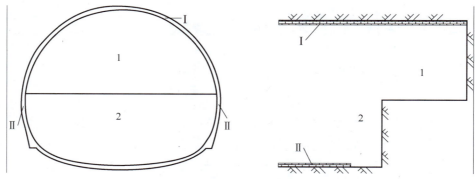

1—上半断面开挖；Ⅰ—上半断面初期支护；2—下半断面开挖；Ⅱ—下半断面初期支护。

图 8.3　台阶法开挖示意图

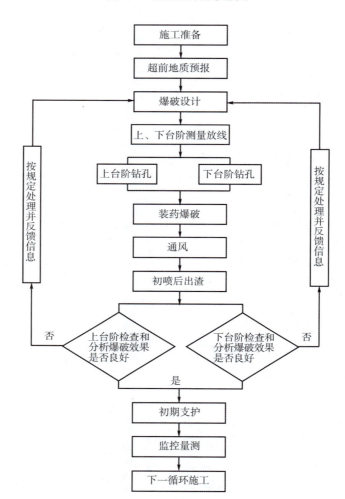

图 8.4　台阶法开挖施工流程图

该开挖施工方法的优点是对地质变化的适应性较强，工序转换较容易，并能较早地使初期支护闭合，有利于控制围岩变形。台阶法适用于Ⅲ、Ⅳ级围岩及经超前加固后的Ⅴ、Ⅵ级围岩。

3. 环形开挖预留核心土法

环形开挖预留核心土法是在台阶法的基础上演变成的一种开挖方法，上部断面以弧形导坑领先，其次开挖下半部两侧，再开挖中部核心土，开挖方法如图 8.5 所示。其施工流程如图 8.6 所示。

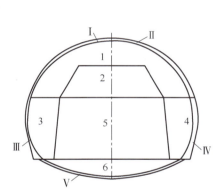

1～6—开挖顺序；Ⅰ—拱部超前支护；Ⅱ—拱部初期支护；
Ⅲ—左侧墙初期支护；Ⅳ—右侧墙初期支护；
Ⅴ—仰拱初期支护。

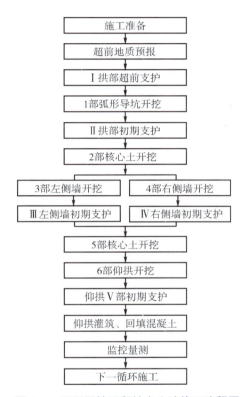

图 8.5　环形开挖预留核心土法施工示意图（横断面）　图 8.6　环形开挖预留核心土法施工流程图

采用环形开挖预留核心土法施工时，环形开挖每部开挖进尺宜为 0.5～1 m；全断面初期支护完成距拱部开挖面不宜超过 30 m；预留核心土面积的大小应满足开挖面稳定的要求；上部弧形，左、右侧墙部，中部核心土开挖各错开 3～5 m 进行平行作业。

环形开挖预留核心土法的缺点有：①工序多，扰动多；②断面小，不能进行机械化作业；③封闭时间长，结构不稳定。因此在施工中尽量不采用该方法。

4. 中隔壁法（CD 法）

中隔壁法（CD 法）最早出现在德国慕尼黑地铁修建中，首先采用超前大管棚对隧道进行超前支护，然后将隧道分为左右两大部分进行开挖，先在隧道一侧采用台阶法自上而下分层开挖，待该侧初期支护完成，且喷射混凝土达到设计强度 70% 以上时，再分层开挖隧道的另一侧，其分部次数及支护形式与先开挖的一侧相同，开挖方法如图 8.7 所示，其施工流程如图 8.8 所示。

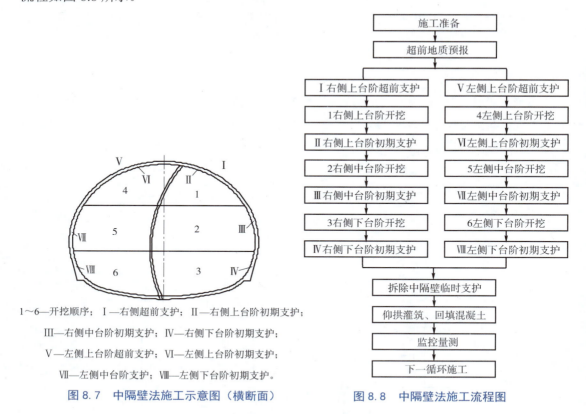

1～6—开挖顺序；Ⅰ—右侧超前支护；Ⅱ—右侧上台阶初期支护；

Ⅲ—右侧中台阶初期支护；Ⅳ—右侧下台阶初期支护；

Ⅴ—左侧上台阶超前支护；Ⅵ—左侧上台阶初期支护；

Ⅶ—左侧中台阶支护；Ⅷ—左侧下台阶初期支护。

图 8.7　中隔壁法施工示意图（横断面）　　　图 8.8　中隔壁法施工流程图

采用中隔壁法施工时，在各部开挖时周边轮廓应尽量圆顺，减小应力集中；每一部的开挖高度应根据地质情况及隧道断面大小而定；当后一侧开挖形成全断面时，应及时完成全断面初期支护闭合；当左、右两侧洞体施工时，纵向间距应拉开不大于 15 m 的距离；中隔壁宜设置为弧形；在灌筑二次衬砌前，应逐段拆除中隔壁临时支护，拆除时应加强量测，一次拆除长度一般不宜超过 15 m。

中隔壁法的适用条件：大跨（>15 m）软弱级Ⅳ、Ⅴ围岩。

5. 交叉中隔壁法（CRD 法）

日本东京地铁引进 CD 法后，针对开挖高度较大的施工，将 CD 法演变改进为 CRD 法（加了中隔板），又称之为交叉中隔壁法（CRD 法），该方法是将隧道分侧分层进行开挖分部封闭成环的施工方法，开挖方法如图 8.9 所示，其施工流程如图 8.10 所示。

采用交叉中隔壁法施工时，每开挖一部均及时施作锚喷支护、安设拱架、施作中隔壁、安装底部临时仰拱，一侧超前的上、中部初期支护完成且喷射混凝土达到设计强度 70% 以上时再开挖隧道的另一侧的上、中部，然后开挖一侧的下部，最后开挖另一侧的下部，左右交替开挖支护。同一层左、右侧两部纵向间距不宜大于 15 m，同侧上下部纵向间距宜为 3～5 m；每一分部的临时仰拱应及时设置、步步成环，并尽量缩短成环时间；中隔壁宜设置为弧形；中隔壁和中间临时仰拱在灌筑二次衬砌前应逐段拆除，拆除时应加强量测，一次拆除长度一般不宜超过 15 m。

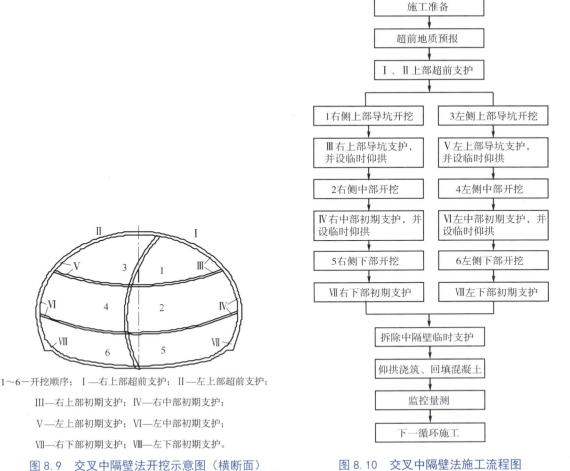

1～6—开挖顺序；Ⅰ—右上部超前支护；Ⅱ—左上部超前支护；

Ⅲ—右上部初期支护；Ⅳ—右中部初期支护；

Ⅴ—左上部初期支护；Ⅵ—左中部初期支护；

Ⅶ—右下部初期支护；Ⅷ—左下部初期支护。

图 8.9　交叉中隔壁法开挖示意图（横断面）　　　　图 8.10　交叉中隔壁法施工流程图

（二）开挖方法适用条件

钻爆法对复杂地质的适应性，主要体现在通过使用不同钻爆设备及钻爆法特有的技术措施，对各地质灾害进行有效的预防、施工及处置方面。隧道各种开挖方法都有其各自特点及适应性，施工中要根据工程地质特点、工期要求、周边环境及加固改良情况选择合理的开挖方法。铁路隧道各类钻爆开挖方法的一般适用条件如表 8.1 所示。

表 8.1　铁路隧道各类钻爆开挖方法的一般适用条件

开挖方法	适用围岩级别及说明	备注
全断面法	（1）单线隧道Ⅰ、Ⅱ、Ⅲ级围岩、加固后的Ⅳ、Ⅴ级围岩； （2）双线隧道Ⅰ、Ⅱ级围岩、加固后的Ⅲ、Ⅳ级围岩	
台阶法	（1）单线隧道Ⅳ、Ⅴ级围岩； （2）双线隧道Ⅲ、Ⅳ、Ⅴ级围岩	台阶长度应有利于施工操作和机械设备效率的发挥，同时应有利于支护尽早封闭成环

续表

开挖方法	适用围岩级别及说明	备注
环形开挖预留核心土法	（1）单线隧道Ⅳ、Ⅴ级围岩； （2）双线隧道Ⅳ、Ⅴ级围岩	为方便采用机械化作业，提高开挖进度，施工中应尽量减少开挖分部，采用大断面分部
中隔壁法 （CD法）	（1）单线隧道Ⅴ、Ⅵ级、双线隧道Ⅴ级围岩； （2）浅埋隧道、三线隧道	
交叉中隔壁法 （CRD法）	（1）双线、三线隧道Ⅴ、Ⅵ级围岩； （2）浅埋隧道	
双侧壁导坑法	双线隧道Ⅳ、Ⅴ、Ⅵ级围岩	

特殊岩土和不良地质地段选择隧道施工方法时，应以安全及工程质量为前提，综合考虑隧道工程地质及水文地质条件、断面尺寸、隧道埋深、施工机械设备、工期要求、经济和技术可行性等因素而确定。当隧道施工地质条件变化时，应及时变更设计，调整施工方法，做好工序衔接，并采用相应的辅助施工措施以保证施工安全。

仰拱和填充应超前拱墙衬砌施工，并适度紧跟开挖工作面。

二、早期钻爆法隧道施工成果

自20世纪70年代末起，中国的隧道及地下工程建设进入了以"新奥法"为指导的新阶段，如动态信息化设计、复合衬砌、大断面开挖、光面爆破、锚喷支护、现场监测等，加上先进仪器、设备、材料的引进和应用，隧道及地下工程的建设能力大为增强。中国的建设者在实践中对矿山法和"新奥法"进行丰富发展，集合两者的优点研究总结出钻爆法系列工艺，使其应用更加广泛，成功率也越来越高，并取得了以下成果。

（一）钻爆法在隧道设计、施工中全面应用

1. 采用光面深孔爆破、预裂爆破、弱爆破技术，减少了对围岩的扰动

（1）研究引进了瑞典塑料导爆管非电毫秒爆破技术，使合理安排时差、顺序起爆达到安全可靠的要求，并能充分利用炸药能量。

（2）成功地研究出全断面（80～130 m²）5 m深孔爆破，主要形成了深孔直孔掏槽、克服管道效应、不同类型围岩爆破参数选择、合理起爆顺序等四项新技术，并用爆破振动量测进行监控反馈，使炮孔利用率达到95%，孔痕保存率达70%以上。

（3）对控制超欠挖技术进行了大量试验研究，使平均线性超挖小于18 cm，平均超挖率在3.8%以下。

（4）在软岩爆破中，使用预裂爆破或低爆速小直径光爆炸药，加上周边孔导向孔和间隔装药结构，实现软岩开挖大断面化。

2. 采用二次支护技术及施工工艺

采用以锚杆、喷射混凝土作为初期支护，以模筑混凝土作为二次衬砌（其间设塑料防水板）的复合衬砌新技术。

（1）采用锚喷支护技术，实现了大断面、全断面开挖。软弱围岩采用超前锚杆、超前小导管注浆、型钢支撑与喷、锚的联合支护手段，实现了大断面开挖。

（2）建立了一套适合"新奥法"的支护衬砌设计计算方法。

（3）提出了通过现场量测数据进行信息反馈的管理方法。

（4）经过现场试验研究，拟定了双线铁路隧道支护衬砌设计参数，并通过施工实践加以验证。

（5）提高了支护衬砌的施工工艺水平。

① 完成由干喷到潮喷混凝土的施工工艺和机械研制。

② 研制了早强锚杆、早强喷射混凝土和采用缝管式锚杆，解决了软弱围岩的支护问题。

③ 成功解决了软弱破碎和富水围岩的小导管注浆技术。

④ 实现了 12 m 钢模板台车拱墙一次衬砌完成的施工工艺。

⑤ 完善了质量控制和检验手段。

3. 应用监控量测进行信息化设计和施工

施工中的监控量测，以拱顶下沉和水平净空收敛为主要量测项目，量测断面间距在一般地段为 50～100 m，在断层地段为 5～20 m，在困难地段还辅以接触应力、地中位移、钢拱架反力等量测项目。及时整理和反馈量测信息以指导施工和设计，其贯穿于隧道施工全过程，收到了良好效果。

4. 工程地质特征及岩体稳定性评价

除重视光爆、锚喷、量测三要素外，还要把超前地质预报、地质调查和岩体稳定性评价工作贯穿于整个工程之中，为完善设计、科学施工提供可靠的依据。

（二）典型工程实例

京广铁路衡广段复线大瑶山隧道（见图 8.11）是中国首次全隧全面应用"新奥法"原理设计施工的工程。隧道设计长 14.295 km（双线），开挖断面 86～132 m²，采用钻爆法施工。隧道穿越地层以震旦寒武地层的变质砂、板岩为主，中部穿越泥盆系白云质灰岩、泥灰岩及砂岩，有大小断层 14 条，最高涌水量 8 万 m³/d。施工采用四臂凿岩台车、3.0～3.5 m³ 侧卸装载机、20 t 矿用自卸汽车、混凝土喷射机械手、混凝土输送车、全断面衬砌模板台车等，组成开挖、支护、装运、衬砌 4 条大型机械化作业线。硬岩地段深孔全断面一次爆破成形，软岩地段分台阶顺序开挖。锚喷支护后进行围岩变形量测，初期支护与二次衬砌间铺设 PVC 防水板。全隧道设 3 斜 1 竖辅助导坑，分 5 段 6 个作业面，实现长隧短打。该工程于 1981 年 11 月开工，于 1987 年 12 月建成主体，平均月成洞 197.35 m。

襄渝改线新狗磨湾隧道长 1.285 km，由 884.45 m 单线隧道、140 m 过渡线隧道和 260.55 m 三线隧道组成，平面为"S"形，曲线半径 800 m，最大开挖断面高 13.2 m、宽 20.9 m，三线段处于浅埋偏压地段，拱肩覆盖层仅 3.8 m，具有大跨、偏压、浅埋的特点，且紧临既有线。大跨段开挖采用双侧壁导坑法施工（见图 8.12）施工时加强施工量测，及时掌握地表沉降和支护受力情况，合理安排工序。该工程于 1990 年 6 月开工，于 1993 年 5 月竣工。

图 8.11　全面应用"新奥法"施工的大瑶山隧道

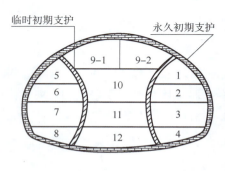

（a）双侧壁导坑法施工示意图（横断面）

（b）新狗磨湾隧道

图 8.12　采用双侧壁导坑法施工的新狗磨湾隧道

京珠高速公路五龙岭隧道（见图 8.13）为双洞六车道，长 200 m，最大开挖跨度 32.6 m，最大开挖高度 10.89 m。该隧道集连拱、大跨、浅埋、偏压于一身。该工程依据"新奥法"设计，施工采用双侧壁导坑法，进、出口各以 40 m 长管棚作为超前支护，采用复合式模板台车施作衬砌。该工程于 1998 年 8 月开工，于 1999 年 11 月贯通。

图 8.13　采用双侧壁导坑法施工的五龙岭隧道

广渝高速公路华蓥山隧道（见图 8.14）为分离式双洞四车道，左线长 4.706 km，右线长 4.704 km，于 2001 年 7 月建成主体。该隧道穿越煤层、岩溶地质、断层、背斜高应力核部，伴有瓦斯、天然气、石油气、硫化氢等多种有害有毒气体。施工采用地质雷达等先进科技手段和钻孔探测法对即将开挖地段进行地质预测预报，根据探测结果制订施工方案，确保安全快速施工。该工程通风采用大管径、长管路压入式通风，引进射流、低噪声节能变极多速风机和多功能引射器等新技术，通过加大风流风量来稀释有害气体。

图 8.14　广渝高速公路华蓥山隧道

南昆铁路家竹箐隧道（见图 8.15）长 4.99 km，通过煤系地层 1 157 m，其中煤巷和半煤半岩巷 907 m；厚 0.5 m 以上的煤层 26 层，其中瓦斯突出煤层 5 层，瓦斯最大涌出量 349 m³/h，压力 0.6～1.34 MPa。施工中共揭煤 78 次，压力瓦斯最远冲出 30 m，煤系地层埋深最大地段洞壁产生 80～100 cm 的大变形。该工程在瓦斯隧道大断面揭煤防突施工技术、瓦斯遥控监控和检验技术、高地应力施工技术、衬砌封堵瓦斯技术等方面取得突破性进展，实现安全施工。该工程于 1992 年 12 月开工，1996 年 5 月铺轨通过。

图 8.15　南昆铁路家竹箐隧道

风火山隧道（见图 8.16）位于青海省境内的可可西里"无人区"边缘，长 1.338 km，轨面海拔 4 905 m，是目前为止我国海拔最高的冻土铁路隧道，也是世界海拔最高的隧道，由中铁二十局集团公司承建。该隧道所处地域年均气温-7 ℃，最低气温-41 ℃，冻土层最厚达 150 m，覆盖层最薄处仅有 8 m，空气中含氧量只有内地的 50%。施工中开发应用了富水冻土冻岩湿喷混凝土技术、低温耐久性混凝土施工技术、高寒低温下机械化配套技术和冻土冻岩光面爆破技术。该工程施工过程中建立制氧站，实现了掌子面弥散式供氧和隧道氧吧车供氧，解决施工人员缺氧问题；研制高原隧道专用空调机组，保证了掌子面的冻土热扰稳定及混凝土施工质量。该工程于 2001 年 10 月开工，于 2002 年 10 月贯通。

图 8.16　青藏铁路风火山隧道

国道 227 线大坂山隧道（见图 8.17）所处的青藏高原东北部祁连山东段，属多年冻土与季节性冻土衔接带，隧址海拔 3 800 m，相对高差 300 m 左右。该隧道由 1.53 km 正洞和其下平行设置的 1.865 km 防寒泄水洞组成，并在正洞进出口设置 300 m 防雪棚。该隧道采取无压防排水，衬砌表面铺设复合保温层，设置防寒保温门，形成被动保温与主动保温相结合的结构保温。施工中通过对原材料保温加热和应用低温混凝土技术，解决高寒环境下混凝土施工难题；利用储气罐、压力泵等建立恒压供水系统，解决严寒条件下施工供水困难问题；采用探井和深孔了解冻土分布及冻融特征，观测地温变化规律，做好冻土预报，制订风吹雪害防治方案。该工程于 1995 年 8 月开工，于 1998 年 11 月贯通。

图 8.17　国道 227 线大坂山隧道

内昆铁路曾家坪 1 号隧道（见图 8.18）长 2.563 km，因受地形限制，曾家坪车站昆明端站线伸入隧道进口，形成 413 m 的三线及喇叭口段，其中三线段长 269 m，喇叭口段长 144 m。进口三线段 90 m 位于块石土堆积体和断层破碎带中。隧道大跨段采用双侧壁导坑法施工，并选择了合理的初期支护参数。施工中应用无尺量测新技术，解决了普通量测技术不准确和不易操作的难题；开发了机制砂条件下高强喷混凝土的配合比和施工工艺，提高了支护强度；运用超前管棚、超前小导管支护技术和注浆预加固技术，解决了在不稳定岩堆体中修建大跨隧道的技术难题，大跨段月平均成洞速度达 23 m。该工程于 1999 年 5 月开工，于 2000 年 12 月完工。

内昆铁路盐津 1 号隧道（见图 8.19）长 1.805 km，从云南省盐津县县城下斜穿而过。隧道进口方向有近 100 m 地段最大埋深仅 3.4 m，地表建筑物林立，其中 7 层楼的盐津县国税局办公大楼正立其上。为确保建筑物安全，依据浅埋暗挖法，采取微台阶开挖，微振控制爆破，无轨运输，简易台车人工模筑衬砌。上半断面开挖前采用大管棚注浆超前加固支护，并尽可能缩短台阶长度，开挖后迅速全环格栅、挂网锚喷支护，及时衬砌封闭，控制围岩在暴露时间内的沉降位移。施工中对爆破振动实时监测，爆破振速控制在 2.0 cm/s。该工程于 1998 年 9 月开工，于 2000 年 8 月建成主体。

图 8.18　内昆铁路曾家坪 1 号隧道

图 8.19　内昆铁路盐津 1 号隧道

三、改进后钻爆法隧道施工方法

（一）改进后的优点

在同一座隧道施工时，若开挖方法频繁变化，既不经济也不安全，因此主张在全隧道中（洞口段除外）采用同一种开挖方法——全地质型开挖方法，如全断面法或台阶法。当围岩条件剧烈变化时，采用注浆、超前支护等应对措施，其优点如下。

1. 补强围岩创造较大施工空间

隧道开挖的最佳效果，就是把因岩土开挖卸载而引起的围岩松弛度降至最低，以形成的压力拱不垮塌为佳，超过围岩极限应变变形（过度变形或松弛）的则需要采取各种支护措施，故决定隧道开挖方法最重要的因素是开挖后隧道围岩的稳定性，即开挖后隧道围岩的稳定性是选定开挖方法的前提。因此，开挖后围岩能够自稳的隧道，多采用全断面法；而不稳定的隧道则多采用分部开挖法，分部开挖法分部断面的大小及数目取决于围岩的稳定状态与隧道断面的大小。围岩不稳定的隧道，对应的开挖方法基本上有 2 类：一类是把开挖断面分割为小断面，确保开挖面自稳；另一类是补强围岩，确保大断面开挖自稳。在没有有效补强围岩方法的时代，多采用分割为小断面的方法。

选择全断面开挖的方法是当前隧道施工技术发展的主流。过去一直认为全断面法是在硬质围岩中采用的方法，而不适用于软弱围岩；但现在由于围岩补强方法的开发、大型施工机械的应用及开挖断面及早闭合要求，在软弱围岩中采用全断面法的情况越来越多。

为了提高施工效率和保证施工安全，尽可能采用大型机械施工，较大的施工空间也为大型机械施工创造了有利条件。传统的多分部等施工方法工序多，施工空间狭小，工序间相互干扰严重，大型机械化设备能力难以施展，效率低下。

2. 减少分部开挖多次扰动及废弃工程量

施工时尽可能不采用那些施工中含有需要废弃的、临时性作业的分部开挖法，如双侧壁导坑法和中隔壁法等。另外，分部越多，围岩松弛的可能性就越大，大型施工机械的使用受限及施工效率降低；而且每次扩大断面都需要拆除部分已经承载的支护结构，如临时仰拱、辅助的锚杆、喷混凝土和拱架等，在拆除过程中支护荷载是交替变化的，极易引发安全事故。因此，为了减少围岩的扰动，最好选择开挖分部少、一次开挖断面大且开挖断面闭合距离短、废弃工程量少的开挖方法。

3．采用全地质型开挖方法

作为线状结构物的隧道，围岩状况是随开挖面推进而变化的，围岩种类不同，开挖方法则不同。围岩变化了，相应的开挖方法也要随之而改变。开挖方法的改变势必要带来施工技术的改变，施工组织亦相应改变，并带来一系列的施工安全隐患。频繁改变开挖方法，既延误工期，也不安全、不经济。因此，考虑整座隧道围岩条件的变化，选定能够适应围岩变化的开挖方法是必要的。也就是说，采用全地质型开挖方法，在全隧道中（除洞口段外）始终采用一种开挖方法，在围岩发生急剧变化时采取相应的措施（如注浆、超前支护等），使之能够适应围岩条件的变化，是比较理想的策略。例如台阶法，当围岩条件比较好时，可采用长台阶法；随着围岩条件变差，可以缩短台阶的长度。当采用全断面法时，围岩条件良好可以全断面一次掘进；围岩条件变差可以采用微台阶法，使开挖断面尽早闭合；或采取事先补强围岩措施（超前注浆、超前支护等应对措施）确保掌子面的稳定。

（二）改进后的施工方法

1．全断面法

全断面法是指依照隧道设计轮廓线进行一次爆破成形，而后进行支护结构施作的施工方法。全断面带仰拱法则是指将仰拱纳入后进行的隧道全环全断面一次钻孔、一次爆破成形的施工方法。全断面带仰拱法是在隧道采用凿岩台车、湿喷机械手等大型装备快速施工条件下发展起来的一种工法。

1）全断面带仰拱法施工方法及流程

相较于常规全断面施工法而言，全断面带仰拱法在隧道钻爆开挖时，将仰拱与其上部分同时测量放线、同时钻孔、同时装药起爆、同时装运出渣，洞渣清理完毕找顶，施作拱墙初期支护及仰拱初期支护；仰拱初期支护完成后，暂不回填近掌子面附近仰拱初期支护，预留凿岩台车钻孔位置，其余仰拱初期支护地段则用洞渣回填，以保护仰拱初期支护，后期二次衬砌施工时再清理并转运仰拱初期支护上的回填洞渣，施作仰拱二次衬砌及填充。全断面带仰拱法施工示意图如图 8.20 所示，其施工流程如图 8.21 所示。

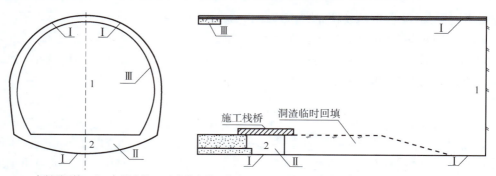

1—全断面开挖；Ⅰ—初期支护；2—仰拱虚渣开挖清理；Ⅱ—仰拱二次衬砌填充混凝土；Ⅲ—拱墙混凝土。

图 8.20　全断面带仰拱法施工示意图

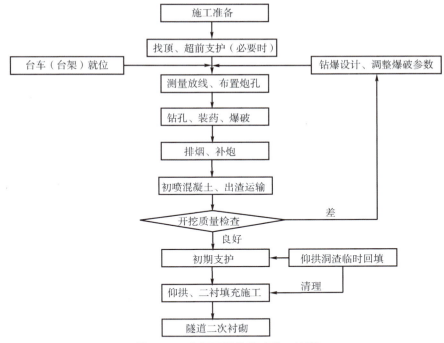

图 8.21　全断面带仰拱法施工流程

2）全断面带仰拱法优缺点

（1）优点。

① 工序少，仰拱开挖不再作为一个单独工序，不需要再组织一个仰拱开挖班组进行钻爆开挖，而是与开挖面一起进行施工组织管理，超欠挖管控容易。

② 全环全断面一次性开挖减少了多次爆破扰动，围岩后期整体自稳性相对较好。

③ 与仰拱滞后的全断面法或台阶法对比而言，仰拱初期支护可提前 6～9 d 封闭，有利于隧道初期支护的快速封闭。

④ 施工空间大，有利于大型机械作业，能有效发挥其效率，工效高，从而提高隧道施工进度，减少施工人员数量，降低安全风险。

⑤ 可减少初期支护拱架连接单元数量和接头数量，初期支护喷射混凝土质量易控制，有利于避免环向拱架单元连接易出现的质量问题。开挖后仰拱与侧边墙周边连接更加圆顺，产生应力集中的概率更小，围岩的稳定性好。

⑥ 仰拱施工无须再次爆破，悬挂于上方的风、水、电等管线安全性好。

（2）缺点。

一次爆破总耗药量稍大；断面较高时（200 km 时速高铁隧道断面），凿岩台车施工高度不够，洞渣回填量稍大。

3）全断面带仰拱法适用条件

主要适用于Ⅰ～Ⅲ级围岩；随着施工技术的发展，全断面带仰拱法在Ⅳ级围岩隧道中的研究及应用越来越多；Ⅴ级围岩在采取超前注浆加固等辅助施工措施加固地层后，也可采用全断面带仰拱法施工。全断面带仰拱法的具体适用条件如表 8.2 所示。

表 8.2　全断面带仰拱法的具体适用条件表

参数	适用条件
开挖断面/m²	≤120（建议不规定）
围岩级别	Ⅰ～Ⅳ
设备配套	凿岩台车等大型机械化配套
地质构造	无断裂构造破碎段
地下水	基岩裂隙局部渗水，无涌水
岩块块径/mm	≥150
抗压强度/MPa	≥5
结构面内摩擦角/（°）	≥50
结构面黏聚力/MPa	≥1
结构面安息角/（°）	≥31
结构面剪切强度/MPa	≥15

4）全断面带仰拱法施工要点

（1）单循环开挖进尺。

对设拱架支护的隧道，每循环开挖进尺应小于 2.5 m；对不设拱架支护的隧道，每循环开挖进尺应小于 3.5 m。

（2）钻爆设计。

采用光面爆破技术。根据工程地质和水文地质情况，以及开挖断面、循环进尺、爆破器材等因素进行爆破设计，合理选择爆破参数。为减少爆破对围岩的扰动，须严格控制一次同时起爆的炸药量。采用非电毫秒雷管微差控制爆破或采用工业电子雷管进行起爆。严格控制周边孔装药量，采用空气间隔装药，炸药沿炮孔长度均匀分布，导爆索起爆。

（3）钻孔爆破。

采用多臂凿岩台车进行钻孔。台车臂应分区，先钻周边孔和掏槽孔，再钻辅助孔，清底后钻底板孔。采用全站仪检查开挖断面并将分析结果反馈给施工人员，不断优化爆破参数。隧道爆破开挖后，先采用机械进行找顶，然后人工找顶。在隧道开挖过程中，须设专人旁站进行质量和安全督查，对发现的不合规情况，应及时纠正、整改。

（4）仰拱和拱墙初期支护。

初期支护应做到快挖、快支、快封闭，爆破后应尽快完成出渣、架设拱架、喷射混凝土、打设锚杆。喷射混凝土采用湿喷机械手。喷射作业应分段、分片、分层，由下至上进行。采用锚杆钻机成孔，设中空注浆锚杆，检查注浆质量合格后将垫板拧紧；在边墙设全长黏结砂浆锚杆，向孔内注满早强砂浆后将锚杆打入，待砂浆达到设计强度后安装垫板和螺帽。钢拱架采用拱架安装机安装，拱架下端设在稳固的地基上，拱脚开挖超深时应加设混凝土垫块，安装后利用锁脚锚管定位，拱背喷填同级混凝土使支护与围岩密贴。

（5）设备配套。

合理选用机械化配套设备，尽量缩短作业循环时间。各道工序应进行平行流水作业，缩短衔接时间。

2. 台阶法

为保证施工安全，软岩隧道一般采用台阶法施工。台阶法是将隧道断面自上而下分为两部分或三部分，先开挖上半部分即上半断面，待开挖至一定长度后同时开挖中部断面或下半断面，最后达到多分部断面同循环同进尺的施工方法。川藏铁路软岩隧道断面高度 11～12 m，上台阶高度可设置 4～5 m，带仰拱下台阶高度设置 6～7 m，可采用二台阶法施工。

台阶法按台阶长短有常规台阶法和微台阶法两种。微台阶法是将台阶长度控制在 1 倍洞径以内，大多数控制在 5 m 以内，上、下工作面进行同进尺、同步掘进。带仰拱下台阶开挖时，应注意上部结构的稳定，开挖完成后及时进行仰拱初期支护封闭。若围岩稳定性较差，则应缩短掘进循环进尺；及时观测拱顶、拱脚和边墙中部位移值，当发现速率增大立即进行仰拱封闭。

1）微台阶带仰拱法施工方法及流程

微台阶带仰拱法开挖是上台阶与带仰拱下台阶一次开挖支护的施工方法，上、下台阶工作面（含仰拱，下同）采用凿岩台车钻孔，炸药装药车装药、上下断面之间采用非电雷管接力连接或工业电子雷管起爆网路，下台阶（含仰拱）与上台阶同时爆破。起爆后首先进行上台阶扒渣，然后上台阶立拱，再进行下台阶及仰拱出渣与立拱。如果局部出现欠挖，则采用铣挖机对欠挖处进行处理，满足净空条件后才能立拱。立拱完成后，按仰拱、下台阶、上台阶顺序施作初期支护混凝土，仰拱初期支护紧跟下台阶，及时封闭成环。下台阶与仰拱初期支护混凝土施作完成后采用洞渣回填仰拱以满足行车要求，待施作仰拱二次衬砌与填充时再以人工配合机械进行仰拱回填洞渣的清运。

无论是二台阶法还是三台阶法，无论是采用人工手持风钻+台架钻孔还是凿岩台钻孔，为了获得较大的施工操作空间，上台阶高度均不能设置太小，一般应设为隧道开挖总高度的 50%左右。微台阶带仰拱法施工示意图如图 8.22 所示，具体施工流程如图 8.23 所示。

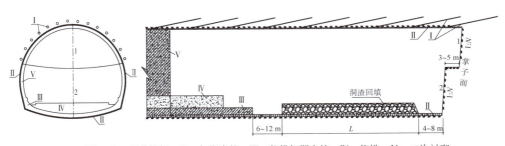

1，2—开挖；Ⅰ—超前锚杆；Ⅱ—初期支护；Ⅲ—仰拱初期支护；Ⅳ—仰拱；Ⅴ—二次衬砌。

图 8.22 微台阶带仰拱法施工示意图

2）微台阶带仰拱法优缺点

（1）优点。

除具备全断面带仰拱法的全部优点外，其最明显的优点是由于开挖面至仰拱端头距离短，初期支护可以快速封闭成环，以形成合理的受力结构，对施工变形的控制有利，可以显著地控制沉降，减少了掌子面"关门"塌方出现的可能。同时，微台阶法开挖灵活多变、适用性强，当遇到地层变化时（变好或变坏），能及时转换成其他方法。

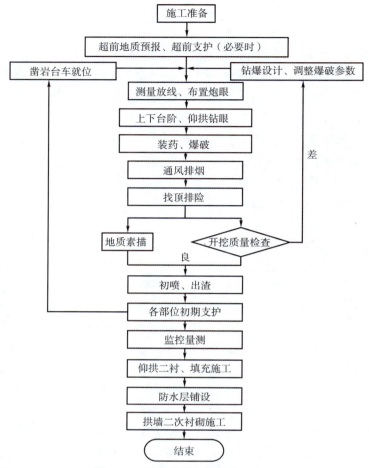

图 8.23　微台阶带仰拱法施工流程

（2）缺点。

上、下部作业时干扰较大，特别是带仰拱下部施工时阻断了前方掌子面的运输通道，上、下断面平行作业较常规台阶法困难，影响时间约半小时，但减少了后期仰拱开挖对掌子面施工的干扰。

3）微台阶带仰拱法适用条件

微台阶带仰拱法主要适用于Ⅳ～Ⅴ级围岩。掌子面不能自稳时亦采用微台阶法施工，高地应力软岩、突泥涌水岩溶地层也应采用微台阶带仰拱法施工。

4）微台阶带仰拱法施工要点

（1）关键技术问题。

相对于传统台阶法，微台阶带仰拱法一次开挖施工技术需解决以下几个关键问题。

① 开挖面能否保持稳定。软岩隧道地质条件差，开挖面和隧道易变形和坍塌，台阶长度和高度的设置是开挖面稳定的关键。

② 能否满足工效要求。带仰拱开挖阻隔了上台阶的运输通道，不能快速地进行上、下断面平行作业，作业存在相互交叉和干扰，需通过合理的组织来满足工效的要求。

③ 仰拱初期支护结构快速承载问题。微台阶带仰拱法施工中，仰拱初期支护与下台阶

初期支护结构同步施作完成后，后续工序所用到的装载机等大型机械设备需在仰拱初期支护结构上作业和行走，应采取适当的技术措施满足其快速承载能力。

（2）施工技术要点。

① 上、下台阶开挖高度和长度的确定。一般从结构力学与变形响应、施工便捷性和设备空间布置等方面，考虑台阶高度与长度设置。经验表明，在上台阶高度为 $0.3\sim0.5H$（H 为隧道开挖设计总高度）时，有利于控制隧道变形和机械施工；在台阶长度控制在 $3\sim5$ m 时，有利于凿岩台车钻孔及出渣。

② 调整确定各台阶断面的工作量，实现各台阶同步作业（钻孔、出渣及支护）是关键。上台阶是开挖进度的核心，采用大型机械施工时，由于台阶面的存在，上断面施工不便，会存在一定的干扰，而下台阶施工却较为便捷。故上台阶高度应较下台阶小，以达到钻孔数量少、支护快等目的。下台阶带仰拱钻孔、立拱支护相对容易，高度可稍大，但总体应是上、下台阶的总体施工速度应相当，确保均衡化生产。

③ 上、下断面的开挖支护进尺应保持一致。同时，为减少变形，避免"关门"塌方，开挖后应及时架设仰拱初期支护拱架，下台阶及仰拱支护作业同步进行，一次施工 $1\sim2$ 榀，初期支护拱架与下台阶拱架连接牢固。

④ 遵守"先仰拱后下台阶"的喷混凝土顺序，同时尽量采用湿喷机械手喷射混凝土作业，缩短封闭时间，完成后及时回填仰拱或钢板覆盖保护，然后喷上台阶混凝土。

四、改进后钻爆法隧道施工成果

（一）西成客运专线何家梁隧道

西成客运专线何家梁隧道（见图 8.24）全长 12.406 km，属于特长高风险隧道，双线电气化铁路客运专线，工程位于陕西省汉中市勉县阜川镇镜内，洞身软弱围岩所占比例高达 51.7%，出口洞门位于悬崖上，没有出洞条件，下方紧邻既有公路，施工难度大。隧道施工采用全断面法及三台阶带仰拱钻爆开挖法，于 2012 年 12 月 1 日开工，2016 年 4 月贯通。该工程的单工作面最高日进度达 8 m，最高月进度为 180 m，正常施工平均月施工进度达到 120 m。

图 8.24　何家梁隧道

（二）成兰铁路平安隧道

成兰铁路平安隧道（见图 8.25）是成兰铁路成都至川主寺段站前工程的控制工程，位于茂县境内。隧道分修，左线全长 28.426 km，右线全长 28.4 km，线间距约 30 m，设计时速 200 km。平安隧道设 6 个横洞、6 个斜井，采用钻爆法施工。平安隧道 2 号横洞工区对应为左线 ZD8K154＋925～ZD8K160＋590、右线 YD8K155＋327～YD8K160＋588，断面大小约 80 m²。该段埋深为 50～1 700 m，以Ⅳ级围岩为主。砂岩夹千枚岩、灰岩、砾岩，施工揭示围岩为绢云千枚岩，岩体片理面和隧道走向呈 80°～90°夹角，围岩节理发育，较破碎—破碎，呈灰色、灰黑色。水平饱和抗压强度为 5 MPa，垂直饱和抗压强度为 19 MPa，属软岩或较软岩，裂隙、结构面局部涌水。

图 8.25　平安隧道

平安隧道采用全断面开挖法进行施工，施工进度得到了有效提高，尤其是爆破效果及炮孔利用率提高到 85% 以上，最高日进度达 6 m，最高月进度为 160 m，正常施工平均月施工进度达到 120 m。该工程于 2012 年 12 月开工，2017 年 2 月贯通。

（三）蒙华铁路中条山隧道

蒙华铁路为国铁Ⅰ级重载铁路，时速 120 km。中条山隧道（见图 8.26）穿越中条山山脉，隧道进口端位于运城市盐湖区境内，出口端位于运城市平陆县常乐镇刘卫庄村，设计为双洞单线隧道，线路间距 35 m，最大埋深约 840 m，左线全长 18 405 m，右线全长 18 410 m。隧道设计为人字坡，最大纵坡 5.1‰，进口端 14.6 km 为上坡，出口端 3.8 km 为下坡。隧道轨面以上净空横断面面积为 33.07 m²，隧道内均采用无渣轨道。中条山隧道穿过的主要地层有太古界变质岩，震旦系和寒武系沉积岩，第三系半成岩砾岩、泥岩、砂质泥岩，第四系新、老黄土层，不良地质主要有断层破碎带、岩爆、第三系高承压水等。中条山隧道为一级风险隧道，施工难度高，为全线控制性工程。尤其洞身长距离穿过第三系上新统砾岩、砂质泥岩、砂层地层，且该段为高承压含水第三系 N2 洪积扇层，水头高出隧道底板 80～177 m，涌水量 36 500 m³/d，开挖过程中容易出现塌方事件，且隧底围岩有水极易软化，施工进度受到制约、基底质量无法控制而影响施工质量。在穿越此地层段落施工时掌子面涌水量最大达 300 m³/h，整个段落涌水量最大达 52 000 m³/d，砾岩为中等胶结。在确保安全情况下，为了加快施工进度，除挑顶采用了帷幕注浆预加固外，其他段落采取了双层小导管，微台阶带仰拱一次开挖快速封闭成环施工，及时对基底进行注浆加固，后期进行局部径向注浆堵水的方法组织施工，安全顺利通过了第三系地层。该工程于 2015 年 3 月开工，2019 年 1 月贯通。

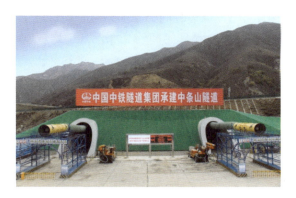

图 8.26　中条山隧道

（四）玉磨铁路新平隧道

玉磨铁路新平隧道（见图 8.27）位于云南省玉溪市新平县和元江县境内，隧道全长 14 835 m，单洞双线，为Ⅰ级高风险隧道，是全线工期节点控制性工程。扬武—青龙大断裂与隧道线路平行，并次生诸多小断层，地质条件复杂，安全风险大且施工难度高。

图 8.27　新平隧道

隧道施工采用预留核心土的三台阶带仰拱钻爆开挖法，于 2016 年 4 月开工，2020 年 4 月贯通。

（五）郑万高铁香炉坪隧道、兴山隧道

新建郑州至万州高铁湖北段 ZWZQ-9 标，起点位于湖北省宜昌市兴山县古夫镇，经南阳镇、昭君镇，止于高桥乡境内，线路于兴山县古夫镇北斗坪设兴山站。起点里程 D1K567+745.000，终点里程 D1K600+308.003，正线长度 33 791.559 9 m（含断链长度）。其中香炉坪隧道（见图 8.28）长 15.154 km，兴山隧道长 10.055 km。隧道中Ⅲ级占总长的 29.5%，Ⅳ级占 54.8%，Ⅴ级占 15.7%，于 2016 年 12 月 1 日开工，轨下工程 59 个月，总建设工期 72 个月（通车），计划于 2022 年 11 月 30 日通车。

隧道施工采用 3 种工法，即全断面带仰拱法、全断面不带仰拱、微台阶法。其进度指标如下。

（1）Ⅲ级围岩：每循环 4 m，循环时间约 20 h，月平均进度 180 m。

（2）Ⅳ级围岩：每循环 3.6 m，循环时间约 25 h，月平均进度 110 m。

（3）Ⅴ级围岩：每循环 2.4 m，循环时间约 20 h，月平均进度 70 m。

图 8.28　香炉坪隧道

第九章 浅埋暗挖法

第一节 概 述

浅埋暗挖法是在距离地表较近的地下进行各种类型地下洞室暗挖施工的一种方法。浅埋暗挖法施工的地下洞室具有埋深浅（最小覆跨比可达 0.2）、地层岩性差（通常为第四纪软弱地层）、存在地下水（需降低地下水位）、周围环境复杂（邻近既有建、构筑物）等特点。由于具有造价低、拆迁少、灵活多变、无需太多专用设备及不干扰地面交通和周围环境等特点，浅埋暗挖法在全国类似地层和各种地下工程中得到广泛应用，在北京地铁复八西区间、西单车站、原国家计委地下停车场、首钢地下运输廊道、城市地下热力、电力管道、长安街地下过街通道及地铁复八线，以及深圳地下过街通道及广州地铁 1 号线杨—体区间等地下工程中得到了推广应用，并已形成了一套完整的综合配套技术。

同时，经过在许多工程中的成功实施，其应用范围进一步扩大，由只适用于第四纪地层、无水、地面建筑物较少等简单条件，拓展到非第四纪地层、超浅埋（埋深已缩小到 0.8 m）、大跨度、上软下硬、高水位等复杂地层及环境条件下的地下工程中。

信息化技术的应用，实现了浅埋暗挖技术的全过程控制，有效地减小了由于地层损失而引起的地表移动变形等环境问题，不但使施工对周边环境的影响降到最低，而且通过及时调整、优化支护参数，提高了施工质量和速度，浅埋暗挖法特点得以进一步的发挥，为城市地下工程设计、施工提供了一种非常好的方法，具有重大的社会效益。该方法在整体上达到了国际领先水平。

浅埋暗挖法提出新的设计理念，初期支护按承担全部基本设计荷载，二次模筑衬砌作为安全储备，初期支护和二次衬砌共同承担特殊荷载。应用浅埋暗挖法设计、施工时，同时采用多种辅助工法超前支护，改善加固围岩，调动围岩的自承能力；并采用不同的开挖方法，及时支护，封闭成环，使其与围岩共同作用形成联合支护体系；在施工过程中应用监控量测、信息反馈和优化设计方法，实现不塌方、少沉降、安全施工，并形成多种综合配套技术。

浅埋暗挖法与明挖法相比，具有灵活多变，对地面建筑、道路和地下管网影响小，拆迁占地少，不扰民，不干扰交通，节省大量拆迁投资，不污染城市环境等优点；与盾构法相比，它具有简单易行，不需太多专用设备，灵活方便，适用于不同地层、不同跨度、多种断面形式。明挖法、盾构法、浅埋暗挖法施工对比情况见表 9.1。

表 9.1 明挖法、盾构法、浅埋暗挖法施工对比情况

对比指标	明挖法	盾构法	浅埋暗挖法
地质	各种地层均可	各种地层均可	有水地层需要处理
场所	占用街道路面大	占用街道路面较小	不占用街道路面
断面变化	适用于不同断面	不适用	适用于不同断面

对比指标	明挖法	盾构法	浅埋暗挖法
埋深	浅埋	需要一定深度	浅埋
防水	较易	较难	较难
地面下沉	小	小	较小
交通障碍	影响很大	影响小	影响小
地下管线	需拆迁、防护	不需拆迁、防护	不需拆迁、防护
振动与噪声	大	小	小
地面拆迁量	大	较大	小
水处理	降水、疏干	堵、降结合	堵、降或排结合
进度	受拆迁影响大，进度较快	前期工程复杂，进度快	开工快，总工期较慢

一、浅埋暗挖法的产生

1979 年修建西安到延安的铁路，线路穿过黄土地区，须修建几座黄土隧道。铁道科学研究院研究小组提出在土质隧道中试用喷射混凝土作为隧道支护衬砌，在征得铁道部一院和一局的同意，经铁道部批准，在嶂岘河隧道进行现场试验。采用半断面开挖，紧跟开挖面施作喷混凝土支护，采用短台阶可及时封闭仰拱，尽早使支护形成封闭的受力圆环。开始由于隧道断面曲墙的曲率不够，水平侧压力大，边墙出现开裂现象，后来及时加大边墙曲率，边墙开裂的现象再没有出现。

1984 年，我国在军都山隧道黄土段继续开展试验并取得成功。在此基础上，我国又于 1986 年在具有开拓性、风险性、复杂性的北京地铁复兴门折返线工程中首次采用暗挖进行试验应用。该工程覆盖厚度仅 8～9 m，最大跨度 14 m，长 358 m，在拆迁少、不扰民、不破坏环境、浅埋的条件下获得了成功。同时，结合我国国情及水文地质条件，我国创造了小导管超前支护技术、"8"字形网构钢拱架设计和制造技术、正台阶环形开挖留核心土施工技术及变形变位量测进行反分析计算的方法，提出了"管超前、严注浆、短开挖、强支护、快封闭、勤量测"的"18 字方针"，突出时空效应对防塌的重要作用，提出在软弱地层快速施工的理念，由此形成了浅埋暗挖法，创立了适用于软弱地层的地下工程设计、施工方法。

1989 年，由铁道部第十六工程局负责施工地铁复八线第一座大型地下车站——西单站。西单站位于繁华的西单路口，位于西长安街的地下，地面交通大，地下管线密布。整个车站处于古永定河冲洪积扇松散砂层中，覆盖厚度仅 6 m，要求施工期间地表沉降不大于 30 mm。车站主体为三拱、两柱、双层结构，岛式站台。洞室开挖宽度 26.14 m，中孔高 13.5 m，边孔高 12.85 m，最大开挖断面达 340 m²，车站长度 260 m，这表明西单地铁站是一座大跨度、高净空、超浅埋、暗挖的大型地下工程。经多方案比选决定，采用"双眼镜"工法、大管棚支护、小导管注浆、监控量测，由多个封闭环逐步过渡到大的封闭环，形成整个车站牢固、稳定的支护体系，确保了工程安全，保护了周围环境，且社会效益突出，减少了地下管线拆迁，地面交通没有受到影响。

二、浅埋暗挖法施工总原则

浅埋暗挖法施工中必须坚持"管超前、严注浆、短开挖、强支护、快封闭、勤量测"的"18字方针"，其具体内容如下。

"管超前"——利用钢拱架为支点，使用超前小导管注浆防护。先用风钻打孔、引管，小导管间距 20~30 cm，直径 40 mm，长度一般为 3~3.5 m，仰角为 5°~10°。为避免管下土体松落，以较小仰角为宜。在开挖支护的过程中，要留出钢管在土体内作为支点的长度。

"严注浆"——在小导管超前支护后，立即压注水泥或水泥水玻璃浆液，填充沙层孔隙，凝固后将砂砾胶结成为具有一定强度的"结石体"，使周围形成一个壳体，增强围岩自稳能力。每次注浆前必须对工作面进行喷射混凝土封闭，以防浆液在压力作用下溢出。"严注浆"的概念是广义的，既包含进行严格的拱部超前小导管预注浆，也包含开挖下部及边墙支护前按规定预埋管注浆，还包含初期支护背后填充注浆。背后注浆是指在低压力下（0.3~0.5 MPa）对喷混凝土背后进行加固填充，下沉值明显减少。

"短开挖"——一次注浆多次开挖。当导管长 3.5 m 时，每次开挖进尺 0.75 m，每次上台阶开挖或预留核心土环状开挖。这种非爆破作业减少了对围岩的扰动。

"强支护"——在松软地层和浅埋条件下进行地下大跨度结构施工，初期支护必须十分牢固，以确保万无一失。按照喷混凝土→网构拱架→钢筋网→喷混凝土的工序进行支护。浅埋暗挖法的网喷支护承载系数取较大值，一般不考虑二次衬砌承载力。

"快封闭"——正台阶开挖时，严格控制开挖步序的长度，要求台阶的长度为：双线不得大于 1 倍洞径，单线不得大于 1.5 倍洞径。下半断面紧跟，土体挖出一环、封闭一环，量测变形增加较快时，必须考虑增加临时仰拱方能稳定。使用各种施工工法均应施作仰拱，使初期支护尽快封闭成环，此时变形曲线逐步趋于稳定。

"勤量测"——量测是对施工过程中围岩及结构变化情况进行动态跟踪的主要手段，要根据工程的地质情况、支护参数、断面大小、施工工法确定监测项目的频次。风险越大，频次越高。要将量测信息及时而准确地反馈给设计、施工人员，以便及时修改设计或采取特殊的施工措施以保证施工安全。

第二节　浅埋暗挖法隧道施工技术

一、浅埋暗挖法隧道施工方法

浅埋暗挖法隧道施工方法主要有全断面法、台阶法、中隔墙法（CD 法）、交叉中隔墙法（CRD 法）、双侧壁导坑法（眼镜法）、洞桩法（PBA 法）、中洞法及侧洞法等，具体可根据地质水文情况、工程实际需要、工期、经济等方面进行选择。一般开挖面越多，支撑体系越多，施工越困难，工期越长，造价越高，所造成的沉降也越大。

在修筑地下发电厂、地下储库、地下商业街及地铁车站时，经常出现地下大空间的施工问题。这些建筑物在埋深较浅、软弱不稳定的Ⅲ~Ⅴ级围岩中一般用浅埋暗挖法施工。

当地层条件差，断面较大时，一般设计成多跨结构，跨与跨之间用梁、柱连接。比如对于常见的三跨两柱大型地铁车站、地下商业街、地下停车场等，一般采用中洞法、柱洞法、侧洞法及洞桩墙法（地下盖挖法）等方法施工，如图 9.1 所示，其核心是变大断面为中、小断面，提高施工安全度。

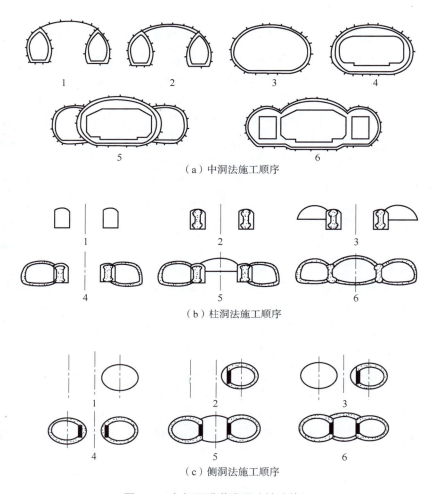

（a）中洞法施工顺序

（b）柱洞法施工顺序

（c）侧洞法施工顺序

图 9.1　大断面隧道浅埋暗挖法施工

（一）中洞法施工

中洞法施工就是先开挖中间部分（中洞），在中洞内施作梁、柱结构，然后再开挖两侧部分（侧洞），并逐渐将侧洞顶部荷载通过中洞初期支护转移到梁、柱结构上。这种施工方法由于中洞的跨度较大，一般采用 CD 法、CRD 法或眼镜法等施工。中洞法施工工序复杂，但两侧洞对称施工，比较容易解决侧压力从中洞初期支护转移到梁柱上时产生的不平衡侧压力问题，施工引起的地表下沉较易控制。中洞法施工工艺流程如图 9.2 所示，该方法在无水、地层相对较好时应用。因该方法施工空间大，施工方便，混凝土施工质量也能保证，当施工队伍水平较高时，多利用该方法。由于地表沉降均匀，两侧洞的沉降曲线不会在中洞施工的沉降曲线最大点叠加，因此此方法应为优选方案。

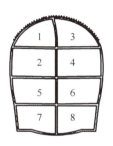
①CRD法施作中洞，按图中顺序进行开挖，及时封闭初期支护。

②施工底纵梁，安装灌注钢管柱，施工顶纵梁、拱部结构，进行中纵梁、中层板、底板施工。

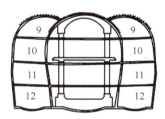
③按图中顺序对称开挖两侧洞，及时施作封闭初期支护。

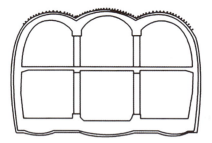
④侧洞底板施工，拆除中间临时支护，施作侧洞边墙及中层板，拆除剩余临时支护，施作侧洞拱部。

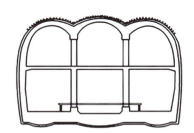
⑤施作完成全部主体结构。

图9.2　中洞法施工工艺流程

（二）柱洞法施工

有两种柱洞法施工模式，即二跨单柱柱洞法施工和三跨双柱柱洞法施工，其工艺流程分别如图9.3和图9.4所示。

①施作中洞。

②模筑底梁，安装、灌注钢管柱，模筑顶梁。

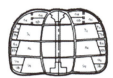
③依次同步开挖两侧洞。

④临时支护。

⑤纵向分段置换下层临时支护，模筑站台侧墙。

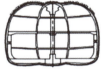
⑥纵向分段拆除中层临时支护，模筑中承板、中纵梁。

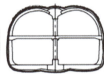
⑦纵向分段拆除上层临时支护，模筑拱部混凝土。

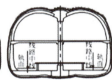
⑧站台及附属工程施作。

图9.3　二跨单柱柱洞法施工工艺流程

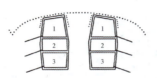
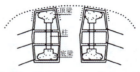

① 开挖中部量测，施作初期支护。

② 局部地基注浆加固，施作地基纵梁及防水，架设钢管柱，施作顶纵梁及防水。留好施工缝，临时支撑固定。

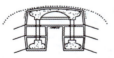

③ 中洞开挖，分段凿除顶部中隔壁并施作中拱顶板防水及二次衬砌。

④ 开挖完成中洞，及时封闭底部初期支护，完成底板及防水层。

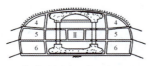
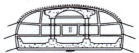

⑤ 依次同步开挖两侧洞室。

⑥ 根据监测情况纵向分段拆除中隔壁、临时支撑，逐步完成侧洞底板防水与二次衬砌，两侧导洞作业应左右对称。

⑦ 全部完成防水层以及内衬结构。

图 9.4　三跨双柱柱洞法施工工艺流程

对双拱单柱的结构形式，可按照如图 9.2 所示的顺序进行施工。在立柱位置先施作一个小导洞，可用台阶法开挖，当小导洞做好后，在洞内再做底梁、立柱和顶梁，形成一个细而高的纵向结构。该方法的关键是如何确保两侧开挖后初期支护同步作用在顶纵梁上，同时立柱要保持左右水平力相等且同时加上，这是力的平衡和力的转换交织在一起的施工难点。如图 9.3 中第④步所示，增设强有力的临时水平支撑是一个办法，但工程量大，不易控制。另一个方法是做好如图 9.3 中第②步所示的空间，用片石回填密实，使立柱在承受水平力时，靠回填物给予支持，以满足左边和右边施工可以不同步将水平荷载转移到立柱纵梁上。柱洞法的另一施工难点是柱顶纵梁和拱结合处的防水施工。

对三跨双柱的结构形式可按照图 9.4 的顺序进行施工。将整个断面开挖横向分为侧洞、柱洞和中洞。先对称施工柱洞，可用台阶法开挖。柱洞做好后，在洞内再做底梁、立柱和顶梁，建立起梁、柱支撑体系。然后，施工两个柱洞中间的中洞初期支护和二次衬砌，形成整个大中洞稳定体系。再对称自上而下施工两侧洞初期支护，最后纵向分段自下而上对称施作二次衬砌，完成结构闭合。

（三）侧洞法施工

侧洞法施工就是先开挖两侧部分（侧洞），在侧洞内做梁、柱结构，然后再开挖中间部分（中洞），并逐渐将中洞顶部荷载通过侧洞初期支护转移到梁、柱上，采用这种施工方法在处理中洞顶部荷载转移时，相对中洞法要困难些。侧洞法施工工艺流程如图 9.5 所示。

当两侧洞施工时，中洞上方土体多次受到扰动，形成危及中洞的上小下大的梯形或三角形楔形土体，如图 9.6 所示，其中 φ 为内摩擦角。该土体直接压在中洞上，使中洞施工发生坍塌，引起的地表下沉较大。而采用中洞法施工则不会出现这种情况。

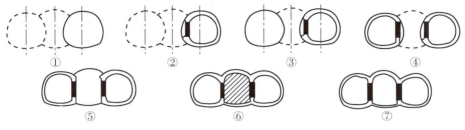

图 9.5　侧洞法施工工艺流程

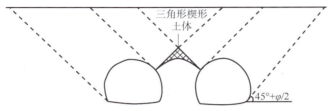

图 9.6　侧洞法施工土体变形示意图

图 9.7 为单柱、大拱车站侧洞法施工工序，该方法是将一个大拱分成三跨，先施工两侧，最后再做中间立柱和结构。该法优于柱洞法，应予提倡，但该方法也存在着力的转换问题。边跨扣拱到柱顶时，中部未开挖，可以保持平衡，但当开挖中部时支撑力没有了，必须在两边跨各设拉杆平衡拱的水平力，或在中洞设顶撑平衡立柱水平力。

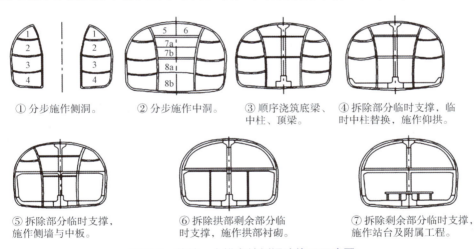

①分步施作侧洞。　②分步施作中洞。　③顺序浇筑底梁、中柱、顶梁。　④拆除部分临时支撑，临时中柱替换，施作仰拱。

⑤拆除部分临时支撑，施作侧墙与中板。　⑥拆除拱部剩余部分临时支撑，施作拱部衬砌。　⑦拆除剩余部分临时支撑，施作站台及附属工程。

图 9.7　单桩、大拱车站侧洞法施工工序图

（四）各种开挖方法的比较

各种开挖方法优缺点对比见表 9.2。

表 9.2　各种开挖方法优缺点

项目	中洞法	侧洞法	柱洞法
地面沉降量	较大	较大	大
施工安全度	一般	较高	一般

项目	中洞法	侧洞法	柱洞法
地面利用率	一般	一般	一般
施工环境	较好	较好	导洞内稍差
受力条件	较好	较好	较差
废弃工程量	一般	较大	较少
造价	一般	大	较低

柱洞法施工虽废弃工程量较少，但导洞内作业条件差，施工质量较难保证，扣拱时跨度较大；侧洞法地面沉降量较大，钢格栅连接难度较大；中洞法的特点是初期支护自上而下，每一步封闭成环，环环相扣，二次衬砌自下而上施作，施工质量易得到保证，施工环境和受力条件较好，地面沉降量、施工安全度、废弃工程量等均能满足工程要求。

二、浅埋暗挖法隧道施工实例

大秦铁路军都山隧道长 8.46 km（双线），进口 625 m 为山前冲积扇，由松散的堆积物、黄土质砂黏土和细砂土组成，有地下水活动。隧道拱顶覆盖层 13～23 m，最浅处 3.6 m，覆跨比小于 1，洞顶有水渠和民居。军都山隧道浅埋大跨黄土段为应用"新奥法"原理在浅埋不良地质进行暗挖施工的试验段，如图 9.8 所示。施工贯彻"管超前、少扰动、早锚喷、强支护、紧封闭、勤测量"的原则，采用小导管压注水泥浆超前支护，正台阶环形开挖留核心土，以及钢支撑、钢筋网、喷射混凝土和锚杆组成的联合支护体系，全断面开挖完成后按照测量情况适时进行二次衬砌，及早封闭成环。整个施工通过对围岩的监控量测、动态进行设计和指导施工。黄土段独头月均开挖 21.7 m。全隧道于 1985 年 1 月开工，于 1988 年 8 月竣工，平均月成洞 192.27 m。军都山隧道试验段的成功为北京地铁复兴门折返线采用浅埋暗挖法奠定了基础。

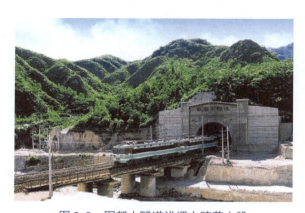

图 9.8　军都山隧道浅埋大跨黄土段

1987 年 12 月建成的北京地铁复兴门折返线（见图 9.9）为首都交通要道，包括南、北正线和过渡线、换乘通道及各类洞室，总长 2.161 km。工程位于北京长安街下，地下 2～4 m 密布各种管线。为了做到施工不影响地面交通、不扰民、不拆迁，借鉴军都山隧道的成功经验，采用包括地层加固注浆、正台阶环形开挖、复合式衬砌等在内的一套适用于浅埋软弱围岩地质的施工方法，形成完整的浅埋暗挖工艺，并在以后发展为浅埋暗挖国家级系列工法。

图 9.9　北京地铁复兴门折返线

北京地铁天安门西站（见图 9.10）为三拱二柱直边墙双层框架结构，浅处覆土厚度仅为 1.02 m，底部 2.5～3.5 m，在地下水位以下。施工以浅埋暗挖法为指导，采用"浅埋暗挖柱洞法"。施工时，首先将上部、底部和柱间小型导洞全部贯通并做好初期支护和地层加固，再施作条形地梁基础，形成纵横向梁式基础，创造安全稳定的作业空间，然后利用多工作面展开其他作业。该工程于 1992 年 12 月开工，1999 年 8 月竣工。

图 9.10　采用浅埋暗挖法（PBA 法）施工的北京地铁天安门西站

1993 年 9 月建成的原国家计委地下大跨度停车场（见图 9.11）为两个平行双层地下停车场，净间距 4 m，单洞跨度 13 m，高 9.35 m，建筑面积 6 675 m²。工程处于软弱松散地层，边墙距原国家计委大楼 11 m，出入口距大楼边缘 4 m，覆盖层 2.8～3 m。施工采用 CRD 法，贯彻"管超前、严注浆、强支护、早成环、环套环、勤测量、速反馈、强回填"的指导原则，施工过程中做到了地表沉降和土体移位不超限，确保了施工中邻近建筑物的安全。

杭州解放路延伸工程新城隧道暗挖区域分 4 段共 242 m，双向四车道，采用 CRD 法修建（见图 9.12）。采用全断面小导管压注超细水泥和水玻璃双液浆进行超前加固，初期支护为 30～35 cm 厚的喷射钢钎混凝土+间距 0.5 m 的格栅钢架。该工程于 2004 年 11 月建成主体。

图 9.11　采用浅埋暗挖法（CRD 法）修建的原国家计委地下大跨度停车场

图 9.12　采用 CRD 法修建的杭州解放路新城隧道暗挖段

北京八达岭高速公路潭峪沟隧道（见图 9.13）长 3.455 km，是中国第一条三车道特长公路隧道。隧道施工采用 GPS 进行精密导线控制测量，确保了贯通精度；采用"套拱进洞"技术，保证了洞口边坡稳定；运用超前地质预报技术和围岩监控量测技术，及时调整施工方法和支护参数，确保围岩稳定和支护结构可靠；采用大管棚和小导管超前支护，保证软弱围岩开挖安全；采用全封闭深孔注浆和"双液注浆"技术，克服了流砂和富水断层破碎带施工难关；采用复合衬砌防水板无钉铺设和双焊缝技术，实现了防水全封闭。该工程于 1997 年 2 月开工，1998 年 11 月通车。

图 9.13　采用浅埋暗挖法施工的北京八达岭高速公路潭峪沟隧道

2003 年 11 月主体完工的重庆轻轨临江门车站（见图 9.14）长 196 m，全部位于地下，埋深 10.5～14.5 m，为双层岛式车站，主体洞室断面有 4 种类型，最宽 23.04 m，最高 19.885 m。车站隧道周围有众多人防地下洞室和高层建筑，高层建筑桩底仅比车站底板高 8.82 m，距车站开挖边沿仅 4.5 m。工程应用大断面隧道开挖技术，双侧壁预留核心岩柱，最大开挖面积 420.96 m²；应用超前小导洞先行、预留光爆层光面爆破、密排空孔减振、非电不对称起爆网络等综合减振技术，爆破振速控制在 1.5 cm/s 以内；应用大断面隧道全断面衬砌技术，研制了整体式大断面衬砌模板台车，实现全断面一次衬砌。工程实行全面监控量测技术，地质雷达超前预报地质，进行了地表下沉、拱顶下沉和边墙收敛等常规监测和爆破振速实测，关键断面进行了锚杆轴力、格栅拱应力、临时支撑应力、二次衬砌应力、喷射混凝土与围岩接触压力等项目的量测。

图 9.14　采用双侧壁导坑法施工的重庆轻轨临江门车站

北京地铁 10 号线北土城站联络线三联拱隧道（见图 9.15）穿越粉质黏土和粗砂地层，采用浅埋暗挖 CRD 法施工，中洞先行，后挖两侧、分部衬砌。受地面建筑物影响，该联络线右线在北土城路区段与区间正线并列在三联洞隧道内开挖施工，三联洞隧道长 120 m，隧道开挖宽度 15.9 m，覆土厚度为 7.8～10.5 m。三联拱隧道穿越家具建材城的 1 号和 3 号大厅的前厅，该建筑为独立基础、钢架结构、玻璃幕墙，对地层扰动反应极为敏感，其南侧为北土城遗址公园及小月河。由于隧道穿越繁华商业区，且路面交通繁忙、人流集中，因此隧道施工对地面建筑影响极大且施工难度较高。为避免地铁施工对地面建筑物及交通造成干扰，采用三联拱浅埋暗挖法进行施工。根据工程所处地理位置、地质条件及施工方法，施工具有以下特点。

图 9.15　采用中洞法施工的北京地铁 10 号线北土城站联络线三联拱隧道

（1）三联洞的施工步序多，结构力学转换复杂，防止出现地面及拱部的过量沉降或坍塌是贯穿整个施工过程的技术难点。

（2）施工前降水，处理好地层中的残余水，为防止小月河与管道渗漏水的补给，通过注浆堵水以达到无水施工条件是工程的重点。

（3）根据地质情况，选择适宜的注浆方法和材料，对拱部和掌子面超前注浆加固，及时施作仰拱和边墙锁脚锚管的加固注浆及拱部的回填注浆，确保开挖面的稳定。

（4）隧道穿越对地表沉降反应极为敏感的玻璃幕墙，控制地表沉降是工程的又一难点。

（5）在洞内外布设足够的观测点及时监控量测，实行动态反馈和信息化施工，通过预测前方的沉降量，积极采取预防措施，随时调整施工参数与施工工艺，确保施工安全。

南京地铁 1 号线南延线菊花台 2 号隧道（见图 9.16）位于南京市雨花区菊花台公园内，是小行站和安德门站之间的区间隧道工程，隧道出口与南延支线左右线单线隧道进口三洞并行。南延支线左线隧道与菊花台 2 号隧道开挖净距为 5.23 m；南延右线隧道与菊花台 2 号隧道开挖净距为 1.69 m。三洞洞口 50 m 均位于松散的杂填土或强风化粉砂质泥岩、泥质粉砂岩地层中，且三洞均为浅埋隧道，其中南延左线隧道洞顶埋深为 8～15 m；南延右线隧道洞顶埋深为 1.5～10 m；菊花台 2 号隧道洞顶最小埋深为 0.9 m。南延支线右线隧道下穿菊花台 2 号隧道后与南延支线左线隧道双洞并线，并线过程中，形成长 16.1 m 的双联拱隧道，双线隧道最大开挖宽度为 12.82 m。南延支线左右隧道并线段是两条双洞单线隧道从小净距逐渐过渡至双连拱隧道最后变为单洞双线隧道，净距由大变小，断面由小变大，施工技术复杂。

图 9.16 采用双侧壁导坑法施工的南京地铁 1 号线南延线菊花台 2 号隧道

长沙市营盘路湘江隧道（见图 9.17）位于长沙市市区内橘子洲大桥和银盆岭大桥之间，隧道按城市 I 级主干道等级进行设计，主线设计车速 50 km/h，匝道设计车速 40 km/h。主线隧道设计为双向四车道，分南、北两线设计，北线全长 2 843 m，南线全长 2 850.502 m；匝道隧道设计为单向单车道，路线总长 2 752.384 m，最大纵坡 6.98%。四条匝道与主隧道形成地下立体交叉的隧道群，主隧道与匝道交叉段最大宽度 25 m，最大开挖面积 370 m²。为满足不同结构段功能及受力需求，隧道分明挖 U 形结构、框架结构、拱形结构及上下交叉连体结构。隧道采用设计施工总承包模式，采用浅埋暗挖法施工。

图 9.17　东岸营盘路湘江隧道进口 C 匝道隧道出口

深圳地铁 1 号线一期工程国贸站至老街站区间隧道北段位于深圳市人民路与深南东路交会处及其南、北部，由四个子单位工程组成，分别为华中国际酒店桩基托换工程、百货广场桩基托换工程、国老区间北段明挖及暗挖隧道工程，是一项科研、设计、施工紧密结合的工程项目。隧道全长 228.3 m，采用明挖+暗挖法施工。其中明挖区间隧道长 73.30 m，采用明挖顺作法施工，围护结构形式为地下连续墙。主体结构为单跨三层（竖井段双跨三层）框架结构。基坑长 73.3 m，深 17.4 m，宽 6.2 m，开挖土石方 1.8 m³。岩层深度 10～17 m，部分基底处于风化花岗岩上。暗挖隧道段长 155 m，埋深 7～11 m，为左上右下的重叠隧道（见图 9.18）。地铁区间隧道为减少对建筑物基础的影响范围而采用左、右线上下重叠的单洞双层直边墙拱形的结构形式。暗挖区间隧道为双层重叠隧道，其设计和施工在当时都是国内首例。该工程于 2001 年 4 月开工，2003 年 11 月竣工。

图 9.18　国贸—老街区间转换竖井与重叠隧道

第十章　辅　助　坑　道

　　辅助坑道是为开拓隧道新工作面而提高全隧道进度、改善运输条件和施工通风、排水、便于调整施工部署以减少工序干扰、绕避不良地质、克服施工障碍、确保工期而增加的辅助工程，一般可分为 6 种类型，即：横洞、平行导坑、斜井、竖井、综合型坑道，以及为排除地下水而设的泄水洞。对于这些辅助坑道，在隧道设计、施工中，往往根据隧道的工期、地形与地质条件，单独选用一种坑道或联合选用多种坑道。

　　20 世纪 50 年代以来，我国无论是铁路隧道还是公路隧道，在辅助坑道的选择与运用上，均取得了较好成绩并获得了成功。

第一节　竖　　井

一、概述

　　20 世纪 50 年代，我国煤炭工业处于恢复、发展初期，新建矿井井筒较浅，建井技术水平不高，机械化程度很低，作业方式主要采用单行作业，掘进采用浅孔爆破，以钢井圈、木背板为临时支护，以料石砌筑为永久支护。20 世纪 70 年代中后期，随着国外竖井施工技术的发展，竖井大型凿井设备的研制和应用，大型提升机、抓岩机、伞形钻架等新型机械的问世，以及月成井 401 m 的世界级纪录的出现，我国也组织了煤炭、冶金、一机三部对竖井掘进机械化配套作业等技术进行了科技攻关，并取得近百项科研成果，组织 30 个竖井进行施工机械化配套试验。在取得经验后，我国又为 40 个竖井装备了主要凿井设备，为竖井快速施工奠定了初步基础。

　　随着锚喷支护技术的发展和应用，井筒掘进施工的临时支护由井圈背板变为锚喷或锚喷网支护，增大了掘进段高，段高一般控制在 30～60 m，最大段高达到 100 m，简化了工艺，减少了掘砌变换工艺的次数，提高了竖井掘进速度。

　　在 20 世纪 60—80 年代，我国又研究推广了掘砌平行作业方式，由于掘进与砌壁在两个相邻井段反向同时施工，使砌壁占用掘砌循环工时由 35%～40% 降低到 10%～20%，其月成井速度较其他作业方式有所提高。

　　掘砌单行作业方式的段高增大，这虽然可以缩短工序的转换时间，但是并没有消除临时支护工序，而且安全度不高。采用平行作业方式，掘进与砌壁需要分别设置作业盘和独立的悬吊系统，相互影响较大，安全管理工作要求高。另外，这两种作业方式砌壁的机械化程度不高，严重制约了掘进机械能力的发挥，且影响了竖井施工速度。

　　掘砌混合作业方式于 20 世纪 60 年代在我国开始应用，至 20 世纪 80 年代，采用掘砌混合作业方式施工的井筒工程量占总工程量的 1/3 左右。短段掘砌以模板砌壁高度为掘砌段高，掘一段砌一段，取消了临时支护，永久支护混凝土井壁紧跟掘进工作面，掘砌作业依次进行。掘砌段高开始为 1.0～1.5 m，后期到 2.0～2.5 m。由于当时的工艺和设备不完善，施工速度一直比长段单行作业和平行作业低。为此，我国将竖井混合作业及其配套施工设备列入国家"六五"重点科技攻关项目，由煤炭科学研究总院北京建井研究所和平顶山建井三处等单位共同研究，研究成果显示了其工艺组织合理，技术配套科学，机械化程度高，工艺简单，安全和快速施工的先进性，尤其是整体下滑金属模板的研制成功，充实了机械化配套中砌壁这一环节。

在"七五"期间，我国又组织了多家科研院所、高等院校和施工单位，对提高凿井设备性能、完善机械化配套进行科研攻关，并取得一批达到国际领先水平的科研成果，开发了 MJY 型系列多用金属模板，混凝土施工中的集中上料、自动计量、分料器、振捣器等配套设施；改进了伞形钻架，配备了 YGZ-50 型或 YGZ-70 型凿岩机，开发了与整体下滑金属模板相匹配的小型钻架，研制了大型通用抓斗，竖井施工机械化配套得到充实和发展。

在"八五"期间，我国又组织山东矿业学院、淮南矿业学院、西安矿业学院等单位对竖井深孔光面爆破新技术进行了科研攻关，重点对掏槽爆破机理、掏槽方式、掏槽爆破参数、光面爆破机理及其爆破参数、光爆孔装药结构及起爆器材等进行了研究，取得了多项科研成果，为竖井施工中的爆破工艺提供了技术保证，使机械化配套技术更趋合理。

随着竖井凿井机械化的普遍推广应用，相适应的施工组织与管理就显得特别重要。管理的优劣是关系一个企业或组织兴衰存亡的根本大事。过去由于管理落后，虽然机械化配套水平从"六五"时期的 59% 上升到"八五"时期的 75%，但平均月成井速度只从 25 m/月提高到 30 m/月，即机械化程度提高不少，而月成井速度提高缓慢。为此，各施工单位对施工组织管理进行了多方面的探索和研究，提出了许多科学、有效的办法，使竖井施工速度得到很大提高。

经过几十年的发展，我国的建井技术有许多独到之处，其主要表现在以下几个方面。

（1）两套提升系统，目的是保证有足够的渣石提升能力，满足快速施工的要求。

（2）采用混合作业方式和大型滑动金属模板，取消临时支护，简化了施工工艺，缩短了循环时间。

（3）伞形钻架打孔配合深孔光面爆破技术，提高了爆破效果，减少了辅助作业时间。

（4）采用大型抓岩机装岩，使装岩时间大大缩短。

（5）实行科学化管理，充分发挥机械化作业优势。

由于机械化配套趋于合理，爆破技术得到发展和提高，施工组织管理得到加强，我国的煤炭及冶金系统的竖井建井速度也有了较大的提高。1974 年，我国月平均成井 16.4 m，到 1984 年提高到 29.26 m，到 1994 年提高到 39.43 m。1997 年，全国月平均成井 45.43 m，与 1974 年相比提高了 177%。而近几年来也涌现出一大批竖井快速施工新纪录，月平均掘进速度超 100 m/月已较常见。我国竖井快速掘进达到国际先进水平，形成了以混合作业方式、大型提升机、大型抓岩机、伞形钻架和大型滑动金属模板为配套的凿井技术。

二、竖井施工方法

（一）竖井施工方法种类

对于地质情况良好地段，竖井井筒施工方式可分为掘砌单行作业、长段掘砌平行作业、短段掘砌混合作业。

（1）掘砌单行作业方式：该方式因使用设备繁杂，需 4 层以上多层吊盘，施工技术亦复杂，实现机械化施工的问题较多。

（2）长段掘砌平行作业方式：该方式的适用条件是井筒地质条件较简单、涌水量不大于 10 m³/h。

（3）短段掘砌混合作业方式：该方式是 20 世纪 50 年代末由国外发展起来的。该作业技术的优点有以下 5 点。一是省去了长段掘砌平行作业中占循环作业时间 15%至 20%的临时支护；二是省去了长段掘砌平行作业中掘、砌转换的时间；三是永久支护紧跟工作面，围岩暴露时间短，作业安全，适应较复杂地质条件；四是随着大孔径中深孔光面爆破技术的完善及大段高整体下移式金属模板的应用，使成井速度跃上一个新台阶；五是该作业工序简明，易组织专业化作业班组，便于施工组织管理，有利于正规循环的实现。因此自 20 世纪 90 年代起，国内使用该法施工的立井越来越多，相继取得快速施工好成绩，与之配套的机械设备、综合治水技术、吊挂技术、混凝土输送和浇注技术也发展很快。同时，井筒信号与通信技术等日臻成熟与完善，使短段掘砌混合作业法成为适合任何断面与深度的立井开凿的施工方法，它与长段掘砌平行作业法一起成为目前被国内外广泛采用的施工方法。

铁路系统 2005 年施工的乌鞘岭隧道 2 个竖井均采用短段掘砌混合作业法，该方法具有安全快速、施工简洁、及时支护等优点。在铁路系统隧道施工安全步距日益严格的今天，采用及时进行二次衬砌混凝土支护的短段掘砌混合作业法具有积极意义。

（二）竖井施工方法简介

井口段（地表下约 30 m）处由于受井架、绞车基础并未施工完毕和机械条件的限制，采用挖机铲挖、汽车吊升出渣和短段掘砌混合作业方式。采用爆破进行孤石处置。采用爆破法开挖，并严格控制超欠挖。在开挖完毕后，采用锚喷（网）+钢架进行支护。

井筒段施工工艺流程为：钻孔爆破→中心回转抓岩机出渣→锚喷支护→衬砌→清底。

1. 钻孔爆破

采用 FJD-6 型伞钻（见图 10.1）配 6 台 YGZ-70 型独立回转式凿岩机钻孔，采用直径 30 mm、长 4 800 mm 的圆形钎杆，采用 ϕ48 mm 十字钎头。炮孔深 4.0 m，掏槽孔深分别为 3.4 m 和 4.2 m，采用直孔分段挤压式掏槽。爆破炸药为 SJ-YⅡ-5 岩石水胶炸药，药卷规格为 ϕ40×400 mm；雷管分为 1、3、5、7、9 段非电毫秒延期雷管，采用由电雷管引爆非电毫秒雷管（导爆管雷管）的方式进行引爆。装药结构为反向耦合连续装药，连线方式为串并联。采用光面、光底、深孔爆破新技术，并根据工作面岩石软硬程度，及时调整爆破参数，提高爆破效率。

2. 中心回转抓岩机出渣

井筒主提升机选用 3.0 m³ 吊桶出渣，副提升机选用 1.5 m³ 吊桶出渣，两套单钩平均计算提升能力为 25 m³/h。每循环松散体渣石量为 150～160 m³/h，出渣时间共需 7 h 左右。采用 HZ-6 中心回转抓岩机抓岩，座钩式自动翻渣，8 t 自卸车排渣。中心回转抓岩机如图 10.2 所示。

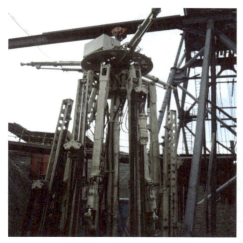
图 10.1 FJD-6 型伞钻

图 10.2 中心回转抓岩机

3. 锚喷支护

开挖前，在易坍塌范围施作自进式超前锚杆，长 3.5 m，外插角 15°。开挖后，先初喷 4 cm 混凝土；采用 R25 中空注浆锚杆压注水泥-水玻璃浆液加固地层并止水，长度为 2.5 m，间距 1.2 m×1.2 m；钢筋网采用 ϕ6.5 钢筋，网格间距 25 cm×25 cm；V 级围岩段架立格栅钢架 1 榀/1.2 m，用 ϕ22 螺纹钢连接，长 1.2 m，环向间距 1.0 m；再补喷 C20 混凝土至 4 cm，模注 C20 混凝土 35 cm。

4. 衬砌

永久支护采用 MJY 型单缝伸缩式液压整体金属模板（见图 10.3），整体金属刃角下行模板砌壁，模板有效高度为 3.6 m。该模板仅有一个收缩口，设有两个液压千斤顶，整个模板由 3 台凿井绞车悬吊，凿井绞车控制可同步起动，又可单独操作。模板上部设有环形浇注装置，立模时模板垂直部分距上节井壁间留有 10～20 cm 的间隙，形成浇筑口。立模找正后，将吊盘放至距模板 3 m 的地方，分灰器放在吊盘上。砌壁混凝土由地面两台 JS-500 型水平双卧轴强制式混凝土搅拌机搅拌，生产能力为 40 m³/h。采用 ϕ159 混凝土管下混凝土，井口设置混凝土输送槽，由双分料管可 360°转动的 QFH 型混凝土分料器分料，实现混凝土对称浇筑，提高井壁浇筑质量，加快浇筑速度。使用 ZNQ-50 型插入式高频混凝土振捣器振捣混凝土。乌鞘岭隧道施工时，由于乌鞘岭隧道地处高寒地带，冬季施工时，必须用热水拌制混凝土，确保混凝土入模温度不低于 20 ℃。

5. 清底

中心回转抓岩机出渣完成后，底部的虚渣必须清除干净才能钻孔。为解决人工清底工作量大和劳动强度大、作业时间长的问题，对山猫 331 小挖掘机（见图 10.4）进行改造，将其臂改短，以满足可以在井筒衬砌范围内作业，再配以少量人工辅助进行清底作业，减轻了工人劳动强度，改善了清底效果，提高了劳动效率，缩短了清底时间，为竖井的快速施工打下了基础。

图 10.3　MJY 型单缝伸缩式液压整体金属模板　　　　图 10.4　山猫 331 小挖掘机

三、竖井施工成果举例

（一）20 世纪期间修建

我国铁路隧道用竖井作为辅助坑道的不多，第一座用竖井施工的隧道是中东铁路西段（今滨洲线）的兴安岭隧道，为加快施工速度，在 3 077 m 长的隧道顶开凿竖井 10 个，井深都不大，用人力打孔，手摇绞车提升运输。

完全由中国人自己设计施工的竖井是于 1907 年开工，由詹天佑先生主持修建的京张铁路八达岭隧道竖井，在长 1 091 m 的洞身开凿竖井 1 个，采用人力打孔，手摇绞车提升运输，木风车通风，历时 18 个月建成。该竖井起到了很大的作用。

20 世纪 50 年代，修建宝成铁路长 2 364 m 的秦岭隧道时，在隧道中段洞顶开凿深 136 m，井径 4.5 m 的竖井。开工时，先用土制摇头扒杆提升，井深加大后改用钢井架，采用 2 台绞车作升、降稳车，手持式风动凿岩机钻孔，电雷管起爆，三管两线（风、水、电等管线）及人行安全梯均安装在井壁上并由预埋螺栓固定。进入正洞施工后，出渣用 0.35 m³ 矿车罐笼提升。该井属于简易井，建井耗时 5 个月。由于出渣能力小，到井底后即向两头开挖下导坑，至隧道贯通时，只做下导坑 525.5 m，占全隧道的 22.2%。按当时成洞折算系数，此井只完成成洞 105.1 m，占全隧道的 4.4%，但此竖井对改善隧道中后期施工通风和衬砌进料起到了良好作用。

1956 年，京承线上鹰段长 2 387 m 的夹马石隧道中部也设竖井 1 座，它由煤矿建井人员帮助设计和施工，井径 5.5 m，设备是租用煤建单位的，比较正规。投入隧道施工后，因管理较差，设备配套不完整，施工通风及排水发生困难，又连续发生人身和设备事故，以致竖井未起到多少作用。

20 世纪 80 年代，京广复线大瑶山隧道设班古坳竖井（见图 10.5）1 座，井径 5.5 m，深 433.2 m，井筒内除设双罐笼外，还安装 2 条 ϕ1 000 mm 的通风管、2 条 ϕ300 mm 排水管、2 条 ϕ100 mm 的供水管、2 条 ϕ150 mm 的高压风管，并设人行梯子间 1 处。地面安装 23.6 m 高的钢井架 1 座，全井稳车由 9 台绞车和 1 台提升机组成，建井期另有吊泵绞车，爆破电缆稳车用绞车 1 台、风动绞车 1 台。井筒施工于 1982 年 8 月开始，历时 6 个月至 1983 年

2 月完成。建井用风动凿岩机钻孔，非电爆破，每次进尺达 1.9 m，炮孔利用率达 83%，爆破后用 0.4 m³ 抓岩机装渣入吊桶，提升至井架卸渣平台倾入卸渣槽装入 0.75 m³ 斗车，由人工推至弃渣场。井筒以喷射混凝土支护，厚度 120 mm。开挖到井底设计高程后，先向南北进出车方向开挖坑道 5 m，然后再向下开挖井底水仓，再开凿各种井下洞室。故该竖井实际上是在 1985 年 2 月建成投入隧道正洞施工的，历时 38 个月，其中井筒施工（包括辅助设施）历时 18 个月，井底洞室工程历时 6 个月，更换正式生产用设备、拆除施工设备等历时 13 个月，补作混凝土井筒历时 1 个月，综合建井速度月均 11.7 m。竖井投入正洞施工后开挖井底平行导坑 253 m 和正洞下导坑 136 m。至 1985 年 4 月 19 日即发生开挖面突泥涌水，造成竖井被淹。直至 1986 年 3 月 10 日，竖井内的积水才由从正洞开凿的 1 200 m 迂回导坑内的抽水机抽走。水排除后清淤，竖井方得继续向上崩塘斜井方向开挖平导与该斜井贯通。该竖井除完成正洞 150 m 外，又为上崩塘工区的出渣和通风、供电、给水提供便利，使两端工区工程进度迅速增加。

图 10.5　大瑶山隧道班古坳竖井

（二）21 世纪期间修建

由于竖井前期投资巨大、无专业化施工队伍，且是一个临时性工程，故竖井在大瑶山隧道施工后并无大规模应用。至 2005 年铁路大发展后，采用竖井机械化配套及短段掘砌模式施工乌鞘岭大台竖井，辅助 1 500 m 平导施工，正洞施工未采用大台竖井。当时，铁路行业的竖井施工技术已远远落后于国内其他行业技术水平。在近期，由于施工国内最长铁路隧道——高黎贡山隧道需要，设置了 1#、2# 竖井（又各设置主副井）共 4 个竖井。

1. 大台竖井

大台竖井（见图 10.6）距乌鞘岭隧道进口 13 365 m，距出口 6 685 m，竖井井口地面设计高程为 3 021.9 m，井场坡面呈 25°～30°，被第四纪 Q4PL 冰溶冻土覆盖，冻土表层只有 0.4 m 左右的一层矮草。第四纪覆盖层达 45～60 m，具有少量渗透水的千枚岩碎屑堆积、坡积体，遇水软化呈塑流状，极不稳定。大台竖井位于乌峭岭岭脊地段，距 F7 大断层 500 m，竖井贯通后承担井下平导施工。大台竖井井口距乌鞘岭隧道左线 25 m，竖井井深设计深度为 515.66 m，内径 5.5 m，实际深度 516.14 m。竖井原设计围岩为Ⅳ、Ⅴ级围岩，其中Ⅳ级围岩 410 m，Ⅴ级围岩 106.14 m。竖井锁口段 0～2.4 m 为 155 cm 厚 C25 钢筋混凝土结构，井筒支护采用喷—锚—网—喷—衬砌的联合支护结构。采用短段掘砌施工工艺，段高 4 m。

图 10.6 乌鞘岭隧道大台竖井

大台竖井自 2003 年 3 月开始施工，至 2003 年 11 月 28 日掘至井底，期间竖井井身月掘进速度如表 10.1 所示。

表 10.1 大台竖井井身月进度统计表 单位：m

时间	2003.3	2003.4	2003.5	2003.6	2003.7	2003.8	2003.9	2003.10	2003.11
进度	9	16	4	72	59.2	73	85.3	96.3	100.86

2003 年 3—5 月期间，采用的是人工手持风钻钻孔进行井口段施工。由于受井架、绞车基础还没施工完毕和机械条件的限制，井口至 26 m 段只能采用挖机铲挖，汽车吊提升 3 m³ 吊桶出渣，短段掘砌混合作业。遇到孤石时，采用手持风动凿岩机打孔，非电毫秒雷管引爆爆破，人工修整开挖轮廓线，严格控制欠挖，开挖面不稳定溜滑地段，打锚杆、挂网、喷混凝土防护，确保开挖轮廓尺寸。开挖循环进尺 1.5 m，出完渣后立即进行喷混凝土、清底、立模灌注混凝土。衬砌采用组合钢模板做内模，自制 I16 工钢作为内模骨架，由输料管输送混凝土至模板内，人工捣固棒捣固密实。

至 2003 年 6 月份后，竖井机械化配套已基本上形成生产能力，日循环进尺明显增加，月进度已超 50 m。在竖井快速施工机械化配套以后，至竖井掘至井底期间，由于围岩较软（主要为Ⅳ、Ⅴ级围岩），其于 6 个月期间共完成竖井掘进约 486.66 m，月均掘进约 81.11 m。

大台竖井井身开挖断面在 29.2 m² 左右，其施工速度最高的月份为 2003 年 11 月，月掘进约 100.86 m，日（按 28 日计算）均掘进约 3.6 m。

2. 苊苊沟竖井

苊苊沟竖井位于乌鞘岭隧道 5 号斜井轴线上，距右线隧道交点里程 YDK169+700 处 223.92 m，是为解决 5 号斜井右线隧道施工通风及加快 5 号斜井施工进度而设。竖井井筒深 466.6 m，内径 5.1 m，井壁衬砌 C30 混凝土厚 30～50 cm。竖井到位后承担竖井至右线交点间 223.92 m 的斜井及部分右线正洞的施工任务。

　　芨芨沟竖井地处乌鞘岭毛毛山南缘，海拔高程 3 050 m，地形相对狭窄，竖井的岩性以砂岩为主，岩层主要产状为 280°～290°/∠60°～70°，涌水量为 4～6 m³/h。井身范围表层为 19～46 m 厚的坡积层、黏土层及碎石土，下伏基岩为三叠系砂岩夹页岩，间夹少量薄煤层，f=8～12。竖井 46～180 m 范围为砂岩，较完整，涌水量较小；180～466 m 范围为砂岩夹页岩，以砂岩为主，约占 60%，并间夹少量薄煤层，局部有富水且施工中有突发涌水的可能。根据竖井物探报告提供的工程地质情况，竖井临时支护采用锚网喷支护，永久性支护则采用单层混凝土井壁。实际上即使是 II、III 级围岩，由于为了确保施工安全，竖井一般均采用厚约 40 cm 的单层混凝土井壁。

　　芨芨沟竖井深约 466.6 m，计划工期为 6 个月。由于采用了合理的施工方式、先进的机械化配套设施和科学的施工组织与管理，实际完工时间 5.5 个月，月均掘进约 84.8 m（包括地表段）。其月掘进最大的月份为 2003 年 6 月，芨芨沟竖井施工创造了铁路隧道竖井基岩段施工的新纪录，达到了 134.6 m/月，并且无伤亡事故发生。

3. 高黎贡山 1#、2#竖井

　　大瑞线高黎贡山隧道位于怒江车站与龙陵车站之间，隧道进口里程 D1K192+302，出口里程 D1K226+840，隧道全长 34.538 km，设计时速 140 km。除洞口车站段为双线或三线隧道外，其余段均为单线隧道。隧道内线路纵坡为人字坡，进口段除 198 m 车站范围为平坡外，其余地段上坡长 21.600 km，最大线路坡度为 23.5‰，隧道最大埋深为 1 155 m。

　　本隧辅助坑道设置为"1 座贯通平导+1 座斜井+2 座竖井"，全隧分为进口、斜井、1#竖井、2#竖井（见图 10.7）及出口共 5 个工区组织施工。

图 10.7　高黎贡山 2#竖井

　　1#竖井主井深 762.59 m，副井深 764.74 m。2#竖井主井深 640.22 m，副井深 640.36 m。主井内径均为 6.0 m，副井内径均为 5.0 m。竖井主井建成后用于出渣、排污风，副井建成后用于进料、进新鲜风、排水、人员进出并兼作安全出口。1#竖井工区隧道设计范围为 D1K203+795～D1K207+857 段 4 062 m，平导设计范围为 PDZK202+319～PDZK208+011 段 5 692 m。2#竖井工区隧道设计范围为 D1K207+857～D1K213+580 段 5 723 m，平导设计范围为 PDZK208+011～PDZK215+320 段 7 309 m，共承建正洞 9 785 m，平导 13 001 m。

高黎贡山隧道位于云南高原西部边缘，属高黎贡山脉南延段，向东南方向大雪山附近与怒山余脉相接，属高黎贡山古生界变质灰岩紧密褶皱和花岗岩体高山区，地表沟壑纵横，地形起伏大，山脉、河流相间。1#竖井位于霸王河右岸，属地中河谷地貌，地势平坦，海拔介于 1 845～2 010 m。2#竖井位于龙陵县黄草坝村东南方向约 2.7 km 上坡上，交通不便。1#竖井附近未见有地质构造体迹象，距离保山端怒江断裂（F1-1）约 1.3 km，距离瑞丽端镇安断裂（F4-2）约 1.2 km，受两断裂带影响较小。2#竖井附近构造体有大坪子—田新坡断层、勐冒断层。

4. 洞宫山隧道通风竖井

随着我国山区公路的快速发展，公路隧道建设数量和规模不断增大，特长公路隧道比重日益增加。在长大隧道修建工程中，隧道运营通风问题是一个关键的技术问题。由于竖井可以极大地减小通风阻力，降低通风运营费用，所以国内外大部分隧道工程的通风井都选择了竖井。现在通风竖井已成为公路隧道工程重要的配套工程之一。

洞宫山隧道（见图 10.8）是福建省最长的公路隧道，它为上下行分离式双洞隧道，右洞长 6 532 m，左洞长 6 541 m，位于福建省宁德市周宁县与南平市政和县交界处的洞宫山风景区，进口位于周宁县楼坪村，出口位于政和县杨源村洞宫山。隧道整体设置 1 座地表风机房及送、排风通风竖井各 1 座，竖井位于右洞轴线右侧。竖井附近有自然村及洞宫山水库，受地下水影响较大。

图 10.8 洞宫山隧道

运用传统的竖井开挖法（正掘逆砌）进行竖井施工，具有地下水排放困难、出渣难度大、通风条件差、上下立体交叉作业施工安全难以保证等特点。经过多方面的比对，采用反井钻机法对本竖井进行施工。与传统的竖井开挖方法相比较，反井钻机法在竖井施工过程中具有施工速度快、不需要抽排水、不需要单独通风、占地少、设备投入少、安全高效等优点。

竖井反井钻机法施工工艺流程为：场地平整硬化→导孔钻孔→导井扩孔→钻爆法扩挖及支护（自上而下）→二次衬砌及分隔板整体施工（自下而上）。导孔施工选用引进的BMC200 型反井钻机进行施工；导井正向扩挖运用光面爆破技术进行钻爆施工；竖井支护按"新奥法"采用复合式衬砌，初期支护采用锚喷支护，二次衬砌施工采用机械化程度较高的滑模工艺施工。

第二节　大坡度斜井

一、概述

辅助坑道应根据所处地形地质条件、工期进度要求及运输方案等因素进行技术经济比较后选择适合的形式，主要有横洞（坡度小于 2%，采用汽车运输）、缓坡斜井（坡度小于15%，采用汽车运输）、陡坡斜井（坡度为 30%～47%，即为 16°～25°，采用提升机有轨运输）、竖井（坡度 90°，采用提升机垂直提升运输）等形式。横洞和缓坡斜井在隧道施工中应用普遍，但陡坡斜井与竖井由于对地形地貌的要求相对较低，掘进长度较短，也成为长大隧道施工中常用的一种辅助施工通道。

在长大公路隧道中，有时也采用陡坡斜井来解决运营通风问题，通过风机辅助对隧道进行空气送排。通风通道在隧道施工期可用作辅助通风，改善施工隧道内的空气质量；也可以用来增加施工工作面，实现长隧道的分段开挖，缩短施工工期。

二、陡坡斜井施工方法

由于陡坡斜井的坡度过大，隧道开挖使用的固定式作业台架因移动、避车困难等问题而无法使用。陡坡斜井开挖方法主要围绕开挖台架的搭设而确定，施工中尝试过的开挖方法有 3 种，分别为台阶法、L 型法和全断面法，这 3 种方法开挖作业示意图分别如图 10.9、图 10.10 和图 10.11 所示。

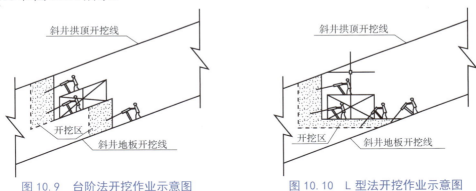

图 10.9　台阶法开挖作业示意图　　　　图 10.10　L 型法开挖作业示意图

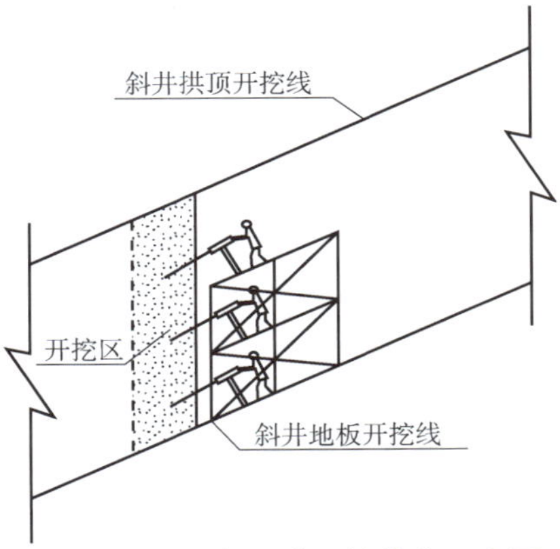

图 10.11　全断面法开挖作业示意图

（一）台阶法

台阶法为隧道施工短台阶法在斜井中的应用。将斜井开挖断面分成上下两层分别开挖，上台阶的高度控制在 4 m 左右，台阶长度控制在 6 m 左右。上台阶的高度不宜过高，须满足简易台架的拼装要求。作业台架采用简易的可拼装结构，在作业前进行拼装，作业后及时拆除，拆除后的台架堆放在开挖面附近，但不要影响爆破、出渣作业。台阶长度不宜过长，以挖掘机的臂长来控制，能实现挖掘机从掌子面取渣后一次装入矿车内为宜，避免出现翻渣装车现象。

在确保安全的前提下，作业时上下台阶的工序可以分别进行。上一循环爆破出渣出至上台阶高度时，上台阶即可开始拼装作业台架、支护等工作，下台阶继续出渣。当下台阶出渣完成并排完集水时，上台阶的支护也基本完成，支护人员就到下台阶支护，而上台阶则可以开始进行钻孔、爆破工序。由于下台阶的支护量较小，支护完成后也开始进行下台阶的钻孔工序。上台阶虽然钻孔开始时间早，但由于上台阶的钻孔数量较大，完成钻孔时间就与下台阶的完成时间基本相当，这样就可以实现上下台阶的同时爆破。通过上下台阶的分工序作业，节约了每循环的作业时间，加快了施工进度。

台阶法在地下水不发育的Ⅲ、Ⅳ级围岩中适用，施工进度较快，但施工管理难度大且作业不便，对作业人员的体力、技术要求较高。

（二）L 型法

L 型法是把斜井作业变为平洞作业的方法，即将斜井距掌子面 6 m 左右的底面开挖成平面，所有人员在该平面上作业，每次作业都要在开挖掌子面的同时注意落底，始终保持底面的大致水平。作业台架也需要采用拆卸便利的简易可拼装结构，为使作业台架每一部分都能便于人员搬运、安装与拆卸，每一部分的重量均不能太重，这就限制了台架的高度。一般台架的高度约为 2 m，整个掌子面的高度一般控制在 4 m 左右。在平台的后方适当位置设置集水坑，坑内安装潜水泵将水排至固定泵站内。

L 型法对地质条件的要求较低，底平面的形成降低了作业难度，但增加了捡底工序。在不良地质段施工和涌水量较大的情况下，应用该法更能体现其优势。

（三）全断面法

全断面法即将斜井的整个断面按照设计循环进尺一次爆破成形的开挖方法。爆破钻孔可结合增设台架和利用渣堆两种方法，也要解决好台架和排水问题。由于掌子面高度一般都在 6 m 左右，作业台架就必须要分成 2 层，简易拼装式台架的主要部分的重量就会偏大，无法实现人员在无机械配合的情况下的自由拆装与搬运，故只能采用钢管扣件现场搭拼的形式。每次作业前，都要先采用建筑钢管脚手架材料现场搭设，完成打孔、装药后，再逐件拆卸，然后爆破，司钻工站在爆破后的渣堆上打设斜井上半断面的炮孔，实现对渣堆的利用。待装完渣后，再打下半断面的炮孔，最后全断面一起装药爆破。

全断面法在地下水不发育的Ⅰ、Ⅱ、Ⅲ级围岩中适用，施工工序简单，但每次都要进行台架的搭设，作业人员必须熟练掌握钢管扣件的搭设技术，为加快搭设临时台架速度，对人员的素质要求也较高。

斜井施工，不管采用哪种开挖方法，作业时，地下水、施工用水都会汇集到掌子面下方，影响下部的钻孔、装药及爆破效果，所以斜井掌子面的排水是很重要的。

为加快出渣作业，矿车、挖掘机、渣堆间的距离也是比较关键的。矿车装渣的位置离作业面太远，即轨道较远，装渣挖掘机不能直接装渣而要进行走行装渣，效率就比较低；如太近，爆破又会影响轨道，所以要根据施工情况确定一个比较合适的位置，以加快装渣。井口卸渣宜采用曲轨自动卸载，曲轨卸载最大的好处是卸渣不另占时间，在单钩提升时，其优势更加明显。

斜井采用锚网喷初期支护，边拱部铺设防水板，钢筋混凝土二次衬砌。运营通风斜井断面一般在中部设置中隔墙，中隔墙采用钢筋混凝土或砖砌结构，将斜井断面分为两半，一侧作为送风道，另一侧作为排风道。

二次衬砌施工时，需要拆除矿车运行的轨道，所以只能在开挖全部完成后再进行衬砌施工。衬砌由井底向井口方向连续施工，各作业面拉开一定的距离平行作业，各作业面平行施工示意图如图 10.12 所示。衬砌施工至井口时拆除提升设备，施作井口风塔。

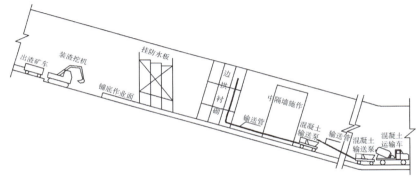

图 10.12　斜井衬砌各作业面平行作业示意图

二次衬砌施工按照捡铺底→挂防水板→边拱部模筑混凝土→中隔墙模筑混凝土→沟槽衬砌分部施工的顺序进行。

铁路陡坡斜井，大多为增开工作面，缩短隧道工期的临时工程。在 20 世纪 80 年代大秦铁路军都山隧道 2#、3#斜井（2#综合井、3#井主 3 井）建设中，为吸取大瑶山隧道陡坡斜井建设照搬煤矿斜井建井模式而导致工程量大、建井时间过长的教训，隧道局对铁路陡坡斜井施工做了重大改进，即简化井底车场设施，大型侧卸式矿车井口斜坡不摘钩卸渣，大型载重汽车转运。洞身采用全断面开挖（渣堆法），立爪爬渣机装渣。附井用 2 m³ 侧卸矿车装渣，φ2.5/2.0 m 提升机单钩提升，主井、综合井用 6 m³ 侧卸矿车装渣，φ2.5/2.0 m 提升机单钩提升，井身钢格栅，超前小导管喷链式网支护，大大缩短了建井时间。平均成井速度达 100 m/月，3#斜井主井拉渣量达 300 车/天，从此以后，铁路陡坡斜井基本采用这一模式。

三、陡坡斜井施工实例

（一）20 世纪期间修建

20 世纪前期，受施工技术水平及能力的限制，采用陡坡斜井作为隧道辅助坑道施工基本上没有，而是均采用缓坡斜井施工，并且建井的月进尺很少超过 40 m。斜井承担的隧道工程，月进度超过 35 成洞米者也不多见。进度低的主要原因是：凿岩机效率低，出渣用人力、小斗车，提升所用绞车速度慢、溜车事故多，通风时间长，支护占工时，因而开挖循环耗时太长。相比之下，斜井效率远不如平行导坑，使人们产生了多用平行导坑少用斜井的认识。

20 世纪 80—90 年代修建大瑶山隧道时，陡坡斜井施工有所突破，在该隧道设 3 个斜井，上崩塘斜井主井长 813.8 m，断面 12 m²，采用双钩提升出渣；副井长 804.6 m，断面 7.33 m²，采用单钩提升，供进料和人员出入。这对斜井倾角 22°，与正洞中线平面交角 42°10′，主副井相距 20 m。滑石排 1#斜井（见图 10.13），主井长 771 m，副井长 805 m，倾角 23°，与正洞中线平面交角 21°46′，其余同上崩塘斜井，这两座陡坡斜井是当时中国铁路隧道上最长的两座斜井。另有一个单井即滑石排 2#斜井，长 384 m，断面 18.2 m²，倾角 15°40′，与隧道中线平面交角 39°，用长 400 余 m、宽 1 m 的带式输送机出渣，人员走台阶人行道。此三斜井原定建井工期各 10 个月，实际均超过，月建井速度小于 40 m/月。斜井投产后直到隧道竣工，上崩塘斜井只完成隧道 374.5 成洞米，滑石排 1#斜井完成 543.5 成洞米，滑石排 2#斜井完成隧道 404.3 成洞米，而 2 个正洞口均超过 6 000 成洞米，原设想未能实现。

图 10.13　滑石排 1#斜井（左边为工区主井，右边为副井）

1985 年，大秦线军都山隧道开工，洞长 8 460 m，进口段设 3 个斜井，出口段设平行导坑。1#斜井长 130 m，倾角 15°，对处理进口 625 m 黄土段施工的作用甚大。2#斜井长 582.3 m，倾角 14°。3#斜井是对井，置于距进口 4 398 m（约为隧道长的一半）处。主井长 676.52 m，副井长 716.48 m，两井倾角均 22°。3 个斜井均采用重型设备施工，建井速度较快。2#斜井和 3#斜井之间有 3 条断层，其中 F11 断层加破碎带长达 763 m。而出口正洞和平行导坑因受阻于泥石流，2#与 3#两井对工程贡献非常大，特别是 3#斜井，拐入正洞完成上半断面开挖 2 200 m，下半断面开挖 2 500 m，衬砌 250 m，完成全隧开挖长度的 27%，折合完成隧道成洞 1 470 双线米。军都山隧道中的 3 个斜井的作用与效率，大大改变了人们对斜井的认识。

侯月线云台山隧道由 2 座单线隧道组成，两洞相距 30 m。长 8 144 m 的 1#隧道先期施工，中部设任家沟斜井 1 个，长 448.3 m，与隧道正交，倾角约 22°，井底平坡段长达 80 m。此井效用好，斜井工区所完成的成洞任务占 1#隧道 8 144 m 的 11.58%（施工约 943.5 m），占 2#隧道 8 178 m 的 43.4%（施工约 3 547 m），发挥了主攻口作用。

米花岭隧道两口均设平行导坑，洞身中段还设两个斜井，出口斜井与正洞下导贯通较早，对隧道进料通风均起到很好的作用。在下导贯通前，斜井也完成 731.7 成洞米。在下导贯通后，其使出口在爆破后不到 10 min 就将烟尘排净，大大缩短了循环时间。进口的斜井由于未能早与正洞贯通，造成进口与斜井的施工通风时间长逾 1 h 以上，直接影响工程进度。

在单线、双线隧道无轨运输施工中，为实现长隧短打，确保工期，20 世纪 90 年代初有不少隧道设置了无轨运输斜井，断面大小一般为 5.0 m×5.5 m，但坡度较小，约 10%～11%，且中间加设平坡段。如侯月线的桃坪，京九线的雷公山、岐岭、老营盘等隧道，建井速度每月最高超百米，平均为 60～85 m/月，承担了大量正洞施工任务，为确保工期发挥了重要作用。

经过上述隧道使用斜井获较好成效后，人们对斜井的认识有所改变。鉴于我国是多山的国家，修建隧道多用斜井作辅助坑道，因此，如何加速建井速度和提高斜井施工能力等问题已成为研究热点。如采用高速提升机械和大容积车辆，高速凿岩与斜井扒渣设备，以及装、卸车装置，斜井的建井速度和井下正洞施工月进尺均可大增。这种想法后来在朔黄线上几座长隧道施工中得到实施，例如穿越恒山山脉西端的长梁山双线隧道，原设计设 5 个斜井：1#斜井倾角 21°，平面交角 47°，长 343 m，距北洞口 2 951 m；2#斜井倾角约 22°，平面交角 60°，长 493 m，距 1#斜井 1 494 m；3#斜井倾角 19°，平面交角 40°，长 396 m，距 2#斜井 1 112 m，由此向南施工 988 m 到分界点；4#斜井离分界点 1 476 m，倾角 22.5°，平面交角 40°，长 455 m；5#斜井距 4#斜井 1 912 m，距出口 2 847 m，倾角 17°，平面交角 46%，长 325 m。后因各种原因，2#斜井未设。由斜井的布置可明显看出：南段是上坡开挖隧道，排水、运输方便，故每座斜井担负任务较长；相反，北段是向下坡施工，故井距较小，这样布置是合理的。由于设备配套与施工组织较好，斜井进正洞后施工进度也取得良好成绩。如 3#斜井，完成正洞掘进 1 930 m，平均月进尺 52.2 m，最高月进尺 136 m。

斜井施工要求做好井身支护、井底车场和各种洞室的布置，要求增加排水能力和强力通风，配备行车信号、通信设施、发生意外时的应急办法与设备器材等，这些都是保证陡坡斜井良好地完成任务的必要条件。

（二）21 世纪期间修建

石忠高速公路吕家梁斜井（见图 10.14）位于重庆市石柱县沙子镇境内，斜井井口距吕家梁隧道进口直线距离约 3.8 km。该通风道由斜井和地下风机房两部分组成，其中斜井开挖高度为 7.28～7.97 m，开挖宽度为 9.4～10.04 m，开挖面积约 56.8～72.7 m²；斜井全长 741.66 m，井身水平倾角 23°，坡度 42.45%，总高差 279 m，底部位于隧道左线左侧，通过风机房段与正洞左右线相接。地下风机房段总长约 750 m，开挖量约 6.7 万 m³，开挖、衬砌断面形式多达 12 种，不同类型断面交叉段多，且断面大，施工难度较大。项目于 2005 年 3 月开工，2008 年 1 月竣工。斜井采用有轨运输，使用 2 台卷筒直径 2.5 m 的大型矿用提升机牵引。井内铺设 3 车道轨道，其中 2 车道主要用作出渣，另一车道主要用作进料。装渣采用 P130 小型挖掘机，采用 6 m³ 矿车装运，支护材料通过矿车从井口运送至井底作业面。斜井开挖采用全断面法自上而下开挖。每循环进尺 3.0 m，月平均进尺 90 m。衬砌采用模板台车，边拱部和中隔墙分开施作，如图 10.15 所示，混凝土采用矿车输送，地下风机房采用型钢拱架支撑衬砌。

图 10.14　吕家梁斜井井口卸渣栈桥　　　　图 10.15　斜井中隔墙施工

渝沙高速公路羊角隧道运营通风也采用斜井送排式，左右线隧道各采用 1 座斜井，分别为 1#斜井和 2#斜井（见图 10.16）。1#斜井为左右线隧道排风斜井（相交于 ZK24+425、K24+390），2#斜井为左右线隧道送风斜井（相交于 ZK24+375、K24+440）。1#斜井斜向长度 687.992 m，斜井倾角 17.40°。2#斜井斜向长度 595.672 m，斜井倾角 16.70°。该工程计划开工日期为 2006 年 7 月，竣工日期为 2008 年 6 月。斜井采用有轨运输，每个斜井各使用 1 台卷筒直径 2.5 m 的大型矿用提升机牵引。每个井内各铺设 2 车道轨道，此 2 车道既用作出渣也用作进料，如图 10.17 所示。装渣采用 P130 小型挖掘机，采用 6 m³ 矿车装运。支护材料通过矿车从井口运送至井底作业面。斜井开挖采用全断面法自上而下开挖，衬砌采用模板台车，边拱部和中隔墙分开施作，混凝土采用矿车输送，地下风机房采用型钢拱架支撑衬砌。

图 10.16　羊角隧道 2#斜井井口　　　　图 10.17　羊角隧道斜井开挖阶段井内布置

第十一章 掘进机法

第一节 掘进机的起源与分类

一、掘进机的概念与分类

（一）掘进机的概念

掘进机是隧道施工高度机械化和工厂化的设备，集掘进、出渣、支护和通风、除尘等多功能为一体，具有施工快速、优质、安全、经济和环保等突出特点。掘进机包含盾构和TBM两种。一般来说，在西方国家，盾构也称为TBM；而在我国，习惯上将用于软土地层的隧道掘进机称为盾构，将用于岩石地层的隧道掘进机称为TBM。顶管机也是隧道掘进机的一种，主要用于市政道路施工和管线敷设。

（二）掘进机的分类

由于掘进机法隧道施工技术优点突出，得到广泛应用，所以掘进机法隧道施工技术的发展很快。为适应各种不同的地质，掘进机分类繁多。在掘进机选型时，需要根据不同的工程地质和水文地质条件及施工环境的要求合理地进行选择。掘进机选型对保证工程质量，保护地面与建（构）筑物和加快施工进度是至关重要的。掘进机的种类按其构造特点和开挖方法，可归纳为以下3类。

（1）盾构。主要用于软土地层施工，又分为开敞式盾构、气压盾构、土压平衡盾构、泥水平衡盾构和复合式盾构。盾构施工开挖面的稳定方法是盾构工作原理的主要方面，也是盾构区别于TBM的主要方面。

（2）TBM。主要用于岩石地层施工，又分为敞开式、单护盾和双护盾TBM。其与盾构的主要区别就是不具备泥水压、土压等维护掌子面稳定的功能。

（3）顶管机。主要用于市政道路施工和管线敷设，又分为顶进式顶管机、土压平衡顶管机和泥水平衡顶管机。

二、掘进机的起源及在国外的发展

据记载，人类设想建造各种用途的隧道已有上千年的历史。1802年，英国采矿工程师阿贝尔·马蒂厄提出了修建英吉利海峡隧道的计划，他设想在海峡地下通道的中间设计一个人工岛，隧道的照明由油灯提供，由烟囱提供隧道通风（见图11.1）。随后，在1805年爆发了英法战役，阿贝尔·马蒂厄的计划未能付诸实施。

法国工程师布鲁诺尔在伦敦从蛀虫在船板上蛀孔后，用分泌物涂在孔的四周这一现象中得到启发，发明了掘进机隧道施工的原理。布鲁诺尔完善了构思，注册了专利。此后，布鲁诺尔逐步完善了掘进机结构的机械系统，设计成封闭式壳体用全断面螺旋式开挖，衬砌紧随其后（见图 11.2）。它可以被认为是土压平衡盾构的雏形。

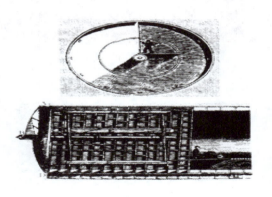

图 11.1　阿贝尔·马蒂厄设计的可行驶马车隧道　　　　图 11.2　布鲁诺尔螺旋盾构

　　1825—1843 年，布鲁诺尔在伦敦泰晤士河下的隧道工程中，使用这种矩形掘进机最终实现了他的设想（见图 11.3）。有趣的是，在 1828 年第一次出现涌水而停工时，科罗丹工程师曾建议采用压缩空气作为解决方案，然而，布鲁诺尔没有采纳。这台矩形盾构断面为 11.3 m×6.7 m，并由 12 个邻接的框架组成。每一个框架分成 3 个舱，每个舱里有 1 个工人，这样共有 36 名工人。泰晤士河下的隧道工程始于 1825 年，隧道施工过程中遇到了许多困难。在经历了 5 次以上特大涌水后，直到 1843 年该工程才全部完工。科契兰为了找到在松散地层中修建水底隧道抑制地下水的解决办法，他按照 1828 年科罗丹向布鲁诺尔提出的建议，采用压缩空气的办法，并且在 1830 年发明了气闸，可以使人们从常压空间进入有压力的工作舱。

　　1846 年，比利时工程师毛瑟发明了世界上第一台 TBM。毛瑟的"片山机（mountain-slicer）"于 1846 年在都灵附近的一个军工厂组装成形。其庞大而复杂，体积超过一节火车头，整个机器俨然就是凸轮、拉杆、活塞和弹簧的丛林。不论实用与否，它确实是思考的产物。当年，人们更多地将其视为一件艺术品而非机械。毛瑟的"片山机"虽然没有经过实践检验，但却是公认的世界上第一台 TBM（见图 11.4）。

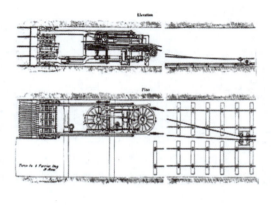

图 11.3　1828 年泰晤士河底隧道涌水　　　　　　图 11.4　毛瑟的"片山机"

　　1866 年，莫尔顿申请"盾构"专利。盾构最初称为小筒（cell）或圆筒（cylinder），在莫尔顿专利中第一次使用了"盾构"（shield）这一术语。

1869 年，格瑞海德工程师用圆形掘进机再次在泰晤士河底修建了一条隧道，隧道衬砌第一次采用了铸铁的衬砌管片。

1874 年，格瑞海德发现在强渗水性的地层中用压缩空气支撑隧道工作面是困难的，因此开发了用液体支撑隧道工作面的盾构（见图 11.5），通过液体流，出土以泥浆的形式排出。

1876 年，英国人约翰·荻克英森·布伦敦和姬奥基·布伦敦申请了第一个机械化盾构专利（见图 11.6）。这台盾构由几块板构成半球形的旋转刀盘，开挖的土料落入刀盘上的径向料斗中，料斗将渣料转运至胶带输送机上，再将它转到后面运出。

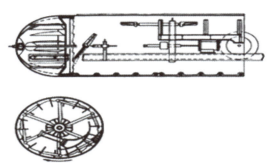 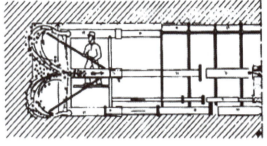

图 11.5　格瑞海德泥浆盾构（1874 年专利）　　图 11.6　机械化盾构专利

1886 年，格瑞海德在伦敦地下隧道施工中，第一次将压缩空气用于盾构掘进中，使得盾构掘进的隧道大幅增加。20 世纪初，大多数隧道都是采用格瑞海德盾构修建的。

1896 年，普莱斯第一次将格瑞海德盾构与旋转刀盘组合在一起。切削轮由 4 个辐条臂组成，在臂上装有切削和刮削的工具，切削轮上设有铲斗，可将土料提升并倒入斜槽，再滑落至备好的料车中，然后被运到地面。普莱斯还以自己的名字申请了专利（见图 11.7）。

1896 年，哈姬在柏林为第一台德国盾构申请了专利，它是一台用泥水支撑隧道工作面，并把开挖舱密封作为压力舱的盾构机（见图 11.8）。

 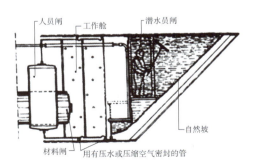

图 11.7　普莱斯机械化盾构　　　图 11.8　哈姬泥水盾构（1896 年专利）

随后，掘进机法隧道施工技术在欧洲逐步发展起来，1959 年，用泥水支撑隧道工作面的想法由噶登纳成功地试用于一条直径为 3.35 m 的排污隧道。1978 年，德国菲利普霍尔兹曼公司研发了泥水加压盾构机，并首次将其应用于汉堡的一条隧道。1985 年，Wayss & Freytag 公司和 Herrenknecht 公司申请了一台称之为"混合盾构"的盾构专利。1987 年 5 月，英法海峡隧道工程开工，2 条铁路隧道中心距为 30 m，内径为 7.6 m，一共用了 11 台盾构机，法国侧用了 5 台，英国侧用了 6 台。

1917 年，日本引进盾构施工技术，是欧美国家以外第一个引进盾构法的国家。1963 年，大阪市上水道大淀送水关管工程（总长 227 m）首次应用了外径 2.592 m（隧道外径 2.350 m）的机械式盾构。1963 年，土压平衡盾构首先由日本 Sato Kogyo 公司开发出来，并于 1974 年在东京使用了第一台土压平衡盾构。至此，盾构法隧道施工技术在日本开始了快速的发展，在短短的 30 余年之内，日本共制造出了 2 000 多台盾构掘进机，盾构法隧道施工技术水平逐渐领先世界。1986 年和 1992 年，日本分别研制出世界上第一台双圆和三圆泥水加压盾构，并于 1989 年使用泥水盾构开始了最引人注目的东京湾海底隧道施工。

三、掘进机在国内的发展

随着欧美及日本等一些国家和地区掘进机法隧道施工技术的逐步成熟和工程应用的增多，掘进机工法和技术逐渐被引入国内。

1957 年，北京市下水道工程曾经设想使用盾甲法，也就是掘进机法，原计划采用直径 2 m 或 2.6 m 的掘进机进行施工，但最终由于种种原因未能实施。

1960 年 2 月，上海在塘桥成立了隧道工程试验站，开始了盾构法隧道工程的试验研究，成立了盾构研制组，开始盾构法隧道工程试验和设备研制。

1961 年，由上海新建机器厂制造盾构外壳。当时钢材供应紧张，材质较差，致使钢板在滚圆加工时发生开裂，制造一度停顿。直到 1962 年底，盾构外壳才制造完成，随后运抵浦东塘桥试验工地，进行设备安装。

1964 年，国内开始研发设计 TBM。1965 年，TBM 研制列入国家重点科研项目。1966 年，我国制造出 1 台 $\phi3.5$ m 的 TBM。我国第一台 TBM 比国外晚了 120 年。

1966 年 5 月，上海隧道建设公司用盾构法设计建造了中国第一条水下公路隧道——打浦路隧道。1975 年，上海石化总厂 2 条海底取水隧道使用 2 台闭胸盾构施工，隧道外径 4.2 m，长度约 1.6 km。

1981 年，上海盾构法地铁试验工程开始建设，地铁试验工程是上海市南北快速有轨交通中的一段，是用一台网格盾构施工。1982 年，上海延安东路北线隧道工程采用江南造船厂自行制造的直径 11.3 m 的网格式盾构掘进机施工。

1985 年，天生桥二级水电站引水隧洞工程使用了美国罗宾斯公司制造的开敞式 TBM，直径为 10.8 m。由于选型与地质不适应且设备故障率较高，导致施工进度较低，平均月进尺仅 65 m，累计掘进仅 7.5 km。

1990 年，甘肃采用掘进机法建设引黄入秦工程，引进了美国罗宾斯伸缩式全断面隧道掘进机。

1991 年，引大入秦工程 30A 号和 38 号输水隧洞总长约 17 km，相继采用了美国罗宾斯公司制造的直径为 5.53 m 的双护盾 TBM 施工，TBM 应用比较成功，平均月进尺 980 m，最高月进尺 1 400 m。

1992 年，台湾在台北地铁淡水线 C201A 标段采用海瑞克盾构施工。

1993 年，山西省万家寨引黄入晋工程相继使用了 5 台罗宾斯、1 台法国 NFM 公司双护盾 TBM，开挖了总长 122 km 的隧道，创造了日掘进 113 m、月掘进 1 637 m 的纪录。

1993 年 9 月，我国第一台外径 7.40 m 的双模盾构制造完成，双模盾构的主模式是 1 台泥水盾构，需要时可以转换成用螺旋输送机出土的土压平衡盾构。

1995 年，上海开始研究矩形顶管隧道施工技术，并于 1996 年研制出 1 台 2.5 m×2.5 m 可变网格矩形隧道掘进机（见图 11.9），顶进长度 60 m，解决了推进轴线控制、纠偏技术、沉降控制等一些技术难题。

1996 年，广州地铁 1 号线引进 2 台直径为 6.14 m 的泥水平衡盾构机，掘进长度 5 852 m，地层主要为粉细砂、中砂、粗砂、粉质黏土和风化岩。

1996 年，铁道部引进 2 台德国维尔特公司生产的直径 8.8 m 的敞开式 TBM，由中铁隧道局和中铁十八局完成秦岭隧道施工。1997 年现场组装进入始发掘进，1999 年底隧道掘进贯通，开始主导 TBM 选型设计，这标志着我国开始真正建立了 TBM 自主施工队伍，使我国隧道施工的装备与方法跃上了一个新的台阶（见图 11.10）。

图 11.9　矩形顶管机　　　　图 11.10　西康铁路秦岭隧道 TBM

1999 年 6 月，深圳地铁首次使用盾构掘进了益田—香蜜湖区间隧道。同年 7 月，北京首次在亮马河污水工程中使用盾构技术。亮马河污水管线工程总长 2 459 m，其中 1 658 m 按设计要求采用盾构施工。

2001 年 1 月起，上海、广州、北京、天津、深圳、南京等城市采用掘进机法技术，开始了全面建设城市轨道交通、地铁、公路和公共事业隧道的热潮，掘进机法隧道施工技术在国内蓬勃发展。2001 年 5 月，由隧道局和德国海瑞克公司联合研发，海瑞克公司制造的 2 台土压平衡式复合盾构在广州地铁 2 号线越三（越秀公园—三元里）区间始发，这是国内首次使用复合式盾构。2003 年 4 月，全长 36.1 km 的广州地铁 3 号线采用 15 台盾构机全面开工建设。

2004—2005 年，中铁隧道局依托国家"863"项目，建立了盾构 TBM 研发基地，完成了 φ6.3 m 盾构机的技术设计及刀具、刀盘设计制造和液压驱动系统的研究，成功进行了 1 台盾构机和 1 台 TBM 的联合制造及工厂的组装调试（见图 11.11～图 11.13）。

2016 年至今，国内掘进机法施工迈向"更大、更高、更强"的目标，中铁隧道局承建了世界最大水下铁路盾构隧道——佛莞城际铁路狮子洋隧道盾构（见图 11.14）直径 13.61 m、国内最大直径海湾盾构隧道——汕头苏埃通道盾构（见图 11.15）直径 15.03 m、国内最大直径盾构隧道——深圳春风隧道盾构直径 15.8 m。超大直径盾构装备设计制造及复杂地质条件施工关键技术的解决，使得我国在大盾构施工领域的技术水平不断得以提高和突破。

图 11.11　国家"863"计划研发基地

图 11.12　合作制造的盾构机组装调试成功

图 11.13　2005 年中铁隧道局集团自主研制的盾构机刀盘出厂

图 11.14　佛莞城际铁路狮子洋隧道盾构始发

图 11.15　汕头苏埃通道盾构始发

第二节　盾构施工技术

一、概述

　　盾构，英文名称为"shield machine"，是一种用于隧道施工的大型高科技施工装备，它具有快速、优质、安全、经济，且有利于环境保护和降低劳动强度的优点，已逐渐成为隧道建设装备的首选。利用盾构修建隧道的方法称为盾构施工法，简称盾构法。

盾构法的含义主要是指在盾构保护下拼装盾构管片的一种施工方法，包括开敞式盾构和闭胸式盾构。盾构法是使用盾构在地下掘进，在盾壳的掩护下，通过人工或机械部件开挖地层，一次掘进相当于装配式管片一环的宽度。尾部可以装配管片，迅速拼装成隧道永久衬砌结构，并将管片与土层之间用水泥砂浆填实，防止周围地层变形。盾构推进主要依靠盾构内部设置的推进油缸（千斤顶），推进油缸顶在拼成的管片环上。推进一环后，推进油缸缩回活塞杆，为下一环管片拼装创造条件。重复上述过程，不断开挖，不断拼装，并不断掘进，完成隧道施工。目前盾构已广泛应用于铁路、地铁、公路、市政、水电的隧道隧洞工程。

盾构法因具有速度快、效率高、施工质量好、相对安全等优点，在地下空间的开发建设上具有广阔的前景。盾构法于19世纪初起源于英国，20世纪初在日本、德国、美国等发达国家得到推广，至今已有200多年的历史，尤其是近三四十年，盾构施工技术有了较为显著的进步，在世界各地隧道工程中得到了广泛的应用。我国从20世纪50年代开始涉足盾构法，并利用盾构法修建了众多的隧道与地下工程，是最早采用盾构施工法的发展中国家。

二、盾构分类及特点

盾构的分类方法很多，可按盾构切削断面的形状、盾构自身构造的特征、尺寸的大小、功能、挖掘土体的方式、开挖面的挡土形式、稳定开挖面的加压方式、施工方法、适用土质的状况等多种方式分类，但其根本区别是应用的设计原理。根据稳定开挖面的原理不同进行分类，盾构分为开敞式盾构、气压盾构、土压平衡盾构、泥水平衡盾构和复合式盾构。

（一）开敞式盾构

开敞式盾构是没有密闭的压力舱以平衡地层压力与地下水压力的盾构。开敞式盾构适用于开挖面能够自稳或通过机械支护可以稳定，且没有地下水的地层，对自稳性差的冲积地层应辅以压气、降水、注浆加固等确保开挖面的稳定，通常隧道开挖面被分成几部分（可以进入密闭刀盘的盾构除外）。

根据开挖方法，开敞式盾构分为三种盾构类型：手掘式盾构、半机械式盾构、机械式盾构。全断面开挖盾构采用切削刀盘进行开挖。在我国北方地区，地下水位低（或通过降水可以有效降低地下水位），地层自稳能力较强，采用无刀盘的开敞式盾构可以大大降低盾构机的制造与使用费用。

开敞式盾构的优点是技术相对简单、灵活性大、机械设备投资相对较少，特别是手掘式盾构和半机械式盾构，适合在各种非黏结或黏结地层开挖隧道，甚至隧道开挖面部分或全部是岩石或漂石，对于短距离施工比较经济。开敞式盾构的另外一个优点是稳定性好，采用手掘式盾构或半机械式盾构可以开挖非圆形断面（无刀盘）。

（二）气压盾构

气压盾构是通过压缩空气平衡地下水压力，通过地层自身或机械支护平衡土压力的盾构。气压盾构可以用于地下水位以下或含水地层。压缩空气可以用于手掘式盾构、半机械式盾构或机械式盾构。由于压缩空气相关的健康与安全预防等问题，目前很少采用气压盾构，只是压缩空气作为辅助工法用于其他类型的盾构。例如在泥水或土压平衡盾构中，都可能需要进入渣土舱清除障碍物或进行维修，此时可采用压气辅助工法，但根据相应法规需要配置压缩空气设备。

（三）土压平衡盾构

土压平衡盾构是通过渣土舱内的泥土压力平衡开挖面处的地下水压和土压，以保持开挖面稳定的盾构。盾构刀盘切削面与后面的承压隔板所形成的空间为渣土舱。刀盘切削下来的渣土通过刀盘上的开口进入刀盘与压力隔板之间的渣土舱，在渣土舱内搅拌混合或与添加材料（泡沫剂或塑性泥浆）混合，形成具有良好塑性、流动性、内摩擦角小及渗透率小的泥土，螺旋输送机从压力隔板的底部开口进行排土。通过调整盾构掘进速度和螺旋输送机排土速度控制渣土舱内泥土压力，由泥土压力平衡开挖面地下水压和土压，从而保持开挖面的稳定。

（四）泥水平衡盾构

泥水平衡盾构是通过泥水舱内泥水压力平衡开挖面的土压力和水压力，以保持开挖面稳定的盾构。通过进浆管将泥水送入刀盘与隔板之间的泥水舱，通过调节进、排浆流量或气垫压力，使泥水压力平衡开挖面的水土压力，以保持开挖面的稳定，同时控制开挖面变形和地基沉降。泥水在开挖面形成弱透水性泥膜，保持泥水压力有效作用于开挖面。因此，在泥水盾构施工中，控制泥水压力和控制泥水质量是两个重要的课题。泥水平衡盾构可分为泥水加压式盾构和气垫式泥水盾构。泥水加压式盾构通过进、排泥管流量的调节直接控制泥水压力；而气垫式泥水盾构是通过气垫舱压力的调节间接控制泥水压力，其对泥水压力的控制精度高，泥水压力稳定性好。

泥水平衡盾构可以分为三条发展路线：日本路线、英国路线和德国路线。日本路线从1967年采用泥水支护开挖面的试验盾构发展到现在的泥水盾构；英国路线已经消失；德国路线的发展开始于1972年，德国式泥水平衡盾构在泥水舱中设置了气垫舱，便于控制泥水压力，构造简单。

（五）复合式盾构

根据开挖面稳定情况及开挖、出渣方式等的不同，盾构可分为开敞式、气压式、土压平衡式、泥水平衡式等，它们都适用于相应的地质条件。当隧道洞线穿越不同地层时，用以上任一形式的盾构都不适于单独将此段隧道掘进贯通，而根据相应地层情况要用两台或多台盾构。这在隧道段掘进长度较短时很不经济，或由于条件限制使布置多台盾构非常困难。此时，需将以上不同形式的盾构进行组合，在结构空间允许的情况下，将不同形式盾构的功能部件同时布置在一台盾构上，掘进过程中可根据地质情况进行功能或工作方式的切换和调整；或对不同形式盾构的功能部件进行类似模块化设计，掘进时根据土层情况进行部件调整和更换。这样，一台盾构在不同的地层经转换后可以以不同的工作原理和方式运行，这类盾构即复合式盾构。但在盾构选型与设计时，应考虑其转换能力、时间和造价等因素。

三、盾构施工技术应用

国外盾构经历了四个发展阶段：一是以 Brunel 盾构为代表的手掘式盾构（1825—1876年）；二是以机械式、气压盾构为代表的第二代盾构（1876—1964年）；三是以闭胸式盾构为代表（泥水平衡式、土压平衡式）的第三代盾构（1964—1984年）；四是以大直径、大推力、大扭矩、高智能化、多样化为特色的第四代盾构（1984年至今）。

盾构法始于英国，在 100 多年中，世界各国制造了数以千计的各种类型、各种直径的盾构。盾构掘进机从低级发展到高级，从手工操作到计算机监控机械化施工，盾构掘进机及其施工技术得到了不断发展和完善。至今，盾构已发展成为软土地层修建隧道的一种专用施工机械，盾构施工法也已成为当今城市隧道和地铁工程中不可缺少的一种施工法。

为了满足城市隧道建设的地表沉降控制和加快施工速度，人们对盾构法不断提出新的要求，20 世纪 60 年代开始先后在英国、日本和德国研究开发了泥水平衡盾构，一改以往传统的盾构施工法大多有赖于气压施工技术来对付不稳定地层的局面。泥水平衡盾构用泥浆代替气压，用管道输送代替轨道出土，加快了掘进速度，改善了劳动条件和施工环境，能较好地稳定开挖面和防止地表隆陷，成为当今一种划时代的盾构新技术。

典型的现代泥水平衡盾构目前主要有欧洲和日本两种类型。日本泥水平衡盾构的特征是仅设有泥水舱，欧洲泥水平衡盾构的特征是设有气垫舱。目前在国内，这两种类型的泥水平衡盾构均有使用，但它们各自的缺点均无法避免。前者的压力控制不如后者，而后者的泥水输送系统不如前者。

在我国，从 1953 年才开始盾构与盾构法施工的探索。回顾中国盾构技术 60 多年的发展历程，可将其划分为三个阶段——技术的探索期（1953—2002年）、技术的创新期（2003—2008年）、技术的跨越期（2009—2019年）。

（一）技术的探索期（1953—2002年）

1953—2002 年是中国盾构技术的探索期。1953 年，东北阜新煤矿用手掘式盾构及小混凝土预制块修建了直径 2.6 m 的疏水巷道，这是中国首条用盾构法施工的隧洞，书写了中国盾构从无到有的历史，但是与国外相比，晚了整整 128 年。

1963 年，我国在室内模拟试验的基础上，第一次用一台外径 4.16 m 的普通（敞胸）盾构，在埋深 8 m 左右的粉砂地层中进行了 27 m 的"浅推进"试验。为了改进开挖和支撑工艺，用网格板代替正面支撑板，既可起到支撑板的作用稳定开挖面，又可以从网格孔中出土，提高了大面积暴露开挖的安全度，减轻了劳动强度。通过以后多次工程实践和改进，为发展和形成网格挤压切削式盾构奠定了基础。

进入 20 世纪 80 年代，盾构施工技术处于国外技术引进阶段，并得以快速发展，我国施工所采用的盾构以国外引进的土压平衡盾构和泥水平衡盾构为主，同时也进行了盾构国产化的努力。

1986 年，中铁隧道局联合北京地铁公司组成课题组进行盾构设计制造研究攻关，通过对插刀盾构设计、加工制造及现场试验的各项研究，研制出半断面插刀盾构（见图11.16），并成功应用于北京地铁复兴门折返线施工中。本工程于 1987 年 12 月建成通车（见图11.17），荣获国家优秀设计金奖、国家科学技术进步奖二等奖。半断面插刀盾构将盾构法与浅埋暗挖法紧密结合，取消了小导管超前注浆，在盾构壳体和插板的保护下，进行隧道上半断面的开挖。

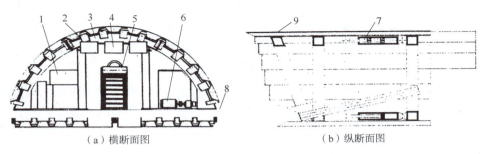

（a）横断面图　　　　　　　　　　　　（b）纵断面图

1—控制系统；2—插刀；3—机架；4—挡土机构；5—出土机构；

6—液压；7—推进油缸；8—支撑油缸；9—尾板。

图 11.16　半断面插刀盾构结构图

图 11.17　复兴门折返线建成通车情况

　　1987 年 12 月，上海造船厂制造出中国首台直径 4.35 m 的泥式土压平衡盾构，穿越了黄浦江底 583 m 长的粉砂层，填补了中国泥式土压平衡盾构制造的空白，总体技术达到了 20 世纪 80 年代水平，并获得了国家科学技术进步奖一等奖。

（二）技术的创新期（2003—2008 年）

　　2003—2008 年，是中国盾构技术的创新期。2000 年，原铁道部隧道工程局进入地铁盾构工程领域，随着软硬不均地层盾构隧道工程技术难题的不断解决和技术创新的不断深入，他们大胆而超前地作出了具有重大意义的决定：自主设计与制造中国盾构，并获得了国家的支持，国家科技部将盾构技术研发列入国家高技术研究发展计划（国家"863"计划），盾构的自主研发正式进入实施阶段。

　　2000 年，中铁隧道局承建广州地铁 2 号线越三区间，该工程全长 3 926 m，隧道横纵断面均处于软硬不均的地层中，共临近穿越 135 栋房屋、下穿京广线 13 股轨道铁路站场。中铁隧道局引进 2 台土压平衡盾构（见图 11.18），首次提出了"复合盾构施工工法"，有效地解决了集高效破岩与切土、稳定工作面于一体的重大难题，创建了近距离下穿地面建筑物和快速运行铁路的隧道施工技术，创造了单台盾构月掘进 405 m、日掘进 30 m 的当时全国最高纪录。

图 11.18　广州地铁 2 号线越三区间施工的盾构机及建成后的隧道

2002 年 8 月，科技部将"直径 6.3 m 全断面隧道掘进机研究设计"列入国家"863"计划。该课题由中铁隧道集团有限公司牵头国内相关技术优势单位，组成动态技术联盟，对 6.3 m 土压平衡盾构开展了技术攻关。在国家"863"计划的引导下，他们完成了 6.3 m 土压平衡盾构的主机结构、液压传动系统、电气系统和后配套系统等研究设计，完成了盾构系统刀具的研究设计、开发与制造。

2005 年，上海地铁 2 号线西延伸工程盾构区间隧道成功贯通，标志着中铁隧道集团有限公司牵头承担的国家"863"计划，在刀盘刀具与液压驱动开发及应用方面取得阶段性成果。

2006 年 12 月，中铁隧道集团有限公司以国家"863"计划为依托，在完成针对上海软土地层土压平衡盾构关键技术研究的基础上，进一步扩大研究范围，牵头研制的适用于复杂地层的土压平衡盾构刀盘，成功应用于北京地铁 4 号线 19 标颐和园—圆明园区间工程。

2008 年，依托国家"863"计划，中铁隧道集团有限公司开始自主研发首台复合盾构"中国中铁一号"，并成功应用于天津地铁 3 号线营和右线区间，区间全长 949.778 m，以浅埋为主，区间穿越地层主要为粉土、粉质黏土、粉砂层，具有沉降控制难度大、地层地质复杂、沿途古建筑物众多等不利因素。项目于 2009 年 6 月 8 日顺利贯通，该成果荣获 2012 年国家科学技术进步奖一等奖，标志着中国中铁具有自主知识产权的盾构工业性试验成功（见图 11.19）。

图 11.19　"中国中铁一号"盾构成功应用于天津地铁 3 号线施工

对于大直径泥水盾构技术的消化吸收，缩小了中国在泥水盾构的设计、制造技术方面与国际先进水平的差距。国家科技部于 2005 年 7 月将泥水盾构的研究列入 "863" 计划，对大直径泥水盾构消化吸收与设计课题进行了专题立项，主要由中铁隧道集团承担。

2006 年，全长 10.8 km 的我国最长的水下隧道——广深港狮子洋隧道（见图 11.20）开始建设，采用 4 台具有国际先进水平的直径为 11.18 m 的大断面泥水平衡盾构施工，在国内首次采取了 "相向施工、地中对接、洞内解体" 的方式施工。隧道通过地层主要为泥质粉砂岩、砂岩，多处为断裂带和风化深槽，容易对刀盘造成磨损。盾构机在弱风化基岩中掘进近 3 000 m，施工中需要江底带压进舱检查和更换刀具。该工程于 2010 年 12 月 8 日顺利贯通，创造了软土段 20 天掘进 280 m、软硬不均段平均每月掘进 80 m、岩层段最高每月掘进 350 m 的纪录，是当时世界上同类盾构的最好成绩。

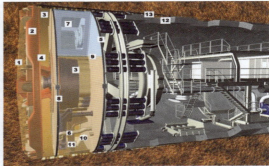

图 11.20　广深港狮子洋隧道

（三）技术的跨越期（2009—2019 年）

2009—2019 年，是中国盾构技术的跨越期。在此期间，中国盾构致力于 "造世界最好的盾构"，中国盾构技术逐步走向国际。从 2009 年开始，中国进入盾构技术跨越式发展期。在这一时期，中国盾构的自主创新能力显著提高，在关键核心技术、试验平台研制、盾构产业发展等方面都取得了重大突破。

2011 年开工建设的香港屯门至赤鱲角的连接线公路隧道工程（见图 11.21）是珠江三角洲（香港—珠海—澳门）道路交通连接工程的一部分，是一条长 4.2 km 的双向 4 车道海底公路隧道，工程采用一台直径达 17.6 m 的盾构机进行施工，是当时世界上最大直径的盾构机。盾构机掘进长达 5 km 的海底隧道，埋置深度可达 50 m，水压达到 5 bar。隧道穿越香港所有地质层，从较硬的花岗岩到较软的次固结海相沉积岩，从透水性强的沉积砂砾层到透水性弱的黏土变质沉积岩。

2014 年，珠三角城际铁路佛莞项目狮子洋隧道（见图 11.22）开始建设，隧道全长 6 476 m，其中盾构段长 4 900 m，采用一台直径为 13.61 m、具备常压换刀功能的泥水平衡盾构进行施工。隧道最大埋深 64 m，仅次于土耳其的博斯普鲁斯海峡海底隧道的 70 m，为世界第二大埋深海底隧道。隧道地层为高富水砂层，稳定性差，地质复杂多变，掘进施工技术难度大。该工程于 2019 年 12 月 17 日贯通。

图 11.21　香港屯门至赤蜡角隧道工程

图 11.22　珠三角城际铁路狮子洋隧道

　　2016 年开工建设的深圳春风隧道工程（见图 11.23）是深圳市"东进战略"重大交通项目之一，是深圳首条采用盾构法施工的机动车隧道。该项目西起滨河大道上步立交东侧，与滨河大道对接，东至新秀立交南侧，与沿河北路对接，全长约 5.08 km。其中隧道长约 4.82 km，采用一台直径为 15.80 m 的国产水泥平衡盾构施工，盾构需在软硬不均地层中长距离掘进，于 2019 年 10 月 18 日顺利始发。该工程开深圳市盾构施工机动车隧道之先河，同时也是深圳市首条"单洞双层"构造的机动车隧道，对丰富和完善深圳市地下工程建设技术具有重要的影响和意义。

图 11.23　深圳春风隧道工程

2016 年至今，盾构技术向着更大直径、更大断面的大盾构领域进发，更高适应性的 TBM 在复杂地质、超大埋深和超长隧道工程中不断得到尝试，国产化盾构制造及施工技术水平日新月异，引领新时代盾构施工技术的大发展。到 21 世纪中叶，保守估计中国至少有 20 个城市将逐步建成多平面多层次的城市高速交通网络，郊区以地面高架为主，进入市区后转入地下。通过地下高速隧道系统的建设，地下空间网络、地下步行道系统更加完善，人车混杂现象大大缓解。预计未来 10 年，国内超大直径盾构的需求量还有较大增长，随着盾构直径的越来越大，新技术、新材料的不断应用，必将给我国隧道施工技术带来更大的进步。

据统计，至 2018 年底，中国的盾构制造企业已达 30 多家，其中最具有竞争优势的是中铁装备、铁建重工、北方重工、上海隧道、中交天和、三三工业这 6 家优秀的盾构设计制造企业。它们所制造的盾构的性能指标达到或超过了国际同类产品，并出口奥地利、瑞士、黎巴嫩、俄罗斯、伊朗、新加坡、马来西亚、以色列、印度等十几个国家。

第三节　TBM 施工技术

一、概述

TBM 是一种依靠刀盘旋转破岩推进，隧道支护与出渣同时进行，并使隧道全断面一次成形的大型专用装备。通常定义中的 TBM 是指全断面岩石隧道掘进机，它以岩石地层为掘进对象。

现代的 TBM 采用了机械、电气和液压领域的高科技成果，运用计算机控制、闭路电视监视、工厂化作业，是集掘进、支护、出渣、运输于一体的成套设备。采用 TBM 施工，无论是在隧道的一次成形、施工进度、施工安全、施工环境、工程质量等方面，还是在人力资源的配置方面，都比传统的钻爆法施工有了质的飞跃。

TBM 具有掘进、出渣、导向、支护四大基本功能，对于复杂地层，还配备超前地质预报系统。掘进功能主要由刀盘旋转带动滚刀在开挖面破岩及为 TBM 提供动力的扭矩系统和推进系统完成；出渣功能一般分为导渣、铲渣、溜渣、运渣四部分；导向功能主要包括确定方向、调整方向、调整偏转；支护功能分为掘进前未开挖的地层预处理、开挖后洞壁的局部支护及全部洞壁的衬砌或管片拼装；超前地质预报系统一般由超前钻机和自带的物探系统组成。

二、TBM 分类及特点

TBM 主要分为敞开式、单护盾和双护盾三种类型，并分别适应于不同的地质。

（一）敞开式 TBM

敞开式 TBM 常用于硬岩。敞开式 TBM 上配有钢拱架安装器和锚喷等辅助设备，以适应地质的变化，当采取有效支护手段后，也可应用于软岩隧道。

敞开式 TBM 除部分机型机头上方约 120°范围内有栅格式防护外，其余大部分作业都暴露于隧道空间之中。位于最前方的刀盘在主驱动马达带动下，借助侧向支撑机构提供的反作用力推进刀盘切割岩石。随后借助机械手进行钢拱架安装和借助锚杆、喷射混凝土等进行初期支护施工。这种类型的 TBM 为在较完整的围岩条件下进行隧道开挖和支护提供了方便，支护方式具有较大的灵活性。

（二）单护盾 TBM

单护盾 TBM 常用于软岩。单护盾 TBM 推进时，要利用管片作为支撑，其作业原理类似于盾构。与双护盾 TBM 相比，其掘进与安装管片不能同时进行，施工速度较慢。单护盾 TBM 与盾构的区别有两点：一是单护盾 TBM 采用皮带机出渣，而盾构则采用螺旋输送机出渣或采用泥浆泵以通过管道出渣；二是单护盾 TBM 不具备平衡掌子面的功能，而盾构则采用土舱压力或泥水压力平衡开挖面的水土压力。

单护盾 TBM 是将机头置于护盾的保护之下，刀盘在主驱动马达带动下旋转切割岩石，刀盘前进的推力由已经完成的衬砌体提供。单护盾 TBM 实现了在护盾保护下进行隧道开挖和衬砌作业，大大提高了施工安全性。但是，其掘进同衬砌安装不能同时进行，效率较低。此外，单护盾 TBM 由于受衬砌体强度的限制，不可能提供很大的推力，因此只能适用于强度不是很高的围岩条件。

（三）双护盾 TBM

双护盾 TBM 对地质具有广泛的适应性，既能适应软岩，也能适应硬岩或软硬岩交互地层。在单护盾 TBM 的基础上，双护盾 TBM 将护盾进行了改造，分成了前后两部分，前护盾同后护盾之间为套接可伸缩式连接，并在后护盾内设置了侧向支撑撑靴。刀盘可以借助撑靴同围岩的摩擦来提供前进推力，从而使衬砌安装和刀盘掘进互不干扰地同时进行。双护盾 TBM 能适应不同围岩，即使是软弱岩石和断层等构造破碎带，采用适当的措施也可以安全通过。

随着 TBM 技术的进步及 TBM 适应复杂地质的需要，除了上述三种类型外，目前还有通用紧凑型 TBM、双护盾多功能 TBM 及双模式 TBM 等类型。

三、TBM 施工技术应用

TBM 在我国的发展共分为三个时期：1966—1984 年，是我国 TBM 技术的黎明期；1985—2012 年，是我国 TBM 技术的引进消化期；从 2013 年开始，我国进入了 TBM 技术的自主创新期，开始设计制造具有完全自主知识产权的 TBM。

（一）第一阶段：TBM 技术黎明期（1966—1984 年）

国内 TBM 研究始于 20 世纪 60 年代，水利水电和煤矿等行业企业曾经研制出 TBM，并投入试用。但由于当时受国内基础工业水平、政治经济形势、产品开发思路及技术路线等多方面因素的影响，研发生产的 TBM 破岩能力弱、掘进速度慢、故障率高且可靠性差，不能满足隧道快速掘进的要求，并且研制工作一度中断，与真正意义上成功的现代硬岩 TBM 技术水平相差甚远，所以未能得以推广应用。

1964 年，由上海勘测设计院机械设计室、北京水电学院机电系分别进行方案设计。1965 年，TBM 的研制列入国家重点科研项目，当时的水电部抽调技术力量，以上海勘测设计院机械设计室为主，集中在上海水工机械厂进行现场设计，1966 年制造出了我国第一台 TBM，这台直径 3.5 m 的 TBM，在云南下关的西洱河水电站引水隧道进行工业性试验，开挖地质为花岗片麻岩及石灰岩，抗压强度为 100～240 MPa，最高月进尺为 48.5 m。

随后，在 1969—1971 年，国内多家单位设计制造了多台直径为 2.5～5.9 m 的 TBM。广州市机电工业局制造的直径为 4 m 的 TBM，在岩石的抗压强度为 30～240 MPa 的花岗岩及石灰岩中掘进，掘进长度 245 m，最高月进尺 20 m；萍乡矿务局机修厂制造的直径为 2.6 m 的 TBM，在萍乡青山矿的巷道中掘进，岩石类型为石灰岩和灰砂岩，抗压强度 20～120 MPa，掘进长度 622 m，最高月进尺 252.6 m；西安煤矿机械厂试制的直径为 3.5 m 的 TBM，在铜川矿务局开展工业性试验，岩石类型为石灰岩，抗压强度 56～160 MPa，掘进长度 669 m，开挖的最高月进尺 179 m。可以说，这一时期试制应用的 TBM 虽然直径不大，但是所掘进的地层抗压强度还是很高的，最高达到了 240 MPa，应用达到了预期效果。

实际上，从 20 世纪 60 年代末起，我国铁路项目采用掘进机施工也已经开始起步，结合阳安线隧道施工，原铁道部会同一机部在洛阳矿山机械厂进行了直径 8.0 m 全断面掘进机的研制工作，后因刀具与传动设备等技术不过关而停止，这是同一时期我国研制的直径最大的 TBM。到 20 世纪 70 年代初、中期，当时的铁道兵为了探讨用全断面掘进机进行铁路隧道导坑掘进的可能性，曾采用自制的直径 5.5 m 和 2.5 m 的全断面掘进机在京郊和甘肃的 3 个试验洞进行掘进试验。20 世纪 70 年代，中铁一局也曾自行研制了一台直径 2.5 m 的黄土掘进机，用于腰岘河隧道导坑掘进。

从 20 世纪 60 年代水利系统创先使用 TBM 以后，水利系统 TBM 应用的脚步就没有停下，由上海水工厂制造的直径为 5.8 m 的 SJ-58 型 TBM，于 1977 年 4 月—1978 年 4 月在云南西洱河水电站的水工隧道中进行工业性试验，共掘进 247.3 m；1981 年，SJ-58 型 TBM 经过优化设计后，于同年 11 日 25 日投入引滦入唐工程古人庄隧道施工，共掘进 2 747.2 m，穿越的岩层系白云质矽质灰岩，最高日进尺 19.85 m，最高月进尺 201.5 m，该工程于 1983 年 3 月 15 日贯通，这也是我国第一条使用国产 TBM 施工的中型断面隧道。

同期，我国煤矿行业也把 TBM 技术应用于煤矿巷道的开挖中，上海重型机器厂制造的 EJ50 型 TBM 在山西古交东曲煤矿进行的工业性试验中，掘进长度为 3 600 m，开挖直径为 3 m，穿越的岩层为灰岩和砂页岩，平均月进尺 78 m，最高月进尺 202 m，最高日进尺 12.7 m。

1965—1984 年，国产 TBM 在国内多个行业投入使用，大家对于 TBM 技术的应用抱着浓厚的兴趣和极大的热情，这一时期投入使用的 TBM 共 10 余台，工程项目 20 余个，掘进总长度约 20 km，但掘进能力与国外同类的 TBM 相比还有很大差距。

（二）第二阶段：TBM 技术引进消化期（1985—2012 年）

20 世纪 80—90 年代，以山西万家寨引黄入晋工程为代表，以国外 TBM 承包商为主体，带着国外设计制造的 TBM 进入中国的水利水电工程进行施工。这个阶段的 TBM 工程还包括广西天生桥水电站工程、甘肃引大入秦工程等。这个阶段的 TBM 技术发展的特点是不能自主设计制造 TBM，一开始由国外制造商和承包商主导确定 TBM 设计和施工技术方案，在施工过程中锻炼成长了一批 TBM 施工操作人员，随着国外 TBM 设计、制造、应用技术的不断引进和逐步消化，国内能够统筹工程全过程的 TBM 工程师队伍和专家人才逐步壮大，TBM 施工项目也越来越多。

1985—1992 年，天生桥二级水电站引水隧洞工程使用了美国罗宾斯公司制造的开敞式 TBM，直径为 10.8 m，由于设备选型与地质不适应，且设备故障率较高，进度较低，平均月进尺只有 65 m，累计掘进约 7.5 km。

1991—1992 年，引大入秦工程相继采用了美国罗宾斯公司制造的直径为 5.53 m 的双护盾 TBM 施工。引大入秦工程是将大通河水引入兰州秦王川的一项大型跨流域调水工程，总干渠全长 86.9 km，工程 30A 号和 38 号输水隧洞总长约 17 km，设计采用 TBM 施工，其中 30A 号隧洞长 11 649 m，地层自进口至出口依次为前震旦系结晶灰岩、板岩夹千枚岩、砾岩、砂砾岩、泥质粉砂岩、砂岩及出口约长 150 m 的黄土所组成；38 号隧洞长 5 400 m，地层围岩为砂岩。TBM 平均月进尺 980 m，最高月进尺 1 400 m，TBM 应用较成功。

1993 年，山西省万家寨引黄入晋工程使用了 5 台罗宾斯公司制造的双护盾 TBM 和 1 台法国 NFM 公司制造的双护盾 TBM，其中，总干 6 号、7 号、8 号隧洞采用 1 台罗宾斯双护盾 TBM 施工，开挖直径为 6.125 m；南干 4 号、5 号、6 号、7 号隧洞采用 3 台罗宾斯、1 台法国 NFM 的双护盾 TBM，直径为 4.82～4.94 m。6 台 TBM 开挖了总长为 122 km 的隧道，创造了日掘进 113 m、月掘进 1 637 m 的纪录，多台不同厂家的 TBM 在同一工程的同时应用，取得了较大成功。

1995 年，西康线秦岭隧道开工建设，隧道穿越秦岭山脉主峰，地层为混合片麻岩和混合花岗岩，围岩整体好，地应力高，最高单轴饱和抗压强度达 300 MPa。勘测设计时，曾进行过展线短隧道和越岭长隧道多个方案的技术经济比较，对于秦岭隧道的施工工法及在 TBM 施工中如何通过不良地质地段等重大问题，曾引起过较长时间的争论。为此，铁道部多次组织国内外专家进行反复论证和技术咨询，经过充分论证，鉴于我国在京广复线和大秦线等施工中已积累了修建长大隧道的经验，机械化程度有了长足的进步，为了避免展线给运营可能造成的地质灾害，铁道部决定采用长度为 18.5 km 的长隧道方案。同时鉴于全断面掘进机施工速度快，对围岩破坏小，开挖面整齐，对施工通风要求低，最终决定 I 线隧道采用 TBM 施工，同时在 II 线隧道采用钻爆法开挖平行导坑，辅助 I 线探明工程地质和水文地质。

秦岭隧道是我国铁路隧道中长度最大、埋深最大、地质条件最为复杂，且首次采用 TBM 施工的隧道，因此，在勘测设计、施工和运营管理方面都有不少难点。为了确保首战告捷，由科研院所、高等院校、设计院、工程局等各方面的科技力量协同作战、联合攻关，共设立科研项目 24 个，解决了许多设计施工中的具体难题，为工程建设起到了保驾护航的作用。当时有 2 台直径为 8.8 m 的硬岩敞开式 TBM 从德国维尔特公司被引进。为了保证掘进机的制造质量、便于对掘进机技术的消化吸收，当时铁道部派出监造团和培训团赴国外工厂和工地工作、学习，为后续开展现场施工打下了良好基础。秦岭隧道最终于 1999 年 9 月 6 日全部贯通，2000 年 8 月 18 日开通运营。

秦岭隧道分别由中铁隧道局和铁建十八局施工，其中 TBM 施工长度合计为 10 851 m。TBM 施工中，平均月进尺 271.5 m，最高月进尺 528.48 m。西康线秦岭 I 线隧道开创了我国采用 TBM 修筑铁路山岭隧道的先河，使我国的隧道施工技术与装备技术跃上了一个新的台阶（见图 11.24）。

图 11.24　秦岭 I 线隧道硬岩 TBM

1999 年，全长 6 114 m 的西安—南京铁路磨沟岭隧道（见图 11.25）开工建设，隧道软弱围岩占隧道总长的 70.5%，由中铁隧道工程局采用用于原秦岭 I 线隧道的直径为 8.8 m 的开敞式 TBM 施工，于 2002 年 11 月完工。TBM 掘进长度为 4.653 km，最高月进尺 573.9 m。通过施工，项目成功研究解决了敞开式 TBM 在软弱围岩地层中施工的技术难题，拓展了敞开式 TBM 的应用范围。

图 11.25　磨沟岭隧道

在西康线秦岭隧道和西南线磨沟岭隧道的工程实践中，我国采取了施工企业、科研院所和高等院校联合攻关的模式，成功地自主完成了 TBM 选型设计。在极硬岩和长距离软弱围岩掘进施工中，我国积累了较为丰富的使用维护、施工技术和施工管理经验，锻炼培养了一大批专业技术骨干和自己的 TBM 施工队伍，并涌现出中国自己的 TBM 工程师和专家队伍，还进行了大量技术总结，发表出版了一批科研成果。其中，"秦岭特长铁路隧道修建技术"获得国家科学技术进步奖一等奖。这些技术和科研成果为后来 TBM 工程项目提供了较好的参考和借鉴。这个阶段的 TBM 施工技术发展的主要特征是：中国自己主导了 TBM 招标采购和选型设计，并实现了 TBM 自主施工，建立起了自己的 TBM 施工队伍，为后来其他 TBM 工程的全过程实施奠定了良好基础。

进入 21 世纪，辽宁大伙房水库输水工程开始论证。以该工程为代表，中国进入了与外商联合设计制造 TBM、自主施工的大发展阶段，改变了以往传统钻爆法和 TBM 法长期争议迟疑局面，使中国在 TBM 设计制造技术、施工技术和人才队伍建设上，有了扎实的积累和跨越式进步。

2004 年，大伙房水库输水工程（见图 11.26）开工建设，TBM 开挖直径 8.03 m、连续掘进长度 85.3 km，于 2005 年现场组装始发掘进，2009 年隧洞开始运行。该工程是目前世界上已运行的连续最长隧道，采用 3 台敞开式 TBM 和钻爆法联合施工。在该工程中，首次在中国采用了连续皮带机出渣技术、刀盘变频驱动技术、大直径 19″ 盘形滚刀技术、长距离低泄漏施工通风技术、"蛙跳式"钢枕木后配套轨道系统等 10 多项新技术，取得大直径 TBM 月进尺 1 111 m、日进尺 63.5 m 的掘进纪录，掘进作业利用率达到 40%；首次在中国应用证明长距离连续皮带机出渣技术是可靠、低故障的先进技术，为后来中国其他 TBM 工程项目普遍采用连续皮带机出渣技术提供了参考。

由于大伙房水库输水工程的成功示范效应，此后几年 TBM 开挖直径为 3.65～12.4 m 的新疆八十一达坂隧洞工程、四川锦屏 II 级水电站工程、云南那邦水电站工程、兰渝铁路西秦岭隧道工程、甘肃引洮工程、青海引大济湟工程、陕西引红济石工程、重庆地铁等一大批 TBM 工程项目相继开工建设。这些工程大多采取了国外 TBM 制造商与中国装备制造企业和施工单位联合设计制造，在国内工厂组装调试的模式，不同行业中各类型 TBM 工程应用数量有了飞速增长。

2008 年，我国为了从根本上解决以定西为代表的甘肃中部干旱地区水资源极度短缺问题、实现区域经济社会可持续发展，开始建设引洮供水工程（见图 11.27）。这是甘肃省水利建设史上的最大水利工程，也是国家实施西部大开发战略的标志性工程。中铁隧道工程局承担总干渠 7 号隧洞工程 17 286 m 的施工任务，采用 1 台由法国 NFM 和北方重工联合制造的直径为 5.75 m 的单护盾 TBM 施工。TBM 于 2009 年 12 月始发掘进，创造了单护盾 TBM 日进尺 80.6 m，月进尺 1 868 m 的世界最高纪录，并连续 5 个月保持掘进在 1 500 m 以上。

图 11.26　大伙房水库输水工程

图 11.27　引洮供水工程 TBM 洞外组装

2008 年开始动工建设的四川锦屏二级水电站项目，4 条主洞中 2 条长度 16.7 km 的隧道采用 2 台直径为 12.4 m 的敞开式 TBM 施工（海瑞克、罗宾斯各 1 台）。工程地质以 II、III 类大理岩为主，抗压强度为 50～100 MPa，最大埋深 2 525 m。TBM 于 2008 年 11 月始发掘进，工程施工过程中遭遇极强岩爆和高压大涌水等世界性技术难题，最终不得不因地质原因终止 TBM 的掘进。

2008 年 8 月，由中铁隧道工程局和铁建十八局采用美国罗宾斯公司生产的 2 台直径为

10.2 m 的敞开式 TBM 用于兰渝铁路西秦岭隧道施工，隧道全长 28.236 km，位于甘肃省陇南市武都区，为双洞单线隧道，于 2014 年 7 月 19 日隧道全线贯通。TBM 最高月进尺为842.5 m。

2009—2012 年，在引汉济渭工程秦岭输水遂洞施工中，采用直径为 4.5 m 的敞开式 TBM 施工，TBM 掘进长度 10 km；硬度超过 220 MPa 的极硬岩层，掺杂着泥土地质，TBM 最高月进尺 581 m，属于最小直径敞开式 TBM 在我国使用的案例。

2009 年，重庆轨道交通 6 号线一期 TBM 试验段首次在城市地铁中采用 TBM 施工（见图 11.28），全长 12.122 km，地质为泥质砂岩和砂砾岩，岩石抗压强度约 30 MPa，由中铁隧道工程局采用 2 台美国罗宾斯公司生产的直径为 6.36 m 的敞开式 TBM 施工，最高日掘进 46.8 m，最高月掘进 862 m。

图 11.28　重庆轨道交通 6 号线 TBM 组装

（三）第三阶段：TBM 技术自主创新期（2013 年至今）

从 2013 年开始，我国进入了 TBM 技术自主创新期，开始设计制造具有完全自主知识产权的 TBM。与此同时，近 20 年来中国在 TBM 自主施工技术经验积累、消化吸收和改进创新的基础上，于 2013 年依托"863"计划正式立项大直径硬岩 TBM 研制，以"引松工程"为代表性工程，高等院校与企业联合攻关。这一时期的主要技术应用情况如下。

2013 年 8 月 3 日，铁建重工研发出世界首台长距离大坡度煤矿斜井 TBM（见图 11.29）。该 TBM 开挖直径 7.62 m，具有土压平衡盾构和单护盾 TBM 两种模式，应用于内蒙古鄂尔多斯新街台格庙煤矿斜井，围岩主要为砂质泥岩和粉砂岩，强度在 40～60 MPa。

2013 年 8 月，国内首台直径为 5 m 的敞开式 TBM（见图 11.30）在中信重工下线，于 2015 年应用于洛阳故县引水工程 1 号隧道施工。

2013 年 11 月 26 日，中铁装备成功购买德国维尔特 TBM 及竖井钻机知识产权，为国内首次收购 TBM 外资公司（见图 11.31）。

2015 年，青岛地铁 2 号线首次采用双护盾 TBM 施工地铁，工程总长为 25.2 km，采用 TBM 和钻爆法联合施工。工程中采用了 4 台由意大利 SELI 公司与中船重工（青岛）联合生产的 DSUC 型双护盾 TBM（见图 11.32），开挖直径为 6.3 m。

图 11.29　自主制造的双模式 TBM

图 11.30　自主制造的小直径敞开式 TBM

图 11.31　收购德国维尔特 TBM 及竖井钻机知识产权

图 11.32　DSUC 型双护盾 TBM

2015 年，2 台国产直径为 8 m 的敞开式硬岩 TBM（见图 11.33）成功研制下线，投入到引松工程隧洞掘进施工中。引松工程总干线隧洞全长 72.3 km，使用 3 台直径 7.93 m（可扩挖 8.03 m）的敞开式 TBM 和钻爆法共同施工。2015 年上半年开始掘进，2017 年 8 月和 2018 年 1 月，2 台 TBM 已全部掘进贯通，独头掘进长度超过 18 km，平均月进尺均超过 600 m，分别创造了最高日进尺 86.5 m、最高月进尺 1 318.7 m 的掘进纪录。在这个工程中解决了"长距离、大埋深、高应力、高水压、高地温、大涌水、易岩爆"的地质特点和技术难点。

2015 年 4 月 16 日，中国首台用于城市地铁施工的直径为 6.85 m 的土压平衡和单护盾双模式 TBM 在重庆轨道环线体育公园—冉家坝区间工地始发掘进，该设备由中铁装备与重庆建工集团联合制造（见图 11.34）。

图 11.33　自主制造直径为 8 m 的敞开式 TBM

图 11.34　自主研制直径为 6.85 m 的双模式 TBM

2015 年，兰州水源地工程开始建设，工程以刘家峡水库作为引水源向兰州市供水，围岩以Ⅲ、Ⅳ类为主，抗压强度分布在 15～75 MPa。采用 2 台双护盾 TBM 施工，TBM 施工洞段长 24.4 km，最大埋深 918 m，施工距离长，岩石硬度高，沿线地层多变。2016 年 1 月 10 日，由中铁装备为本项目研制的直径为 5.48 m 的双护盾 TBM 下线（见图 11.35）。

2016 年 1 月，由中铁装备研制的 2 台世界最小直径 TBM（φ3.53 m）成功下线，该 TBM 应用于黎巴嫩大贝鲁特供水隧道和输送管线建设项目（见图 11.36）。

图 11.35　自主研制的直径为 5.48 m 的双护盾 TBM　　　图 11.36　自主研制世界最小直径 TBM

2016 年 5 月 5 日，铁建重工研制出"大埋深、可变径"TBM（见图 11.37），其开挖直径可在 6.53 m 和 6.83 m 之间调整。该 TBM 用于新疆某重大输水隧洞工程（全长约 42 km），开挖洞径为 6.53 m，沿线穿越有"大埋深、围岩大变形、强岩爆、穿越大断层破碎带、高地温、岩体蚀变破碎带"等世界级工程地质难题，是目前 TBM 施工最具挑战性的隧洞。

2016 年 6 月 28 日，北方重工成功并购美国罗宾斯公司股权。这是继 2007 年并购法国 NFM 公司后，北方重工的又一大并购力作，标志着北方重工重塑全球化 TBM 产业格局实现了历史性跨越（见图 11.38）。

2017 年，中铁装备为深圳地铁 10 号线梅林东站—创新园站区间自主研制了双护盾 TBM，开挖直径为 6.5 m。该区间全长 3 869.5 m，其中 TBM 掘进段 2 688 m，为深圳市首次选用双护盾 TBM 用于地铁项目的施工（见图 11.39）。

图 11.37　铁建重工研制可变径 TBM　　　图 11.38　北方重工并购美国罗宾斯公司股权

2018 年，在中国铁路总公司重大课题支撑下，中铁隧道局和中铁装备联合研制了直径为 9.03 m 的敞开式"彩云号"TBM，它被评为十大"国之重器"，用于大瑞铁路高黎贡山隧道的施工。高黎贡山隧道全长 34.5 km，是全线控制性工程。隧道穿越险峻的高黎贡山，地质结构极为复杂，存在高温热害、软岩大变形、涌水、断层破碎带、高烈度地震带等多种地质环境，存在"三高""四活跃"的显著特征，被称为隧道施工的地质博物馆（见图 11.40）。

图 11.39 中铁装备研制双护盾 TBM

图 11.40 中铁装备研制国内最大直径 TBM

目前，中国已实现了大小直径敞开式、双护盾、单护盾、双模式 TBM 主要机型的国产化设计制造，并与盾构机一起实现了 TBM 的产业化，不仅面向中国 TBM 巨大市场，还成功进入了国际市场。

四、TBM 智能化和智能掘进

最近几年，随着人工智能的兴起，TBM 的智能化也成为新的研究热点。而且，随着地质复杂带来危险性的增加，以及环境恶劣和劳动力减少，对智能 TBM 越来越有实际的市场需求。当然，真正智能 TBM 和智能掘进的实现还是一个渐进的过程。目前，应重点以减少人力、降低劳动强度、减低作业危险程度为主要目标，提高 TBM 自动化和智能化，特别是将复杂地质围岩识别预警、掘进参数和掘进方向的自动调整、支护作业的自动化智能化、辅助作业工序的智能化作为重点课题进行研究。

近年来，集成在线实时的 TBM 施工超前地质预报系统、在掘岩体识别预警模型和方法成为研究热点，并取得一系列成果。但由于地质的复杂性，理论模型和系统的准确性和实用性还需不断深入研究。TBM 智能化支护理论技术及装备系统还有大量的研究工作要做，以降低劳动强度和危险性，提高作业速度。在 TBM 大数据和施工监测系统方面，盾构及掘进国家重点实验室、中铁装备等都取得了较大进展。但是，虽然所开发系统采集记录掘进大数据较多，但工程地质数据对应性差，使研究成果的准确性、可靠性和实用性存在缺陷，数据挖掘和模型建立仍需进一步深入研究。智能 TBM 研制和智能掘进，将是未来相当长时间内的研究课题。

第四节　顶管施工技术

一、概述

随着社会城市化进程的推进，地下空间的开发和利用越来越受到人们的重视。为舒缓城市交通压力，减少建构筑物的拆迁和市政管线的改移，在城市交通繁忙、建构筑物及管线密集地带修建地下车行和人行通道已经成为一种趋势，所以选择合适的施工方法对保证工程质量和工期、缓解路面交通、维持市容市貌等至关重要。明挖法会阻断交通，其他暗挖法（如钻爆法、盾构法等）要么施工成本高，要么影响交通且安全隐患大，而顶管施工不需要开挖地面、占地面积少、交通影响小、开挖速度快，具有环保、经济、高效特点，因而逐渐成为市政地下通道建设的最佳施工方法。

顶管施工的隧道采用预制管节拼装，一般钢筋混凝土管节的设计强度为 C50，抗渗等级为 P8，目前世界上最大的管节尺寸为嘉兴快速路环线工程使用的 1.5 m×14.8 m×9.426 m（长×宽×高）的管节。管节多采用整体式，能减少隧道的渗漏点，确保隧道整体受力。但是隧道断面尺寸的增大，使大断面矩形顶管管节存在自重大、运输和安装难度大等问题，增加了施工难度和工程成本，影响了大断面顶管施工技术的发展。目前已有将一节顶管管节分成 2 块或 4 块管片的专利和技术。每个顶管管节由若干管片拼接而成。管片按位置包括下部管片、左下管片、右下管片、左上管片、右上管片和上部管片。下部管片和上部管片为相同的梯形，左下管片和右上管片为相同的 L 形，长端为斜口，短端为平口。右下管片和左上管片为相同的 L 形，长端为平口，短端为斜口。为保证管节的成形尺寸精确，应选用高精度、高强度的钢模，钢模宽度及边长允许偏差均为±0.4 mm。

二、顶管分类及特点

一般而言，按照断面形状，顶管可以分为矩形顶管和圆形顶管，按照开挖方式又可以分为土压平衡顶管和泥水平衡顶管。顶管机有独立的顶推系统，一般与主机分置，在始发井中有主顶推装置。根据顶推距离的长短，在隧道中间还设置有一个或多个中间顶推装置。顶推系统为顶管前进提供足够动力，控制顶管前进速度，并与出渣速度相配合，实现开挖面的压力平衡。常规圆形土压平衡顶管的顶推油缸一般是在圆周方向上均布，左右两边的油缸成对称布置。为了减小顶进施工中的侧壁摩擦力，对管道外周与土体之间的空隙压注润滑浆，同时用以传递土体和水土压力，尽量减小顶进过程中对周围土体的扰动，注浆压力、注浆量及适时补注浆液是此过程的关键。在长距离顶管（长度超过 400 m 的大断面顶管）和曲线顶管施工中，可通过注浆孔向盾体及管节外壁注入触变泥浆，形成完整的润滑浆套，将干摩擦滑动变成湿润滑动，从而有效降低顶进时的摩擦阻力。

20 世纪 80 年代后，世界各国先后开展了异形断面掘进机（矩形、椭圆形、双圆形、多圆形等）的机械设备、施工技术的试验研究和工程应用。

（一）矩形顶管

相较于传统的敞开式明挖技术，矩形顶管技术适用性更强，有着更为广阔的应用领域。结合周边地质条件和环境条件，特别是大断面矩形顶管比较适合在淤泥质黏土、黏土、粉砂土或砂性土等地层中施工，尤其适用于在不宜大开挖的闹市区、公路、铁路、河流等特殊地段或建筑群、既有管线下进行顶进施工。对交通繁忙、人口密集、地面建筑物众多、地下管线复杂的市政工程来说，大断面矩形顶管管节技术优势明显且意义重大，可为城市建设创造一个洁净、舒适、美好、和谐的社会环境。

（二）土压平衡顶管

土压平衡顶管是利用安装在机器前面的刀盘，将正面土体切削下来并使其进入刀盘后面的土舱内，使舱内具有适当压力且与开挖面水土压力保持平衡，以减少顶管推进对地层土体的扰动，从而控制地表沉降，出土时，由安装在密封舱下部的螺旋输送机向排土口连续地将渣土排出。其特点是能够用于土质、中粗砂、强风化、中风化等岩层施工，适用范围广，具有独立、完善的土体注水、注浆系统，可对挖掘面土体进行改良，从而扩大适用范围。土压平衡顶管开挖效率高，成洞质量好，可以有效控制地表沉降，具有不开挖路面、不封闭交通、不搬迁管线、减少噪声和尘土等优势，可以真正实现地下通道、人行隧道、环境友好型无障碍施工。土压平衡顶管在城市发展中为更多的地下通道，如地铁车站进出口的过街人行隧道、城市地下管线、共同管沟等，提供了很好的施工解决方案。

（三）泥水平衡顶管

泥水平衡顶管具有的复合式刀盘、变位剪切破碎装置、泥水仓气垫仓双仓结构、高效泥水冲刷系统等设计，既能适用于软土、软岩、硬岩等单一地层，又适用于软硬交替地层、过渡地层，针对不同地层能够实现泥水平衡掘进模式和气垫辅助泥水平衡两种掘进模式。日式的设计理念是在没有人舱及保压系统的情况下，能够靠简易的工业空气系统实现带压进舱作业，并且大大降低了生产成本。欧式设计理念是设计有气垫舱与空气保压系统，在遇到不稳定地层时，可采用气垫模式掘进，能够更精确地控制泥水压力平衡进而更好地控制地表沉降。

三、顶管施工技术应用

顶管的发展具有悠久的历史，世界上第一个有据可查的关于顶管技术的记录是在 1892 年。在第二次世界大战之前，美国、英国、德国和日本均发展了顶管施工技术。

顶管施工技术最早始于 1896 年美国的北太平洋铁路铺设工程的施工中。1948 年，日本第一次采用顶管工法，在尼崎市的铁路下顶进了一根内径 600 mm 的铸铁管，顶进距离只有 6 m。19 世纪 50 年代后期，欧洲各发达国家开始开发应用顶管工法。世界最早的矩形隧道是 1826 年开始建造的英国伦敦穿越泰晤士河底的公交隧道，其隧道断面为 11.4 m×6.8 m 的矩形，由于采用人工开挖和施工中发生涌水淹没事故，长 458 m 的矩形隧道掘进了 18 年才完工。

20 世纪 70 年代以来，随着经济的发展，矩形隧道掘进机施工技术有了新的飞跃。尤其是日本，地下空间的开发和利用的需求，促进了隧道技术的进一步发展。20 世纪 80 年代后，世界各国掀起了开发异形断面掘进机的高潮，先后进行了矩形隧道、椭圆形隧道、双圆形隧道、多圆形隧道顶管机及施工技术的试验研究和工程应用。从隧道的使用功能来分析，城市交通人行地道、地下共同沟、地铁隧道的断面形式以矩形最为合适、最为经济，因而矩形顶管掘进机的重新研究开发和应用在相关领域十分活跃。

日本在 20 世纪 80 年代开发了矩形顶管机，并完成了多条人行隧道、公路隧道、铁路隧道、地铁隧道、排水隧道、市政共同沟的施工。1981 年，名古屋和东京都采用 4.29 m×3.09 m 手掘式矩形顶管机掘进 2 条长 534 m 和 298 m 的共同沟。名古屋还采用 5.23 m×4.38 m 的手掘式矩形顶管机掘进 1 条长 374 m 的矩形隧道。矩形隧道和矩形顶管技术的应用方兴未艾，其优点日益体现，技术也日趋成熟。20 世纪 90 年代，日本将遥控技术应用到顶管工法中，操作人员在地面控制室中通过闭路电视和各种仪表进行遥控操作，对顶管技术进行了重大革新。

近 30 年来，日本率先研究开发了土压平衡、泥水平衡顶管机等先进顶管机头和施工工法，并在实际工程中得到了广泛的应用。地下管线共同沟的概念也起源于日本，近年来，矩形顶管施工技术大力推动了日本国内的地下管线共同沟建设的步伐。

我国从 20 世纪 50 年代起在北京、上海开始试用顶管工法施工，初期主要靠手掘式矩形顶管机，设备也相对简陋，发展较为缓慢。直到 20 世纪 80 年代中期，我国顶管技术得到了较大的发展。1988 年，上海研制成功我国第一台土压平衡式顶管机。20 世纪 90 年代，矩形顶管技术才逐步从国外引进至国内，并在上海最先开始发展。

上海隧道施工技术研究所 1995 年起开始启动矩形隧道研究并通过论证，1995 年完成 2.5 m×2.5 m 可变网格矩形顶管机设计、矩形隧道试验工程方案和工程设计，并完成了长达 60 m 的实验隧道。1999 年 4 月，上海地铁 3 号线 5 号出入口矩形通道施工采用上海隧道施工技术研究所自行研制的 3.8 m×3.8 m 矩形刀盘式土压平衡顶管机。国内首次施工矩形顶管隧道仅花了 40 天就完成了 2 条隧道的推进，矩形隧道的研究和推广应用取得了成功。由于人工暗挖法在上海地区的局限性（主要是受地质条件因素导致的安全性问题），矩形顶管法被规定为上海地区地铁出入口人行通道和街道地下人行通道施工必须采用的施工工法。

1999 年 8 月，上海隧道股份公司针对矩形隧道施工技术的研究，立项研制了偏心多轴式刀盘（异形）顶管模拟机，并在 2001 年 12 月进行了室内模拟试验，通过试验验证该机型的技术可靠性和对各种土质的适用性，采集各种施工参数，获得刀具磨损速率比，为长距离掘进提供研究依据。试验结果表明：矩形顶管机的背土问题是可以解决的；圆形顶管的施工技术基本适应矩形顶管；采用的土压平衡式矩形机头对控制机头姿态、轴线有利；建立泥浆套使矩形机头摩阻系数接近圆形机头；解决机头背土和有效控制机头姿态，能确保浅埋矩形隧道施工进入大城市；矩形衬砌结构选型、接头形式达到设计要求，采用 F 形钢套接头、齿形橡胶止水带是可行的。

2004 年，上海建工机施公司与日本株式会社小松制作所合作研制了 TH625PMX-1 型矩形隧道顶管机，并于 2005 年 8 月完成了首台制造。最近 10 多年来，矩形顶管施工技术已在众多项目中成功应用，截面尺寸从最初的 3.8 m×3.8 m 发展到现在的 6 m×4 m 及 7.5 m×10.4 m 等多种大截面尺寸。国内目前生产的截面尺寸为 9.446 m×14.82 m 的矩形顶管机是世界上最大断面的矩形顶管机，代表我国矩形顶管机制造技术已经非常先进。

2012 年，郑州市红专路下穿中州大道顶管隧道开始建设。作为单向双车道机动车顶管隧道，该顶管管节为直墙顶部起微拱的超大矩形结构，断面尺寸为 10.1 m×7.25 m，为当时世界上应用于市政隧道的最大矩形顶管机。顶管机由中铁装备制造，由中铁隧道局集团有限公司组织施工，隧道于 2014 年 6 月顺利贯通（见图 11.41）。

2015 年，天津黑牛城道新八大里地下工程项目（见图 11.42）开始建设，工程包括 2 个集散厅、1 个过街地下通道和 1 个下沉式广场。过街地下通道长 92.6 m，结构设计为椭圆形钢筋混凝土管节，结构净空宽 9 m，高 6.1 m，覆土厚 9.1 m。采用矩形顶管法施工，矩形顶管机的断面尺寸为 7.5 m×10.4 m，在当时为世界上最大断面的矩形顶管机。矩形顶管由中铁装备制造，由中铁隧道局组织施工，该工程于 2016 年 5 月贯通。

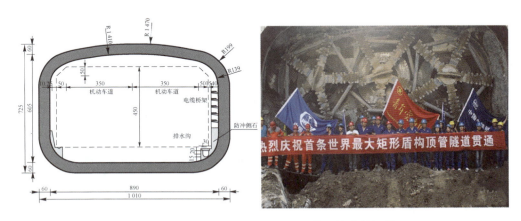

图 11.41　郑州红专路下穿中州大道顶管隧道贯通

图 11.42　天津黑牛城道过街通道示意图

2019 年，嘉兴快速路环线工程开工建设，土建 3 标工程项目位于嘉兴市南湖区，东起纺工路，沿长水路向西至新气象路，主线及地面辅道起讫里程为 K5+260～K7+339，全长 2 079 m，主要施工任务包含地道工程、桥梁工程、道路工程、驳岸工程、排水工程和通信管线。其中地道工程下穿南湖大道区间为矩形顶管施工，管节尺寸为 14.8 m×9.426 m（宽×高），在当时为世界上断面面积最大的矩形顶管机，由中铁装备制造。

目前矩形顶管技术还不完善，没有针对矩形顶管的设计标准和规范，对于矩形顶管施工背土、姿态控制、管节受力计算分析、顶管事故预防与处理等方面的问题还没有完全的解决方案，顶管隧道施工的风险评估和实时预警预报技术还不成熟，需要进一步研究。

圆形顶管机也是一种实用性较强的顶管机。像土压平衡顶管机一样，它不仅适用于黏土，也适用于砂土或砂砾土；并且不仅适用于软土，也适用于 N 值较大的硬土。它之所以有如此广泛的适应性，与其所具有的土体改善功能分不开。即使在砂砾土中，它也能通过注入黏土等手段使原来的砂砾土变成塑性、流动性、止水性均较好的土，从而使样机正常工作并达到土压平衡功能。目前国内市场上顶管掘进机种类规格繁多，一般管径（内径）最大为 3 000 mm，直径超过 3 000 mm 的顶管掘进机较少。同时，国外土压平衡顶管机的研制数量也在急剧增长。

南昌阳明东路变配套市政地下综合管沟工程 B 标项目，其埋深在地面以下 12.0～15.0 m，下穿隧道段均采用 DN3200 土压平衡顶管法施工，两端分设始发和接收工作井、明挖暗埋段和敞口段，土压平衡顶管机由中铁装备生产（见图 11.43）。

图 11.43　顶管始发掘进

泥水平衡顶管机在国内也有应用，国内设计生产的泥水平衡顶管机不仅适应淤、黏、粉、砂等软土地层的掘进，还能够适应复合地层的掘进。南宁市邕宁区龙岗片区道路污水管道工程 BT 项目的 2 号路延长线、邕大北路污水主干管管径为 2 600～2 800 mm，就采用泥水平衡顶管施工，主管埋深为设计路面高程以下 12～17 m，埋深大，采用 DN2800 泥水平衡顶管法施工（见图 11.44）。

图 11.44　泥水平衡顶管机

在顶管施工技术中，注浆减摩技术也受到越来越多的关注。注浆减摩是减小顶管阻力、增大一次顶进距离的重要措施，尤其是在超长距离顶管中，它更是顶管施工成功与否的关键环节。顶管顶进时，通过工具管及管节上预留的注浆孔，向管道外壁压入一定量的减阻浆液，管道外围形成一个泥皮套，减小管节外壁和土层间的摩阻力，从而减小顶进时的顶力。因此超长距离顶管对注浆材料和注浆工艺都提出了新的要求，注浆减摩作为一门新技术，在顶管工程中的应用越来越普及。

第四篇

沉管法

第十二章　沉管法的起源与发展

第一节　沉管隧道概述

随着全球城市化进程的加快，人们出行必然要求交通和运输系统不断增强和完善，由此产生了跨越江河和海湾（峡）的问题。水下隧道因能很好地解决水域的跨越问题，同时又降低了对周围环境的影响，解决了大面积水域的航运问题等，使得大江大河上修建的大型水下隧道工程数量逐日增多。但水下隧道方式因为受到技术水平的制约，一直没有得到足够的重视和发展。随着修建水下隧道的一些关键技术的不断突破，隧道已逐渐成为工程界普遍认同的跨越航运繁忙河道的第一选择，包括中国在内的许多国家已经掌握了建设水下隧道的技术。

沉埋管段法隧道，又称沉管隧道，是将在预制场中预制好的钢筋混凝土结构管节两端用临时的封板封闭，然后向坞内灌水使管节起浮出坞，分节把处于正浮力的管节浮运至已开挖好的沟槽中，然后向管节内灌水至一定的负浮力，借助水面船舶组成的吊挂系统将管节按定线要求准确沉放于预先挖好并经过处理的水下沟槽内或经过处理的河（海）床面上，管节之间、管节与岸上段之间的接头由特制的 GINA 橡胶止水带，通过水力压接原理形成初始密封，拆除临时封板，对各接头进行最终处理，使各管节连成一整体，形成沉管隧道。

世界上最早的沉管隧道是 1910 年美国穿越底特律河修建的水下双线铁路隧道，这是世界上第一条采用沉管法建造的铁路隧道。该隧道全长 782 m，由 10 节管节组成。美国修建沉管隧道的历史最长，1910—1980 年间，在北美共修建了 23 座沉管隧道，这些沉管隧道的突出特点是采用圆形钢壳式管节。

荷兰于 1937—1942 年修建的玛斯（Mass）沉管隧道，是欧洲第一条 4 车道公路沉管隧道，总长 584 m，共 9 节管节。该隧道的特点是世界上首次采用矩形断面。管段接头处的 GINA 橡胶止水带为荷兰人首创，至今仍被世界普遍应用。

日本于 1944 年建成大阪地铁网沉管隧道，其后 50 年时间内，共修建了 18 条沉管隧道。日本习惯于用钢壳型结构。

韩国于 2010 年建成的釜山—巨济隧道，单个管节重达 5 万 t，沉放深度达 40 m，并首次采用 EPS 系统（external positioning system）进行沉放调整。

根据国际隧协（ITA）在 2005 年的统计，目前全世界已建成沉管隧道有 122 余座，其中有公路、铁路（含地铁）、公路铁路两用隧道，其截面形式有矩形、圆形，结构形式有钢壳型、混凝土型。混凝土结构可采用多箱矩形断面形式。

在我国，修建水下隧道有以下几种施工方法：矿山法、盾构法、围堰明挖法、沉管法、暗挖法等。在大型的水下隧道工程中，沉管法和盾构法适用范围较广，几乎不受地质条件限制，而其他几种施工方法因要受到地质条件限制，难以推广使用。

沉管隧道经过近百年的研究和发展运用，技术体系更趋于完善，施工工艺更加成熟。沉管隧道工期最短、隧道延长最短、埋深最浅、地质条件制约小，虽然管节沉放时对航道有影响，但总体上优于其他方法。沉管隧道的主要优点有以下几个方面。

（1）线路的埋置深度较小，易与两岸的道路相连接。

（2）隧道结构施工质量能较好控制。因管节采用预制方式，混凝土施工质量易于控制，易于做好防水措施。而且，采用水力压接法可以实现接头的水密性。

（3）横断面形状、大小有较大的选择余地，断面空间可充分利用，大型的矩形断面的管节可容纳4～8车道。

（4）沉管隧道暗埋段、管节预制、管节安装、基槽开挖等多个工序可同步进行，工期较短。

（5）操作条件好，施工安全。除少量的人员水下作业外，基本上无地下作业，更不用气压作业。风险可控度高。

（6）随着施工技术的不断提高和施工装备的不断改进，沉管隧道水下埋深已经达到70 m。

由于沉管隧道在经济、技术上的独特优点，沉管法隧道设计和施工中的关键技术问题，如结构形式、管身防水、水下基槽开挖、地基处理、管节水下对接和接头防水等的逐步解决和日趋完善，以及沉管法在世界各国的广泛采用和技术经验的交流，沉管隧道受到越来越多国家的重视，已逐渐成为水下大型隧道工程的首选施工工法。但由于工程的地域性与各个国家的具体实情不同，使得各国沉管隧道的修建技术各具特色，显示出了一定的地域与国别的特性。

第二节　国内沉管隧道发展进程

一、国内沉管隧道建设进程

我国修建沉管隧道起步较晚，但发展速度很快。早在20世纪60年代初，我国就曾在上海开展过类似沉管法工法的理论研究。1976年，在杭州湾的上海金山石化工程中首次用此工法建成了一座排污水下隧道。

我国香港地区于1972年建成了跨越维多利亚港的城市道路海底隧道。

我国台湾地区于1984年在高雄市建成了高雄港道路沉管隧道。

1992年建成通车的广州黄沙至芳村珠江水下隧道，成为内地首次采用沉管工艺建成的第一条城市道路与地下铁道共同设置的水下隧道，为内地沉管工程开创了先河。该隧道仅用了4个多月的时间就完成了全部沉放，通车后情况良好，特别是防水质量达到了"滴水不漏"的程度。

1995年内地第二座沉管隧道在宁波甬江建成。该隧道克服软土地基的不利因素，施工采用分段连体预制法。

进入21世纪以来，我国沉管隧道的建设进入了快速发展的阶段，近20年间依次建成了宁波常洪隧道、上海外环越江隧道、广州仑头—生物岛隧道、广州生物岛—大学城隧道、舟山沈家门海底隧道、广州洲头咀隧道、天津海河隧道、佛山东平隧道、南昌红谷隧道、港珠澳大桥海底隧道。但已建或在建的隧道大都在水位比较稳定、水流速度比较缓和的江河下游或者入海口。

2017年7月建成通车的南昌红谷隧道突破了国际上内河中游径流河道不适合建设沉管

隧道的瓶颈，首次实现了我国沉管隧道建设从江河下游或者入海口向内陆江河中游的推广应用。荷兰隧道工程咨询公司 TEC 认定为"南昌市红谷隧道地处水域是目前世界上沉管隧道施工中遇到的最高水位差变化"。

2019 年建成通车的港珠澳大桥首次实现了我国沉管隧道建设向外海突破，是中国建成的第一座跨海沉管隧道，为跨海通道的新模式，标志着我国沉管隧道技术已达到国际先进水平。

2019 年开工建设的深中通道 8 车道海底沉管隧道开创了世界先例，研发了世界上第一艘集沉管浮运、定位、沉放和安装等功能于一体的、具有 DP 定位和循迹功能的专用船舶。该船是国家重大基础设施项目深中通道的核心装备，提升了我国外海修建超级工程的自主创新工业制造能力。

在建的还有襄阳汉江隧道、大连湾海底隧道、深中通道等重大跨江、跨海隧道。我国建成、在建的沉管隧道如表 12.1 所示。

表 12.1　我国建成、在建的沉管隧道

序号	隧道名称	类　型	沉管长度/m	建成时间	所处位置
1	香港红磡海底隧道	双向 4 车道	1 600	1972 年	海边
2	香港九龙地铁隧道	双向 4 车道	1 400	1979 年	海边
3	台湾高雄公路隧道	双向 4 车道	720	1984 年	海边
4	香港东区海底隧道	双向 4 车道 2 条铁路	1 859	1989 年	海边
5	广州珠江隧道	双向 4 车道 2 条铁路	457	1993 年	江河下游
6	宁波甬江隧道	单孔双车道	420	1995 年	江河下游
7	香港西区海底隧道	双向 4 车道 2 条铁路	1 363	1997 年	海边
8	香港新机场铁路隧道	2 条铁路	1 260	1997 年	海边
9	宁波常洪隧道	双向 4 车道	395	2002 年	江河下游
10	上海外环越江隧道	3 孔 8 车道	736	2003 年	入海口
11	广州仑头—生物岛隧道	双向 4 车道	277	2010 年	江河下游
12	广州生物岛—大学城隧道	双向 4 车道	214	2010 年	江河下游
13	舟山沈家门港海底隧道	双向人行	218	2014 年	海边
14	天津中央大道海河隧道	双向 6 车道	255	2015 年	江河下游
15	广州洲头咀隧道	双向 6 车道	340	2015 年	入海口
16	广州佛山东平隧道	双向 6 车道 2 条铁路	445	2016 年	江河下游
17	港珠澳大桥海底隧道	双向 6 车道	5 664	2017 年	外海
18	南昌红谷隧道	双向 6 车道	1 329	2017 年	江河中游
19	香港沙中线过海隧道	2 条铁路	1 600	2019 年	海边
20	大连湾海底隧道	双向 6 车道	3 040	在建	海边
21	襄阳汉江隧道	双向 6 车道	970	在建	内河
22	深中通道海底隧道	双向 8 车道	6 800	在建	外海
23	广州如意坊隧道	双向 6 车道	618	在建	江河下游
24	广州金光东隧道	双向 4 车道	460	在建	江河下游
25	广州车陂路隧道	双向 6 车道	492	在建	江河下游

二、国内沉管隧道技术的发展

（一）干坞技术的发展

干坞是用于预制混凝土管节的场所，管节需要在干坞内预制、存放、舾装，然后起浮、拖运出坞。干坞主要分成移动干坞和固定干坞两大类型。固定干坞按照是否利用隧道轴线暗埋段基坑又分为轴线干坞与独立（异地）干坞。进行标准化、流水作业式管节生产的固定干坞称为工厂化干坞。

国内采用轴线干坞的沉管隧道较多，就是将干坞布置在隧道轴线岸上段主体结构位置，主要在沉管段不长、管节数量较少、隧址附近无选择干坞条件或要很大代价开辟管节浮运航道的情况下采用，如广州珠江沉管隧道、宁波甬江沉管隧道、宁波常洪沉管隧道、广州生物岛—大学城沉管隧道、广州洲头咀沉管隧道、天津海河隧道、襄阳汉江隧道等。典型的轴线干坞布置形式为2002年建成的宁波常洪隧道，如图12.1所示。

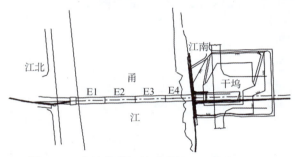

图 12.1　宁波常洪沉管隧道轴线干坞布置形式

2005年建成的广州市仑头—生物岛沉管隧道是世界上第一座采用移动干坞方案的沉管隧道，实现了沉管隧道建设史上的重大突破，创造了"隧道船上造"的奇迹。沉管段共4节管节，最长管节长78 m，原计划在生物岛上作固定干坞，但场地问题无法解决，隧道轴线地质较差，轴线干坞处理费用较高，轴线干坞预制工期较长，轴线干坞方案被否决。后来采用两条半潜驳预制（见图12.2），每节沉管预制5个月，总工期10个月。

图 12.2　半潜驳式移动干坞浮运管节

旁建干坞是建在沉管隧道的接线隧道旁边，将干坞和接线隧道采用坑中坑、深浅坑和并行坑等共坑设计。国内旁建干坞如上海市外环隧道工程、佛山东平隧道（见图 12.3）、大连湾海底隧道。

图 12.3　佛山东平隧道旁建干坞示意图

2017 年建成通车的南昌红谷隧道采用的是异地分体固定式干坞（见图 12.4）。因为两岸没有足够的场地进行轴线干坞的布置，没有满足管段预制尺寸及载重的半潜驳，且周期长，所以只能在异地干坞与工厂化干坞方案中进行比选。异地干坞选址何处？花费数亿元修建的干坞废弃后作何用？工厂化干坞适合 3 节以上沉管的预制，经济性不高。南昌地处内河中游，受赣江水文气象条件制约，每年仅 3.5 个月满足管节的浮运、沉放，综合工期、造价等因素的考量，最终选择"3+3"的中型分体式干坞，可以灵活应对赣江水季节性大变化，能有效降低工期风险且不需管节临时系泊，工期也较短。同时，南昌市相关部门对干坞也做了永久规划，作为沿江风光带的一部分，规划为水上乐园，提升了干坞的价值。

图 12.4　南昌红谷隧道工程采用异地分体固定式干坞

桂山沉管预制厂工程（见图 12.5）是港珠澳大桥的配套临时工程，是世界第二个、中国第一个流水线式预制沉管管节的工厂。桂山预制厂总平面设计提出了深、浅坞并列布置的创新形式，使预制厂生产功能区的长度方向尺度由约 700 m 缩短到约 500 m，预制车间和浅坞区呈一字形布置，浅坞区和深坞区并列布置，整体形成"L"形布置形式，解决了桂山牛头岛场地尺度不满足现有布置模式和岛外设置沉管寄放水域安全不能保证、造价高昂的两大难题。

图 12.5　桂山岛沉管预制厂布置图

（二）管节制作方式的发展

管节是在干坞内提前预制而成的，其结构形式主要有 3 种：钢壳结构、钢筋混凝土结构、钢壳+混凝土的"三明治"结构。截面形式主要有圆形和矩形两种形式。

1972 年香港修建的红磡海底隧道采用钢壳双管圆形断面隧道，1979 年香港修建的地铁过海隧道采用钢筋混凝土双管圆形断面隧道。就应用的范围而言，内地主要采用钢筋混凝土矩形隧道断面管节，其中在建的深中通道海底隧道采用钢壳钢筋混凝土矩形隧道断面。国内已建成及部分在建沉管隧道的管节预制方式如表 12.2 所示。

表 12.2　国内已建成及部分在建沉管隧道的管节预制方式

序号	隧道名称	沉管长度/m	管段类型	结构形式	预制方式
1	广州珠江隧道	457	钢筋混凝土矩形断面	整体式	竖向分层、纵向分段预制
2	宁波甬江隧道	420	钢筋混凝土矩形断面	整体式	竖向分层、纵向分段预制
3	宁波常洪隧道	395	钢筋混凝土矩形断面	整体式	竖向分层、纵向分段预制
4	上海外环线隧道	736	钢筋混凝土矩形断面	整体式	竖向分层、纵向分段预制
5	广州仓头—生物岛隧道	277	钢筋混凝土矩形断面	整体式	竖向分层、纵向分段预制
6	广州生物岛—大学城隧道	214	钢筋混凝土矩形断面	整体式	竖向分层、纵向分段预制
7	舟山沈家门港海底隧道	218	钢筋混凝土矩形断面	整体式	竖向分层、纵向分段预制

续表

序号	隧道名称	沉管长度/m	管段类型	结构形式	预制方式
8	天津中央大道海河隧道	255	钢筋混凝土矩形断面	整体式	竖向分层、纵向分段预制
9	广州洲头咀隧道	340	钢筋混凝土矩形断面	整体式	竖向分层、纵向分段预制
10	广州佛山东平隧道	445	钢筋混凝土矩形断面	整体式	竖向分层、纵向分段预制
11	港珠澳岛隧工程	5 664	钢筋混凝土矩形断面	节段式	工厂化预制，固定模板全断面预制
12	南昌市红谷隧道	1 329	钢筋混凝土矩形断面	整体式	竖向分层、纵向分段预制
13	大连湾海底隧道	3 040	钢筋混凝土矩形断面	节段式	工厂化预制，固定模板全断面预制
14	襄阳汉江隧道	970	钢筋混凝土矩形断面	整体式	固定管段，全断面预制
15	深中通道海底隧道	6 800	钢壳矩形断面	节段式	工厂化预制

沉管隧道管节长度一般为100～200 m不等，通常由若干节段组成，标准段的各段之间的连接形式有刚性连接和柔性连接两种。国内绝大多数沉管采用的钢筋全通的刚性连接方式，该类管节又称为整体式管节。柔性连接施工的管节又称为节段式管节，各节段之间纵向钢筋断开，各节段通过临时预应力拉索连接在一起（在隧道完工后临时预应力拉索被剪断），节段之间形成变形缝作用的节段接头。这种结构形式改善了管节受力条件，但变形缝（节段接头）增多，这便将结构的受力矛盾转嫁为水密性矛盾。港珠澳大桥海底隧道在国内首次采用了节段式管节，但是港珠澳大桥海底隧道又保留了纵向预应力拉索。大连湾海底沉管隧道、深中通道沉管隧道根据规模、工期、经济性，同样也采用了节段式管节。

内地在实施港珠澳大桥沉管隧道之前，预制管节全部采用分层浇筑的非全断面预制施工工艺，分层浇筑施工，模板方案简单，每次浇筑时间比较短，浇筑施工可操控性强，并且对施工工艺技术要求不高，如2017年建成的南昌红谷隧道采用非全断面预制整体式管节（见图12.6）。

图12.6　南昌红谷隧道采用非全断面预制整体式管节

随着施工工艺技术的发展，沉管预制采用全断面的浇筑工艺越来越多，如港珠澳大桥海底沉管隧道、深中通道海底隧道、大连湾海底沉管隧道等采用的是全断面工厂化预制工艺，更能体现工厂化生产的特性，可全天候预制、流水线标准化生产，预制质量有保障，并且可全断面浇筑控制混凝土裂缝，能实现连续不中断的预制。港珠澳大桥海底隧道是国内首次采用工厂化全断面预制节段式管节（见图12.7）。

图 12.7　港珠澳大桥海底隧道首次采用工厂化全断面预制节段式管节

（三）管节混凝土技术的发展

由于沉管隧道管段体积大、结构形式复杂、预制工艺的差异性，容易因温度、收缩以及约束等原因，造成管节结构在预制阶段出现危害性裂缝；由于沉管隧道所处环境条件恶劣，早期裂缝的出现影响结构的服役性能和耐久性能。在《沉管法隧道设计标准》（GB/T 51318—2019）和《沉管法隧道施工与质量验收规范》（GB 51201—2016）未实施之前，在实际工程中多采用高性能混凝土标准或普通混凝土高性能化进行处理。

目前，国内对于混凝土管段裂缝控制技术的研究主要针对采用"干坞法"制作的沉管隧道。香港西区铁路隧道采用了施加横向预应力技术，南昌红谷隧道等采用了冷却水管工艺、后浇带等，襄阳汉江沉管隧道采用竖向立模全断面浇筑等技术。

为了直观地分析结构的受力性能，国内逐渐采用管节足尺模型试验，通过足尺模型早期温度和应变的监测，可以验证裂缝控制措施的可行性。例如，外海的港珠澳大桥海底隧道采用的是1∶1足尺模型（见图12.8）。

图 12.8　港珠澳大桥沉管管节足尺模型

（四）管节防水技术的发展

目前国内的沉管隧道多数采用防水钢板（天津海河隧道采用了 PVC 做底模）和防水卷材或其他外包材料做外防水层，但还是以混凝土结构自身防水为主。目前，国内关于采用高抗渗能力的混凝土与防水膜代替外防水层的优劣问题尚存在争议。天津海河隧道和港珠澳大桥海底隧道采用聚脲防水材料的防水效果比较好，但是造价昂贵。

钢筋混凝土管节各施工段的纵向钢筋连通的管节为刚性管节，其施工段之间的接缝为施工缝，可按传统的施工缝防水进行处理，而各施工段的纵向钢筋截断不连接的管节为柔性管节，其施工段之间的接缝为伸缩缝，伸缩缝的防水应采用多道设防，但应以压浆型钢止水橡胶带防水为主，其止水效果远优于普通哑铃型或多肋型止水橡胶带，防水可靠度更高。柔性管节的应用，使单管节长度增加（可达 180 m），并可增加沉管段长度（可大于 3 km）。我国国内在港珠澳大桥海底隧道未实施之前，沉管各施工段采用的均是刚性管节。已建成的港珠澳大桥海底隧道、在建的大连湾海底沉管隧道和深中通道海底隧道则采用了柔性接头，设置了预应力拉索，更能保证管节"滴水不漏"的效果。

在 20 世纪 40 年代发明 GINA 橡胶止水带之前，管节接头均采用刚性接头，隧道容易受沉降等不利因素影响而导致工程安全风险高。随着 GINA 止水带与 OMEGA 橡胶止水带的出现，使得沉管隧道的修建技术取得了一项重大突破，对于控制管节沉降，防止管节局部应力集中起着关键作用。我国沉管段接头全部采用柔性接头（见图 12.9）。但是，现有管节柔性接头理论研究进展缓慢，滞后于工程实际，增加了工程施工及运营的风险。

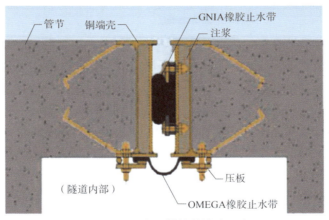

图 12.9　国内沉管管节接头形式

（五）管节浮运方式的技术发展

管节浮运方式主要有绞拖、半潜驳、拖轮拖运或多种方式组合，具体的浮运形式因地制宜。目前国内常见的典型工程浮运方法各不相同。

绞拖适用于轴线干坞施工方案，适用于河面宽度较窄、沉管段长度较短、管节数量较少的沉管隧道。通常采用岸上布置绞车、拖缆系统，直接将沉管绞拖出坞，并绞拖到预定的安装水域。其优点是不占用航道，或占用航道时间短，施工中淤泥不会卷入基槽，工序交接比较简单。例如，广州珠江沉管隧道、宁波甬江沉管隧道、宁波常洪隧道、广州洲头咀沉管隧道、舟山沈家门港隧道、天津海河隧道、襄阳汉江隧道等均采用绞拖浮运方式。沉管绞拖直接定位安装施工如图 12.10 所示。

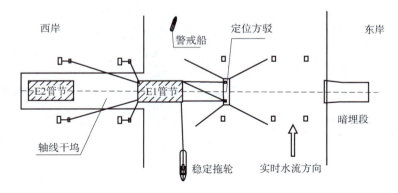

图 12.10　沉管绞拖直接定位安装施工示意图

当沉管预制场不布置在隧道现场，且管节长度较短、体量适度时，管节可采用半潜驳方式进行浮运。广州仑头—生物岛沉管隧道及在建的广州国际创新城金光东沉管隧道采用的就是半潜驳浮运方式（见图 12.11）。

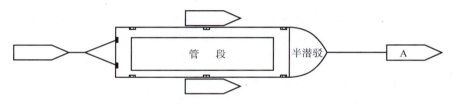

图 12.11　半潜驳浮运示意图

在干坞没有布置在隧道现场、干坞至沉管隧道之间的水路畅通、水深条件满足沉管浮运要求的情况下，通常采用拖轮浮运方式。其优点是易于操作控制，长距离浮运安全可靠；其缺点是占用水域较大，工序交接麻烦，且有大量淤泥砂卷入已开挖的基槽、航道。例如上海外环沉管隧道、港珠澳大桥沉管隧道（见图 12.12）、南昌红谷沉管隧道、香港沙中线地铁过海沉管隧道采用的就是拖轮浮运方式。

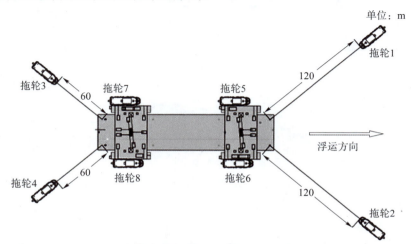

图 12.12　港珠澳大桥海底沉管隧道采用 8 艘拖轮浮运管节

（六）沉放设备的技术发展

沉放方法主要有起重船吊沉法、浮箱吊沉法、自升式平台吊沉法和杠吊法（又称方驳杠吊法），用得最普遍的是浮箱吊沉法及方驳杠吊法。一般而言，管段宽 25 m 以上的大中型管段多采用浮箱吊沉法，小型管段则以方驳杠吊法较为合适。但是无论采用何种方法，其原理一致，即通过平衡负浮力控制沉管下潜。

起重船吊沉法常用在规模较小、管节较轻的沉管隧道，例如广州珠江隧道、港珠澳大桥最终接头等。广州珠江隧道的吊沉方式见图 12.13。

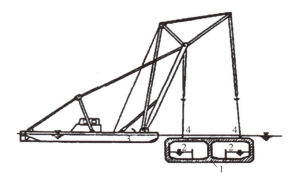

1—沉管；2—压载水箱；3—起重船；4—吊点。

图 12.13　起重船吊沉法

浮箱吊沉法是 20 世纪 60 年代在荷兰建造柯恩隧道和陪纳勒克斯隧道时首创的，其使用历史较长，使用频率较高。这种方法的主要设备为 4 只方型浮箱，分为前后 2 组，每组浮箱以钢桁架相连，在浮箱上设置起吊卷扬机，通过逐渐向管节内压载，使管节逐渐下沉到预定位置。随着技术的发展，4 只浮箱逐渐由前后 2 只大浮箱或改装的浮驳所取代，并成为浮箱沉吊法的主流。改进后，沉放稳定性和起重能力有所增加，如上海外环沉管隧道、宁波常洪沉管隧道均采用浮驳代替浮箱吊沉法，如图 12.14 所示。浮箱吊沉法也是目前大中型沉管隧道管节沉放的主要方法。

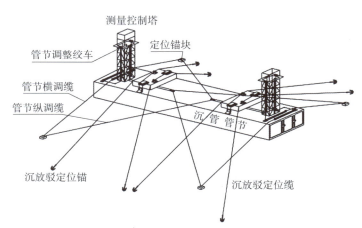

图 12.14　浮箱吊沉法管节沉放示意图

自升式平台吊沉法的主要施工设备是自升式升降平台，由 4 根柱脚和 1 个钢浮箱平台（或船体）组成。4根柱脚依靠千斤顶下压至河床以下，使水上作业平台"骑"在管段上方，通过逐渐向管节内压载，利用平台上的起吊设备使管节逐渐下沉到预定位置。该方法沉放管节稳定性好，受风浪流等的影响较小，不需要管节锚碇系统，且占用的作业水域较小，因此在交通繁忙的水域得到了广泛的应用，但是由于设备成本高，适用于水深大、施工水域小且水文条件恶劣的沉管隧道，例如中国香港地铁沉管隧道采用的就是此类方法（见图12.15）。

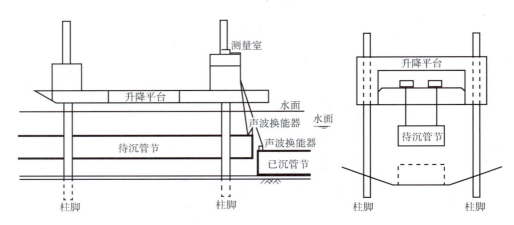

图12.15　自升式平台吊沉法沉放管节示意图

杠吊法又称方驳杠吊法，早期多用四方驳杠吊法，采用4艘方驳，左右2艘方驳之间架设由型钢或钢板梁组成的"杠棒"来承受吊索的吊力，前后2组方驳可用钢桁架联系组成一个船组。由于方驳较小，吊沉能力有限，因此多用于规模较小的沉管沉放。随着设备的发展，2艘船体较大的方驳船代替4艘方驳，整体稳定性较好，可用于规模较大、管节数量较多、施工水深较大、水文环境恶劣的沉管隧道。在国内，随着船舶技术的发展，逐渐演变成专用浮驳杠吊法，例如广州洲头咀隧道、天津海河隧道、佛山东平隧道、南昌红谷隧道（见图12.16）。

图12.16　南昌红谷隧道采用专用浮驳沉放管节

港珠澳大桥海底隧道更是自主研发设计制造了集浮运、定位、沉放、微调功能于一体的管节浮运与沉放船（见图 12.17），开创了国内水下隧道沉管施工安装船的先例，提升了隧道沉管施工的效率和安全性，使中国的水下隧道施工技术上升了一个台阶，使我国的水下隧道施工水平达到了国际领先水平。

图 12.17 港珠澳大桥海底隧道采用专用安装船进行浮运、沉放作业

（七）最终接头技术的发展

我国上海外环沉管隧道、广州仑头—生物岛隧道、广州洲头咀隧道、南昌红谷隧道等均采用止水板法进行最终接头的施工。止水板施工法造价相对降低，但是其水下作业较复杂，施工难度较大。如南昌红谷隧道，在 E10-1 与 E10-2&E11 管节之间采用的是 2.5 m 水下最终接头（见图 12.18）。

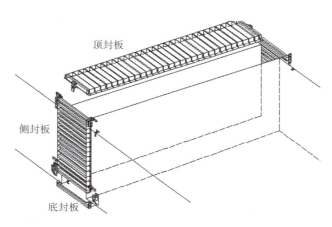

图 12.18 止水封板安装示意图

广州珠江隧道、宁波甬江隧道、宁波常洪隧道、天津海河隧道等均采用岸上干式施工沉管隧道最终接头（见图 12.19）。干式施工法施工难度较低，但其施工成本相对较大。

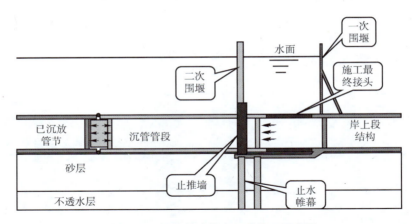

图 12.19　最终接头岸上干式施工示意图

港珠澳大桥沉管隧道最终接头为可逆式主动止水的倒楔形钢壳混凝土组合结构（见图 12.20），重量达 6 000 t，位于 E29 与 E30 管节之间，开创了国内采用"三明治"钢壳混凝土沉管结构的先例，首次成功应用"高流动性混凝土"新工法，更是世界范围内首次在沉管工程中采用"M 形+Lip+GINA"止水带组合顶推系统临时止水，实现了外海深水、深槽水下快速安装、对接，具有广泛的应用前景。

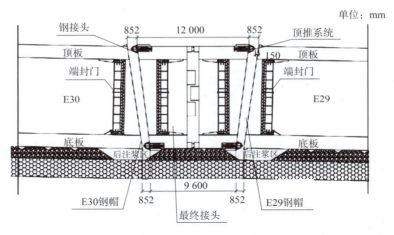

图 12.20　港珠澳大桥沉管隧道主动可逆式最终接头形式

（八）水下基础处理技术的发展

沉管隧道基础设计与处理是沉管隧道，特别是矩形沉管隧道的关键技术之一。基础处理的目的是解决开挖引起的槽底不平整、地基土软硬不均、基槽回淤与流砂管涌等问题。采用基础的类型应根据沉管的沉放环境、水力条件（流速、流向、水深、波浪、潮汐等）、气候条件、沉积及地基情况、地震、隧道用途及航运条件等来进行综合考虑。其中，主要的影响因素是淤积、地震、潮汐和航运。淤积和潮汐对基础处理的作业时间要求比较严格，时间上稍有耽误，便会形成新的沉积，需要重新清淤。

水下基础处理的方法通常分为先铺法（刮铺法）、后铺法和人工基础。先铺法又可分为刮砂法和刮石法，前者较少使用，后者多用于节段管节、管段宽度尺寸不大，地震设防要求高的地区。后铺法则有砂流法、灌囊法和压浆法（又称注浆法、灌浆法）。人工基础包括桩基础、复合基础、换填基础，多用于软弱地层及大回淤水域。

我国大多数沉管隧道的基础处理采用砂流法（见图 12.21）。管节沉放完毕后，从工程船舶上通过导管沿着管节侧墙、中隔墙、底板预留孔压注砂（或砂与水泥熟料）充填管节底板与基槽底之间的空隙形成基础垫层，这是最早的后填法基础处理方式。其主要优点是：设备简单，不需要大型船机设备；可采用管内灌砂，水上作业时间短；沉管沉放后，才进行垫层施工，避免回淤对垫层产生影响。其主要缺点是：施工工艺要求较高，需控制孔口压力和扩散半径，既要保证垫层密实，又要避免上托力抬高沉管；填充效果检测困难；地震情况下，砂可能液化；铺设的砂层在波浪、海流流速达到临界值后易受到冲刷的影响；填砂的过程中，管节支撑在支座上，未锁定回填，需选择合适的天气窗口。

广州珠江沉管隧道、广州仑头—生物岛隧道、广州生物岛—大学城隧道、广州洲头咀沉管隧道、舟山沈家门港隧道、天津海河隧道、南昌红谷隧道等都是采用砂流法进行基础处理。

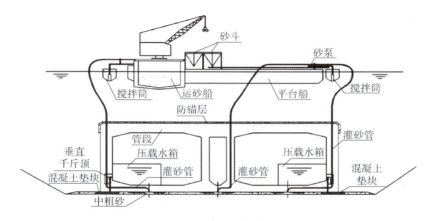

图 12.21　砂流法基础处理

宁波常洪隧道和宁波甬江隧道采用的是灌囊法（见图 12.22），管节沉放前，在管节底面下事先系扣空囊袋一并下沉，待管节沉放完毕后，从工程船舶上向囊袋内灌注注浆材料，使囊袋的体积迅速膨胀，直至管节底面以下的空隙全部充填满为止。

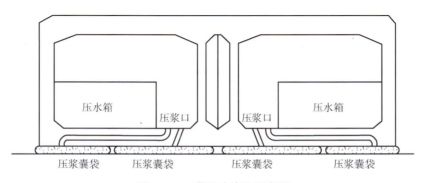

图 12.22　灌囊法施工示意图

天津海河隧道处于滨海软土地质条件下，以及华北平原地震带上，采用的是注浆法基础（见图 12.23），基础差异沉降仅 0.3 cm，最终沉降值 1.4 cm，也是国内首次采用冲击映像法检测技术；密实度检测后，如果没达到设计要求密实度再进行二次补充注浆，基础密实度达 96% 以上。

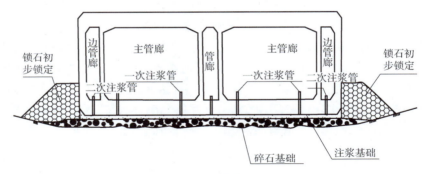

图 12.23　注浆法施工示意图

襄阳汉江沉管隧道先铺卵石垫层，研发了适用于内河流域的整平船，并利用基槽及基坑开挖的卵石作为垫层原材料以降低造价，弥补了先铺碎石垫层的缺点。

港珠澳大桥沉管隧道采用了世界最大、国内第一艘用于外海施工的自升平台式深水抛石整平船，船长 81.8 m，船宽 46 m，船深 5.5 m，设计吃水 4 m，4 根 90 m 长的桩腿可实现船舶自身升降，整平深度可达水下 50 m，一次碎石铺设厚度可达 1.7 m，铺设整平精度可以控制在 40 mm 以内。

（九）信息化技术的发展

在沉管隧道发展初期，常采用潜水员水下探摸的方法进行沉管管节的沉放测量定位控制，精度上无法得到保证，定位精度也比较低，而且水下复杂多变的环境对潜水员的生命安全也构成了极大的威胁。

基于 RTK-GPS+测量塔的水下沉管对接技术适用于较深水的海底及跨江隧道沉管建设。该技术属于国内首创，在南昌红谷隧道等项目中得到了成功的应用（见图 12.24）。其主要优点是：工作效率高，对接精度高，而且设备成本大大降低。该项技术采用了高精度姿态监测技术，克服了全站仪作业距离近、无法顾及沉管纵横摇的缺点。

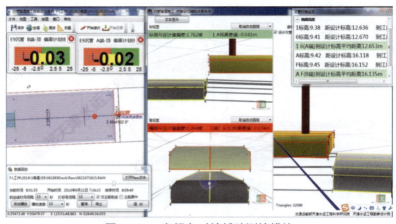

图 12.24　多视角对接辅助测控模块

港珠澳大桥海底沉管隧道则首次研发了外海深水沉管安装"首端无线声呐＋尾端双天线定向"组合式高精度定位系统（见图12.25）。该项技术填补了沉管隧道免精调测控定位技术的空白，通过对传来的数据进行汇总、分析和计算，最终使用图像及数据实时显示沉管的三维姿态及与已安装沉管的相对位置关系，从而指导待安装沉管与已安装沉管顺利对接。

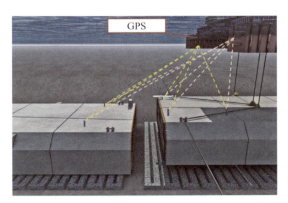

图 12.25　声呐法结合 GPS 进行对接测量

（十）水下检测与监测技术的发展

沉管隧道工程的水下施工环境复杂，水下部分肉眼不可视，传统的全站仪等测量方式无法发挥作用。而管段对接等工序务求一次到位，二次安装可能对 GINA 止水带等接头部分造成损伤。另外，一旦出现问题，由于主要结构在水下，很难采取补救措施，会造成极大的经济损失。沉管隧道工程主要有以下监测技术。

（1）水下声呐扫测。适用于沉管隧道建设涉及的大量水下浚挖作业的水下地形检测，如航道疏浚、基槽开挖、回填等，可用于扫测水下地形，判断航道、基坑或基槽的尺寸、标高、边坡稳定性及坡比等，并判断有无凸起及深坑等。水下声呐扫测宜采用单波束或多波束声纳扫测的方法。

（2）水下录像检测。能够直观地对待测构件的表面情况进行观察，适用于检测沉管管段对接前后构件表面的情况，如 GINA 止水带、钢端壳、鼻托等，判断管段对接前各构件的完好情况、接触面有无杂物，管段对接后接触面有无杂物附着、止水情况等。

（3）水下探摸检测。适用于管段对接前后的接触面检测、止水效果检测，以及基槽、基坑的回淤检测等。

（4）水下倾斜度检测。潜水员手持水下倾斜仪，潜水至检测点，对待测点实施倾斜检测，主要用于沉管管段临时支承垫块的安装检测，判断垫块安装的倾斜情况，以避免由于垫块倾斜导致管段安装偏位等问题。

（5）水下淤泥检测。其目的是判断基槽、基坑的淤泥回淤情况，包括水下原位淤泥取样及容重测定、潜水员水下探摸等。水下淤泥取样由潜水员下潜于指定点采取泥水混合物，并测定其梯度平均比重、沉淀厚度等。

（6）水容重检测与监测。在施工的各阶段按需要于特定位置采取水样并量测其容重，对于准确计算管段所受浮力，进而精确调整压载水具有重要意义。

三、国内沉管隧道发展的特点和方向

我国沉管隧道发展的特点和方向主要体现在以下几个方面。

（1）单节管节长度越来越长。随着柔性管节技术等一系列技术的发展，管节的长度不断增加，港珠澳大桥海底沉管隧道单节管节长度经常达到 180 m。

（2）隧道向大型化发展，断面越来越大，隧道的车道数已由最初的双车道发展到目前城市隧道通用的 6 车道。港珠澳大桥海底隧道和在建的深中通道海底隧道均为 8 车道。

（3）从单一用途向多用途发展。最初的沉管隧道用途较为单一，即为城市道路（公路）或为铁路（地铁）水下隧道。随着矩形形式的出现，其横断面宽度尺寸可以较大，这样就出现了城市道路与地铁、公路与铁路共管设置，甚至可同时设置公共管廊。例如，佛山东平沉管隧道设置了三个孔，两孔为城市道路断面，一孔为地铁断面。

（4）沉管隧道的地基适应性越来越广。沉管隧道可修建在软弱地基（河、海床）上，也可修建在较坚硬地基（河、海床）上。目前，国内对于沉管隧道的修建大多选择在软弱地基上。

（5）制造管节的材料逐步由钢筋混凝土取代。从管节制作方式和材料来看，为了满足现代交通的要求，断面越来越大，大量采用矩形混凝土结构。同时，在管段接头方式与材料方面也日益发展，为大断面沉管隧道的发展提供了经济合理的选择方案。

（6）管节的抗裂防渗能力越来越强。在钢筋混凝土管节预制过程中，需采取多种混凝土裂缝控制技术措施，以确保钢筋混凝土管节的质量，特别要防止贯穿裂缝的出现。一些新建的沉管隧道除采用传统的混凝土裂缝控制措施外，为了增加管段结构的抗拉强度，还采用了纵向预应力措施。例如，港珠澳大桥海底隧道就采用了半刚性管节，最终纵向预应力并没有切断。

（7）施工工艺向多元化、标准化发展。最初沉管隧道多采用岸上干坞方式制作管节，后来半潜驳也成为了制作干坞的又一个选择方案。港珠澳大桥海底隧道则采用更为先进的工厂化方式制作沉管管节。

（8）管节底板防水形式多样。在圆形钢壳沉管隧道中，采用钢壳作为整体防水，而在矩形钢筋混凝土沉管隧道中，底板常采用钢底板，但随着防水施工工艺与技术的进步，已经有其他替代方案。

（9）管节接头方式更为灵活。从最初的刚性接头发展为目前广泛采用的柔性接头，有利于提高沉管隧道的防震、防渗能力，保证运营安全。

（10）埋深设计选择更为灵活。沉管隧道根据埋深可分为全埋、半埋和安放河床等形式，也从过去适用于几米水深的水域发展到约 70 m 水深的水域。

（11）预应力的采用。对于矩形钢筋混凝土管节，在单孔跨度大、沉管段所处水域回淤量大的情况下，管节采用纵向应力结构，管节的结构由纯刚性弯矩设计到采用预应力的半刚性结构。

（12）信息化技术的应用。大型沉管在复杂环境下的水上水下定位导航及测控将多种传统定位测控方法进行集成，开发出组合式沉管隧道测控系统。

第十三章　沿海沉管隧道

第一节　沿海沉管隧道的特点

随着国内经济的不断发展、城市化进程的不断推进，尤其是我国沿海城市，诸如上海、广州、天津、深圳、宁波等，城区不断扩大，市内建、构筑物密度也在不断增大，导致交通运行压力进一步增大。为了保证经济的持续增长，减缓城市交通的压力，只能扩建、新建市政道路，但对于经济发达城市而言，市内土地使用本来就供不应求，加之高昂的征地费用，使得修建道路困难重重。

随着一江两岸城市的发展，跨江河交通逐渐较多，通行方式也是多种多样，目前跨河越江的交通形式主要以桥梁、隧道为主。对于桥梁来说，船舶的通行受到很大限制，超大吨位、超高船舶日益增多，对桥梁的净空要求也越来越高，加之各大江河桥梁数量也在不断增加，使得跨江跨河修建桥梁已不再是最佳候选方案。对于跨江越河隧道而言，有盾构隧道和沉管隧道之分，修建哪种隧道需根据当地经济、技术、方式方法以及需求程度和当地江河水文、地质、航道的环境条件决定。

江河中下游水下基底稳定和水流速度相对较缓，不仅便于顺利开挖隧道基槽，而且可减少土方开挖量，最大限度降低环境影响；后者便于管节浮运、定位和沉放，提高施工质量控制。管节在海口区域浮运时，海口区域河流的水位仅受涨退潮影响，且海口区域河流的流速较缓，管节易于控制。海口区域河流每个月均有高平潮浮运窗口期，管节浮运对水深要求高的问题容易满足，且海口区域河流的航道及通航水域一般较宽，对拖轮控制的要求较低。因此，特别在江河的中下游河床演变较稳定和浅海（港）处，更适宜用沉管法修建水底隧道。

我国国内沉管隧道工程主要建设在河道下游及入海口处，共计 12 条（见表 13.1），集中在珠三角和长三角，以广州珠江隧道、广州洲头咀、上海外环越江隧道等为代表，河道主要呈规则的半日潮潮汐特征，管段浮运、沉放可以利用高平潮水流较缓的窗口开展相关的水上水下施工作业。

表 13.1　我国沿海地区建成、在建沉管隧道表

序号	隧道名称	类型	沉管长度/m	建成时间	所处位置
1	广州珠江隧道	双向四车道两条铁路	457	1993 年	江河下游
2	宁波甬江隧道	单孔双车道	420	1995 年	江河下游
3	宁波常洪隧道	双向四车道	395	2002 年	江河下游
4	上海外环线隧道	三孔八车道	736	2003 年	入海口
5	广州仑头生物岛隧道	双向四车道	277	2010 年	江河下游
6	广州生物岛大学城隧道	双向四车道	214	2010 年	江河下游

续表

序号	隧道名称	类型	沉管长度/m	建成时间	所处位置
7	天津中央大道海河隧道	双向六车道	255	2015 年	江河下游
8	广州洲头咀隧道	双向六车道	340	2015 年	入海口
9	广州佛山东平隧道	双向六车道两条铁路	445	2016 年	江河下游
10	广州如意坊隧道	双向六车道	618	在建	江河下游
11	广州金光东隧道	双向四车道	460	在建	江河下游
12	广州车陂路隧道	双向六车道	492	在建	江河下游

沿海沉管隧道的修建不仅提升了一江两岸、一河两岸的交通通行能力，更进一步提升了区域经济的一体化，还促进了城市建设的整体性与均衡性，为打造城市经济圈奠定了基础。

第二节　应用与发展

一、我国内地第一条沉管隧道——广州珠江隧道（1990—1993 年）

广州珠江隧道工程是"八五"期间广州市的重点市政交通建设项目，由广州市政府委托广州市政管理局承建，1990 年开工，1993 年底建成通车。该隧道是从广州黄沙至芳村的珠江水下隧道，隧道从设计到施工完全由我国工程技术人员和工人完成，成为我国内地首次用此工法建成的第一座城市道路与地下铁道共管设置的水下隧道。

整条隧道由黄沙岸上段、江中段和芳村岸上段三大部分组成（见图 13.1），隧道总长 1 238.5 m，过江沉管段长 457 m，由 5 节管段组成（其中一节长 105 m、两节长 120 m、一节长 90 m、一节长 22 m），隧道高 8.15 m，总宽 33 m，采用四孔箱型钢筋混凝土结构，其中两孔为双车道单向运行的机动车道，另一孔作为预留双线快速轨道系统区间通道，同时设有管线设备廊。当时与世界上已建成的沉管隧道相比，该隧道在宽度上是名列前茅的。

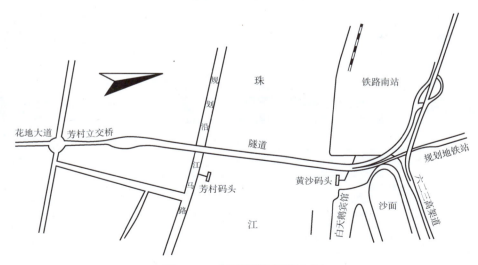

图 13.1　珠江隧道平面示意图

珠江水深在 4.29～11.01 m 之间，沉管基槽最大挖深为 20 m 左右，首次采用了自航耙吸式挖泥船，根据当时的技术发展，设备均采购于日本，为了爆破施工地段的岩层（岩质为红砂岩），配备了炸礁船。起重船吊沉法进行珠江沉管隧道管节的沉放，采用 500 t 起重船与 2 000 t 方驳进行联合沉放作业。

遗憾的是，珠江隧道施工期间先后两次被黄沙段口部进入的洪水淹没，浸水的时间长达 12 天，但各沉管的结合部都没有发生任何变化。经过这次长时间的浸水考验后，可以证明，广州珠江隧道基础用砂流法进行灌砂处理是成功的，灌砂施工的质量达到了设计的要求。

从第一节管段 1993 年 4 月 15 日沉放算起，仅用了 4 个多月的时间就完成了全部沉放，通车后情况良好，特别是防水质量达到了"滴水不漏"的程度，为我国修建沉管隧道奠定了基础。

二、我国首例软土地基沉管隧道——宁波甬江隧道（1987—1995 年）

宁波甬江隧道是软土地基修建的沉管隧道，自 1985 年开始设计，1987 年 6 月动工，历时 8 年 3 个月建成通车，由交通运输部广州打捞局承建。2007 年，业主针对甬江沉管隧道病害进行了大修设计及施工，到目前为止总体运营情况良好。

甬江隧道全长 1 019.53 m，沉管段 420 m，由 5 节管段组成（见图 13.2），其中四节长 85 m，另一节长 80 m，宽 11.9 m，高 7.5 m，为单孔双车道钢筋混凝土结构，首次修建在海相沉积、饱和流塑状的黄色淤泥质黏土的软弱地基上，河道淤积严重，淤强达 16 cm/d。该隧道为我国在软弱地基上修建沉管隧道积累了经验。

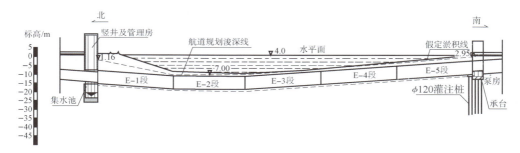

图 13.2　甬江隧道纵断面示意图

甬江隧道坐落在江底软土地基上，施工最大的难点是如何攻克软土地基和江中泥沙淤积给工程带来的重重障碍，软基的"橡皮土"和不均匀沉降影响预制管段用的干坞开挖和竖井建造。江中大量的淤积物更是沉管水下安装的"拦路虎"。隧址位于甬江出海口弯道处，且水流急，平均最大流速为 1.03 m/s 且有漩涡，离隧址轴线 60 m 的江底还铺设有两组过江输油管，这都增加了管段江中浮运和水下对接的难度。

为了确保工期和工程质量，施工中采用了国内外先进工艺，特别是成熟的海上救捞工艺。施工单位结合甬江复杂的水文地质特点，精心研制施工机具，首创出管段四点吊装钢浮箱、大抓力沉埋锚和清淤机等施工设备，成功地进行江中清淤、抛石整平、管段出坞浮运就位。在软土地基上，成功开挖同时期国内最大干坞，成功预制下沉国内最深的竖井。同时还针对河床回淤量大的不利施工环境，采用分段开挖及管段分段浇注，然后再合龙进行压水灌浆的方法，摸索出一套适合在软土地基上建造沉管隧道的施工方法。

三、我国长江下游首例双向八车道沉管隧道——上海外环越江沉管隧道(1999—2003年)

外环线是上海市"三环、十射"快速道路系统的重要一环，越江沉管工程是外环线北环中连接浦东、浦西的一个重要节点，是外环线的咽喉工程。由上海城建集团、香港建设（控股）有限公司等联营体承包，交通运输部广州打捞局承担了最艰巨的江中段安装工程。工程于1999年12月动工，2003年6月建成通车，为国内首例双向八车道公路沉管隧道。

江中沉管段736 m，由7个管段E1～E7组成（2节100 m、1节104 m和4节108 m，并内含一段长为2.5 m的水下最终接头），管段断面宽43 m、高9.55 m，最大水下埋深超过30 m，为三孔二管廊八车道形式。当时按隧道的车道数、管段的宽度及重量指标进行比较，上海外环越江沉管隧道规模居亚洲第一，世界第三，这是中国沉管隧道建设史上的一次跨越式发展。

由于隧道规模大、要求高、施工水域复杂，特别是隧道最终接口首次设计在江中汇合，工程临近长江入海口，潮位变化频繁，大型管段在水中受到最大约95 t的水流冲击力，加上黄浦江船舶流量在全国江河中密度最大（每天进出该水域的各类船只达2 000多艘次）。此外，江中回淤严重，水下一片漆黑，这些都严重影响着大型管段在江中的拖航浮运、系泊定位和沉放对接水中作业的顺利进行。

上海外环越江沉管隧道是首次修建在长江中下游、入海口区域，根据黄浦江河口的潮汐涨落规律，一般选择在白天高平潮前1.5～2 h开始浮运，此时为涨潮，对浮运有利。施工过程中，自行设计出沉放管段用的专用吊驳、测量控制塔、水下拉合千斤顶、水中系泊用的170 t重力锚块和纵横调节系统等工程设备。国内首次采用拖轮接拖和岸控定锚绞车牵引相结合浮运方式进行浮运，采用4艘3 400匹（1匹＝0.735 kW）全回转拖轮拖带管段的方法，也是首次采用双浮箱吊沉法（见图13.3）进行上海外环沉管隧道管段沉放施工。该工程攻克了世界隧道建设史上从未有过的技术难题，为特大型沉管隧道在复杂条件下施工积累了经验。

图13.3　上海外环沉管隧道采用双浮箱进行沉放作业

四、国内首例移动干坞预制沉管隧道——广州仓头—生物岛隧道（2005—2010 年）

2010 年建成的广州仓头—生物岛隧道作为继珠江隧道之后的广州市第二条越江沉管隧道，与后续开工建设的生物岛—大学城隧道相接，构成广州市区与生物岛—大学城交通主干道。

仓头—生物岛隧道位于广州市东南部，北起海珠区仓头村，中间下穿仓头水道，南接生物岛，隧道呈南北走向。沉管段长 277 m，由四节管节组成，其中 E1 长 55 m，E2 长 67 m，E3-2 长 71.5 m，E3-1 长 4 m，E4 长 77 m，水下最终接头 2.5 m。该隧道在国内首次采用移动干坞预制沉管管段工艺（见图 13.4），附近没有合适的区域预制管段，传统的干坞法预制管段不能采用，因此选择在驳船上预制管段。这项新技术的成功应用是沉管隧道发展史上的一项重要革新，与通常的专门建造固定干坞的方案相比较，造价可节省 1 600 万元，缩短工期 5 个月。

同时，也是国内首次采用拖轮浮运半潜驳和定锚绞车牵引相结合的方式，即采用拖轮浮运半潜驳方式将管段浮运到寄放区附近的下潜港池进行管驳分离，分离完成后，再用绞车托运管段到临时寄放区系泊，以及从临时寄放区托运到隧道位置准备下沉、对接作业。

图 13.4　半潜驳停靠码头预制沉管施工实景

五、我国首例干接最终接头沉管隧道——广州生物岛—大学城隧道（2006—2010 年）

广州生物岛—大学城隧道位于广州市东南部，是连接仓头—生物岛—大学城主干道中的二期工程部分（见图 13.5）。线路呈近南北走向，起点位于生物岛，中间穿越 191 m 宽的官洲河，终点止于大学城。由中铁隧道局集团承建、中铁隧道勘测设计院设计，于 2006 年 8 月开工，2010 年 5 月完工。

沉管段长 214 m，设计双向四车道，由四节管节组成（E1 长 91 m，E2 长 116 m，E3 长 4 m，水下最终接头 2.5 m）。施工过程中，首次采用明挖顺作法施工格栅式地下连续墙，首次采用岸边水下最终接头，护岸结构采用空间立体锚索支护体系，首次采用水下不扩散混凝土实现二次围堰浇筑等，多项成果达到了国内先进水平，填补了国内多项沉管隧道设计施工技术的空白。

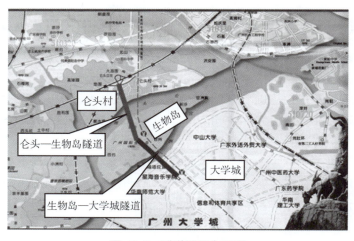

图 13.5　隧道平面布置图

六、我国首例海底人行沉管隧道——舟山沈家门港海底隧道（2010—2012 年）

2012 年建成的舟山沈家门港海底隧道工程为我国内地第一条采用沉管法修建的海底人行沉管隧道，由中铁隧道局集团承建。

沈家门港海底隧道工程北起沈家门滨港路轮渡码头，南至鲁家峙岛客运大楼，工程由沉管段、北岸出入口、南岸出入口和干坞组成。隧道建筑长度 393.9 m，其中沉管段长度 218 m，分成 3 节（70 m+2×74 m），管段宽 11.5 m，高 6.4 m，管段最终接头采用岸上干法合龙接头，长为 1.5 m。

工程修建在淤泥质粉质黏土地层中，地面环境十分复杂，海水流速急，潮位变化大，流向絮乱，其修建技术与我国已建的沉管隧道相比存在许多不同之处，其管段的浮运、沉放、对接等与以往江底隧道在施工时间窗口、施工方法选择、拖曳阻力等参数确定、稳定压载系数等方面存在差异，通过施工窗口时间的选择、抗浮安全系数、流水阻力、负浮力等施工参数的选择、理论计算，结合模拟试验，确保了浮运、沉放、对接施工安全（见图 13.6），并在国内率先采用探地雷达和数字地震仪对舟山沈家门港海底隧道模型的注浆基础进行了测试研究，积累了系统的海底沉管隧道修建技术和经验，拓宽了我国沉管隧道施工领域。

图 13.6　沈家门港海底隧道沉管浮运

七、我国首座高震区沉管隧道——天津中央大道海河隧道（2008—2015 年）

2015 年建成的天津中央大道海河隧道是国内首座在软土地质、高震区条件下修建的沉管隧道，也是首次把沉管施工工艺应用在我国长江以北地区，由中铁建十八局集团承建。

隧道长 3.38 km（见图 13.7），江中沉管段长 255 m，由 3 节管段组成，长度分别为 85 m、85 m、（80+5）m，沉管断面为 36.6 m×9.65 m，管段横断面按照两孔三管廊设计，管段接头采用柔性接头体系，按照八度抗震设防。

该隧道首次建立沉管隧道与周边土体、水体的大型三维精细有限元模型；首次采用预应力钢拉索解决接头之间的抗震错动，提出了能真实地反映接头受力变形特性的沉管接头模型，解决了传统弹簧模型的简化失真难题；首次采用聚脲防水涂层设计，有效增加了大型沉管隧道整体防水性能；自主研发了水下注浆基础模拟试验平台，采用钠基膨润土注浆法基础，采用碎石水下摊铺技术、深水下基础注浆技术、二次注浆孔设置、冲击映像法等技术，成功解决了软土地区的不均匀沉降及高震区砂土液化问题，基础差异沉降仅 0.3 cm，最终沉降值 1.4 cm。该隧道的建设，推动了沉管隧道在华北地区的应用。

图 13.7 天津海河沉管法隧道轴线干坞实景

八、我国断面最大沉管隧道——佛山东平隧道（2010—2017 年）

佛山东平隧道是佛山市重点建设项目，项目连通禅城老城区和佛山新城，线路全长 2 410 m，其中隧道段长 1 380 m。隧道采用沉管法施工，是目前我国已建断面最大的公路和地铁合建沉管隧道，由交通运输部广州打捞局、中交四航局承建，中铁隧道勘测设计院设计。工程于 2010 年 11 月开工，2017 年 1 月通车运营。沉管隧道断面为三孔一管廊非对称结构，断面尺寸为 39.9 m×9 m（见图 13.8），管节长 115 m，每节管段质量约 50 000 t。

工程地处佛山市中心城区，主要重难点包括：工程所处河道呈 S 形弯曲，水流速度大，河床冲刷严重，河床内软弱不均地层交错，部分地段礁石出露，地质、水文条件非常复杂；隧址处航运密集，是国内航运密度最大的内河航道；周边港口、码头、水闸较多，两岸老旧房屋建筑密集；堤防标高高于两岸主城区 3.2 m，形成典型的"地上河"，防洪要求极高；公路与地铁合建标准差异大，结构设计难度大，地铁沉降控制要求高。

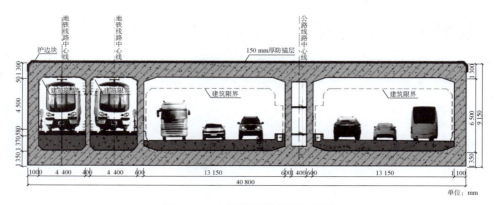

图 13.8　东平隧道横断面设计图

工程施工中，采用地铁中隔墙后浇、底板设置调平层与压载水箱综合调控的实时平衡技术，成功解决了管段起浮、浮运及沉放过程的姿态平衡问题。开创性地提出旁建干坞方案，干坞与主体结构基坑共用，但岸上主体结构与管段预制位置在平面上错开，既实现了沉管隧道平行作业，节省了工程造价，与独立干坞相比，减少临时用地面积 18 000 m²，减少投资 600 万元；与轴线干坞相比，节省工期 8 个月。创新性地采用型钢混凝土组合悬臂板代替水平剪切键常规设计，实现管段竖向自由和水平抗剪。创新性地将水工软体排应用于沉管隧道顶覆盖层防护中，避免水流长期冲刷对隧道安全造成危害。提出了"微差爆破+气泡帷幕+钢封门震动监测"多维综合爆破控制技术。佛山沉管隧道管节浮运如图 13.9 所示。

图 13.9　佛山沉管隧道管节浮运

第十四章　内河沉管隧道

第一节　内河沉管隧道的特点

目前世界上修建的沉管隧道，都在江河下游、入海口或海上，从来没有在江河中游修建沉管隧道的先例，其最主要原因就在于江河中游的水流流速大，汛期与枯水期水位落差大，且受上游天气和水库影响较大，相邻两日及同日水位涨落速度快，加之河道狭窄，通航航道狭窄，在江河中游修建沉管隧道的风险极其巨大。

截至 2020 年，中国已建成沉管隧道中，只有南昌市红谷隧道以及在建的襄阳鱼梁洲沉管隧道地处我国内陆。内河沉管隧道管节浮运与入海口或江河下游区域管节浮运存在较大的差异，相比海口区域管节浮运，内河沉管隧道管节浮运有以下特点：

（1）内河水流流速随季节呈周期性变化，受流域雨水补给及上游水利构筑物泄洪的影响明显，流速稍有增大就会急剧提高对浮运控制系统的要求。

（2）内河水位随季节受流域范围内雨水补给影响呈周期性变化，每年管节浮运的窗口期有限。

（3）内河区域管节浮运航道较窄，对拖轮船长的驾驶技术要求极高，且拖轮编队需紧密配合。

（4）内河管节浮运受桥梁影响大，桥墩间距决定管节浮运风险的高低，通过小跨径的桥梁风险极大，管节一旦碰撞桥墩，后果严重。

（5）航道内影响因素较多，对河道的封航要求高，须完全阻断全航道交通。

我国沉管隧道目前主要集中在长江流域、珠江流域及沿海城市，因长江下游水流含砂量少，引起河床冲淤不平衡冲刷，难以确保水下隧道在其生命周期内的安全运营。

近年来国内沉管隧道以新老城为核心实现了"零拆迁"，采用沉管隧道建成过江通道，实现了沉管隧道从沿海到内陆的跨越，以此为引领，必将带动内陆临江、临河、临湖城市在零拆迁或少拆迁条件下的高速与高质量国家城镇化绿色发展；采用沉管隧道过江，创立了城市原貌与过江隧道交通网相互交融的生态修建新模式，助力了以沉管强国及城市交通强国。

典型工程——南昌红谷隧道，采用自主创新的成套沉管隧道修建关键技术与装备，填补了世界内陆径流河道修建沉管隧道的空白，居世界领先水平，首次实现了我国沉管隧道建设从沿海向内陆的突破，填补了多项空白，在行业内具有先进性和代表性。

第二节　应用与发展

一、世界首座内河中游径流河道沉管隧道——南昌红谷隧道（2014—2017 年）

南昌红谷隧道工程，是世界上首座在内河中游径流河道建成、国内内河最长的沉管隧道（见图 14.1），江中沉管段长度 1 329 m，由 12 节组成，宽 30 m，高 8.3 m，为双孔中间一管廊矩形钢筋混凝土结构形式。于 2014 年 1 月动工兴建，2017 年 7 月通车运营，由中铁隧道局集团承建，中铁隧道勘测设计院设计。

图 14.1　工程整体平面图

南昌市红谷滩核心区和旧城核心区是典型"一江两岸"城市发展的空间布局，由于被赣江水域隔断，协调发展受到严重制约，过江通行能力急需提升。过江通道规划位置赣江东岸有江南三大名楼之一的滕王阁，西岸有南昌市的标志性市民休闲广场秋水广场，两者遥相呼应，再现了"落霞与孤鹜齐飞，秋水共长天一色"的历史场景，过江通道建设需重点保护好以上两处既有城市历史文脉。

若该通道采用桥梁，将对"一江两岸"的标志性建筑造成极大的"压迫"感，因此经过反复论证确定采用隧道穿越赣江。而赣江东岸大堤高差大，旧城区既有道路狭窄，地面建筑物密集，东岸接线条件受到严重制约。若采用盾构法或者矿山法隧道，不仅东岸线型条件差，隧道规模大，而且需大面积拆除现有地面建筑物，不仅增加工程投资，而且会加大工程的实施难度。

红谷隧道的实施也有效地保护了赣江"一江两岸"的历史风貌，隧道洞口造型与东岸江南名楼滕王阁古韵风光和西岸现代元素秋水广场有机融合，实现了"一条蛟龙穿江过，两岸风景不改色"的新时代绿色环保工程理念。红谷隧道的建成，突破了江河中游建设沉管隧道的诸多工程瓶颈，形成了一整套在江河中游修建沉管隧道的关键技术体系，为沉管隧道在江河中游的推广应用起到了极大的促进作用。

（一）项目建设过程面临多项重大技术难题与风险

（1）沉管需沿双 S 形 70 m 宽航道浮运 8.65 km，12 次穿越 3 座运营大桥且离桥墩最小余宽不足 7 m，赣江江底地形复杂，不同时段、水域、水位、水深的水流速与水流向的差异大，变化快且紊乱，管节浮运姿态控制难、风险大。

（2）赣江季节性水位落差超 10 m，单日涨落近 2 m，只有 4—9 月丰水期满足管节浮运吃水深度，小于潜水作业的安全水流速 0.6 m/s 天数约占 25%，其余天数大于 0.6 m/s，最大超 2 m/s，按合同工期 42 个月建成的施工组织难度高。

（3）30 m 水深且垂直于水流向条件下，沉放对接 12 节沉管易产生累计轴线偏差，对接精度控制难，而且还须克服分为两个年度、每个年度沉放对接 6 节沉管、第 6 节与第 7

节沉放对接时隔半年的差异沉降等安全质量风险。

（4）水下灌砂基础在沉管对接后实施，承载力无法直接取得，灌砂工艺过程的质量控制难以量化。

（5）东岸整体式围堰，基坑群位于充填砂中，最深达 31 m，宽 87 m，而水位差达 10 m，围堰防渗性能要求高，基坑施工风险极高。

（6）隧道基槽炸礁近 40 万 m³，单次爆破最大方量超 1 000 m³，距下游地铁 1 号线仅 300 m，同时紧邻众多建（构）筑物，水下炸礁爆破控制难度大。

（二）项目施工中技术创新及技术进步

（1）创新了修建过江通道的生态设计方法。针对过江通道地处城市核心区和文物与风光带景区、环保要求高的难点，创新采用了埋深最浅的沉管隧道过江，有效实现了过江通道与城市核心区和文物与风光带的相互交融。沉管隧道纵坡结合江心洲因地制宜，采用 W 形设计，少开挖岩石 20 万 m³，节省投资 1.2 亿元，且隧底全部放置在硬岩地基上以避免地基的不均匀沉降。

（2）创新设计了国内首座综合性水下四层交通枢纽与供电、通风、消防、集散避难中心（见图 14.2）。针对东岸拆迁量大、隧道水陆接线设计选线难度大，采用沉管隧道与水下立交相结合的创新设计，将设备房、消防泵房与水池、避难大厅等与水下会合交线一起合建在水下，创新了水下空间开发，节约用地 6 000 m²，实现了过江通道与临江路网快速衔接的交通功能最优设计。

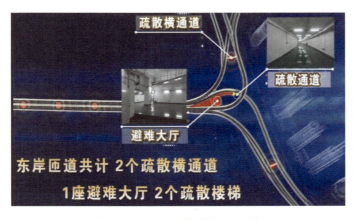

图 14.2 水下疏散设置示意图

（3）首次采用了异地双子坞的干坞设计方法。因隧址位于城市核心区，为节约城市土地资源，降低工程施工对城市秩序、环境卫生、市容市貌、地面交通、市民正常生活等带来的不利影响，首次创新设计了永临结合的异地双子坞用于沉管预制，在隧址上游约 8.65 km 河漫滩设计 2 座并靠的子坞作为一座干坞，采用双子坞交替流水预制与出坞，成功实现了预制进度单子坞 1 节/2 月、双子坞 1 节/月，每年枯水期预制、丰水期浮运，浮运沉放安装 6 节/年的工期目标。完工后，该座干坞仍然保留，近期可重复利用于后续修建沉管隧道的管节预制，远期可改建为水上乐园，有效融入沿江风光带，实现了永临结合的工程价值（见图 14.3）。

图 14.3　双子坞干坞预制 12 节沉管管节

　　（4）形成了内河径流河道长距离浮运管节的姿态控制成套技术。针对内河径流河道长距离浮运安全和工期风险难题，建立了内河沉管隧道管节浮运水文窗口选择方法，提出了管节浮运流速限值；创新研用了"牵拖+绑拖+挂拖+吊拖"的拖轮组合编队方式（见图 14.4）；内河水域首次采用"筒形自浮式复合材料防撞设施+钢导向柱"的桥墩防撞装置（见图 14.5）；首创了"上游定点绞拉"与拖轮"拖带"相结合的出坞及进隧址等横江浮运方法；研发了"上游定点挂腰"与拖轮"拖带"相结合的回旋区内 90°定点旋转、多管节在基槽内同时漂浮停泊等定点稳控方法，将浮运流速限值从 0.6 m/s 提升至 1.2 m/s，将施工窗口期由原有的 7—8 月份大幅度扩大到 4—8 月份，有效克服了 0.8 m/s 大流速条件下管节出坞、穿越余宽不足 10 m 小净跨桥梁及管节回旋调头等世界性难题。

图 14.4　"牵拖+绑拖+挂拖+吊拖"组合的拖航方法

　　通过管节"挂高"姿态调整及加装桥墩防撞装置，降低了管节拖航的风险，顺利完成了 12 节管节的拖航任务，未与桥墩发生任何剐蹭，且目前内河水域暂无浮运拖带管节大件穿越小净跨桥梁的先例，在这种复杂施工条件下进行管节大件穿越小净距施工更是国内首次，为日后类似施工提供了参考。

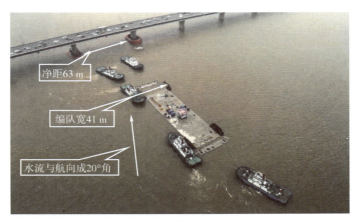

图 14.5　桥墩防撞装置

（5）研发了内河大流速高位差下管节快速精准沉放对接与轴线纠偏技术。针对现有绞车式沉放吊驳下放装置沉放速度慢、姿态控制难以及沉放监测过程数据冗长繁杂、不够直观等问题，发明了一种新型管节沉放吊驳下放装置，通过增加绞车卷筒隔板及固定单轮滑车，在保证管节沉放姿态平稳的同时，使管节沉放速度提升至原有速度的 2 倍。同时发明了一种管段沉放可视化监测系统（见图 14.6），该系统通过建立管段坐标系三维坐标、实时数据采集及软件后处理，形成管段可视化模型在施工坐标系中的实时姿态，通过将实时姿态在指挥终端进行三维显示，成功指导了高位差复杂水文环境下管段高精度沉放作业。

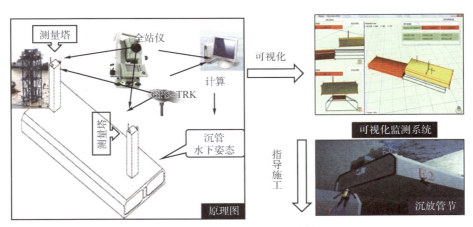

图 14.6　可视化监测系统指导施工

（6）创新了沉管隧道灌砂垫层最终沉降非线性计算理论。国内外 80%以上的沉管隧道都采用灌砂垫层填充管节底部与基槽间的空隙，隧道沉降主要来源于原始地基和灌砂垫层两部分变形。灌砂垫层是管节沉放后通过专用灌砂船水下灌注成形，其密实度不均匀，受环境影响大，物理力学参数难以通过勘察探明。

基于多工况物模试验，揭示了灌砂压力与沙盘扩散半径间的规律，创新了综合考虑沉管隧道工艺特点修正后的隧道最终沉降非线性计算理论，提高了沉降计算的准确性，避免了传统方法计算最终沉降量低估 50%～100%的问题。检测表明，12 节管节灌砂基础平均充盈度 90.1%，平均相对密实度达到 99.2%，工后运营至今累计沉降最大值为 29.4 mm。

二、我国内河首例全断面浇筑沉管隧道——襄阳汉江鱼梁洲沉管隧道（2018年开工）

2018年开工建设的襄阳东西轴线汉江鱼梁洲沉管隧道由中交二航局承建。鱼梁洲为汉江流域最大江心洲，地处襄阳市城市核心，襄阳市东西轴线道路工程是联系樊城与东津新城中心区的交通大通道，其采用隧道方案下穿鱼梁洲，隧道全长5 400 m，两次下穿汉江（见图14.7），沉管段总长1 011 m。西汉布置4节标准管节（86.5 m×4）和1节短管节（5 m），总长351 m，东汉布置6节标准管节（120.5 m×4+86.5 m×2）和1节短管节（5 m），总长660 m。隧道横断面宽31.2 m，高9.2 m。

图14.7 襄阳汉江隧道平面布置图

取得的关键技术创新点及技术进步如下：

（1）因地制宜选择长距离双轴线干坞。襄阳汉江鱼梁洲沉管隧道分为西汉和东汉2个沉管段，位于鱼梁洲两侧，西汉干坞段3节管节，东汉干坞段6节管节，管节最大尺寸为110 m长×31.2 m宽×9.2 m高。区域河道平均水深6~10 m，季节平均水位差达3 m；周边区域上部均为50~100 m深的强透水砂卵石地层；干坞与明挖隧道基坑共用，基坑降隔水处理代价小。利用轴线基槽浮运，无须疏浚。

（2）首次采用无后浇段全断面一次浇筑技术。目前国内仅襄阳汉江隧道及广州车陂路隧道是全断面预制整体式管段，襄阳汉江隧道更是首次在整体式管节沉管中采用无后浇段全断面一次浇筑技术（见图14.8），总体为小节段整体全断面浇筑，不设后浇带，依次顺序浇筑。

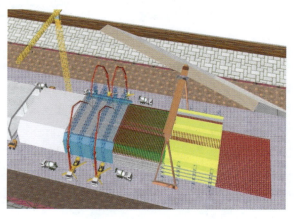

图14.8 全断面浇筑整体式管节

（3）第一次在内河沉管隧道中采用先铺卵石垫层基础（见图 14.9）。襄阳汉江鱼梁洲沉管隧道为华中区域首条沉管隧道。研发了适用于内河流域的整平船，并利用基槽及基坑开挖的卵石作为垫层原材料以降低造价，弥补了先铺碎石垫层的缺点。

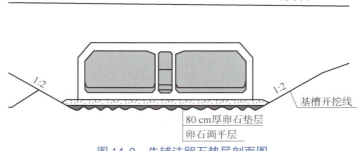

图 14.9　先铺法卵石垫层剖面图

（4）首次采用防冲保护与减载结合应对冲淤急变河床。对沉管上下游共计 250 m 范围进行防冲防护，软体排+上部 1 m 厚压载大块石+两端格宾石笼网（见图 14.10）；大回淤及岸堤段的沉管正上方范围内采用 LC15～20 轻骨料砼减载回填（见图 14.11）。

图 14.10　河床防冲保护

图 14.11　管顶减载回填

（5）沉管接头止水带国产化产品研发应用，这也是我国企业自主研发的高性能橡胶止水带在沉管隧道施工中的首次使用。此前，这种橡胶止水带生产技术只有荷兰、日本等少数国家掌握，我国已建、在建的近 20 个沉管隧道所使用的止水带皆采购国外产品。经过两年试验，成功研发新型止水带，结果显示，止水带包括密封性、止水性、稳定性等性能全部达到欧洲标准，部分指标甚至超过欧洲标准，且价格低于国外。

第十五章　海域沉管隧道

第一节　海域沉管隧道的特点

　　跨海通道将海峡或湾区两岸地区连接起来，其意义不仅是城市交通上的突破，而是产生了一种新的经济发展轴，比如粤港澳大湾区拥有世界级的海港、空港群，具备比肩东京湾区、纽约湾区等世界发达湾区的自然条件和经济基础，修建港珠澳大桥、深中通道等跨海通道，有助于提升珠江三角洲地区的综合竞争力，打造粤港澳大湾区世界级城市群。

　　作为跨海通道的两种主要选择模式，跨海大桥和海底隧道各自具有不同的优势，很难根据一两个因素进行取舍。近年来，跨海通道项目中桥隧方案之争成为一个热点，桥梁方案与隧道方案孰优孰劣，需要一个客观、全面的论证依据来支撑才能使人们作出合理的决策，探索并建立科学、客观、可行的综合评价论证方法是进行桥隧方案论证比选的关键。

　　目前，世界上主要采用桥梁、隧道、桥梁+隧道、桥梁+人工岛+隧道组合等作为跨海通道，世界上越来越多的跨海通道青睐于选择"岛+隧+桥"组合方式，具有长度长、跨度大、基础深等显著特点。但一些特殊的条件，如腐蚀性条件和恶劣的施工环境也限制了其发展，总体数量也仅有 10 余座。1956 年建成的汉普顿道路桥隧是世界上第一条"岛+隧+桥"组合的跨海通道，总长 9.72 km，是当时世界上最长的海底沉管隧道，也是第一条建在两个人工岛之间的隧道。1964 年建成的美国切萨皮克湾跨海大桥，包括 22.2 km 桥梁、3.2 km沉管隧道和 4 个人工岛。进入 21 世纪以来，2000 年建成连接丹麦和瑞典的厄勒海峡大桥，2009 年建成韩国的巨济大桥，2019 年建成中国港珠澳大桥。

　　我国修建的跨海通道大多选择了桥梁、隧道或组合方式，如胶州湾海底隧道、厦门翔安海底隧道、平潭公铁大桥、杭州湾跨海大桥、港珠澳大桥、在建的大连湾海底隧道等，同时跨越琼州海峡和渤海的海底隧道也正在积极论证中。隧道工法不一，以盾构法、矿山法、沉管法为主。我国香港维多利亚港湾多采用沉管隧道修建地铁或铁路。我国第一条"岛+隧+桥"组合的跨海通道则是港珠澳大桥，也是世界最长的海域沉管隧道，沉管段长 5 664 m，由 33 个管节和 1 个最终接头组成。我国在建的深中通道同样采用了"岛+隧+桥"组合方式跨越伶仃洋，是世界上第一条采用八车道钢壳混凝土的沉管隧道。大连湾海底隧道同样采用的是沉管隧道。

　　金门大桥总工斯特劳斯说过，"没有桥梁的城市（湾区），就像没有电梯的高楼"。但桥梁有时存在局限，比如阻碍船舶通行，见图 15.1。如果桥梁修建在机场附近，桥塔也可能影响飞机的起落。

　　另外，湾区中生长的动物和植物，它们已经习惯了在湾区特定盐度的水中生活。湾区水中的盐度取决于内陆淡水与外海海水汇入湾区中的比例，一旦修建了跨海大桥（见图 15.2），就可能改变这个比例，湾区的海洋生态就可能失去平衡，这是厄勒海峡跨海通道开挖补偿"零阻水率"设计理念的由来。而港珠澳大桥全线的阻水率不允许超过 10%。

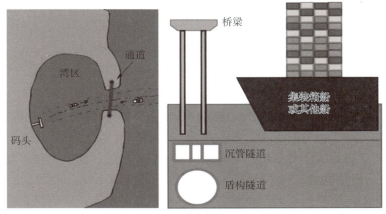

图 15.1 海底隧道存在的理由

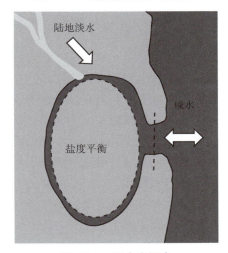

图 15.2 阻水率概念

航空限高及"零阻水率"设计理念是水下隧道存在的重要理由，决定选择沉管法还是盾构法取决于具体工程条件，其中经济性的考量见图 15.3。因此，港珠澳大桥选择沉管法主要考虑了两个因素：①港珠澳大桥是桥+岛+隧方案，选择沉管法时，人工岛的面积可以比选择盾构法减少 50%，阻水面积小，有利于海洋环境；②在该地区地质条件下，盾构隧道存在遇见孤石的风险。

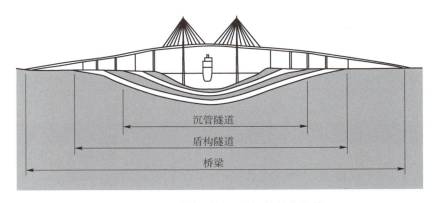

图 15.3 沉管与盾构、桥梁的长度比较

跨海工程所在区域地质条件复杂，采用穿越珠江口的超长海底隧道施工方案风险巨大，因此"全隧"行不通。在项目东侧，由于同时受到深圳机场航空限高及矾石航道等多条高等级通航水道通航净高的影响，必须采用隧道方式穿越，因此"全桥"也几乎行不通。先后制订了多达 29 个通道方案，最终决定在项目东边靠近深圳宝安机场的位置，建设 6.8 km 长的海底隧道，既解决了航空限高问题，又保证了三条航道的适航；在西边则建起全球最高的海中大桥，避免了超长隧道施工、运营过程中的安全问题，也给港口的未来发展带来了新的空间。

在规划跨江越海工程时，不仅要考虑到当地的自然、生态、地质、水文、河工、港口、航道和航运等诸多条件，还应从技术、方法、经济等方面的优势、特色及其存在的问题与不足等多因素进行综合比较，客观审慎地优选适合各具体工程的最佳方案。

我国海域沉管隧道有：香港维多利亚港 6 座、大连湾 1 座、珠江口外海海域 2 座。

第二节　应用与发展

一、我国香港地区海底隧道

美丽的维多利亚港将香港岛与九龙半岛分割开，1972 年在维多利亚港出现了香港第一座海底沉管隧道，这是一座连接香港岛铜锣湾和九龙半岛红磡的钢壳沉管公路隧道，也是中国第一座钢壳沉管隧道。此后，陆续修建了多座沉管隧道跨越维多利亚港，包括连接尖沙咀站与金钟站的地铁过海隧道、东区海底公铁两用隧道、机场铁路隧道、西区海底公路隧道。进入 21 世纪以来，又修建了连接红磡和港岛金钟的地铁沙中线（南北线）过海沉管隧道，是香港第六条过海铁路隧道。六座跨海隧道的基本资料简列于表 15.1，不同时期建设的隧道，各具特色，包含了多种建造技术（见表 15.2）。

表 15.1　香港沉管隧道设计概况

隧道名称	建造年份	隧道形式	沉管长/m	（宽×高）/m	类型	轨道	汽车道	管段数
红磡海底隧道	1969—1972	钢壳双管断面	1 602	22.16×11	公路	—	2×2	—
地铁过海隧道	1975—1979	钢筋混凝土双管断面	1 400	13.1×6.5	地铁	2	—	14
东区海底隧道	1984—1989	钢筋混凝土矩形断面	1 860	35.45×9.75	公铁两用	2	2×2	15
机场铁路隧道	1994—1996	钢筋混凝土矩形断面	1 260	12.42×7.65	地铁	2	—	10
西区海底隧道	1993—1997	钢筋混凝土矩形断面	1 364	33.4×8.57	公路	—	2×3	12
沙中线过海隧道	2015—2018	钢筋混凝土矩形断面	1 663.4	18.0×7.0	地铁	3	—	11

表 15.2　香港沉管隧道技术汇总表

隧道名称	干坞地点	隧道基础	最终接头
红磡海底隧道	近隧址，在红磡海边设临时制造基地	先铺法，砾石基础	水中接头
地铁过海隧道	近隧址，在鲤鱼门填土区设立	先铺法，砾石基础	水中接头
东区海底隧道	近隧址，在茶果岭采石场设立	喷砂法，砂基础	岸上接头

隧道名称	干坞地点	隧道基础	最终接头
机场铁路隧道	远离隧址，在石澳采石场设立	砂流法，砂基础	水中接头
西区海底隧道	远离隧址，在石澳采石场设立	砂流法，砂基础	水中接头
沙中线过海隧道	远离隧址，在石澳采石场设立	先铺法，碎石基础	水中接头

按结构形式分类，有一座钢沉管隧道、三座预应力混凝土沉管隧道、两座普通钢筋混凝土沉管隧道；按隧道截面形式分类，两座采用双圆管截面，其余四座为矩形截面。

在预制管段干坞的选址方面，综合考虑浮运、沉放、工期及制造生产批量等因素，各工程采用不同的方案。红磡海底隧道的钢管段在红磡海边设立临时制造基地拼装焊接；而地铁过海隧道和东区海底隧道的混凝土管段，则利用临近隧址的场地条件，设立临时干坞分批预制；建造机场铁路隧道和西区海底隧道的时候，已经很难在隧址附近找到合适的临时干坞场地条件，因而利用临海的原有石澳采石场，改造为临时干坞，同时分批预制两隧道的管段，长距离拖运管段到隧址沉放。2016 年修建的沙中线（南北线）过海隧道则沿用了石澳采石场临时干坞。

三种不同的沉管基础施工方法都得到了应用。红磡海底隧道和地铁过海隧道为砾石基础，沙中线（南北线）过海隧道则为碎石基础，东区海底隧道采用喷砂基础，机场铁路隧道和西区海底隧道基础采用砂流法施工。

红磡海底隧道采用钢沉管常用的水下灌注混凝土止封技术，通过相邻管节接头位置上下凸出的钢盖板对接，用高强螺栓固定，接头处采用外浇水下混凝土止水，然后在内衬浇注混凝土；东区海底隧道利用茶果岭的岸上岩石地质条件，采用岸上接头技术完成最后沉放的管段与已建成的岸上明挖隧道的最终接头连接；其他四座均采用水中接头完成最终接头连接。

1979 年建成的地铁过海隧道为香港第二座越海沉管隧道，连接地铁荃湾线尖沙咀站与金钟站，吸纳钢壳沉管断面形式的优点，采用双圆管断面，但采用了钢筋混凝土技术，并对管节施加纵向预应力以提高抗裂性能。沉管共分 14 个管节，每个管节长 100 m，其中 12 个为标准管节，其余 2 个为特殊管节，用于连接位于两岸的隧道通风塔和接收岸上暗挖隧道区间的盾构机。通风塔采用预制混凝土沉井节段，经浮运并沉放至已就位的两段特殊管段的顶上连接安装。由于陆域两岸的暗挖隧道区间采用盾构法施工，而海中沉管隧道先期完工，因此，竣工后沉管隧道两岸端特殊管节须回填覆盖好，以便接收岸侧盾构机进入沉管隧道以完成盾构隧道与沉管隧道的连接，这是世界上唯一的盾构机施工直接实现与沉管管段连接的工程。

1989 年建成的东区海底隧道则是国内第一座公铁两用隧道，也是首次采用矩形断面。1996 年建成的机场铁路隧道则是首条专为地铁通往机场的沉管隧道。1997 年建成的西区海底隧道是双向六车道最大规模的海底隧道，首次采用 PVC 作底模。因为处于中低地震区域，所以目前为止香港没有任何一个已建沉管隧道有抗震设防要求，2019 年建成的沙中线（南北线）过海隧道则首次考虑地震作用影响，更精确地分析模型需要发展及运用。

二、世界上埋深最深、规模最大的海底沉管隧道——港珠澳大桥沉管隧道（2004—2017 年）

2017 年建成通车的港珠澳大桥跨越珠江口伶仃洋海域，是连接香港特别行政区、广东省珠海市、澳门特别行政区的大型跨海通道,一桥连三地,是一项具有国家战略意义的世界级跨海通道,由中国交建集团承建。其中海底隧道是大桥的控制性工程,该工程设计使用寿命为120年,为双向六车道高速公路,设计速度为100 km/h,隧道全长6 704 m,其中沉管段长5 664 m,共33节,包括28个直线管节和5个曲线管节,标准管节尺寸为180 m(长)×37.95 m(宽)×11.4 m(高),每节近8万t的质量成为世界之最。为满足通航要求,沉管管顶埋于海床面以下23 m的长度达3 km,是目前世界上唯一的深埋沉管隧道工程;沿线基底软土厚度为0～30 m,地处珠江口外开敞海域,水文气象环境复杂,航线繁忙,通行船舶日均4 000艘,是当今世界范围内综合建设难度最大的沉管隧道之一。

　　港珠澳大桥沉管隧道的建设将推进该领域的技术发展,在敏感的海洋环境和苛刻的建设条件下,采用世界上较高的设计和施工技术标准,面对沉管隧道设计与施工的极限挑战,通过所有参与建设工作者的共同努力,创造了沉管隧道建设史的辉煌,它的成功建设将是世界沉管隧道技术的里程碑。

　　港珠澳大桥沉管隧道平、纵断面图如图15.4和图15.5所示。

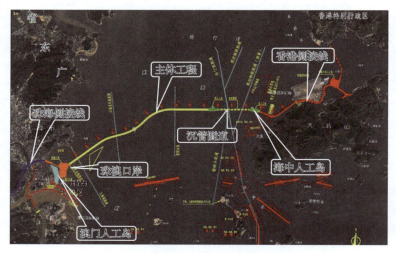

图15.4　港珠澳大桥沉管隧道平面图

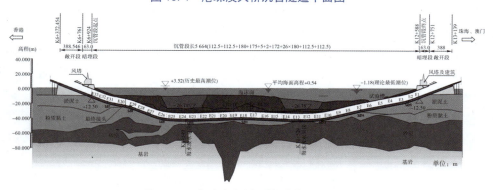

图15.5　港珠澳大桥沉管隧道纵断面图

（一）工程特点及重难点

（1）工程为"一国两制"条件下大型跨界工程,需同时满足三地要求。通过专项研究,并按"就高不就低"的原则，制定专用技术标准。

（2）属世界上最长的公路沉管隧道，标准高，规模大，为全桥控制性工程。

（3）海底软基深厚。工程所处海床面的淤泥质土、粉质黏土深厚，达 0～30 m，下卧基岩面起伏变化大，基岩埋深基本处于 50～110 m 范围，纵向管底地质复杂且不均匀。

（4）沉管管顶埋于海床面以下 23 m 的长度达 3 km，是目前世界唯一深埋沉管，节段接头受力及防水风险高。

（5）工程地处外海，气象水文条件复杂，台风频繁，海流、涌浪复杂，受冬季季风影响。

（6）通航环境复杂。工程区日均船舶超过 4 000 艘，航线复杂，海上安全管理难度大。

（7）珠江口防洪纳潮要求高，阻水率要求控制在 10% 以内。珠江口巨型沉管安装需面临深水深槽、基槽回淤、大径流等世界级难题，风险高。

（8）设计使用寿命为 120 年。

（9）工程穿越中华白海豚核心保护区，环保要求高。

（二）施工中关键技术创新及技术进步

（1）隧道的精细化地质勘察。以往的沉管隧道一般位于河（海）床表面上，上覆荷载小，对地基承载力要求不高，即怕浮不怕沉。由于规划航道的通航要求，随着深埋回淤问题的出现，港珠澳大桥沉管隧道工程对地质勘察的要求并非以往海上桥梁地质勘察工作所能满足，而且传统钻探获取的土样不可避免地受到扰动而难以取得较为准确的物理力学参数。

为了降低海床软土土体取样受扰动对勘察结果的影响，减少海上作业与通航运营船舶的相互干扰，该工程采用以静力触探 CPTU 为主、传统钻探为辅的勘察技术，并通过地质评估确定地质分层，形成三维地质数据库，为软基处理提供可靠依据。

（2）管节的长度与型式。采用节段式管节（见图 15.6），标准管节采用 8×22.5 m，在沉放完成后剪断纵向临时预应力，在计算分析中一般不考虑其纵向刚度，以节段接头的变形适应地基的不均匀沉降，从而减小结构内力。隧道部分保留纵向预应力的目的，是利用节段接头接触面摩擦力提高节段接头抗剪能力，通过增加节段接头抗弯刚度以减小可能的张开量，在增强结构的同时又提高了水密性。国外曾有个别工程保留浮运沉放过程中的纵向临时预应力不剪断，其目的主要是缩短工期，在结构力学分析上并无重要突破，也难以证明结构"增强"后对其受力是否有利。

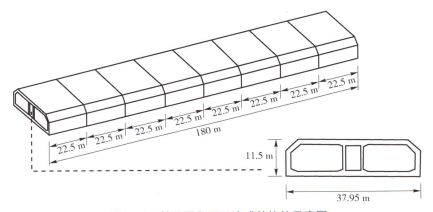

图 15.6　管段横断面及连成整体的示意图

（3）耐久性设计发展。耐久性设计方法，是基于结构使用年限的定量耐久性设计，强调结构构件的环境作用，基于近似环境的暴露试验数据，以全概率或近似概率方法建立耐久性数学模型对钢筋混凝土的保护层厚度、氯离子扩散系数、所处环境条件以及养护措施等变量进行分析，对构件的材料指标或者结构指标提出量化要求。港珠澳大桥沉管隧道耐久性设计方法不但结合了工程环境、材料和施工工艺，还从定性判断提高到了定量控制。

（4）管节工厂化生产。厄勒海峡沉管隧道工程首次成功实施了管节工厂化生产，其本质是实现流水化生产模式，即在流水线上的不同位置依次完成钢筋绑扎、模板架立、混凝土浇筑、拆模养护、浅坞一次舾装和深坞二次舾装等工作，通过将生产对象（管节钢筋笼或成型混凝土）进行顶推平移至下一道工序位置进行后续作业。

港珠澳大桥沉管隧道工程是世界范围内第 2 个成功实现管节工厂化的建设项目（见图 15.7），在消化吸收厄勒海峡沉管隧道工厂化生产技术的基础上，成功实现了工厂化生产的 5 大关键设施：管节混凝土模板系统、混凝土搅拌及供应系统、混凝土温控及养护系统、管节顶推与导向系统和管节支承系统（见图 15.8）。

图 15.7　桂山沉管预制厂平面布置图

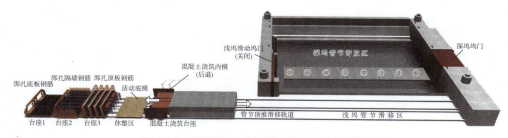

图 15.8　港珠澳大桥沉管工厂化预制流程图

港珠澳大桥沉管隧道管节预制厂在 2 条流水线同时作业的情况下，每 2 个月生产 2 个管节，每个标准管节混凝土用量约 2.7 万 m³，质量超过 70 000 t，每个节段混凝土方量约 3 400 m³，采用全断面一次浇筑（见图 15.9），温度裂缝控制效果良好。

图 15.9　港珠澳大桥沉管管节全断面预制

（5）隧道地基与基础处理。港珠澳大桥沉管隧道穿越了淤泥、淤泥质黏土和淤泥质黏土混合砂，为实现沉管基础刚度的平顺过渡，保证施工质量，降低施工风险，基础纵向分区如下：①隧道敞开段，降水联合超载预压；②减光段和暗埋段，降水联合超载预压+PHC刚性桩复合地基；③岛上沉管段首 2 节段，降水联合超载预压+高压旋喷桩；④沉管斜坡段，地基加固成功研发了水下高置换率挤密砂桩（SCP）；⑤沉管中间段，天然地基（局部换填）。总体上以复合地基的设计理念实现隧道与地基刚柔协调和沉降过渡，将沉降差控制在隧道结构可承受的范围内（见图 15.10）。

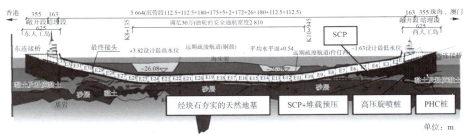

图 15.10　港珠澳大桥地基处理设计方案

港珠澳大桥沉管隧道工程研制开发了按拟定纵坡均匀下料铺设的高精度碎石整平船，在已完成的 E1～E14 管节基础铺设过程中，实现了在 8 个有效工作日内以 7 个船位完成一个标准沉管管节的碎石基床铺设，碎石基床精度可达±30 mm。

（6）管节浮运。沉管管节浮运距离远，近 13 km（见图 15.11），时间长、水深浅、航道窄、流态复杂，航道交通繁忙，受到风、浪、流等荷载的综合作用，需避免浮运过程中的搁浅、碰撞等风险，对浮运编队的拖力、操纵性、协同性提出了较高的要求。

隧道管节设计如果必须适应所有运输和沉放的波浪和气候条件，则在结构设计或造价上是不可行的，所以浮运沉放设计理念是基于波浪气候预报系统的决策模型，通过收集到尽可能多已有的波浪气候信息来开发浮运沉放的天气窗口预测模型，同时要在沉管所在位置放置监测仪器收集更多现场补充数据，从而决策每一次浮运沉放的时间。这一理念在厄勒海峡隧道和韩国釜山沉管隧道的浮运沉放过程中得以成功实施，港珠澳大桥沉管隧道将这一理念进一步完善和发展，建设者开发了一整套适应本项目的浮运沉放系统，涉及沉管安装施工组织设计、沉管隧道基础、基槽清淤、作业窗口、沉管浮运、沉管安装、安全风险、测量控制等施工专项方案和系统。

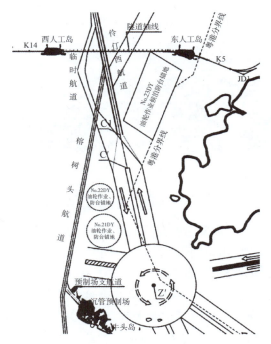

图 15.11　港珠澳大桥沉管隧道施工海域

　　采取了以下措施：①横流、横浪情况下狭窄基槽内长距离横拖，开展了浮运阻力物理模型试验、数值模拟计算；②进行了管节浮运拖带操控船模拟试验；③在施工海域开展了4 次浮运演练；④采用 10 艘大马力全回转拖轮协同作业，国内外大型沉管隧道的管节浮运多数采用大马力全回转拖船吊拖的编队方式，如丹麦厄勒海峡隧道、韩国釜山—巨济沉管隧道管节浮运都采用了 4 艘拖船吊拖的编队方式，但是对于环境载荷更加复杂的伶仃洋海上浮运，此编队方式难以满足本工程对拖力和操纵性的要求，需采用吊拖与傍拖组合的编队方式，通过 10～12 艘大马力全回转拖轮将沉管由特定的浮运航道拖运到施工现场（见图 15.12）；⑤开发了专用导航系统，辅助指挥各拖轮的操作；⑥实施海上临时交通管制和护航，为了保证沉管浮运安全和社会船舶正常作业，港珠澳项目部开辟了 3 条浮运专用航道；⑦根据总体气象窗口限制条件选择理想的浮运气象窗口。

图 15.12　港珠澳大桥管节浮运现场实景图

（7）管节沉放与安装。为港珠澳大桥岛隧工程量身定制的特种专用船舶，为国内首创，配置了先进的施工管理系统、测量系统及监控系统，可实现主船远程遥控副船，实时显示并记录主、副船及水下沉管的各种数据，集吊运、定位、沉放、微调功能于一体，主要用于超大型沉管的浮运、沉放等工作，适用于外海区域作业（见图 15.13），作业水深 10～50 m。

图 15.13　港珠澳大桥采用专用安装船浮运、沉放作业

（8）最终接头采用整体预制式最终接头设计（见图 15.14），在陆地工厂制造完成钢壳本体结构，然后在钢壳内按照划分的 200 多个分仓分阶段逐个灌注高流动性免振捣混凝土形成组合结构。采用世界最大单臂起重 12 000 t 浮吊吊装下沉，顶推内藏在最终接头内的千斤顶系统压缩临时 GINA 止水带，实现最终接头和对接的管节与海水隔离而临时止水，抽排结合腔水，形成沉管内干作业环境。在管内干作业环境，分别实现最终接头与 E29、E30 结构的焊接刚性连接，实现沉管贯通。

图 15.14　港珠澳大桥水下最终接头

2019 年开工建设的深中通道工程是我国继港珠澳大桥之后又一个世界级集桥、岛、隧、水下互通立交为一体的跨海交通集群工程，位于距离港珠澳大桥上游约 38 km 的伶仃洋海域处，由桥、岛、隧、水下互通组成（见图 15.15），全线长约 24 km，按照双向八车道高速公路标准建设，设计行车时速为 100 km，海底隧道总长 6 845 m，沉管隧道长 5 035 m，共设置 32 个管节，标准管节长 165 m，标准管节横断面外包尺寸为 46 m（宽）×10.6 m（高），变宽管节横断面外包尺寸为（46～55.4）m（宽）×10.6 m（高），最大管底埋深 38 m，行车道单孔跨度达 18.3～24.0 m。这是国内首次采用钢壳沉管隧道，也是世界首例双向八车道海底沉管隧道。

图 15.15 深中通道平面布置图

（一）工程特点及重难点分析

具有五大技术特点，分别是超宽、变宽、深埋、回淤量大、挖砂坑区域地层稳定性差，极具技术挑战性，从施工技术难度来看，比港珠澳大桥海底沉管隧道更难。

（1）超宽。采用双向八车道技术标准，管节断面宽度 46 m，比港珠澳大桥还要宽约 9 m，设计及施工难度大。

（2）变宽。隧道为满足交通功能需求，设置 615 m 的变宽段，由双向八车道加宽至双向十二车道，管节断面宽度由 46 m 变宽至约 70 m，在隧道内多次分合流，目前国内缺乏规范标准，带来行车安全性问题突出。

（3）深埋。沉管隧道埋置深度深，最深位置沉管底标高距水面接近 40 m，管节结构设计难度高。

（4）回淤量大。洪季回淤强度平均接近 2 cm/d，台风期最大回淤强度超过 5 cm/d，沉管沉放及沉降控制难度大。

（5）挖砂坑区域地层稳定性差。西人工岛斜坡段位于超大挖砂坑内，区域地层扰动严重，稳定性很差，对基槽开挖成槽及基础处理造成较大困难。

　　为了攻克这五大技术难题，最终选择能适应超宽、变宽、深埋等建设条件，承载能力、抗裂性能比较好、耐久性有保障、对海洋环境影响较小的钢壳沉管结构。

　　深中通道与港珠澳大桥同为世界级的桥、岛、隧集群工程，但不同的是，港珠澳大桥的海底隧道长 6.7 km，是双向六车道的钢筋混凝土沉管隧道；深中通道沉管隧道长约 6.8 km，是世界首例双向八车道的超宽钢壳混凝土沉管隧道。此外，深中通道还有一项港珠澳大桥不具有的"水下互通"——由于与广深沿江高速互联互通的交通需求需要在海中实现，深中通道项目构筑了东人工岛及水下互通，与之对接的海底隧道相应地设置了 615 m 的变宽段，由双向八车道加宽至双向十二车道。

（二）施工中关键技术创新及技术进步

1. 沉管段的钢-混凝土复合结构

　　国内外目前已建成和在建的钢壳沉管隧道主要有日本那霸隧道、大阪关洲隧道及东京港临港隧道等，深中通道钢壳沉管隧道的建设难度和建设规模均超过同类隧道。深中通道沉管隧道具有超宽变截面（46～55.4 m）、超大单孔净跨（18.3～24.0 m）、大回淤（管顶超 17 m）及高水压（管底超 35 m）等特点，导致结构内力大。如果采用常规钢筋混凝土结构，配筋将超过 5 层，混凝土浇筑困难，控裂难度及质量控制风险高。为解决结构受力难题，降低工程风险，创造性提出采用钢壳混凝土管节组合结构方案（见图 15.16）。

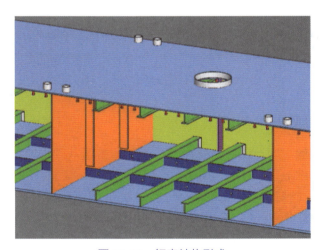

图 15.16　钢壳结构形式

　　国内首次对钢壳混凝土组合结构的受力机制及设计方法进行了系统的试验研究，揭示了钢壳混凝土组合结构抗弯和抗剪受力机制，提出相应计算方法，定量分析了钢壳结构混凝土脱空对承载能力的影响，提出了混凝土浇筑质量控制标准，研究成果已经应用于施工图设计。

2. 钢壳智能建造

　　钢壳沉管首先要先做钢壳，再做混凝土浇筑，钢壳的制作难度很大，一个单节约 1.1

万 t，排水量相当于中型航空母舰。隧道构造复杂，有 2 500 个隔仓，纵横隔板连接件非常多，预埋件 3 万多个，焊接缝长度 22.7 万延米，精度要求高（±15 mm），厚板焊接厚度可达 40 mm，焊接难度大。

在深中通道"四线一系统"智能制造车间，包括板材型材切割智能生产线、片体智能焊接流水线、块体智能焊接生产线、智能喷涂生产线及车间制造执行过程的信息化管控系统，实现钢壳 3D-BIM 模型正向设计、三维数字化生产、智能制造、智慧管理、监测、物流等环节的集成优化。通过机器人完成焊接和涂装是非常大的突破，以往都是采用人工作业。机器人涂装的应用，一方面可以提高效率，另一方面可以减少工人的职业病害。

图 15.17 为深中通道智能化钢壳制造厂。

图 15.17　深中通道智能化钢壳制造厂

3. 基础及地基处理

国内首次采用水泥深层搅拌桩（DCM）作为沉管隧道基础；另有 E13～E21 管节槽底为软弱层，亦采用 DCM 基础方案，其他均采用天然地基；基础上设置 70 cm 厚二片石找平层及 100 cm 厚级配碎石垫层，平整精度为±3 cm。基础理论最大沉降值为 8 cm，管节两端理论差异沉降最大为 3 cm。

研发了水下 3D 碎石整平清淤船，由主船体、水下整平架两部分组成。主船体为箱型"回"字形结构，船长 62 m、宽 55.6 m，整平作业设计水深 60 m，最大水深可突破 100 m，是当前世界上作业水深最大的碎石基础整平船。其独创的横断面分幅错缝摊铺工艺为世界首例，满足碎石基础变化需求，碎石整平精度可达±2.5 cm，为国内碎石基础整平精度最高的船舶，在国际上也属于领先水平。

该船集作业母船、供料、整平、测控、清淤功能于一体，工作效能高。其所采用的高精度水上水下定位控制系统，将碎石供应系统、高精度铺设整平系统、质量检测控制系统和精准清淤系统融为一体，即使在基槽底部能见度为零的情况下，也能实现智能自动化控制，由供料系统自动输送石料，通过铺设整平系统和测控系统根据海床情况自动进行 3D 碎石整平作业，7 天即可完成单节管近 1 万 m³ 的碎石基础铺设任务（见图 15.18）。

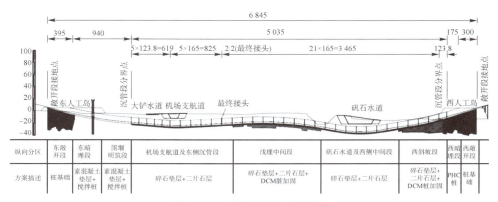

图 15.18　隧道段基础分布图

4. 沉管浮运安装一体化装备技术

世界上首次创造性提出了沉管浮运安装一体化理念，研发制造了自航式沉管运输安装一体船（见图 15.19），该船总长 195 m，型宽 75 m，型深 14.7 m，入 CSAD 级，采用双体双桨设计，是目前世界安装能力最大、沉放精度最高、施工作业最高效、性能最先进的海底隧道沉管施工专用船舶，同时也是世界上第一艘集沉管浮运、定位、沉放和安装等功能于一体的、具有 DP 定位和循迹功能的专用船舶。该装备的应用将显著减小浮运航道疏浚量及对现有航运的影响，有利于环境保护，经济效益和社会效益显著。同时也是国家重大基础设施项目深中通道的核心装备，对我国海底隧道建设具有重大意义。

图 15.19　自航式沉管运输安装一体船

该船舶与港珠澳沉放设备相比，进行了系统性革新：一是实现了单船拖带安装沉管，可连续完成沉管的出坞、浮运及定位安装等施工作业，且施工效率较两条安装船提升一倍，成本更低；二是该船可满足目前国内所有尺寸沉管的浮运安装，且预留了功能升级空间，最大可将沉管宽度提升至 55 m；三是在设计、建造及施工管理系统方面均实现了自主研发，实现了外海沉管机械化、自动化浮运安装作业。

5. 大型海域地下互通立交设计施工关键技术

海域水下枢纽式匝道隧道与双向八车道超长海底沉管隧道组合属世界首例（见图 15.20），水下枢纽由中铁隧道局承建，工程东岛侧互通采用定向匝道涡轮型立交方案，4 条匝道隧道在水下与主线隧道分合流，匝道隧道与既有沿江高速最近距离仅 2 m 左右，建设条件复杂，工程风险极高。目前，国内缺乏高速公路地下互通立交相关技术标准和设计规范。

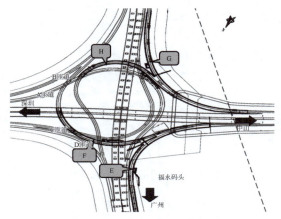

图 15.20 地下互通匝道布置

当前工程刚刚开始，在后续工程施工过程中，结合工程实际将继续在组合结构理论创新、大型沉管预制、沉放施工技术及装备，以及复杂地下互通行车运营安全等方面进行系统全面的研究，以期为我国今后类似大型工程的设计与施工提供借鉴指导。

四、海域隧道技术发展趋势

目前，正在进行方案研讨并详细论证桥、隧比较的跨江越海隧道工程有：琼州海峡大通道，含全桥、全隧、桥隧结合、铁公路合建或分建，连同东、中、西 3 条线位，提出的方案有几十个，迄今还未有定论，该重大项目属世界级工程，事关方方面面，确实未敢轻率定夺；拟议建设中的台湾海峡大通道，该项目尚处于民间学术交流阶段，其工程难度极大，但技术上还是可行的，工程量约是英法海峡隧道的 3 倍，北线主隧道暗挖段长度至少130 km，建设工期初估（含筹划期）30 年；其他如跨渤海湾大通道，桥隧方案至今未有定论，曾经考虑过采用悬浮式隧道，也有称之为"水下桥"等。其中，令国人期待的琼州海峡和台湾海峡大通道，究竟应采用桥梁、隧道或桥隧结合的方案过海，均已列为极具竞争力的比选对象。但不管采用何种工法，隧道长度急剧增长和过高的水压将这些隧道的修建难度推向了一个顶峰，现有修建技术难以满足未来的挑战。沉管隧道是其中可供选择的工法之一，未来可能需要面临更大的水深、更长的距离等更为苛刻的建设条件和更高的建设标准，可能还需进一步突破单孔大跨度、大水深、超长距离、长管节和多功能等带来的技术难题。

（1）单孔大跨度。美国 Fort McHenry 隧道、荷兰的 Drecht 隧道和上海外环路隧道，是目前世界上已建成的仅有的 3 座双向八车道水下道路隧道，但其采用了四孔（每孔二车道）两管廊或三孔两管廊的断面形式。在建的深中通道，前期客流预测要求达到双向八车道的高速公路建设标准，采用沉管隧道方案进一步解决单孔四车道（18.55 m）的大跨度技术难题。

（2）大水深。土耳其的博斯普鲁斯海峡隧道为目前最深的铁路沉管隧道，最大水深达61 m，而多车道的箱式矩形公路沉管隧道能否达到此水深，也需要进一步突破横向断面受力问题。此外，随着水深进一步增加，潜水员作业将更加困难，需进一步研发高精度的水下作业和检测装备。

（3）超长距离、长管节。丹麦—德国的费马恩（Fehmarnbelt）海湾沉管隧道，沉管段长 17.6 km，最大水深 40 m。该项目为公铁两用，公路采用双向四车道 120 km/h 技术标准；铁路采用速度 160 km/h 技术标准，横断面 42.2 m×8.9 m，业主招标推荐管节长 217 m，这需要进一步解决大体积混凝土的抗裂难题和研发更强大的施工装备，以及可能需要集成各种更为先进的技术、仪器和设备等。

（4）多功能（公铁两用）。由于城市发展、土地使用限制、通道资源越来越少，需要公路、铁路、市政等多功能集合的隧道工程，如已建的广州市珠江沉管隧道、厄勒海峡沉管隧道、佛山市东平河沉管隧道以及拟建的费马恩沉管隧道。公（道）铁两用隧道需要进一步协调解决不同功能的技术标准和接口等问题。

第五篇

辅助工法

在隧道及地下工程施工中，会遇到各种复杂的地质环境，仅仅利用主要的支护手段来保证掌子面的稳定和安全，在很多情况下是困难的。因此，需要对各种不良地质进行处理，来稳定掌子面，控制结构沉降，防止漏水，以保证在经济安全的情况下进行施工，于是，就产生了辅助工法。在长期的发展过程中，先后产生并逐步完善的辅助工法有降水法、注浆法、冻结法和管幕法等，虽然它们被称为辅助工法，但在许多情况下，它们却是隧道和地下工程施工技术的核心和关键，没有它们，许多隧道和地下工程将无法建成，许多山河将难以穿越。在隧道和地下工程的施工技术史上，它们占有重要的地位。

第十六章　降　水

第一节　降水技术概述

降水技术是地下工程的辅助施工技术，是降低地下水位的工艺和方法。主要包括轻型井点降水、喷射井点降水、管井降水、真空管井降水、电渗井点降水、辐射井降水和明排降水等。

降水技术最早出现在伦敦伯明翰铁路的基尔斯比隧道施工中，通过竖井降水来保证隧道的施工安全；德国是应用降水技术较早的国家，早在 1896 年在柏林修建地下铁道时就使用了深井降水。

我国从 1950 年开始引入苏联的井点系统；20 世纪 60 年代发展了喷射井点；70 年代在小型工程中又发展水射泵井点和隔膜泵井点，电渗法降水也开始取得成效；80 年代，在上海宝山钢铁总厂建设中，工程人员研究并成功地应用了喷射井点、电渗井点等技术，同时中国水利水电科学研究院研究开发了辐射井降水技术，但这些降水技术主要应用于工业厂房、水利和桥梁基础工程的基坑降水；90 年代中国地质大学（北京）开发了同心式喷射井点技术，并在首都机场扩建工程应用成功。进入 21 世纪后，我国开始开发高层和地下空间，深基坑工程也越来越多；地铁和轨道交通大力发展，降水技术开始大规模应用；为应对降水对周边环境的不良影响，基坑封闭施工法、地下水回灌技术等技术也得到相应的发展；从事降水研究的技术人员越来越多，许多技术难题被突破，我国的降水技术无论是工程规模还是技术水平均进入世界先进行列。

第二节　降水技术的应用与发展

一、最早的地下工程降水

我国的降水技术开始于 20 世纪 50 年代，主要是学习苏联的先进技术和经验。最先引进的降水技术是井点系统，所谓井点系统，就是把一根一根的小管子插入地下，每根管子就像一个水井一样，用放在地面上的大管子把这一群插到地下的小管子联通起来，再在大管子上接上一部抽水机，就可把地下水抽出来。这些有联系的管子和抽水机，就称为井点系统。井点系统由井管（小管子）、总管（大管子）、连接管、抽水机和真空泵等组成。该技术最先应用于水利工程。图 16.1 为华阳闸工程井点系统。

在学习苏联技术和研究过程中，张明等人开发了井点系统设备的电气自动安全操纵系统，使井点系统设备的综合效率，由原来的 44% 提高到了 85%，并在工程中得到应用。

从 1950 年到 1960 年的十年中，降水工程实例不多，发表的相关论文只有 6 篇，这些都属于基础工程的基坑降水，没有一个是地下工程降水的。期间出版了对降水技术影响较大的两本书籍，一本是 1957 年施履祥编著出版的《井点系统的设计与施工》，另一本是 1958 年黄广编著出版的《轻型井点系统设计与施工实例》。这两本书对我国降水技术的学习和推广应用起到了非常大的推进作用。

图 16.1　华阳闸工程井点系统

经过多年的学习和实践，降水技术不断改进和完善，效果越来越好，应用范围不断扩大，降水深度也逐渐加大，从几米增加到数十米。由于 1959 年中苏关系破裂，从 20 世纪 60 年代开始，我国降水技术开始从学习苏联转到自己研究实践，在降水方法和降水设备方面都进行了不少的尝试和探索。

1962 年包钢某地下通廊工程尝试采用以"井点为主、明排为辅"的方法进行深基坑降水，获得成功，降水深度最大 12 m。

该地下通廊工程全长 120 m，建筑宽度 10.5 m，东浅西深，埋深 14～20 m，与另一通廊成对并列，相间 6.5 m。通廊邻近的翻车机室、转运站、火车线路以及通廊东边的 40 m 区段，在 1958—1959 年相继建成。此次施工的是通廊余留的 80 m 部分。由于与之并列的通廊建成后没有及时回填，基坑一直是开口敞露的，通廊两侧边坡土方已经塌落，地下水已经恢复，该工程区域已经形成了一坑明水。这样，此次通廊施工，实际的土方工程包括两条通廊的部位，基础底超过 30 m，挖土量达 5 万 m³ 之多，几乎全系湿土。该地区地下水位离地表 7～8 m，由东北向西南大致以 4‰ 的坡降渗流。地层主要由黏土类土和砂土类土交替组成。各处层次很不一致，层间往往夹有一些不规则透镜体。砂土类土具有良好的蓄水性能。黏土类土则渗水性较差，垂直方向更弱，此间可以认为是个不透水层。通廊基坑的降水，主要是指排除含水层砂类土层中的水。基坑随土方开挖，越到深层部位，动水压力对基坑的威胁则越大。

图 16.2 为通廊地层地质情况示意图。

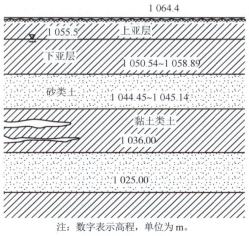

注：数字表示高程，单位为 m。

图 16.2　通廊地层地质情况示意图

为适应施工需要，成立了一个由水暖工、电工、架子工、机械工等 60 余人组成的降排水专业队，专门负责降水工作。在整个通廊降水中，边坡方面采用了 1～2 级井点降水，在基坑内安排了三级明排泵接力抽水，并采用了一系列预防措施。从 1962 年 3 月中旬开始准备，一直到最后一级基坑内横向井点投产为止，为时半年多，终于将地下水降到设计标高，顺利地完成了任务。施工中，用泵量最高峰达到 25 台之多，经常以 10 台好泵为最少泵量，不停地运转，最大出水量达 700 m³/h。

图 16.3 为井点及明排平面布置图，图 16.4 为井点及明排剖视图。

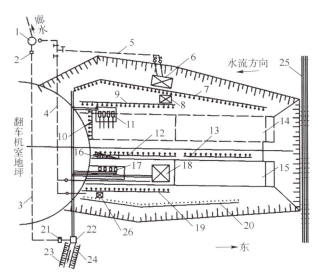

1—真空发生站；2—架空储水箱；3—冷却水管；4—2×φ12 英寸输水总管；5—真空管路；6—I 号井点泵房；7—北 I 级井点，n=90，@1 m；8—III 号井点泵房；9—北 II 房井点，n=50，@80 cm；10—横向井点；11—明排 I 级泵站；12—中间 II 级，n=40，@1 m；13—中间 I 级，n=20，@1 m；14—乙通廊；15—甲通廊；16—集水坑；17—明排 II 级及 III 级泵站；18—II 号井点泵房；19—南 II 级井点，n=60，@80 cm；20—南 I 级井点，n=60，@80 cm；21—冷却泵；22—三角堰；23—明渠；24—排往农田；25—厂区铁路；26—VI 号泵站。

图 16.3　井点及明排平面布置

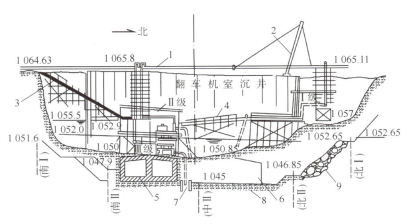

1—总输水管，L=82 m，2×φ12 英寸；2—两木塔；3—通行斜道；4—I 级向 II 级过渡用斜桥；5—甲通廊；6—乙通廊；7—集水坑，2×15 m；8—盲沟；9—草袋砂包护坡。

注：南 II 为补修甲通廊时采用，乙通廊施工时未用；1 052.9 m 为实际高度，设计高度为 1 052.4 m。

图 16.4　井点及明排剖视图

二、开凿斜井过流砂

自从 1962 年降水在包钢地下通廊工程应用后，一直没有地下工程降水的应用记录，基础工程降水的实例也很少。直到 1970 年，吉林省海龙县梅河煤矿在修建斜井穿越含水砂砾层时，才应用了降水技术。采用的是深井泵降水，并利用压风排水洗孔。首先在地表打孔径为 0.5～0.7 m 的抽水孔 5～8 个，孔位布置在斜井两侧 10～15 m 处，孔深 35～40 m，超过含水砂层底板 5 m 左右；钻孔打完后，下滤水管。滤水管采用铸铁管，管径为 0.3～0.4 m，每根 6 m 长。在位于砂层部分的管壁上钻有孔径 20 mm 的圆孔，外面包一层铁丝网（过滤网）。滤水管下完后，立即用压风排水洗孔，将孔壁冲洗干净，然后再向孔壁与滤水管间投入细卵石，防止砂层中的砂泥糊住过滤网而影响抽水效果。滤水管设好后，经抽水试验能上水，之后再向孔内安装深井泵，深井泵安设在距孔底 3 m 左右。该工程降水深度达到 12～15 m。

同期，在苏南煤田的矿井建设中，经常碰到井筒过第四纪流砂层的问题，常州煤炭建设指挥部在卜弋、儒林两矿的斜井施工中，尝试射流降水，虽然在卜弋斜井穿过了第一层流砂后，由于表土层厚度大、开拓方式不合理等因素，未能真正成功，但在儒林矿应用射流降水过流砂取得了成功。

在对降水方法进行尝试的同时，对符合中国国情的降水设备也进行了探索。

1970 年，安徽冶金地质勘探公司 812 队经过反复试验，采用射流泵（见图 16.5）代替空压机在小口径钻孔中进行抽水试验，获得成功并取得了较好的效果，而且使降水更加简单轻便和经济实用；上海市建一公司机施站，对笨重而复杂的 V5 型真空泵井点设备进行了大胆改革，制成 S-1 型简易井点设备（见图 16.6），用于降低地下水位；1979 年开发了套管冲枪（见图 16.7）作为井点降水成孔设备，并在宝钢实际降水工程中，取得了良好的效果（见图 16.8）。

图 16.5　射流泵

图 16.6　S-1 型简易井点设备

三、隧道洞内初降水

1978 年中国开始对外开放，国门敞开，技术交流增加，国外的先进技术不断进入中国。1980 年 3 月 24—28 日美国格利芬（Griffin）公司来华作降水方法的技术交流，参加单位有北京市市政工程局、规划局、国家建委建研院、基建工程兵、第三建筑公司、天津市市政工程局等。格利芬公司介绍了国外主要的降水方法、设备和大量的工程实例。这次交流对中国降水技术的进步起到很大的推动作用。

图 16.7　套管冲枪冲水系统　　　　图 16.8　套管排浆填砂口

通过学习国外的先进技术和经验，我国的降水技术有了较大的进步。降水工程项目越来越多，降水方法逐渐增多，降水方面的研究也取得了不少成果，降水技术快速发展。

除了以前的井点系统（轻型井点）降水方法继续使用外，还应用了喷射井点、电渗井点、管井井点、深井井点、喷射-射流井点、吸喷井点、吸喷-电渗井点等多种方法。其中应用较多的是深井井点、管井井点和水平辐射井技术。同时也开发了自己的新方法，如 20世纪 80 年代中国水利水电科学研究院开发的辐射井降水技术和 90 年代中国地质大学（北京）研制的同心式喷射井点技术等，都获得成功应用。

这一时期，降水技术应用实例很多，但大多用于基坑工程，很少用于隧道内部。1995年在北京地铁复八线建国门—永安里区间隧道施工中，初次采用洞内集水井盲管排降水技术，取得较好的降水效果和经济效益。

北京建国门—永安里地铁区间隧道工程位于建外大街，为双洞单线隧道，采用浅埋暗挖法施工，复合式衬砌结构。该段区间隧道的结构断面基本处于粉砂、中砂和砂卵石中，地下水位高于仰拱 2～3 m，土体处于饱和状态，隧道开挖过程中侧墙部位的土体极易坍塌，轻则加大拱顶下沉量及地面下沉量，重则造成严重安全质量事故。因此，在这种有地下水的砂性土层中采用浅埋暗挖法施工，必须疏干工作面的地下水。为此，采用了洞内集水井盲管排降水的方案。通过两座竖井掘进下层风道及施工通道开始后，即沿隧道中心线在仰拱底部布设盲管一条。当排水方向与隧道坡度同向时，盲管坡度同于隧道坡度，每隔 15～20 m 设检查井一座，且在变坡点、拐点适当调整井距，或增加检查井。当排水方向与隧道坡度反向时，盲管坡度要与隧道坡度呈反向（与排水方向同向），为此每隔 10～15 m 设一接力井，在接力井内设潜水泵，将井内集水抽至 ϕ250 mm 钢管，直接排入竖井集水井内，或排入顺坡的检查井内，再顺盲管排入竖井集水井内。该降水工程随隧洞进尺而逐渐扩大，并持续进行。最大降深 4.5 m，一般降深在 2～3 m，成功地把地下水位降至地面下 20 m。这种集水井盲管排降水的所有过程都是在竖井内和隧道内进行的，对外界不产生任何干扰。既保证了施工安全，又不扰民，不影响交通。这种施工工艺简单易行，效益显著；可以说，拓展了在"新奥法"施工中进行排降水的新思路。

虽然降水技术首先起源于隧道施工，但降水技术自诞生以来，大多都用于基坑降水，隧道降水相对较少，2000 年以前我国隧道降水的工程实例只有两三个，2000 年以后隧道降水的工程实例开始增多，大概有 30 多个，但深埋隧道降水却非常少见，桃树坪隧道是为数不多的实例。桃树坪隧道位于兰州市东站，是兰渝铁路的重点控制工程，全长 3 225 m，最大埋深 220 m，地处第三系富水粉细砂岩，含水量高，自稳性差。在隧道开挖过程中，出现掌子面溜塌失稳、初支开裂变形的状况，且在围岩渗水的作用下，原状弱胶结粉细砂岩地层条件迅速恶化，常呈流砂外涌，所以地下水的处理成为隧道施工的难点和重点。2011 年 8 月，在桃树坪隧道出口进行了超前深孔、轻型井点和垂直深井降水的三级综合降水试验，取得了较好的效果（见图 16.9）。

图 16.9　桃树坪隧道出口三级降水后现场施工图

四、暗挖隧道的水平辐射井降水

特别值得一提的是辐射井降水技术，它是中国水利水电科学研究院的研究成果。1981 年就开始了该技术的研究，主要完成了在粉细砂、粉土、亚黏土、淤泥等弱透水性含水层中的成井工艺，特别是用柔性的波纹 PVC（或 PE）管代替原来的钢管作为水平集水管，大大降低了辐射井费用，把辐射井降水技术向前推进了一大步（见图 16.10、图 16.11）。辐射井降水是指利用一口大直径的集水竖井和自竖井向周围含水层一定方向、一定高程打进的数条水平井来降水的方法。由于水平集水管呈辐射状，故称为辐射井，辐射井使地下水沿水平集水管汇集至竖井中用水泵抽走。辐射井降水可以适用于各类地层，井深和降深也基本上不受限制。

图 16.10　水平辐射井现场施工图

图 16.11　PVC 波纹滤水管

20 世纪 80 年代末，辐射井技术开始进入基坑降水工程。1988 年先后在北京市方庄雨水渠工程、北京太阳宫高层楼房基坑工程、秦皇岛亚运村主楼基坑工程的降水中应用，这是首批应用辐射井技术的工程实例，之后又在山西太原恒山路顶管工程中应用。1997 年 9 月在北京双榆树热力隧道暗挖段，采用水平辐射井技术进行降水。

双榆树热力隧道工程南起皂君庙十字路口北，北至三环路联想桥南，全长约 800 m。南部的暗挖段长约 410 m。热力隧道的开挖断面宽 5.4 m，高 4.1 m。暗挖段南端隧道底板埋深和标高为 10.20 m 和 41.50 m，北端的隧道底板埋深和标高为 7.40 m 和 45.70 m。地层 0～1 m 为杂填土；1～10 m 为粉质黏土与黏质粉土，局部夹粉细砂透镜体；10 m 以下为砂卵石层。地下水主要是上层滞水，分布在暗挖段北部。上层滞水的水位为 45.08～46.08 m，含水层一般厚约 1 m，位于隧道起拱线以上。除正常的地下水外，在开挖工作竖井和水位观测井的过程中发现，隧道东侧居民区的水补给严重，而来自隧道西侧马路区的补给微弱。

由于该暗挖工程的上层滞水含水层的渗透系数很小，管井难以应用。关键的是，由于地处繁华街道，过往行人和车辆较多，降水施工应将城市正常生活的影响减少到最小。因此，针对本工程的地面场地特征，以及几种降水方法优缺点的比较，最后，将水平辐射降水井方案作为该暗挖工程的最佳选择。

由于暗挖段南部缺少隔水层，滞水能直接渗漏到开挖底板下部的砂层，因此，滞水仅在北部 310 m 长的隧道中遇见。暗挖隧道最北端与明挖段相接处设计有工作竖井，向南 145 m 处也设计有一工作竖井。大井就是利用两处工作竖井和另制作的一口大直径竖井。由于与下伏隔水层相接的含水层底线基本与隧道起拱线一致或略微向上起伏，因此，在隧道起拱线处布置一层水平管。作为隧道内的疏水孔，上下各布设三根水平管，中间一根与隧道中轴线平行，另两根略向外偏斜；作为隧道两侧尤其是东侧的堵水孔，在东侧，布设羽状排列的水平孔，上下各一根。共施工水平孔 30 眼，总长度达 1 500 m，降水控制条带状隧道长度为 310 m。图 16.12 为双榆树热力隧道暗挖工程水平降水井的布置。

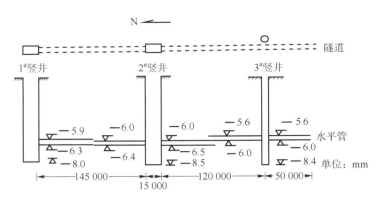

图 16.12　双榆树热力隧道暗挖工程水平降水井的布置

降水施工人员和机械于 9 月 21 日进场。在已做好的隧道工作竖井内布置和施工水平孔遇到困难，一是反力架的搭设和移动，二是水平钻机本身的移动和定位。根据每处竖井在开挖时揭示的实际地层情况和竖井与开挖隧道的结构关系，原定方案也随时变动。由于场地的限制，针对条带状隧道的封边水平孔的施工也存在很大困难。然而，这些困难都被克服了，全部工程于 11 月 6 日结束。降水过程中的探槽证实水位下降；更重要的是，降水后土方能安全开挖，掌子面上仅在部分水平滤水管内尚有水滴（流），而全线的含水层变干。

这是北京地区第一例完全采用水平井对较长暗挖工程段进行降水。降水效果显著，取得的社会和经济效益巨大。

1997 年 12 月辐射井降水技术用于首都国际机场航站区扩建工程 10 kV 电力电缆敷设工程暗挖段降水，也取得了成功。

随着降水技术的不断发展，工程应用逐渐增多。1998 年 10 月在工程实践基础上，正式出版发行了《建筑与市政工程降水技术规范》。该规范由建设部综合勘察设计研究院主编，是建设部批准的行业标准，并于 1999 年 3 月 1 日开始施行。该规范对降水技术的应用和发展起到了很好的规范和指导作用。

五、城市地铁开始大量应用

进入 21 世纪后，降水技术开始大规模应用，项目之多，不胜枚举；各种降水方法纷纷登场，不同方法相互组合产生了新的降水方法；降水技术大规模地进入地铁工程领域，北京地铁、上海地铁，深圳地铁等都无一例外地应用了降水技术；隧道降水开始增多；自动控制技术开始在降水系统中研究应用；从事降水技术的研究人员大量增加，发表论文 1 300 多篇，很多研究生毕业论文选择了降水技术方向，利用数值模拟对基坑降水和隧道降水进行研究，研究也从降水工艺、设备发展到降水机理。

据不完全统计，2000 年以前差不多 90 多个工程实例中，只有为数不多的地铁降水实例；而 2000 年以后，在城市地铁和轨道交通的应用实例就有 130 多个，其中应用最多的就是北京地铁，约有 16 个工程案例。这一时期应用较早的是深圳地铁的 1 号线车竹区间。

深圳地铁车竹区间暗挖隧道，全长 890.6 m，采用浅埋暗挖法施工。隧道埋深 5.2～13.3 m，上覆第四系全新统人工堆积层、海相沉积层及第四系残积层，下伏燕山期花岗岩，全—强风化。地下水为第四系孔隙水及基岩裂隙水，主要补给来源为大气降水，地下水埋深为 0.5～5.2 m，砂层中地下水丰富，为强含水透水层，砾质黏性土土层及强风化岩具有弱透水性，全风化岩为相对隔水层。车竹区间竖井于 2001 年 3 月 20 日起开挖，5 月进入联系竖井和右线的横通道。由于施工通道洞身主要穿越砾质黏性土、砾砂层和全风化花岗岩，土质松散，黏性差，施工中经扰动易液化，甚至产生砂土分离，成流泥、流砂状。暴露时间过长时易失稳，并成流塑状，故施工进度缓慢，引起地表下沉较大，隧道初期支护多处开裂，而且几次出现土体严重坍塌的险情，隐含着很大的施工风险。因此，需要采取有效的防排水措施，才能顺利进行隧道施工。经过分析比较，采用了洞外管井降水方案；管井孔径为 600 mm，管径 400 mm，井点管采用外径为 500 mm 的钢筋笼，外包两层滤网，内层为细滤网，采用网眼为 40 孔/cm² 的铁丝网，外层为网眼 5 孔/cm² 的尼龙布，滤网外包一层由 8 号铁丝绕成的螺旋状保护层。井距 15～20 m，井深到隧道仰拱开挖线以下 5～6 m，全区间共布置降水井 48 口，采用高扬程潜水泵抽水，一般要保证隧道开挖面前方有 2～3 口降水井在抽水，并要超前 15～20 天开始抽水。地表降水实施后，掌子面基本实现了无水作业，土体稳定，未再发生土体坍塌失稳现象，地表下沉由降水前的 4 mm/d 减少到降水后的 1.6 mm/d，开挖进尺由降水前的 0.7 m/d，提高到降水后的 1.7 m/d。管井降水效果明显，对暗挖隧道的施工起了积极的作用。

2005 年，北京地铁结合北京的地质情况，开发了真空管井降水技术。由于北京地铁的一、二期工程大多采用明挖法，降水一般采用长轴深井泵和集水明排法；后来开始采用暗挖法施工，除个别区段因场地所限采用了辐射井法以外，大部分采用的是管井和自渗流井相结合的降水方法。但这些方法普遍存在无法疏干、带水作业的现象，给快速开挖和安全施工带来很大的隐患，迫切需要更加适应北京地区弱透水层、层间滞水和界面残留水的降水方法。为此北京地铁联合几家单位，将管井降水与真空技术进行复合，研究开发出真空管井降水技术，并在北京地铁 10 号线劲松站—折返点区间和安定路—北土城路区间得到成功应用（见图 16.13）。

图 16.13　真空管井复合降水试验系统图

六、降水也需要绿色

2007 年和 2010 年国家先后发布了《绿色施工指导》和《建筑工程绿色施工评价标准》，以节能降耗为重点的绿色施工成为发展方向。

由于基坑施工封闭降水技术可以减少施工降水量、降低工程成本，而成为住建部提倡实施的《建筑业 10 项新技术（2010 年版）》之"绿色施工技术"中的第一项新技术。基坑施工封闭降水技术是指采用基坑侧壁帷幕或基坑侧壁帷幕加基坑底封底的截水措施，阻截基坑侧壁及基坑底面的地下水流入基坑，同时采用降水措施抽取或引渗基坑开挖范围内的现存地下水的降水方法，适用于有地下水存在的所有非岩石地层的基坑工程（见图 16.14、图 16.15）。典型地下工程有深圳地铁益田站工程、广州地铁越秀公园站基坑工程、河北曹妃甸首钢炼钢地下管廊工程。

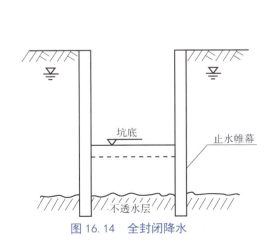

图 16.14　全封闭降水

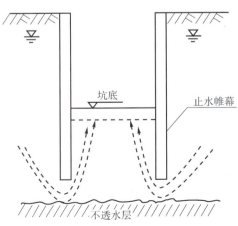

图 16.15　非全封闭降水

　　基坑施工降水回收利用技术可以节约水资源和降低水污染，被列入《建筑业 10 项新技术（2010 年版）》之"绿色施工技术"中的第二项新技术。其中，先降后灌技术是基坑降水回收利用技术的主要技术，也是典型的绿色降水技术。早在 1982 年就有人介绍国外的回灌技术，1990 年国内开始关注井点回灌的问题。当新建工程基础采用井点降水法施工时，由于地基的不均匀沉降，往往会导致周围建筑物的下沉，房屋裂缝、倾斜，影响了建筑物的安全使用。井点降水回灌可以防止人工降水对周围已建房屋产生沉降破坏，是控制地基沉降值的一个简单、经济、有效的施工方法（见图 16.16、图 16.17）。

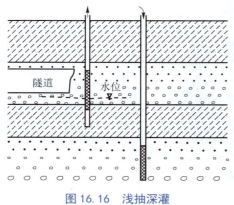

图 16.16　浅抽深灌

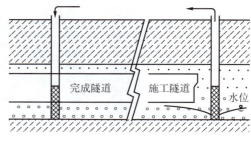

图 16.17　前抽后灌

　　早在 1997 年修建北京地铁"复八线"时，就采用了绿色的降水回灌技术。北京地铁"复八线"西起复兴门，东至八王坟，全长 12.7 km。工程沿线水文地质、工程地质条件较为复杂，工程位于第四系河流相冲洪积松散层中，工程基础埋深达 20～22 m，工程结构位于潜水面以下 2～4 m，位于承压水头以下 3～6 m；浅部含水层水量丰富，深层地下水水位差异大，地层稳固性差。为保障地铁施工在无水条件下安全顺利掘进和结构建造，首先需以降水方法改善工程地质环境和施工作业条件，用水文地质方法解决工程地质问题。根据水文地质计算，每个站降排水量为 1 万～2 万 m³/d，大量排水对地下水资源是极大的浪费。"复八线"处于人口稠密、重要建筑物林立的繁华地区，长时间大量地抽排地下水，将对周围建筑物，特别是对高大建筑物的稳定性造成危害，引起房屋开裂，甚至产生区域性地面沉降。因而，根据具体地区的地质与水文地质和工程地质条件，正确运用降排水与回灌相结合的施工方法，对于解决地铁工程安全无水掘进作业、保护有限的地下水资源、保证沿线建筑物的稳定性和防止地面沉降具有重大的作用。

　　"复八线"天东站的降排水任务是疏干潜水含水层（1.69 m），降低承压水头 5 m，保证开挖工作在无水条件下进行。降排水工程由 43 眼降水井、165 眼自渗井组成，通过 43 眼降水井将潜水及承压水降至基坑以下，再通过 165 眼自渗井使残留潜水越流自渗补给第一承压含水层中，以达到疏干潜水的目的。天东站共开凿深度 80～85 m 的回灌井 7 眼。井径 705 mm，管径 325 mm，滤水管部位在 40 m 以下，经清洗后，每眼井回灌量可达 800～1 000 m³/d，降排水井抽出的水经水质化验，若符合回灌水质标准，即开展回灌工作，7 眼井可回灌抽水量的 40%。

　　北京地铁"复八线"地质环境与地面情况复杂，根据具体各区间站点地质条件、地面与地下情况、施工结构及掘进施工要求，区别选用各自的降水方案。同时，正确运用降排水与回灌相结合的施工方法，对于解决地铁工程安全无水掘进作业，保护有限的地下水资源，保障沿线建筑物的稳定性和防止地面沉降有很大的实际作用。这些方法不仅对北京地铁降水工作有宝贵的指导意义，而且对全国其他城市的地铁降水工作也有借鉴意义（见图 16.18）。

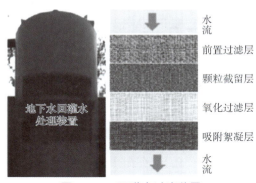

图 16.18　回灌水过滤装置

2011 年，十二局集团三公司大西客专项目部在干庆隧道施工中，采取利用回灌井和筑坝蓄水结合的地下水回灌技术，将抽排出的地下水回渗至蓄水层，实现了"水位零降落，地面零沉降"。干庆隧道是大西铁路客运专线工程长大隧道之一，最大开挖断面达 187.08 m²，隧道大段落穿越富水砂土复合地层，日最大涌水量达到 3 777 m³，如此超大断面、特长段落富水砂土复合地层隧道在相关工程中尚属首例。常规的隧道富水地层施工，往往需要大方量抽排地下水，极易导致地面下陷、地下水位下降和生态环境恶化等后果。项目部针对隧道所处的地质情况，按降水最小化原则优化降水方案，采用隧道地表大口径深井达 210 m 的群井降水技术，不但大幅度减少抽水量，还兼顾了经济合理性。

为保护地下水资源，项目部还在隧道左右两侧（以隧道中线为基准）每隔 25 m 打设 16 口回灌井，井底高程至隧道拱顶 30 m，回灌井主管道采用管径 500 mm 钢管，并设有阀门井。与此同时，项目部将两条荒沟改造成两级 5 万 m³ 容量的蓄水坝，并在蓄水库周围设置警戒线，由专人巡守，避免人畜等意外落水。地下水抽出后，首先被排放到两级中转蓄水坝，隧道通过工作降水井约 20 m 后，启动回灌井，将抽出的地下水再通过地表渗入地表黄土层，然后再缓慢渗流到下部蓄水层。干庆隧道地下水抽水、回灌施工累计回灌地下水 12.3 万 t，占抽水总量的 60.9%。此外，剩余 39.1% 未回灌的地下水则在隧道施工中循环利用，或作为冲刷水用于工地扬尘控制、周边环境清洁等，让隧道在黄土坮塬地区实现环保穿越。

2018 年在济南地铁 R2 线烈士陵园站施工过程中，针对烈士陵园站地下具体地质状况和施工条件，从实际出发采用分段降水的科学降水施工工法。同时，考虑到泉城济南独特的地下水文条件，采取回灌措施，不但节约了水资源，而且减弱了基坑降水对周边建筑物的影响，甚至保证了济南地下水系统的持续运行。

第十七章 注　　浆

第一节　注浆技术概述

注浆技术是将胶结材料配制成浆液并注入松散地层、含裂隙的岩层、溶洞、破碎带，使其固化的施工技术。浆液凝结硬化后，起到胶结、堵塞作用，使地层稳固并隔断水源，以保证顺利施工。

注浆技术的开拓者是法国人查理斯·贝里格尼。1802 年，贝里格尼采用注浆技术修复被水流侵蚀了的挡潮闸的砂砾土地基。在修复基础的木板桩后，通过闸板钻孔，并采用"压浆泵"，把塑性黏土通过钻孔注入。"压浆泵"由一个内径为 8 cm 的木制圆筒组成，筒内装满塑性黏土，在顶部安装一个木制活塞，用此设备将黏土强制挤入孔内。重复这一步骤，直到黏土完全充填基础底板与地基之间的空隙。

我国对注浆技术的应用和研究起步较晚，最早用到注浆技术是 20 世纪初修建京张铁路时，在八达岭隧道、石佛寺隧道、居庸关隧道和五桂头隧道的砖砌拱背后的回填注浆，所用浆材为"一五水泥"浆液。之后很少有注浆技术的应用记载。1949 年新中国成立以后，战乱结束，百业渐兴，大的工程项目开始建设，注浆技术在国内水利部门最先应用，其次是矿山。1958 年在磨子潭水库泄洪隧道洞身出口部分及其他岩石破碎带进行了固结灌浆，在峰峰薛村竖井、蛟河奶子山的主井和副井分别进行了地面预注浆。

1964 年，煤炭工业系统研究出 MG-646（丙凝）双液化学浆液，湖南水口山矿采用帷幕注浆技术防治矿区涌水问题；1965 年，水利水电部上海勘测设计院开发了丙烯酰胺的化学注浆新材料；1965—1969 年，分别在开滦范各庄矿副井、铁法矿务局大明四井、铁法矿务局晓明主井等 23 个竖井进行了井壁注浆堵水，所用注浆材料有 MG-646、水泥、水玻璃和氯化钙等。

20 世纪 70 年代初期，开始研究应用水泥-水玻璃双液注浆法，用白灰为速凝剂、磷酸氢二钠为缓凝剂来控制凝胶时间，并开发出动水注浆技术；1973 年，在八台铁矿王道行出风井研究并应用铝酸钠-水玻璃化学注浆穿越过流砂层，上海市隧道建设公司试验研制成三种类型（聚硫型、环氧型、聚醚型）的聚氨酯防水材料，铁道科学研究院从日本引进高压旋喷新技术，并进行了一些探索性试验研究工作；1975 年，由煤炭科学研究院北京研究所合肥通用机械研究所设计，由镇江煤田地质机械厂制造的 YSB-0-250/120 型液力调速注浆泵通过技术鉴定；1979 年，铁道部通过《单管旋喷土体加固新工艺》技术鉴定。

1980 年冶金工业部通过了《三重管旋喷施工方法》技术鉴定；1981 年铁道部和解放军基建工程兵指挥部联合通过了《TY-301 型三重旋喷》技术鉴定；山东省水利科学研究所在白浪河土坝防渗处理工程中对高压喷射注浆进行了比较系统的现场试验，并用高压定向喷射取代旋喷获得了初步成功；1983 年铁道部隧道工程局科研所利用小型导管注浆法成功处理张滩隧道出口坍方；1984 年中国水利水电科学研究院研究和试制了适应于较高强度的岩体加固灌浆所需要的超细水泥；1985 年 SZB16-30 型双液注浆泵通过铁道部部级鉴定，并在广州、柳州、成都铁路局范围进行了应用试验；1988 年建成的衡广复线的大瑶山隧道成为这一时期应用注浆技术最重大的工程。

20 世纪 90 年代，双限灌浆压力控制技术相继在溪洛渡、锦屏一级和向家坝等大型工程的灌浆试验中应用，均取得了良好的灌浆效果；1991 年西安矿业学院开展了电化学注浆法的初步研究；1993 年铁道部科学研究院西南分院研制的抗干缩和耐久性强的水泥-水玻璃浆材，耐久性可达十年以上，从而克服了过去只能作为临时性短期使用的常用注浆浆材这一问题。这一时期注浆设备的研究开发成为热点，自 1993 年煤炭科学研究总院重庆分院研制了 KBJ-100/6 井下移动式注浆设备后，又相继研发了 ZJB-30 型高压注浆泵、XPB-90 型超高压旋喷注浆泵、Y70/10 型专用高压注浆泵、UBD4-4 型小型砂浆泵、BW120/32 型和 BW180/14 型高压注浆泵、WT120/30 型和 BWT170/50 型无级变速高压注浆泵、YZB-32 型液压注浆泵等。这十年间高压喷射注浆兴起，研究论文和工程应用项目明显增多。

进入 21 世纪后，中国大规模的基础工程建设，使注浆技术有了用武之地，工程实例有几千个之多，比较著名的工程有圆梁山隧道、马鹿箐隧道、齐岳山隧道、厦门东通道等，几乎所有的注浆工法都派上了用场，并在应用中不断改进，工程中只要遇到松散含砂或含水地层、含裂隙的岩层、溶洞、破碎带等不良地质，首先想到的都是注浆技术。但由于超前地质预报技术还不十分成熟，很难精准预报，因此，注浆技术大多以抢险者的角色出现，在工程施工中攻坚克难，为工程建设做出了重大贡献。从事注浆技术研究和应用的工程技术人员众多，遍布基建工程的各个领域，在 2000—2019 年的 20 年间，发表的技术论文有 37 800 多篇，注浆技术有了巨大的进步，经过 70 年的发展，中国的注浆技术终于进入世界先进行列。

第二节　洞内注浆技术

在隧道及地下工程的施工中，常用到的注浆方法主要包括预注浆、后注浆、回填注浆和固结注浆。当遇到软弱围岩、岩溶和富水地层时，超前预注浆是常用的方法。到底从地表还是从洞内进行超前预注浆，主要取决于隧道和地下工程的埋深和地表场地条件，但不能一概而论。一般当覆盖层厚度在 40 m 左右时，既可从地表注浆，也可从洞内注浆；当覆盖层较小时，通常采用地表注浆；而当覆盖层很厚时，只能采用洞内注浆。由于注浆技术大多起源于国外，在注浆方法方面，我国并没有真正经历从易到难的发展历程，而是根据工程需要，选择合适的注浆方法，洞内预注浆法出现的先后顺序并不明显，大致经历了从小导管注浆、长管棚注浆，然后到帷幕注浆的发展过程。

一、张滩——重启铁路隧道注浆的开端

自 1905 年京张铁路隧道首次应用注浆技术以后，虽然修建了很多铁路和隧道，但之后的 70 多年间，一直没有这方面的文献记载。直到 1982 年衡广复线的张滩隧道才重新开启了注浆技术的应用。

张滩隧道位于衡广复线衡韶段的瑶山山脉，为双线隧道，全长 1 290 m。采用四臂全液压钻孔台车，全断面爆破开挖，锚喷支护；后因出口端四臂台车撤离，开始采用蘑菇形上半断面开挖，锚喷作临时支护，先墙后拱法施工。1982 年 12 月 16 日，当蘑菇形上半断面开挖

到 DK2008+388 时，在后方 2008+418～+448 处发生了坍方，其位置图如图 17.1 所示。

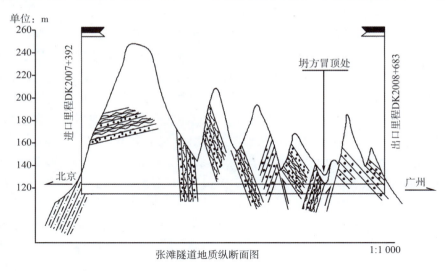

图 17.1　张滩隧道地质纵断面即坍方位置图

当时处理坍方可选择的方式，主要有坍体清除法、地表注浆法、密打钢钎嵌工字钢支撑法、顶部密打小钢轨法、管棚法、顶部小型导管超前注浆法等六种方法。经过分析研究，前四种方法被排除，只剩下后两种方法。

首先试用了管棚法，但效果不是很理想，最后改用顶部小型导管超前注浆法对坍方进行处理。该方法是沿拱部开挖外轮廓线以一定角度打入四周带孔的小导管，并向管内注浆，使导管周围岩层形成一固结拱壳，导管本身又可起超前锚杆作用，两者共同作用把开挖面应力释放限制到最小程度，并实行分块环挖，喷混凝土支护，然后嵌工字钢支撑，再加喷混凝土或模注混凝土。

灌浆前先喷混凝土封闭工作面，防止浆液从掌子面大量流出；为防止浆液流散过远，加入了适量的速凝剂；压浆机为风动压浆机。上半部分三部分进行环形开挖，即先拱顶后拱部两侧，中间部分待下步出渣砌墙时一并挖去，每一部分挖出后，立即喷射混凝土，以控制围岩变形。然后在小型导管的保护下，嵌工字钢支撑，并将两拱脚置于稳定基岩上。同时，按照新奥法原理，加强监控量测，了解变形情况。把导管压浆、嵌工字钢支撑称初次支护，模注混凝土为二次支护。

采用顶部小型导管超前注浆法，历时 131 天，完成了坍方的处理，为隧道处理大坍方找到了一种简单可行的方法。

二、难以穿越的大瑶山 9 号断层

要讲中国隧道史，就不能不提大瑶山，提起大瑶山，又不能不讲 9 号断层。因为大瑶山隧道是中国隧道的里程碑，是中国隧道技术走向现代化的标志，而 9 号断层是大瑶山隧道最难穿越的断层。

大瑶山隧道位于衡广复线的广东省坪石至乐昌之间，全长 14.295 km，是中国当时最长的电气化双线铁路隧道。其地质之复杂，施工技术难度之大，在我国隧道建设史上前所未有。

大瑶山9号断层在十多个断层中影响最大，包括影响带，长度达到465 m，岩石极其破碎，稳定性差，水压高，涌水量大，每天施工涌水量最高达到4万多方，是全隧道施工最艰难的地段。

在施工中，为了探明地质，排水减压，原计划从进口方向打一超前平行导坑穿越9号断层。根据地质预报提供的资料，知道9号断层核心部位108 m地段地质条件极坏，必须采用预注浆技术，配合锚喷、钢拱架、管棚等联合支护手段进行施工，才能比较顺利地通过其核心部位。

9号断层的施工方案是个大问题，而注浆方案又是其关键问题，虽经国内外专家多次研究讨论，却仍然久议未决。

直到1985年3月才确定以下几个重要问题：一是"排堵结合，以堵为主"的治水原则，并以进口端作为9号断层的主攻方向；二是基本同意用下导坑进行全断面预注浆方案；三是加快平导掘进，尽快接近9号断层，到DK1994+650处，安装水平钻机，探明9号断层地质，以确定注浆参数。

然而，在1985年4月19日，进口方向平导掘进到DK1994+213时，发生大突水，造成竖井淹井事故。进口端作为9号断层的主攻方向已经不可能了。因而，这个任务由进口端转到了出口端，制订了"南北夹击，以南为主，不见不散"的施工方案，这就改变了整个施组计划。

平导进口"213"突水，竖井被淹，引起了国内外专家的关注，铁道部根据地矿、水电和铁道三部专家的建议，对9号断层的施工方案作出决定，其中有关注浆的部分为：一是采用注浆堵水、防坍，对水要排堵结合、以堵为主，规模大的岩溶，要先灌注砼再注浆；二是以出口端为主处理9号断层，平导先进，探明地质，确定注浆参数。

按照上述要求，于1986年2月编制的《9号断层带施工组织》提出四个注浆方案，即采用上半断面进行全断面注浆方案两个（终孔间距3 m和5 m），采用双侧壁导坑进行全断面注浆方案两个（终孔间距3 m和5 m）。这四个方案皆为长孔全断面注浆。注浆段长为35～40 m，开挖20～30 m，留15～10 m岩帽作为下一次注浆的止浆墙，进行循环注浆作业。

虽然注浆作业的各项准备工作一直在进行，然而，由于全断面长孔注浆费工、费料，时间长，无法满足工期要求，所以注浆方案一直未能最后确定。

1986年6月，出口方向在9号断层靠山侧打一长度583.6 m超前平导，穿过9号断层为正洞提供地质预报和排水减压。注浆方案经过多次酝酿和讨论，最后决定采用上半断面周边孔预注浆法，这样可以充分利用台车打孔的灵活性，以台车代替PD-200型注浆钻机打孔，节约打孔时间，同时采用半断面周边注浆代替全断面注浆，既能满足工程施工需要，又可省工、省料、省时，满足工期要求。主要注浆设备包括HFV-5D双液注浆泵、MVT-400型水泥搅拌机和T型混合器。

注浆施工组织设计并不是一次完成的，而是先根据已确定的注浆方案、要达到的注浆目的、既有机具设备和初步掌握的地质资料以及现场实际条件等进行预设计，在预设计的基础上，经过进一步的试验研究和完善改进，完成施工组织设计。

注浆方案是采用水泥-水玻璃双液浆，进行中孔注浆，这是由台车打孔所决定的。一般台车可钻孔深为 5～15 m，孔径为满足 ϕ80 mm 排管，凿岩台车用 ϕ102 mm 钻头扩孔。然而经过试验，台车钻 10 m 孔深时，效率最高，既可加快注浆施工速度，亦可保证注浆质量。因此注浆段长取 10 m，开挖 8 m，预留 2 m 作为下段注浆的止浆岩墙。一般情况下，开挖长度为注浆段长的 0.7～0.8 倍。

注浆方式分前进式、后退式和全孔一次注入式。因为该注浆段短，只有 10 m。故采用全孔一次注入式，其工艺简单，重复钻注量小，可以用较高的注浆压力，把浆液压入较小的岩层裂隙，以取得较好的效果。

根据注浆设计所选用的浆液配比和注浆参数，并按先注无水孔、后注有水孔的原则行全孔一次注浆。

通过周边预注浆，在挤压破碎带形成了一个大于 1.2 m 厚的加固圈，在断层泥地段形成了一个 0.7 m 厚的加固圈，与超前管棚、钢拱架、锚喷形成了联合支护，保证了开挖以后围岩的稳定。

注浆改善了地层，提高了围岩的稳定度，防止了坍塌，保证了安全施工，顺利地通过了 9 号断层的核心部位。9 号断层的安全通过保证了大瑶山隧道的按期完工和衡广复线的按时通车。

三、浅埋暗挖中的注浆加固

浅埋暗挖法是在距离地表较近的地下进行各种类型地下洞室暗挖施工的一种方法。继 1984 年在军都山隧道黄土段试验成功的基础上，又于 1986 年在北京地铁复兴门折返线工程中应用，在拆迁少、不扰民、不破坏环境下获得成功。提出了"管超前、严注浆、短开挖、强支护、快封闭、勤量测"18 字方针，突出时空效应对防塌的重要作用，提出在软弱地层快速施工的理念。由此形成了浅埋暗挖法，创立了适用于软弱地层的地下工程设计、施工方法。

北京地铁复兴门折返线，位于复兴门立交桥东端复兴门内大街地下，复兴门底层站的东端。该工程由南、北正线、折返线和交叉渡线组成，全长 358 m，最小覆盖厚度约 10 m。复兴门内大街是北京市长安街大动脉，当时每天平均行驶机动车辆 5 万余辆次，非机动车辆 10 万余辆次。为保证交通及人民生活的正常进行，根据市政府的要求及有关专家的建议，采用浅埋暗挖法修建，并要求道路地面沉降量不大于 30 mm。

复兴门折返线所处地层为人工填土、砂黏土、粉细砂层和卵砾石层，地层较松软，自稳能力差，为保证暗挖隧道安全，必须注浆加固地层。

1986 年 8 月 15 日，复兴门地铁折返线竖井破土动工，经过一个多月的奋战，竖井按设计完成，并向正洞开设了联络通道。由于地层比较松软，粘结力极弱，无自稳能力，当开挖高度超过 0.8 m 时，即产生坍塌现象。拱顶虽有锚杆支护，但砂子不断从锚杆孔隙中散落下来，给施工带来很大的困难。特别在喷射混凝土时，喷上的混凝土不与围岩面粘合，而是将砂砾带下来。为解决此问题，经研究采用超前小导管预注浆，对中粗砂、砂砾及黏性土层进行加固，而后再开挖和施作钢拱架、钢筋网和喷射混凝土支护。

在超前小导管注浆中，小导管既是浆液扩散的通道，又是超前支护的管棚。小导管布置在起拱线以上隧道周边。导管长度 3～3.5 m，每次开挖 1.5～2.0 m，预留 1.5 m 作为下一循环的止浆岩墙。为了使浆液扩散后相互重叠，成为一个整体，浆液扩散半径按 0.3 m 考虑。

注浆材料采用水泥-水玻璃双液浆和单液水泥浆两种，小导管为焊接钢管。

在砂卵石地层，排管相当困难。开始时，曾用 YT-28 风钻引孔，但由于地层松软且不均匀，引孔后，由于卵石落入孔内，产生卡钻，钻杆无法拔出；后又用 YT-28 风钻直接将管压入，由于地层阻力太大，当管压至 1.0 m 后，造成管子破裂或断裂，压不进去。后来用无缝钢管做成吹管，用压缩空气将砂石吹出成孔，然后把管插入孔内，较好地解决了排管问题。注入一个循环后，由于浆液胶结，又用 YT-28 风钻引孔，引孔深度 2.5～3.0 m，然后将管插入，再用 YT-28 风钻将管顶插入到设计位置，最后用吹管将导管内砂石吹出。

排完管后，用研制的孔口密封器，将孔口与注浆管路密封连接，即可满足导管注浆的要求。

双液浆管路分别用高压胶管从两泵引出，至工作面附近分别进入混合器，混合器出口用胶管与分浆器连接，分浆器出口用胶管与封口密封器连接。单液注浆管路比较简单，仅有一条管路从泵口直接与分浆器连接，然后用胶管从分浆器引出，连接到孔口密封器上。

1986 年 11 月，在各项准备工作就绪后，即在竖井联络通道内进行了第一次导管注浆试验，浆液采用双液浆，当注到第 16 根导管时，因混合器发生故障而停注，为了简化注浆工艺，便于现场施工，又进行了单液浆注浆试验。经开挖后检验，两次注浆均达到了加固围岩的目的。

由于注浆加固了松散围岩，延长了围岩的自稳时间，为一次支护得以顺利进行创造了时机，这样就保证了隧道的安全。从测量结果来看，小导管注浆段拱顶最大沉降量为 8.6 mm，从而控制了地表沉降，保证了地表交通安全。

另外还在复兴门底层站进行深孔注浆加固地层试验。注浆方式为分段前进式深孔劈裂注浆，注浆材料以水泥单液浆、水泥-水玻璃双液浆为首选注浆材料，在细砂层或围岩密实注不进去时，再改用化学浆液。注浆设备为 PD-200 型注浆钻机、MVT-400 型搅拌机和 HFV-5D 型注浆泵。

1986 年 11 月 2 日至 11 月 25 日。在复兴门底层站南正线一端进行深孔劈裂注浆试验，注浆段长为 15 m，采用水泥-水玻璃双液浆。本次试验，无论从注浆材料、注浆设备、注浆工艺和注浆主要技术参数的选择等，都比较成功。从开挖情况来看，水泥浆和水玻璃浆两种浆液混合均匀，具有一定的强度；在围岩中浆液扩散范围大且均匀，呈树枝状，充填情况良好，大大增强了围岩的自稳能力，减少了隧道拱顶下沉量，确保了复内大街地面道路交通和地铁隧道暗挖施工的安全。

1989 年 1 月在复兴门至西单车站的区间隧道进行了浅埋暗挖法试验，车站工程注浆加固底层试验也取得了成功。

四、水平旋喷注浆在隧道内的首次应用

旋喷注浆技术是一种加固松软土层的方法，是静压注浆技术的发展。它的实质是将带有特种喷嘴的注浆管插入欲加固土层的预定深度后，从喷嘴两侧喷出高压水泥浆，将土层切割，使之崩落并与水泥浆混合，在注浆管转动、喷射的同时向上提升，最后形成一个水泥和黏土混合物的圆柱体，固结后能承受垂直载荷，此外，多个桩体组成的帷墙还可用于防渗防塌。根据该法的施工工艺，可分单管、二重管和三重管三种旋喷方法。旋喷注浆大多用在洞外，在洞内的应用相对较少。

我国最早在洞内应用旋喷注浆的工程实例是 1980 年 4 月至 12 月枝柳铁路的祥秘隧道，即采用三重管旋喷法，对熔岩地段的隧道底部进行加固。

祥秘隧道位于枝柳线柳洛段，全长 94 m。隧道通过上石炭系白云岩的岩溶地区，施工中发现隧道底部有一段长 61.5 m 的古暗河遗址。隧道右边墙在溶槽岸边，左边墙在溶槽中，溶槽内充满沉积物，地下水位在隧道底下 17 m，地下水流速很小，水质良好，无有害物质。隧道底面−8 m 深范围内为黄色可塑至软塑状黏土，土壤允许承载力约为 100 kPa，其中有一段为流塑状黏土，无承载力。−8～−9 m 为粉细砂，黄色中实，承载力约 150 kPa。−9 m 以下为中粗砂夹卵石层，承载力在 250～300 kPa 之间。

在这样的地质条件下，常规处理方法，一是采用梁支撑隧道衬砌跨过溶槽，二是采用桩基支撑衬砌。这两种方法都需要桩基。因净空限制无法打桩；爆破桩、挖孔桩和钻孔桩在流塑状黏土中无法成形，同时还要受到胶结层和孤石的影响；沉井沉箱施工困难很多，同时造价也高，从而决定采用三重管旋喷法加固地基。

三重管旋喷法是 20 世纪 70 年代中期，在单管旋喷法和二重管旋喷法的基础上发展起来的一种新型加固土体技术。它具有加固直径大、机械设备磨损小等特点。祥秘隧道应用三重管旋喷法加固地基属于试验性的施工，1980 年 4 月动工，同年 12 月底完工，共计完成 22 根旋喷桩，总延长 314.7 m，其中复喷 16.2 m。钻孔清理场地等准备工作 52 天，停工待料、机修加工 192 天，旋喷施工 31 天。实际平均为 0.8 根/天。共用水泥 240 t。

图 17.2 为三重管旋喷施工图。

图 17.2　三重管旋喷施工图

三重管旋喷加固祥秘隧道底部质量通过数趟工程列车，经过半年多的考验，没有发现任何问题。证明该隧道的三重管旋喷注浆加固是成功的。1981 年 9 月，铁道部科学技术局和解放军基建工程兵指挥部联合召开鉴定会，通过了三重旋喷管的技术鉴定。祥秘隧道的旋喷注浆虽然是在洞内，但它属于垂直旋喷，与洞外旋喷注浆差别不大。

其实，水平旋喷注浆也早已受到我国工程技术界的关注。在大秦、衡广铁路复线、神朔一期及广州地铁等软弱地层隧道施工中都曾考虑采用水平旋喷注浆加固地层方案，但是因为缺少相应的国产水平旋喷设备，未进行系统的工艺试验，没有掌握水平旋喷的工艺参数，故该项技术一直没能得到具体应用。

1987 年，铁道科学研究院在内蒙古乌兰浩特附近的轻亚黏土地层进行了水平旋喷试验。

在 20 MPa 压力下桩径可达 58 cm，固结体强度为 2.8 MPa，拱棚厚度在 20～25 m 之间，无空洞和断柱，试验取得了初步成果。1994 年铁道部立项开展"水平旋喷机研制及加固技术研究"项目研究工作，石家庄铁道学院在前期研究的基础上，与徐州机械厂合作研制出了可用于水平或倾斜钻孔的 TGD-50 旋喷钻机，在硬黏土和细砂地层中先后进行了三次实地水平旋喷试验，对地层加固效果进行多方面测试。结果表明，加固效果良好，初步显示了该工法的优越性。1998 年 12 月开始在沙哈拉峁隧道试验应用，这是水平旋喷注浆技术在我国铁路隧道中的首次应用（见图 17.3）。

图 17.3　新研制的 TGD-50 型水平钻孔旋喷机

沙哈拉峁隧道位于新建铁路包西线神木北至延安北段，全长 705 m，净宽 576 cm，净高 832 cm。隧道穿越梁家沟湾和四卜树沟间的山梁，梁脊相对两侧沟床高出 70 余米，山梁顶部地形平缓，两侧沟岸高陡，除洞口段外，洞身基本在老黄土地层穿过，最大埋深 60 m 左右。进口地层覆盖层厚约 5 m，隧道拱顶以上为风积砂。砂质纯净，颗粒均一，松散稍湿，为 I 级松土；隧道拱脚以下为黄土质黏砂土，以粉质土为主，土质尚均匀，含大量粉粒，黏性尚好，为 II 类围岩，洞内无地下水。

为了得到适用于现场地层条件的旋喷施工技术参数，在洞外相同地层中做了现场试验。试验共钻 2 孔，钻孔向上倾斜 6°，长度 4 m，旋喷长度 3 m，钻孔直径 75 mm。旋喷机后退速度为 15～20 cm/min，旋转速度为 20 r/min，浆液压力大于 18 MPa。为了进行对比试验，采用了 2 种旋喷材料，其中一孔用水灰比为 1:1 的纯水泥浆，另一孔采用 1:1 的水泥浆和 15 °Bé 的水玻璃双浆液。试验发现，在这种地层中用纯水泥浆进行旋喷漏浆严重，而采用双浆液则可基本控制漏浆，旋喷桩直径大于 50 cm。因此确定在正洞施工过程中选用水泥-水玻璃双浆液进行旋喷。

正洞水平旋喷的机械设备主要由三部分组成：一是钻机，其主要作用为钻孔及旋喷，所用设备为铁道部徐州机械厂生产的 TGD-50 型旋喷机；二是高压泵，其主要作用是提供旋喷浆液所需的高压，所用设备为镇江煤矿机械厂生产的 YSB-120/60 型高压泵；三是浆液制备所需的设备，主要包括搅拌桶及储浆罐。由于隧道施工空间较狭小、细长，因此将机具设备按其功能一字排列。

旋喷机定位是按预先计算好的控制点高程及偏角用经纬仪校正，使钻机精确定位；钻孔深度为 13 m，由于不是垂直工作面，下部钻孔深度均大于 13 m，最大深度 14.5 m。为减少中途装卸钻杆时间，将每根 1.9 m 长的 9 根钻杆接成 17 m 长钻杆，一次钻到孔底，再连续旋喷退出。图 17.4 为旋喷孔布置图。

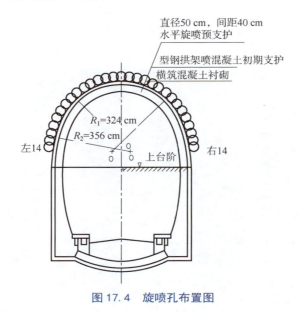

图 17.4　旋喷孔布置图

当钻进到设计深度时开始旋喷。为了保证端头旋喷质量，先旋喷 0.5 min 后再开始后退。每孔旋喷到距孔口 1.5 m 左右时停止旋喷，退出钻头后孔内插入长 4 m、直径 50 cm 的钢管，并立即用木塞堵住孔口，以防浆液外泄。每次旋喷完成一个孔后，即进行管路清洗和废浆液处理。

旋喷效果检测主要从旋喷桩外观、旋喷桩强度和监控量测等几个方面进行。在开挖后可以看到旋喷桩整齐地连接在一起，形成一个共同受力的拱圈；旋喷桩固结体强度检测是在现场进行的，因为现场条件有限，切割试件时不能保证立方体试件表面平整及相互平行，造成受力面积减少，强度较低；从监控量测结果可以看出，在旋喷拱保护下，初期支护周边所受的土压力及支护应力均不大，初期支护收敛也很快稳定不再发展，地表沉降最大只有 11 mm，表明预支护效果良好。

沙哈拉峁隧道是成功应用水平旋喷技术的工程实例。实践表明：在松散地层洞口段开挖进洞前，通过水平旋喷成拱再行开挖进洞，可以保证仰坡稳定。水平旋喷注浆技术为沙哈拉峁隧道在洞口极其松散地质条件下顺利进洞提供了有力的保证。

在水平旋喷注浆加固中，高压注浆泵是关键设备，产品质量不易过关。泵的压力与流量直接影响旋喷桩直径的大小和强度。与欧洲一些国家相比，我国生产的高压泥浆泵压力相对较小，只有 20～30 MPa。兰州通用机械厂生产的 300 型电动水泥浆泵最高压力为 30 MPa，流量为 152 L/min，用于高压旋喷较为适宜，但体积偏大；西安探矿机械厂研制的 ZJB-30 型高压变量注浆泵可作专用高压旋喷注浆泵。上述高压注浆泵都只能输送单浆液，不能满足水平旋喷注浆工艺的要求。国内其他一些工厂生产的高压注浆泵最大压力可超过 20 MPa，但高压时流量很小，都不能满足高压旋喷作业的流量要求。中国地质科学院廊坊勘探技术研究所开发研制的 YZB-32 型高压注浆泵（见图 17.5），其最大压力可达 32 MPa，最大流量为 150 L/min，且可输送双浆液，实现压力、流量的无级调节，是较为理想的旋喷注浆配套设备。

图 17.5　YZB-32 型高压注浆泵

五、打通规模最大的地下商城

1993 年开业的成都市天座商城是成都市平战结合的人防工程地下街，也是当时国内规模最大最长的地下商城，位于市中心，在六车道宽的顺城街大道下，南起盐市口，北至玉带桥，全长 1.3 km，总建筑面积 4.1 万 m²。地下商业街结合顺街城大道路面工程主要采用明挖法施工。在商业街顶部一条由东向西的蜀都大道通过，是市中区连接东西城区主干道，车辆繁忙，不能中断交通，此段不允许采用明挖法施工，且主干道下各种管线密集，也不允许明挖，只能暗挖施工。此段地质条件很差，以卵石为主，无粘结力的砂卵石地层，长度有 55 m 多，埋深仅 7 m，难度极大。在这类砂卵石地层中施工，没有先例和经验。若不施工此段工程，则天座商城被蜀都大道拦腰截断，分成南北两区，给顾客增添麻烦，也给美丽的天座商城留下了无限的遗憾。

为此，在方案讨论中，提出了长管棚注浆法及顶管法施工方案（见图 17.6）。经比选，顶管法因工期紧迫及施工场地等限制而被否定，最后采用长管棚注浆法进行预加固，再用矿山法喷射混凝土格栅钢架强支护施工。由铁道部科学研究院西南分院负责设计和施工。

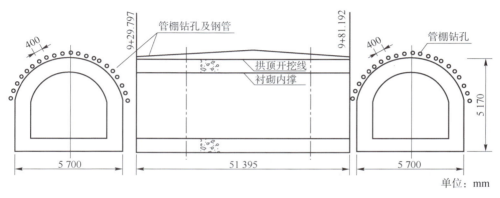

图 17.6　管棚钻孔及钢管布置图

　　根据设计，地下隧道净宽 4.0 m，净高 3.5 m，总长 55.095 m，平时作为顾客和管线通路，战时用于人员疏散和通信联络。隧道基底面在地面以下 15 m，顶部覆盖层厚度只有 7.55 m，隧道上方埋置着污水管、雨水管、电缆槽等十余条管线，最大直径达到 1.6 m，最近的管线离隧道顶部只有 0.55 m，毗邻有人民商场、银河王朝大酒店、西南影都等高层建筑，对围岩变形非常敏感，施工难度不言而喻。

　　隧道所在地层上部为第四系全新统人工杂填土，下部为第四系全新统冲积层。地下水属于埋藏于卵石层中的孔隙潜水，部分层段填土中可见上层滞水。在施工中应采取井点降水措施。洞身通过的第四系全新统冲积层的砂卵石层，此层不含泥土，开挖出来的东西可直接作低标号混凝土的砂石料，无粘结力，施工开挖后围岩临空面无自稳能力，解决问题的关键就是进行围岩预加固，在设计和施工中必须采取特殊措施。

　　对于这种无胶结力的第四系砂卵石层，开始考虑了两种管棚处理方案，即小导管超前注浆加固和长管棚超前注浆加固，并对小导管超前注浆进行了试验。因为如果可行，则小导管施工简单、灵活，无需大的钻机等设备，可加快施工速度。但试验结果成孔困难，无法钻进，也无法插入钢管，共试验三孔，均未成功。因此放弃了小导管注浆方案，决定采用长管棚注浆方案。

　　由于隧道实际暗挖长度 52 m，决定管棚钻孔长度 27 m，由南北两口向中间施作，一次交叉。管棚施作主要有钻孔、插入钢管、注浆等工序。

　　钻孔采用 XY-300 型地质钻机四台，每端两台。插入管棚钢管，采用人工推进或卷扬机反压推进，当阻力较大时，采用空气锤振击推进。总共 41 根钢管，先后用了 33 天完成。

　　管棚钢管打入后，进行注浆。注浆机具主要是 KBY50/70 液压注浆泵、BW-150 注浆泵、水泥灰浆搅拌机、ϕ110 双管止浆塞；注浆材料有水泥膨润土粉煤灰浆和水泥-水玻璃双液浆。其中，水泥膨润土粉煤灰浆为主要注浆材料，水泥-水玻璃双液浆为特殊情况下使用。

　　注浆后一周开挖，根据施工开挖检测，长管棚注浆效果良好。施工开挖中拱部及侧壁未发生坍塌事故，地面下沉变形，最大值都在 30 mm 以下。

六、打通高压富水深埋的岩溶隧道

　　圆梁山隧道（见图 17.7）全长 11 km，是愉怀铁路线上最长的隧道，隧道主要穿越毛坝向斜核部、桐麻岭背斜和冷水河浅埋段，发育有毛坝向斜、桐麻岭背斜及伴生断裂。图 17.8 为圆梁山隧道工程地质剖面图，受地质构造影响，毛坝向斜存在两层承压水，测定承压水压力高达 4.42～4.6 MPa，预估全隧道正常涌水量为 98 000 m³/d，最大涌水量为 145 000 m³/d。在圆梁山隧道施工中，先后在桐麻岭背斜和毛坝向斜遇到了五个深埋充填型溶洞，溶洞型态各异，充填介质不同，有粉细砂、粉质黏性土和多种黏土。受高压、富水、岩溶等诱导因素影响，施工中多次突发了大规模的涌水、涌砂和涌泥等工程灾害，给工程的安全顺利施工造成了极其严重的影响，被誉为"隧道施工禁区"。

　　首先遇到的是 1 号溶洞。2002 年 3 月 6 日，正洞下导洞开挖到 DK354+235 时，由隧道拱顶发育一大型岩溶管道，管道直径 2 m 左右，高度不详，涌水量为 70～100 m³/h，水呈浑浊状，含泥量为 5%～10%。3 月 8 日，下导洞开挖到 DK354+255 处揭示 1 号溶洞，溶洞充填介质为粉质黏性土和淤泥质黏土，含少量水，掌子面有一定的自稳能力。因此，下导坑采取超前小导管、型钢钢架及锚喷支护进行开挖施工。

图 17.7　圆梁山隧道进口

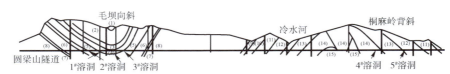

1—T₁j（三叠系嘉陵江组）；2—T₁d（三叠系大冶组）；3—P₂c（二叠系长兴组）；4—P₂w（二叠系吴家坪组）；
5—P₁m（二叠系茅口组）；6—P₁l+q（二叠系梁山组、栖霞组）；7—D₃s（泥盆系水车坪组）；8—S（志留系）；
9—Q₂₊₃（奥陶系中、上统）；10—O₁d（奥陶系大湾组）；11—O₁n+f+h（奥陶系红花园、分乡、南津关组）；
12—∈₃m（寒武系毛口组）；13—∈₃g（寒武系耿家店组）；14—∈₂p（寒武系平井组）；15—∈₂g（寒武系高台组）。

图 17.8　圆梁山隧道工程地质剖面

正洞主要采取"排水降压、导管支护、人工开挖、径向加固、基底处理"的"排堵相结合"的综合施工方案。

注浆材料选择强度高、耐久性好的超细水泥单液浆、普通水泥单液浆和 TGRM 浆作为注浆材料，其中以超细水泥单液浆为主。径向注浆加固范围为开挖轮廓线外 3 m，底板钢管桩注浆加固范围为临时仰供以下 7～12 m。

径向注浆采取全孔一次性注浆工艺，底板钢管桩注浆前期采用花管，采取跳孔跳排多序孔钻注方式，实施一次性注浆工艺，但施工中窜浆现象十分严重，并且钻孔、注浆施工干扰很大，于是将花管注浆调整为 TSS 管注浆，仍采取全孔一次性注浆工艺。注浆施工按照定量定压总体控制的原则，地层浆液填充率为 83.3%，地层得到了很好的注浆加固，注浆后地层渗透系数下降了一个数量级。

2002 年 4 月 21 日，当开挖至 DK354+460 时，又遇到了 2 号溶洞。正洞下导洞超前探水时，探测到该溶洞为高压水粉细砂层充填型溶洞，随后对下导洞溶洞进行了注浆处理。下导洞穿越溶洞后，总涌水量为 3 m³/h，但 2002 年 10 月 22 日在未施工情况下，在 DK354+475 位置出现了少量涌水、涌砂，随后于 10 月 24 日发生大规模涌水、涌砂，最大涌水量为 1 500 m³/h，于是在 DK354+440 处设置止浆墙。2002 年 11 月 10 日止浆墙底部又突发涌水、涌砂，最大涌水量 69 000 m³/h，于是又于 DK354+395 处设置止浆墙。

针对 2 号溶洞，经多次专家会议，通过对注浆方案和冷冻方案进行比选论证，均认为在高压动水条件下采取冷冻方案可靠性不高，因而确定了"排堵相结合"的方案，以泄水洞泄水降压和全断面帷幕注浆为主。同时，为满足工期要求，应采取迂回导洞，尽早实现该溶洞"两端夹击"。

　　泄水洞和迂回导洞施工完成后，"限量可控"排水的同时，开始注浆。首先从下导坑引出的排水管实施了顶水注浆，注浆材料采用普通水泥单液浆、超细水泥单液浆、超细水泥-水玻璃双液浆和普通水泥-水玻璃双液浆。其次实施正洞全断面超前预注浆，从溶洞两端对溶洞进行夹击注浆。注浆材料综合采用普通水泥单液浆、普通水泥-水玻璃双液浆、超细水泥单液浆、超细水泥-水玻璃双液浆、HSC 浆和 TGRM 浆六种注浆材料。采取前进式分段注浆工艺进行钻孔注浆。

　　在超前预注浆结束并检查符合要求后，施作超前大管棚，超前大管棚和注浆帷幕共同作用，提高超前帷幕效果，实现超前刚性支护。管棚布设后，对管棚进行全孔一次性注浆，注浆材料采用超细水泥单液浆。开挖前，在工作面周边施作 TSS 管进行补充注浆，以弥补全断面帷幕注浆的盲区，实现注浆施工的第二道保险。为确保施工安全，采取 CRD 工法进行开挖。在初期支护施工完成后，对初期支护背后进行回填注浆和径向注浆，解决开挖过程中引起的松弛区，实现注浆施工的第三道保险措施。径向注浆加固范围为开挖轮廓线外 5 m，采用 TSS 注浆管，注浆材料为超细水泥单液浆。

　　经现场开挖，工作面无水，浆液主要通过充填、挤压、劈裂和局部渗透等多种方式加固粉细砂层，2 号溶洞正洞施工安全顺利。

　　当下导洞施工接近 DK354+579 时，超前地质预报并未探测到 3 号溶洞的存在。2002 年 9 月 10 日施工时，突发爆喷型突泥，大规模的硬塑-软塑状黏性土瞬间塞满 DK354+635～+879 段长 244 m 的下导洞空间，涌泥量为 4 200 m³，造成人员伤亡，随后在 DK354+750 处设置止浆墙。2003 年 8 月，在隧道全断面开挖接近该溶洞时，采取了大量的地质钻孔探测工作，经探测，表明溶洞已不存在大规模的突泥危险性，于是针对该溶洞，采取超前大管棚支护、密排小导管支护加强、台阶法开挖、初期支护背后坍空区回填、径向注浆加强等措施通过了 3 号溶洞。

　　4 号溶洞里程为 DK360+800～+960，由四个不连续岩溶裂隙段组成。该段开挖后随地表降雨，先后多次发生大规模涌泥、涌砂。针对该溶洞，采取了开挖后径向加固注浆和基底垂直注浆加固措施，顺利通过 4 号溶洞。

　　当开挖至 DK361+764 时，从掌子面左下侧边墙突发大规模涌水、突泥，瞬时最大涌水量达 63 m³/s，涌水洪峰持续 28 s。又遇到了 5 号溶洞，该溶洞受地表降雨影响严重，又多次发生涌突水。针对该溶洞，经多次专家会议论证，并进行多种方案比选，最后采取泄水洞和加强注浆相结合施工方案。在 5 号溶洞处设横向引水洞，将水引入泄水洞排出。泄水洞完成后，对隧道周边采取径向注浆加固，对底板进行钢管桩注浆加固处理，加固措施与 1 号溶洞基本相同。

　　圆梁山隧道 1 号、4 号和 5 号溶洞均为"泥砂充填型"溶洞，但由于 1 号溶洞处于毛坝向斜，采取了"以堵为主"的措施；而 4 号和 5 号溶洞处于桐麻岭背斜，采取了"以排为主"的措施，处理结果差别很大；2 号溶洞充填有高压动力粉细砂层，被誉为"世界性地质难题"，在国内外知名专家指导下，经业主、设计、施工和监理四方共同努力，溶洞得以突破，这标志着我国在复杂地质条件下的隧道施工技术水平达到了一个新的台阶；3 号深埋充填"黏土型"溶洞，以落水洞形式和地表直接沟通，由于这种类型的溶洞具有"高势能"，施工中易出现爆喷型突泥，对于该类型溶洞的超前地质预报是一个需要深入研究的重大课题。

七、穿越海底隧道

2005 年 8 月开工建设的厦门翔安隧道及两岸连接线工程位于厦门岛东北端的胡里区五通码头与翔安区西滨下店村之间，是连接厦门市本岛和翔安区的重要通道，具有公路和城市道路双重功能，为厦门第三条出口通道，主要包括五通互通、跨海隧道和西滨互通三部分工程项目，线路全长 8 346 m，其中隧道全长 5 945 m，隧道穿越海域总长 4 200 m，为双向六车道。

隧道为三孔隧道，两侧为行车隧道，中间为服务隧道，左右行车隧道侧设线间距为 52 m，行车隧道与服务隧道之间设置车行横洞及人行横洞（见图 17.9）。

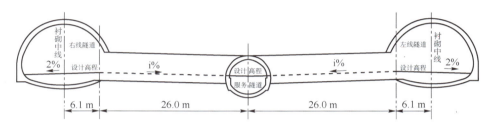

图 17.9　翔安隧道横断面布置图

陆域地段为风化剥蚀型残积微丘地貌，地面高程 8～15 m，表层为约 5 m 厚的残积黏土、亚黏土，其下为 7～22 m 的全强风化花岗岩，顶板为弱微风化花岗岩，高程为-10～-45 m，起伏较大，岩体较为完整；海域海底高程-2～-24 m，弱微风化花岗岩岩面起伏大，大部分地段礁石凸出海底，形成暗礁。

行车隧道及服务隧道处在低潮低水位线以下，隧道穿过陆域区、浅海区和海域区，施工全过程都处于水位线以下的地层中作业。头顶海水，并受风化槽涌水和裂隙涌水威胁，最突出的问题是阻止海水和地下水联通，杜绝海水涌入隧道。因而，施工中防涌、防塌是隧道安全施工的关键。

隧道海域地段存在风化深槽，长 50～100 m，地下水位约 50 m 高，因此隧道安全穿越是施工的难点。根据国内外水下隧道施工经验，经研究决定采用全断面（帷幕）超前预注浆止水与加固围岩方案。后来，根据海底强风化槽的工程地质和水文地质条件，并未全部采用全断面（帷幕）注浆，而大部分采用综合注浆技术。

注浆材料以普通水泥-水玻璃双液浆为主，超细水泥-水玻璃双液浆为辅。注浆工艺为在涌水量较大的情况下采用前进式注浆，在无水或出水较小的情况下采用后退式注浆。

单孔注浆结束标准是当注浆压力达到设计终压，并持续保持 10 min 以上，或总注浆量大于注浆量的 80%以上即可结束本孔注浆。全段注浆结束标准是设计的注浆孔全部注浆完成后，要对该段的注浆效果进行评价，只有经过评价认为注浆效果达标后，方可结束本段注浆。

注浆效果检查采用钻探法，根据注浆状况确定检查孔位置，检查孔深小于注浆段长度 5 m。根据检查孔用水量及强度来决定是否补设注浆孔，直到达到设计要求为止。

厦门翔安海底隧道利用注浆技术攻克了国内外隧道专家高度关注的海域浅滩富水砂层和海底风化深槽等多项技术难关。2009 年 6 月由中国中铁承建的厦门翔安海底隧道右线贯通，一年零五个月后由中国铁建承建的左线也正式贯通。

　　齐岳山隧道全长 10 528 m，施工中先后遭遇了 187 个溶腔、溶洞，发生 5 次特大突泥、突水，穿越了 10 条断层、3 条暗河，被称为宜万线风险最高的隧道。其中，风险最大的是 F11 长大高压富水断层，被国内专家和同行公认为世界级难题。F11 断层处在得胜场槽谷段（见图 17.10），地表发育长度 45 km，在硬质可溶岩与软质非可溶岩的交界部位，具有岩性成分复杂、胶结松散、岩体破碎、饱和水使岩土性态恶化等特征，且水压高、水量大，是齐岳山隧道受地下水威胁最严重的地段。

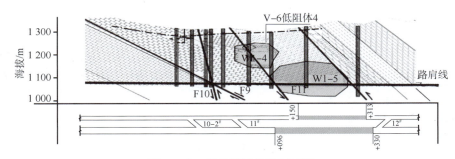

图 17.10　得胜场槽谷纵剖面图

　　由于 F11 断层的存在，给施工带来了巨大的安全风险和工期压力，曾邀请院士、专家召开施工技术论证会，请国内外专业注浆公司和专业冷冻公司现场调研，对冻结法、泄能降压法、注浆堵水加固法等重大技术方案进行反复研讨、论证。根据 2009 年 3 月 1 日平导突水突泥的经验教训，采用了分水降压和注浆加固相结合的施工方案。

　　首先将突水后的平导作为分水降压通道，并施作高位泄水支洞进一步降低正洞水压，对正洞施工中大股出水，采用引排不堵，有效降低水压，使原水压逐级降低；注浆加固是先施作止浆墙，然后通过周边预埋的导管进行注浆，对止浆墙与初期支护间的空隙进行封堵。

　　在施工中，对断层交界面出口上盘水量、水压富集区采用分水降压和信息化跟踪注浆组合工法，充分发挥分水降压与信息化跟踪注浆工法组合优点，采用泄水洞或平导突水后作为分水降压通道，对断层高压富水段采用平导和增设高位泄水洞作为泄水通道，多次分水降压、控制排放，有效降低水压，减少突水突泥量，降低正洞突水突泥风险；正洞采用信息化跟踪精确注浆，加固隧道范围内围岩和封堵周边大的出水裂隙，保证安全前提下，优化注浆工艺和参数，相比传统全断面帷幕注浆提高功效 30%～40%；注浆效果评定后，移交开挖支护工序，加强施工组织，机械或控制弱爆破开挖，及时强支护，快挖快封安全快速通过。

　　在 F11 断层施工中，分水降压和注浆加固相结合施工方案的成功实施在齐岳山隧道攻坚战中发挥了重要作用。2009 年 12 月 10 日齐岳山隧道胜利贯通。

第三节　洞外注浆技术

　　由于洞内超前注浆耗时较长、费用较高，同时，对隧道的正常施工影响较大，注浆期间洞内其他作业往往处于停工或窝工状态，往往会对工期造成极大的影响。而采用地表注浆可以使预加固围岩与隧道开挖作业平行、同步实施，是一种加快施工进度的很好选择。

在国内采用地表注浆加固隧道围岩的案例中，往往都是地面作业条件较好、埋深小于 40 m 的浅埋隧道。当隧道埋深大于 40 m 时，常常因钻孔作业困难及注浆质量没有保障而放弃地表注浆方案。随着钻孔机械、注浆机械、注浆材料等方面技术的进步和发展，埋深 100 m 左右的隧道采用地表注浆加固围岩已不再困难。在马鹿箐隧道"121"突水突泥抢险中，地表钻孔注浆深度已经达到了 275 m。

地表注浆最先用在矿山竖井的开挖中，随后，逐渐应用到公路隧道、铁路隧道、城市地铁和过街通道等工程领域中。除了高压旋喷注浆外，大概经历了从全孔一次性注浆，到分段注浆的发展过程。

一、初试矿山竖井

1961 年 7 月开工的广东凡口铅锌矿金星岭竖井，刚刚下掘 16.83 m，就因为水文地质及工程地质十分复杂，于 9 月份被迫停工。

金星岭竖井净径 5 m，最大深度为 379 m。经停工补查后，对竖井周围水文地质及工程地质有了较充分的了解，竖井将通过 5.75～21.79 m 的白云岩、总厚度为 28 m 的白云岩破碎带和砂页岩矿化破碎带。由于岩层十分复杂，直接威胁竖井施工的安全。因此，确定先采用地面预注浆法堵塞裂隙涌水和加固岩层，然后再继续下掘井筒。

注浆材料白云岩层选用的是 400 号和 500 号硅酸盐水泥；破碎带除选用水泥浆液外，还选用了水泥黏土浆液。钻孔采用 KA-2M-300 型垂直钻机，冲水钻进。注浆设备包括浆液搅拌机、黏土搅拌机、注浆泵、注浆管路、注浆器等，如图 17.11 所示。

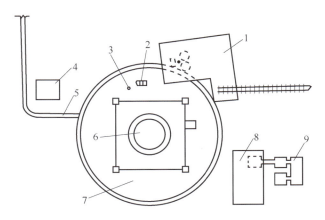

1—液浆搅拌站；2—钻孔；3—注浆孔；4—电工房；5—排水沟；
6—井筒；7—混凝土盖；8—黏土浆搅拌站；9—泥浆池。

图 17.11　注浆施工现场平面布置图

1963 年 3 月开始注浆至 1964 年 6 月结束，历时 1 年零 2 个月。通过最终抽水检查证明：竖井采用地面预注浆法基本上是成功的，其效果也很显著。

二、洞外旋喷注浆首次用于地下工程

1973 年铁道科学研究院从日本引进了高压旋喷注浆技术，日本称为 CCP 工法（chemical churning pile or pattern），它是用高压脉冲泵把浆液高速喷出，使土体和硬化剂在喷流的有效射程范围内强制搅拌，重新排列，最后快速凝固成桩。根据其特点，当时称为旋转喷射成桩加固法，也有的称之为化学旋转喷射桩法。引进后，铁道科学研究院进行了一些探索性试验研究工作。1975 年 12 月，邀请日本有关人员来我国就旋转喷射成桩加固法（CCP 工法）进行技术座谈。

高压旋喷注浆技术是软土地基加固补强的措施，适用于 N 值 0～30 的淤泥、黏性土、砂质土和砾砂等地层的土体加固工程。高压旋喷注浆的基本类型有单管法、二重管法和三重管法，它们各具特色，可根据工程要求和地质条件进行选用。旋喷桩的类型有单桩（群桩）、排桩（如挡土墙、隔水墙）、整片桩（如建筑物地基改良）。凡是钻机可以使用的地方都可以使用，无论水平、垂直或倾斜的方向都可以施工。既可以用于洞内，也可以用于洞外。

与洞内旋喷注浆相比，洞外旋喷注浆应用领域要广泛得多，应用于工程实际也相对较早，实例较多。二者的施工工艺、设备、注浆材料和适用地质条件都相差不大，其主要区别是洞外注浆以垂直旋喷为主，而洞内注浆则以水平旋喷为主。洞外旋喷注浆最先应用的并不是地下工程，而是桥墩基础加固工程。1975 年郑州铁路局科研所在黄河大桥基础加固试验中最早应用了高压旋喷注浆技术。正式应用高压旋喷注浆技术的工程实例是 1976 年的沟海线三岔河桥。

1978 年 10—11 月，铁道部科学研究院铁道建筑研究所与中国人民解放军 00069 部队合作在北京西直门地铁工地上进行了三重管旋喷法加固地基的浅层试验。首先用钻机打出 108 mm 的导孔；成孔后把三重管插入导孔底，然后水、气、浆三种介质同时喷射，由下而上进行旋喷。砂质土（N 值 18～22）成桩直径 1.1 m，平均抗压强度 36 kg/cm²，砂黏土夹砾石 0.55～0.95 m，平均抗压强度 180 kg/cm²。试验结果表明，三重管旋喷法克服了单管旋喷法不足之处，并且冒出的浆液可以收回再利用，是一项很有实用价值的地基加固施工方法。试验取得可喜成果。

由于高压喷射注浆的成本低、见效快、功能多和固结体质量好等特点，日益受到我国土木工程界的重视和好评，逐步成为我国常用的加固方法之一。据不完全统计，从 1976 年到 1983 年间我国高压喷射注浆工程已达 50 余项。在加固和防渗方面，成功而经济地解决了一些其他方法难以奏效的工程问题。其中比较有影响的地下工程是北京市翠微路管顶工程。

北京市翠微路管顶工程是北京市南旱河污水截流管工程农大泵站—水科院区间的一段，农大泵站—水科院区间长 2.5 km，由北京市第二市政工程公司负责施工。该区间污水管设计为内径 1 600 mm 钢筋混凝土管道，其中途经翠微路一段管顶覆土深达 7～8 m，而且此段管道中心位于翠微路路肩上，两侧有翠微中学、蔬菜公司、研究所等建筑物，路面以下有上水、下水、电信等管道，不宜采用开槽法施工，决定用顶管法施工。但顶管法在砂或砂砾层中不易操作，常因土层的坍塌使顶管工程不能顺利进行。翠微路地下土质经钻探在管顶以上有 2～3 m 的砂层，是极易坍塌的土质，需要采取一定的技术措施才能保证施工的顺利进行。关于土质加固，最初考虑采用静压硅化法加固管顶地层，每延米加固费需 1 700

元，造价（预算）较高，而且静压灌浆定向性差，这一方案被否定了。旋喷桩土质加固是20世纪70年代发展起来的，它具有设备简单、效果可靠的优点，是一种新颖的土质加固技术。旋喷桩直径与设备和土质有关，按使用设备情况一般成桩直径40~60cm。

虽然国内已有不少应用旋喷桩加固的工程实例，但是能否用旋喷桩对管顶以上的地层进行加固，从而在顶管挖土时不出现坍塌，在国内尚无先例。

如何在管顶以上砂土层中进行旋喷，使一个个旋喷桩紧密排列形成地下拱，从而挡住上层土不坍塌，使顶管顺利进行，这个问题值得认真研究。郑州铁路局科研所与北京市第二市政工程公司共同合作，在北京翠微路污水顶管中首次利用旋喷桩加固管顶土质进行了顶管施工的试验。试验段共长157.5m，采用旋喷桩构成地下拱支护，每排拱圈由六棵密排的桩组成，每棵桩高度为1~1.8m，两排拱圈的间距为1.2m。旋喷桩加固从1982年3月14日开始至5月6日结束，共旋喷564棵桩，合计钻进深度3948m，旋喷桩总长度为752m，加固区间长度为140m。

顶管从6月22日自顶坑开始向南顶，至7月30日顶完南段，8月19日开始向北顶，10月6日顶完北段。从顶管情况观察，凡经加固的地段除地下拱标高不准，出现小坍外，其他部位没有发生坍方，顶管顺利进行，而没有加固的地段坍方高度在2m左右，整个砂层全部坍下来，如果不进行地层加固，顶管是无法进行的。从这次试验看，旋喷桩土质加固技术用于顶管施工是成功的，图17.12为旋喷桩地下拱设计示意图。从经济上分析，每米旋喷桩实际耗资137元，折合每地面延米加固费用为737元，是当时土质加固技术中比较经济的一种。

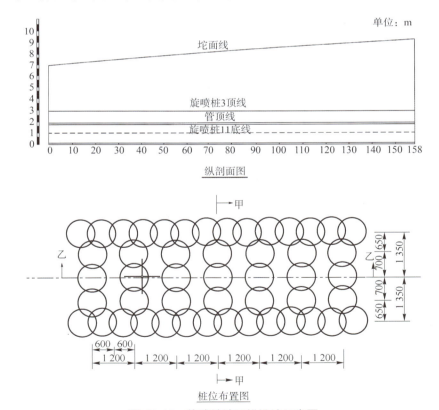

图17.12　旋喷桩地下拱设计示意图

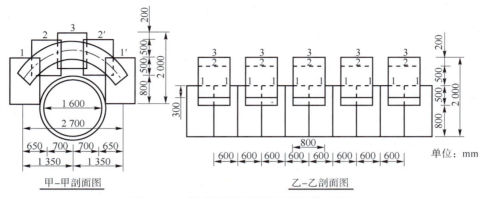

图 17.12　旋喷桩地下拱设计示意图（续）

此后，国内开展高压喷射注浆技术研究和施工的单位越来越多，喷射注浆设备、机具和浆材不断改进，施工技术不断提高，应用项目遍布全国各地。

三、穿越复杂的南岭隧道

南岭隧道全长 6 058 m，为衡广复线双线隧道，是仅次于大瑶山隧道的第二个控制性工程，图 17.13 为其工程地质纵断面简图。

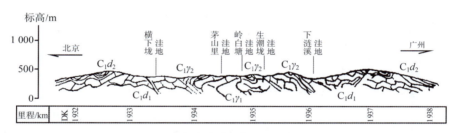

图 17.13　南岭隧道工程地质纵断面简图

隧道位于南岭剥蚀低山丘陵区，海拔 320～500 m。隧道标高为 273～282 m，埋深最浅地段仅 39～45 m。隧道洞身通过五处洼地（横下垅、茅山里、岭白塘、生潮垅、下涟溪）。全隧道通过灰岩地层约占 95%，可称之为浅埋岩溶隧道。全区断裂构造发育，以生潮垅、下涟溪最典型。通过二十多条断层，地质构造复杂，岩溶极为发育，溶蚀漏斗很多，其中充填大量流动性黏泥，突水涌泥，不断发生。1979 年当广州端下导进入下涟溪洼地，位于既有线以下约 40 m，大量突水冒泥，地下水位下降，地表附近的井泉水量减少，以致枯竭，并在既有线左右侧出现陷坑多处，严重危及行车安全，不得已被迫停工，在 DK1936+280 加筑临时堵水墙一道。为此，铁道部邀请路内外专家在现场研究对策。有人提出注浆封闭，防止泥水流失，稳打稳扎，再行掘进；有人坚决反对，为了不误工期仍采用通常开挖方式，继续掘进，遇水堵水，遇泥堵泥。经过几天论证，为了保证京广铁路安全通车运营，最后决定采用注浆方案。鉴于这段范围内覆盖层薄，决定采用地面预注浆方案，并于 1983 年 2月开始实施。

根据导洞测绘详细的地质资料，钻孔布置确定以断层为主的原则，在缺乏注浆经验的情况下，采用钻孔单液注浆，仅有两个孔消耗水泥 363 t，除导洞空间充填水泥外，将约

60～100 t 水泥充填到断层岩溶带和裂隙空间中，使地下水位基本恢复到原始状态。施工开挖后，在整个断层面未见流水，注浆堵水是成功的。终于安全顺利地通过断层 DK1936+269 处，地下水位逐渐恢复到原有情况。

1983 年 3 月，下导掘进到 DK1936+207 处，在掌子面右侧又突水冒泥，水压很大，原来的地表陷坑的水面不断下落，在既有线枕木端附近又出现新陷坑，十分危险。为了保证行车安全，又捡起行之有效的注浆措施。这次双管齐下，地面与洞内同时注浆，浆液填充岩层裂隙，堵塞地下水通道。现场反映，洞内预注浆效果好，地面注浆作用不大。

在 DK1935+300～+745 生潮垅段，全段岩性为下石炭统岩关组下段灰岩，上伏岩关组上段页岩。特别是其中的构造复合地段，岩溶发育，溶洞大部分全充填。充填物为黏性土、砂，局部为卵砾石等。为保证施工安全顺利，采用了地表预注浆加固措施，注浆方法为前进式注浆。在隧道中心线两侧各 7 m 纵向布孔，共计 104 个钻孔，孔深钻至隧底以下 10 m。由于地下岩溶与地表直接沟通，所注的浆液很容易互相串通，耗用了大量的水泥和水玻璃，有许多浆液突破表土而漫铺地面，成了无效消耗。在这一区段的地表注浆中，共有三个地段，注浆效果不尽相同。DK1935+300～+500 地表注浆产生多处大范围隆起，钢筋混凝土铺砌河床底抬高，衬砌开裂，虽然隧道开挖流水涌泥，但在隧道注浆范围内没产生塌陷；DK1935+500 溶洞，在隧道开挖中，可见水泥呈大块状，含量最高可达 50%，黏性土由原来的流塑状，变成软塑状，有一定自稳能力，而下导左边墙溶洞，由于没有进行充分注浆，洞内涌泥和地表塌陷未能避免；DK1935+430～+470 左侧小迁回导洞，开挖过程中溶洞内可见水泥块，有暂时自稳能力，为南岭隧道的最后迁回贯通创造了条件。没有地表注浆，南岭隧道的顺利贯通难以实现。

四、注浆深度突破百米大关

老营盘隧道全长 2 808 m，是京九铁路吉赣龙段主要控制工程之一。根据工期要求和地质条件，设三个斜井，施工工期为 17 个月。在施工过程中，由于对断层带防护不力，于 1994 年 1 月 5 日在 3 号斜井进口方向 DK214+270～+290 处发生坍方。

老营盘隧道穿过老营盘山脉，通过地层主要为变质长石英砂岩夹碳质板岩、泥质板岩，风化极严重。岩体构造破碎，节理和断层极为发育，在 DK214+250～+290 段为 40 m 断层破碎带，断层构造呈碎石镶嵌结构，断层构造水丰富，涌水量为 45 m³/h。

坍方段位于 319 国道旁，地表覆盖层厚度 120～150 m。针对上述地质情况、环境条件、设计要求及坍方体的特点，经过多种方案的比选并在洞内做深孔注浆试验，由于坍方体块大、结构松散、空洞多，钻头多次脱杆，无论是注浆孔的位置设置还是孔的深度都难以达到设计要求，最后决定采用地表深孔注浆的施工方案，图 17.14 为地面钻孔布置示意图。

主要机具为 KD150 钻机、BW-250 型和 BW-50 型泥浆泵、拌和机、电焊机各 1 台，储浆桶 2 个；注浆材料选择纯水泥浆液。

由隧道导线网对断层及坍方段隧道中心线、标高进行地表测量放样。根据洞外地形、洞内坍方的空洞部位和断层带的走向、倾角、浆液扩散半径等情况，确定孔位的布置，设置单排孔，其中两孔为倾斜孔，钻孔直径 ϕ110 mm。为了防止洞内跑浆，在坍方掌子面附近设置止浆墙。

钻机就位时必须准确放样，控制钻机支座倾斜角度。边钻进边用测倾仪测量，对钻孔进行有效控制，对超标的斜孔及时纠偏，以防偏离隧道中线太远。套管采用 ϕ60 mm 的无缝钢管，比钻孔孔径小一半，主要是为了防止钻孔偏斜，套管下不去。每节套管采用焊接方法进行连接，套管安放好后，才能起钻。

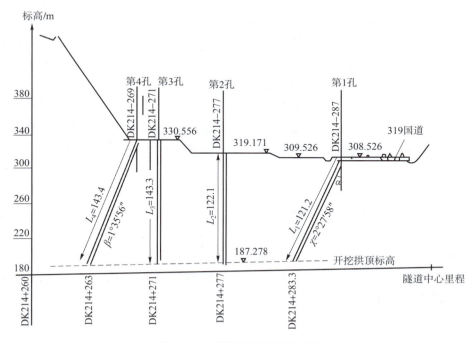

图 17.14　地面钻孔布置示意图

套管下好，起钻后，封闭注浆管与孔壁间隙，进行压水试验。经过压水试验，压力为零，确认孔眼畅通，即可进行注浆施工。

地表钻孔注浆于 1994 年 3 月 20 日开始至 5 月 28 日结束，钻孔总长 519 m，最大钻孔深度 143 m。注浆结束后，按设计要求钻孔取样，并对加固效果进行分析，取样表明：整个坍方松散体得到固结。其中，在开挖轮廓内及拱顶 5 m 以内坍体，浆液较充分且集中，形成强度较高的结石。在断层带，浆液较均匀，呈清晰的树枝网状，加固效果良好。注浆加固后，即采用留核心土环形开挖，架格栅、挂网、喷砼，加强衬砌，顺利通过坍方段和断层带。

五、梧桐山的双套管注浆

由盐田港集团于 1995 年 8 月投资修建的梧桐山下行隧道，是沟通深圳、盐田港、香港的一条咽喉要道，全长 2 370 m，设计为双车道。隧道进口端段覆盖层厚 11～20 m，其中有约 40 m 长砂层，主要成分为粗砂，地下水位位于砂层的上部，砂层处于饱和状态。砂层顶面至地表为回填土，回填土中含严重风化的碎石和块石。隧道穿过的地层为强风化的流纹质熔岩，开挖轮廓至砂层底面的最小距离只有 1 m 左右，因此，在隧道施工中极易发生塌方（见图 17.15）。

针对这种情况，决定在施工中采用洞内、洞外综合防治的施工方案。即洞内采用长管棚超前支护，辅之以工字钢拱架、挂网和喷射混凝土，洞外采用地表注浆固结砂层。根据设计要求，地表注浆仅仅是将砂层固结，原则上不涉及其他地层。但是，砂层上的回填土相当松散，无法用止浆塞止浆。为解决这一问题，经过反复试验，最后决定采用双套管地表注浆技术。

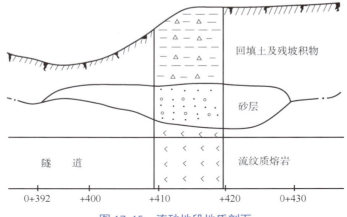

回填土及残坡积物

砂层

隧　道　　　　　　流纹质熔岩

0+392　　+400　　　+410　　　+420　　0+430

图 17.15　流砂地段地质剖面

双套管地表注浆是在砂层顶面至地表范围内安设 1 个外套管，其外壁与回填土密贴，再于外套管内安设注浆管，砂层范围内的注浆管采用花管，花管顶端（与套管底平）往上 2 m 范围的注浆管外壁缠绕止浆材料。这样，高压浆液进入注浆管后，通过注浆管的花孔只能对砂层进行固结注浆，进入回填土和基岩的浆液则仅为少量。

浆液选用水泥-水玻璃双液浆，注浆采用 2 台 BW 注浆泵和自制的混合器，水泥浆用立式搅拌机拌和。

在注浆过程中，除几个设在回填土层特别薄的孔处有浆液从距注浆孔 3 m 外的回填土内跑出外，其余地表基本无窜浆。从注浆孔钻取的砂样看到，注浆后的砂呈块状，固结良好。洞内挖到注浆段时，岩面潮湿，地下水无活动，而在邻近的不注浆地段发现有大面积漏水。

用双套管地面注浆能够很好地进行孔内注浆，做到了有针对性地对岩层中的流砂层进行注浆固结。

六、处理地铁塌方

2000 年 12 月 30 日 21:30 广州地铁二号线鹭江站站后折返线隧道于掌子面里程 YDK6+190 处出现大量涌水涌泥现象，拱顶出现 2 个较大的洞穴，里面漆黑一片，望不到顶，隧道根本无法进尺。2001 年 1 月 1 日 20:00 在掌子面同一里程拱部又出现大的塌方，并伴有大量的泥砂及涌水，此时拱部土体自稳能力相当小，随时会出现坍塌，情况非常不妙。地面东西方向主干道新港西路混凝土路面已出现裂纹，累计沉降量地表最大达 71.25 mm，如果不采取有效措施制止，很可能会导致水土大量流失，地下管线（包括排水、供水、电缆等）和周围建筑物将会出现险情，其后果不堪设想。

鉴于诸多不安全因素：一是土体松散，且伴有大量涌水涌泥，土体自稳能力差；二是地层中存在不明空洞；三是拱顶及路面沉降量过大。根据以往施工经验并结合各专家理论分析，排除管棚施工、双侧壁导坑法及帷幕注浆方案，果断采取如下方案：先对掌子面进行封堵，即从掌子面中部较硬土层往拱部斜打超前小导管并灌注双液浆，以免险情进一步扩大；拱部坍塌的原因经查是由于管线在改迁时引起地质变化所致（管线底部垫的砂子没夯实），为此对隧道剩余地段实施地表注浆，对拱部覆盖土层进行固结处理。这样既可解决隧道渗漏水，又能增强土体自稳性，有利于地下管线及周围建筑物的施工安全，同时可改善洞内作业环境，为下一步的开挖及日后二次衬砌的快速施工奠定了基础。

由于隧道横断面比较宽，横跨新港西路，为确保所布注浆管的准确性和有效性，布管前首先测量出隧道中线及边线，其次在注浆范围内进行交通疏解。因为新港西路作为海珠区东西的主要车道之一，不可能在注浆期间中断交通，为此地表注浆分两次进行，先进行北侧施工，南侧通车，待北侧地表注浆完毕通车后，再对南侧注浆。

地表注浆以水泥单液浆为主，为减少水泥浆用量，先在注浆段四周注双液浆。各孔段注浆达到结束标准时终止注浆。若在注浆过程中发现地表有冒浆现象，可提前终止注浆。

对该折返线进行的地表注浆达到预期效果。地表最大沉降点在注浆完毕后，其沉降值稳定在 71.28 mm 以下。既解决了洞内作业环境问题（由涌水到漏水到渗水），又增强了土体自稳能力，有效地控制了地下管线断裂及周围建筑物沉降倾斜，同时地表沉降得到了有效控制。

七、抢险堵水塞

2005 年 11 月 30 日，宜万铁路马鹿箐隧道出口平导施工至 PDK255+992 处，超前深孔钻探发现平导前方沿线路方向一个长 2～8 m 溶腔，溶腔内少量充填黄泥、河砂、砾块石及木屑等，大部分被水充填，超前探孔单孔最大涌水量为 35 m³/h，水压力为 0.8～1.2 MPa，图 17.16 为马鹿箐隧道工程地质图。随后确定超前帷幕注浆方案，注浆结束经效果评价后进行开挖。2006 年 1 月 21 日，平导向前开挖至 PDK255+978，已进入溶洞 4 m，经观察，溶洞破碎裂隙被浆液充填。之后，进行正常超前探测。10:50 准备出渣时，出渣人员听到掌子面有掉块、坍方响声，并伴随少量流水，于是立即停止出渣，乘电瓶车逃离。随后发生大规模涌水，导致洞内照明电路跳闸停电。经推测，平导掌子面突水后约 5 min，水通过平导与正洞之间的 4 号横通道涌入正洞，致使正洞多名作业人员被困。平导逃生人员出洞后立即报告，随即启动应急预案。当营救人员乘梭矿车行至 DK257+600 处时，洞内已被涌水淹没无法继续前进，随即立即出洞。随后 11:05，水相继从平导、正洞涌出，洞口水面高度 3.5 m，涌水将平导内重达 18 t 的梭矿车和 4 台电瓶车冲出 100 m 外的洞外坡底，淹没洞外施工场地和设备物资，冲垮临时场地挡墙，冲毁 300 m 外的民房。突水持续约 40 min 后减弱至300 m³/h，突水致使正洞作业人员遇难。事后经测算，峰值最大涌水量 72 万 m³/h，突水总量约 18 万 m³。图 17.17 为马鹿箐隧道出口此次突水突泥示意图，图 17.18 为事故照片。

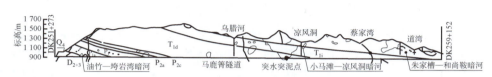

图 17.16　马鹿箐隧道工程地质图

突水突泥发生后，随即成立抢险小组。针对多名作业人员被困，确定采取强行抽水方案进行试验。2006 年 1 月 24 日 14:35，抽水至平导 PDK258+709、正洞 DK258+688 时，再次发生突水，于是立即暂停抽水，组织抢险人员撤离，进一步观察水情，并邀请专家研究新的抢险方案。研究决定引进石油、煤炭行业先进的地表超深钻孔和注浆技术，在平导内构建堵水塞封堵溃水通道。

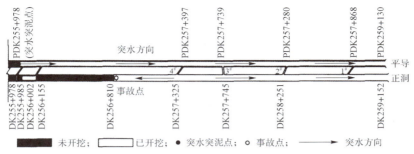

图 17.17 马鹿箐隧道出口 1·21 突水突泥示意图（隧道为 15.3‰反坡）

（a）马鹿箐隧道突水洞口照片   （b）马鹿箐隧道突水洞口场地照片

图 17.18 马鹿箐隧道出口 1·21 突水突泥照片

钻孔使用的是美国 Schramm 公司生产的 T685WS 车载顶驱钻机，分别在平导地表 PDK257+377（1 号孔）、PDK257+370（2 号孔）、PDK257+363（3 号孔）进行定向钻孔，钻孔深度 275 m。

为在平导内构建止水塞，采用向平导内充填骨料作为注浆介质。利用钻孔充填骨料，在拱肩部位会露出"盲空"，致使不能满断面充填骨料。为弥补"盲空"现象，在 1 号孔、3 号孔填充大部分骨料后再实行拱顶爆破，形成顶锥形空腔，然后改用缓堆积角的小粒径石屑补充充填，将"盲空"缩至最小。充填骨料后，即启动注浆程序。

注浆分为底板弱层挤密与置换、骨料胶结和拱顶密封三个阶段。底板弱层挤密与置换阶段采用高压注浆，通过止浆塞花管从平导底板起向上分层注浆，浆液采用水泥单液浆；骨料胶结阶段通过采用孔口密封、止浆塞花管注浆，浆液采用稠化水泥浆，注浆时浆液在骨料大空隙间扩散；拱顶密封注浆阶段采用孔口密封的注浆方式来充填"盲空"，浆液采用稠化浆和双液浆。采用 1 台油压 600 型钻机和 2 台 BW320 型注浆泵进行注浆扫孔和套管提升。

堵水塞于 2006 年 2 月 21 日开始施作，5 月 23 日完成并通过验收。2006 年 7 月 22 日 00:12，4 号横通道混凝土封堵墙右下方突然出现冒水，现场立即启动应急预案，撤离作业人员。8:00 和 8:20，平导与正洞相继发生突水至洞口，第一次堵水塞失效。接着，又重新施作加强版的堵水塞，图 17.19 为堵水塞注浆加固效果照片。

堵水塞加强方案为：利用原 3 个地表钻孔进行补注浆，同时，在 4 号横通道中间位置对应地表增设 1 个钻孔，通过钻孔进行注浆，使堵水塞长度加长，形成"3+1"堵水塞加强方案。堵水塞加强方案于 2006 年 8 月 8 日开始施作，9 月 30 日完成并通过验收。堵水塞加强方案实施完成后，于 2006 年 10 月 7 日开始进行抽水。抽水过程中，分别对 2 号、3 号封堵墙进行加固，并对 4 号横通道采取正洞侧挡墙加固。挡墙施工过程中，通过正洞侧墙对 4 号横通道内进行注浆，进一步挤实加固黏土夹层，强化止水塞效果。至 10 月 29 日，突水突泥抢险结束。

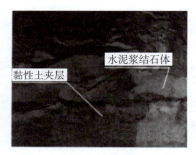

(a)4#横通道堵水塞现场揭示照片   (b)4#横通道堵水塞加固现场揭示大样照片

图 17.19 堵水塞注浆加固效果照片

2009 年 7 月 30 日，龙厦铁路象山隧道进口右线开挖到 YDK24+136 后，施作全断面（见图 17.20）超前帷幕注浆。11 月 22 日，注浆完成后施作超前大管棚预支护。之后，按三台阶临时仰拱法开挖。12 月 14 日，上台阶开挖到 YDK24+158 里程后采取喷射混凝土封闭掌子面。12 月 23 日，中台阶施工到 YDK24+158 里程时，左侧初期支护喷射混凝土出现开裂、掉块，初始坍方量约 600 m³，涌水量约 200 m³/h，之后，涌水量持续增大至 7 000 m³/h，致使进口反坡隧道被淹 4.4 km，涌水总量约 50 万 m³。突水突泥后，地表大面积沉降，地面出现 84 处陷坑，最大沉降量 768 mm，房屋开裂、倒塌，搬迁 800 余人，水泥厂停产（见图 17.21）。

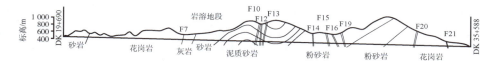

图 17.20 象山隧道工程地质纵剖面图

图 17.21 突水突泥地质灾害照片

面对这次严重的突水突泥，开展了针对性的抢险工作，采取的措施与马鹿箐隧道"1·21"突水突泥抢险措施基本相同，都是在地面实施深钻孔，通过钻孔投放碎石，并进行控制注浆，形成堵水塞体，切断突水点。钻孔设备采用的也是美国雪姆 T685WS 车载顶驱钻机，钻孔深度为 150 m。钻孔注浆自 2010 年 1 月 19 日开始，至 3 月 30 日结束，历时 70 d。地表注浆完成后，于 2010 年 4 月 1 日通过隧道进口左、右线，以及斜井进行反坡追排抽水。抽水机安装于改装后的 25 t 载重汽车上形成移动泵站。2010 年 7 月 7 日恢复左线掌子面施工，左线贯通后，抽水清淤施作止浆墙，恢复进口端右线施工，抢险工作正式结束。

八、注浆中的声波探测

长湘高速公路起于望城县的茶亭，北接岳阳至长沙高速公路，终于湘潭塔岭，与潭衡西线高速公路对接。长湘高速是湖南第一条两型科技示范高速公路。2009 年 6 月开工，2012 年 12 月 23 日建成通车。

京珠复线长湘高速公路李家冲隧道为双向六车道，隧道区出露的地层上部为第四系粉质黏土，厚约 40 cm，整座隧道围岩为变质砂岩夹砂岩板岩，岩体破碎，围岩类别为 V 级围岩。李家冲隧道全线均为浅埋，左线最大埋深 18 m，右线最大埋深 25 m，隧道经过区域左洞侧上方有一座 500 kV 高压电线塔，塔高 27 m，塔基中心线位于隧道 ZK147+103 左侧 13 m。该高压线路担当了长沙至湘潭的输电任务，十分重要；为了确保隧道施工过程中铁塔的安全，通过对地表采取预注浆加固，来有效地控制地层位移和变形，以保证电力线的正常运营。

注浆采用水泥-水玻璃双液浆，并通过现场注浆试验，对注浆压力、注浆量和注浆时间等情况及时进行了调整；钻孔采用全自动履带式潜孔钻机；围岩固结灌浆采用自上而下、脉动冲压式灌浆法分段进行灌浆，灌浆孔灌浆前先进行风或风水联合冲洗，待孔内冲洗干净后再进行灌浆；当每孔注浆量达到设计要求的结束标准时即终结注浆。

在本次地表注浆中采用了声波探测技术，来检测注浆加固效果。即在灌浆区靠近铁塔基础部位布置两组 4 个声波测孔，进行跨孔声波测试。通过对比灌浆前后声波值（见图 17.22、图 17.23），来分析灌浆效果，取得成功。

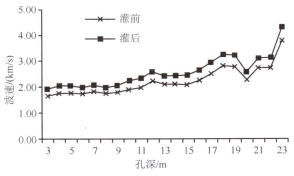

图 17.22　A 组声波测试曲线图

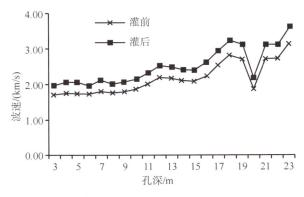

图 17.23　B 组声波测试曲线图

九、隧道袖阀管地表注浆

　　梅汕铁路大岭隧道位于广东揭阳市新亨镇附近，隧道全长 1 172 m，埋深约为 35～50 m。地质条件除地表有薄层浮土外，直到隧底均为呈砂土状的全风化黑云母花岗岩，透水性强，遇水易崩解，其中夹有较多坚硬的球状风化孤石，地表水补给迅速。该段隧道设计为Ⅴ级围岩（见图 17.24），隧道施工采用三台阶临时仰拱法。

图 17.24　隧道掌子面围岩

　　为减小对围岩的扰动，开挖作业以人工配合机械为主。隧道开挖掌子面稳定性极差，施工中有水地段频繁发生溜坍、涌泥；无水地段则表现为漏砂、流砂现象；钢架变形、喷射混凝土开裂现象突出，初期支护侵入二次衬砌问题十分严重，隧道施工难以进行。若不采取措施加固地层并止水，就无法确保隧道开挖掌子面的稳定。隧道地层可采用洞内和地表加固方案，洞内地层加固方案可采用水平旋喷、超前帷幕注浆、冷冻法等；地表注浆可采用深孔注浆、袖阀管注浆、旋喷桩等方案。

　　由于洞内注浆作业空间狭小，循环时间长，工效低；分段加固，分段开挖，循环推进，影响隧道正常施工组织。而地表注浆作业空间大，可多台设备同步组织施工；可一次性完成该段地层加固；对隧道内作业无干扰，有利于隧道内施工组织。由于隧道工期很紧，最终选择了地表注浆加固方案（见图 17.25）。

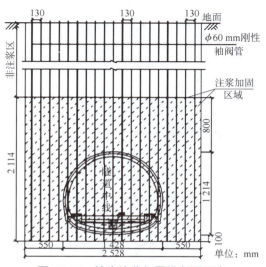

图 17.25　地表注浆加固横断面示意

通过在地表钻孔进行钢花管注浆、袖阀管深孔注浆、高压旋喷桩工艺试验，最后确定采用地表垂直刚性袖阀管分段后退式注浆工艺，从孔底开始向上，分段后退注浆。

隧道纵向加固长度为 100 m；横向加固宽度为隧道开挖最大跨两侧向外 5.5 m；加固深度为自隧底下 1 m 加固至拱顶上 8 m 范围，加固总宽度为 25.28 m，最小钻孔深度为 38 m，最大钻孔深度为 68 m，单孔注浆加固长度为 21 m；富水区注浆孔采用梅花型布置，并根据地表条件适当进行调整间距。地表纵向注浆分为 4 个分区，外圈孔以普通水泥-水玻璃双液浆为主，用于控制注浆区域形成止水帷幕，内圈孔以早强硫铝酸盐水泥单液浆或掺 HPC 同性能普通水泥浆注浆加固，并辅助普通水泥-水玻璃双液浆提升注浆压力。单孔注浆达到设计结束标准即终止，全段注浆孔注浆完成，无漏注现象，结束注浆，其效果见图 17.26。

大岭隧道地表注浆施工自 2018 年 9 月开始，为加快施工进度，工作面配置了 4 台履带式多功能钻机同时钻孔，6 台注浆机注浆。

地表深孔注浆后，隧道开挖掌子面浆脉明显，浆液劈裂效果明显，掌子面稳定，达到了设计加固目的。

通过承压钢管的袖阀管进行地表注浆加固深埋全风化富水花岗岩地层，确保了隧道开挖掌子面的稳定，加快了施工进度，对确保项目总工期目标的实现发挥了重要作用。

图 17.26　隧道开挖掌子面效果

第十八章 冻 结

第一节 冻结技术概述

　　冻结技术是利用人工制冷技术，使地层中的水结冰，把天然岩土变成冻土，增加其强度和稳定性，隔绝地下水与地下工程的联系，以便在冻结壁的保护下进行地下工程掘砌施工的特殊施工技术。其实质是利用人工制冷临时改变岩土性质以固结地层。冻结壁是一种临时支护结构，永久支护形成后，停止冻结，冻结壁融化。其制冷系统多以氨作为制冷工质，使氨由液态变为气态，再由气态变为液态，如此循环进行，整个制冷系统由氨循环系统、盐水循环系统和冷却水循环系统 3 大循环构成。

　　1862 年英国南威尔士矿山首次用人工冻结的方法来解决竖井开挖过程中含水地层的塌陷问题；1883 年德国工程师弗德里希·海尔曼·波埃雪在阿尔巴里德煤矿采用冻结技术进行 103 m 深的竖井施工，提出人工冻结法施工原理，同时获得"冻结法凿井技术"专利，正式宣告了冻结法施工技术的诞生。

　　我国 1955 年首次在开滦林西风井引进冻结法，之后，主要应用于矿山竖井的施工，现已施工了 1 100 多个冻结竖井，约 296 000 m。当然，在矿山竖井一统天下的情况下，在地铁隧道盾构始发与接收竖井、桥梁工程桥墩基坑等工程领域也有不少应用。

　　在应用垂直冻结技术修建矿山竖井的过程中，由于市政、水利等地下工程的大量修建和对技术的需要，冻结法开始进入到市政工程领域，并产生了水平冻结技术。在我国最先采用水平冻结技术的是北京地铁复八线，随后上海、广州、南京、天津、福州、深圳、苏州等城市相继采用，在水利隧道和公路隧道也都有应用。

第二节 垂直冻结技术

一、开滦引进了冻结法

　　1954 年，开滦煤矿林西矿因生产发展需要，在新庄子一带开凿一个通风竖井。按当时技术条件要在这样含水丰富的深表土层中开凿竖井是相当困难的。开始确定的施工技术方案是：在第一含水层中（0～5 m）采用一圈 7 m 长的木板桩；在第二含水层中（6.5～12.3 m）采用两圈各 4 m 长的钢板桩；关于第三含水层（22.09～44.12 m），拟在地面灌注水泥浆。由于第一含水层离地表较近且水量较小，木板桩施工比较顺利。但在第二含水层的铁板桩施工中，却出现钢板桩弯曲、扭曲和大量偏斜现象，井壁出现空洞，造成大量漏水、漏砂，不得不中止掘进，被迫采取在板桩外加固地层措施。在颗粒均匀的粉砂、细砂中灌注水泥浆或黏土浆显然不会有好效果。因此，不得不试用成本较高的"电动矽化加固土壤法"，才通过了上部两个含水层，掘进了 14 m 井筒。显而易见，按照原定的施工方案，穿过第三个含水层是十分困难的。为了安全快速地建成林西风井，经研究决定原开凿的井筒报废，易地重建风井，由波兰成套引进冻结凿井法，即从设计、施工直至提供设备以及设备安装、运转均由波兰承担，中方则安排相应的技术人员和工人顶岗学习并配合施工。

根据井筒水文地质情况，确定井筒冻结深度为 105 m。1955 年 1 月 11 日开始打冻结孔。26 个冻结孔布置直径 9 m，间距 1.087 m。在冲积层段，按地下水流方向另加了 15 个辅助冻结孔。冻结管采用 $\phi114$、$\phi141$ 和 $\phi165$ mm 无缝厚壁钢管。打钻采用 3 台 SmSu 型冲击式钻机。冷冻站安装 2 台 L-14 型冷冻机，总工作制冷能力 440 kW，冷却盐水最低温度-25 ℃。永久井壁厚 72 cm，砌筑 200#缸砖，壁后充填素混凝土 20 cm。打冻结孔、积极冻结和井筒掘砌的施工天数分别为 225 天、46 天和 143 天。井筒凿砌平均进度 22 m/月。冻结法施工成井总成本 1 万元/m。

林西风井首次采用冻结法凿井是成功的。与其他当时能够采用的特殊凿井方法比，冻结法尽管工期较长，成本较高，但它的突出特点是显而易见的。富水深表土层的施工难点是防水治水，而冻结法将井筒周围的水变成冰，达到了安全快速"打干井"的目的。它克服了其他凿井法的施工难点，简化了井角开凿工艺，改善了施工卫生条件。

开滦矿务局继林西风井后，于 1956 年在苏联专家的指导下，利用国产施工设备开始了唐家庄风井（冻深 60 m）、范各庄矿井（冻深 85 m）的冻结法凿井。紧接着在 1957 年及以后又相继开凿了唐山风井（冻深 153 m）、荆各庄矿井（冻深 162 m）和徐家楼、只家佗等矿井。1970 年以前，我国竖井冻结深度主要集中在 300 m 以下，最深的是平八东风井，为 330 m。

从引入冻结法施工技术到 20 世纪 70 年代初，主要是应用冻结法的基本技术和工艺，建成国内首批冻结井筒，培养了自己的技术人员与施工队伍。

二、冻结深度在 500 m 以内

从 20 世纪 70 年代初开始，以 500 m 深以内冻结井筒为目标，以"二壁一钻"为技术关键，进行攻关，解决了当时认为的深井（300～500 m 深）冻结理论与技术问题，研制成功了冻结孔专用钻机、小直径电脑化新型陀螺测斜仪，开展了定向钻进技术、双层夹层井壁技术研究，进行了冻结壁与井壁应力与位移测量；同时还进行了冻土特性试验及井壁、冻结壁设计等基础理论研究，并应用于指导施工工艺研究等，使我国具备了施工 500 m 深以内冻结井筒的基本技术条件。

20 世纪 80 年代中后期以后，主要解决了冻结井筒中出现的两大技术难题，即深厚冲积层中冻结法施工的安全性与疏水沉降地层中冻结壁的可靠性问题。

从 20 世纪 70 年代初一直到 20 世纪末的 30 年间，用垂直冻结法共修建了 406 座竖井，冻结深度超过 400 m 的只有 8 座，最深的是 435 m 的陈四楼副井，但始终未能突破 500 m。

三、冻结深度有了重大突破，纪录不断被刷新

进入 21 世纪后，我国的煤炭建设进入新高潮，用冻结法修建的矿山竖井越来越多，冻结深度不断加深，最先突破 500 m 冻结深度的是安徽淮南丁集矿风井和山东龙固副井。

淮南矿业集团公司丁集矿井位于淮南市凤台县，距淮南市约 50 km，紧靠凤台—蒙城公路。设计生产能力为 500 万 t/年，采用竖井开拓方式，在工业广场内设有主、副、风 3 个井筒，表土段均采用冻结法施工，基岩段则均采用地面预注浆封水。其中，风井井筒净直径为 7.5 m，冲积层厚度为 528.65 m。冻结深度为 558 m，井筒深度为 861 m。

风井冷冻站共装设 30 台制冷机,其中,低压制冷机:JZ3KA31.5 型 9 台、JZ3KA25 型 8 台、8AS-17 型 4 台、KA20 型 1 台;高压制冷机:JZ3KA25 型 6 台、8AS-17 型 2 台。

丁集煤矿风井冻结站于 2004 年 2 月 18 开始运转;井筒于 2004 年 6 月 9 日试挖,6 月 28 日正式开挖;2005 年 1 月 30 日施工完成。项目部成立了技术攻关小组,负责课题项目工程应用的组织和实施。为了攻克施工中的技术难题,先后完成了"多排孔冻结温度场分布规律研究""冻结壁强度及稳定性分布规律数值分析""深冻结井内、外壁高强混凝土实验室及配置""深冻结井可缩性井壁承载力的实验研究""冻结井壁结构分析研究"等 10 多项科研课题。2006 年 5 月 20 日项目研究成果获煤炭工业 2005 年度"十大科学技术成果奖"。丁集煤矿风井创造了国内 565 m 冻结深度的冻结法凿井全国新纪录,第一个突破了冻结深度 500 m 的大关。

其实,山东龙固副井的冻结法施工要早于丁集煤矿风井,冻结站于 2003 年 11 月 18 日正常开机运转,2004 年 5 月 1 日正式试挖,6 月 1 日正式开挖,但到 2005 年 8 月 31 日才完成冻结段施工,比丁集煤矿风井晚 7 个月时间,错失第一个突破冻结深度 500 m 大关的竖井,但它刷新了冻结深度的最新纪录,冻结深度达到 650 m,同时取得了不少技术创新。在冻结施工中,首次采用靶域控制钻进、灯光及陀螺斜侧、螺杆机具纠偏、大流量泥浆循环冲孔、减压钻进等技术。

此后,冻结深度超过 500 m 的竖井不断出现,纪录不断被刷新。2004 年开工的山东郭屯主井和河南焦煤集团赵固一矿井,冻结深度分别达 536.6 m 和 594 m;2012 年开工的淮南杨村矿风井,冻结深度为 800 m;此外,还有山东菏泽巨野矿区的龙固矿副井,冻结深度 650 m;山东鲁能郭屯矿,冻结深度 702 m;核桃峪矿井副井,冻结深度达到 950 m,超过英国博尔比巧盐矿井筒 930 m 冻结深度的国际纪录。

四、走出矿山竖井,初入城市地铁

垂直冻结法从矿山竖井走出来,最先进入的领域是城市地铁。最早的工程应用是 1970 年北京地铁采用了垂直冻结法施工,冻结长度 90 m,深度 80 m,采用明槽开挖;之后是 1975 年,沈阳地铁 2 号井采用冻结法施工,井筒净直径 7 m,冲积层 31.4 m,冻结深度 51 m。

冻结技术在城市地铁中的应用,主要有隧道联络通道及泵站、盾构进出洞土体加固、地铁修复工程以及其他冻结加固工程。盾构始发与接收技术就是地下隧道交通工程中的难题之一,该阶段施工有较大风险,其各个施工环节监管不严均可能酿成洞口土层坍塌、涌水涌沙、周遭建筑及管线破坏等工程事故。因此,为了保障盾构隧道施工的质量和进度及其进出洞作业的安全,对端头土体进行合理的加固是尤为关键的一步。端头加固可以增大土层强度和稳定性,提高施工作业的便利性,其加固方式多种多样,在众多端头加固方式之中,冷冻加固以其适应性好、施工灵活、施工过程无污染等优点而应用广泛。在端头冷冻加固中应用最多的是垂直冻结技术。在这方面应用较早的是在 2001 年南京地铁 1 号线的张府园车站。

张府园车站南端头井洞门区域采用地下连续墙、深层搅拌桩以及压密注浆对土体进行加固,在凿除洞门钢筋混凝土时发现洞门中心处东、西两侧有流砂涌入,迅速采用双液注浆堵水,过了两天又有大量流砂涌入,对周围环境产生较大的影响,其中端头井东侧的沉降量增大,东部 20 m² 区域地面下陷 1.5 m 左右。在这种情况下施工单位及时采取措施,以保证施工以及周围环境的安全。根据管线及房屋调查结果显示,在张府园车站南端头井的东侧沿中山南路方向 15 m 范围内有 380 V 的电缆一根、直径约 900 mm 的下水管一根，南侧沿建邺路方向 15 m 范围内有 380 V 的电缆一根、直径约 1 200 mm 以及 150 mm 的上水管一根。这些管线距加固区域距离均在 8～15 m 范围之内（见图 18.1）。

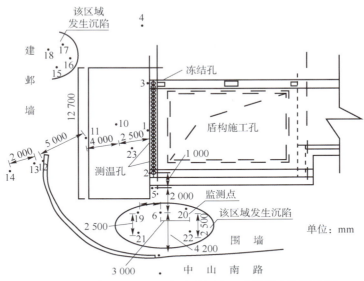

图 18.1　洞门区域平面及位移观测点、冻结管布置示意图

我国城市地下工程常采用旋喷、深层搅拌、注浆、地下连续墙及冻结法等加固方法。由于张府园车站南端头井地质条件较为复杂，容易产生流砂，经过压密注浆检测加固效果不太明显，有些土质吃浆量低；旋喷对淤泥、粉土、砂土等软弱地基处理有良好的效果，但当地层存在动水时，旋喷桩养护时间需要延长，有潜在不能成桩的危险，且难以发现，若出现部分旋喷桩不能成桩，必须再次加固，就会增加加固的难度。冻结法可在极其复杂的地质条件和水文条件下形成冻土壁，在粉土及粉砂层中冻结，冻融土的压缩模量降低不大，即冻融沉陷不会太大，显然是一种安全可靠的方法。

经过方案比选，张府园盾构出洞采用了垂直冻结技术。即采用在盾构出洞口周围土层中布置垂直冻结孔冻结的方法（见图 18.2），在洞口外侧形成一道与工作井地连墙紧贴的冻土墙，以抵抗洞口周围的水压力。在盾构出洞方向沿工作井地连墙外侧布置冻结孔，并在冻结孔中循环低温盐水，使冻结孔附近的含水地层结冰形成冻土墙，并在冻土墙的保护下打开盾构出洞口和推进盾构机。

张府园车站没有出现明显的冻胀融沉，也没有对周围环境造成影响，且冻结施工无噪声，无污染，对地下水位和水质没有影响，取得了良好的施工效果；虽然从开始钻进冻结孔到拔管结束总工期为 35 d，比注浆、深层搅拌桩法略长，但确保了一次成功。

张府园南端头井洞门补充加固采用垂直冻结法施工，完成了张府园南端头井上行线洞门的开凿，使盾构机顺利出洞。

后来，在南京地铁 10 号线越江段的盾构接收站和松花江路站—绿博园站区间盾构始发站，都用到了垂直冻结加固技术。另外，在上海地铁、深圳地铁等多个城市地铁的盾构施工中采用垂直冻结技术对始发和接收井进行加固。除了城市地铁，在其他工程的盾构施工中，垂直冻结技术也有应用，其中，2017 年的苏通 GIL 管廊工程就是一个比较重要的工程实例。

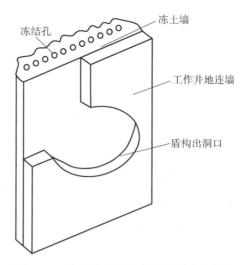

图 18.2　冻结孔布置及冻土墙形成示意图

　　苏通 GIL 管廊工程过长江段南起苏州侧工作井（始发），北至南通侧工作井（接收），全长 5 336.59 m，使用盾构法进行施工。盾构隧道外径为 11.6 m，内径为 10.5 m。工程场址位于长江三角洲近前缘地带，具有河口段沉积物特点。南岸工作井端头处范围内土层主要为填土和黏土。地下水类型主要为潜水、微承压水和承压水，其中微承压含水层与承压含水层之间没有明显和稳定的隔水层分隔，联通性较好。该区域土层工程性质不佳，含水量较大且土层渗透性略强，为了确保盾构始发施工的安全，必须对端头土体进行加固。

　　根据盾构始发的地质特点，采用了垂直冷冻加固法，来大幅度提高土体的强度和稳定，形成冻结壁以保证盾构始发的安全性。南岸工作井盾构始发垂直冷冻板块有效冻结长 23.514 m，盾构开洞范围上下左右各 5 m 范围，冻结有效厚度为 2 m。图 18.3 为冻结孔现场布置，图 18.4 为冻结站安装示意图。

图 18.3　冻结孔现场布置

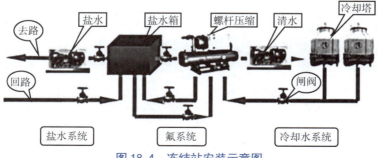

图 18.4　冻结站安装示意图

通过现场施工效果实测，冻结壁交圈时间为 22 d，35 d 后冻结壁达到设计厚度，此时冻结壁平均温度均在-15 ℃及以下。在进行第 1 次拔管后，冻结管维持冻结直至盾构机穿过冻结区，盾构机推进通过冻结区时间为 2 d。2017 年 6 月 28 日盾构机始发，从掘进到贯通，用时 14 个月。盾构的安全始发，对该工程安全施工和按期完工，具有重要的意义。

五、进入引水工程

垂直冻结在水利工程的水工隧洞施工中非常少见。神木县供水工程输水隧洞施工竖井就采用了此种施工方法。神木县供水工程位于毛乌素沙漠南缘，地处县城西北部的秃尾河与窟野河两河流域间，输水隧洞线路西起瑶镇水库，东止麻家塔乡贺家石畔村，全长 22.368 km，设计流量 0.244 m³/s，加大流量 0.385 m³/s，隧洞采用 1.8 m×2.4 m 城门洞型横断面，C20 混凝土衬砌厚度为 25～30 cm。隧洞沿线地形为沙漠地貌，地层岩性上部为第四纪风积沙、黄土状壤土，下部为沉积砂岩、泥岩互层，区域地下水丰富；布置施工竖井 21 眼，总深度 2 300 m，平均深度 105 m，最浅 25.2 m，最深 178.3 m。竖井采用井点降水，倒挂壁方法施工。2005 年 10 月输水隧洞工程开工建设，由于流砂、地下水量大且丰，井点降水失败，后采用钢护筒和钢护筒外壁灌浆成井，也未成功。经一年苦干，仅成井 4 眼，其余 17 眼竖井均未完成。经总结经验，研究确定采用冻结法竖井施工方案。即在设计的竖井外围，布设钻孔安装冻结管，采用低温冷冻液循环制冷封冻松散有水地层，起到固结地层、提高强度、阻断水流的作用，从而实现安全开挖和衬砌竖井。

冻结孔开孔间距 1.13～1.2 m，冻结圈径 5.2～7.0 m，冻结壁厚 1.5 m，积极冻结时间 50 d，维持冻结时间 25～50 d，积极冻结盐水温度-25 ℃，冻结壁平均温度-7～-5 ℃，一般冻结深度（短腿）为穿过表层土深入基岩 15 m 或超过已开挖深度 5 m，长、短腿间隔布置。

采用冻结法施工后，原井位未变的竖井内径仍为 2.6 m，移位新开竖井内径变为 3.5 m，砂层、土层段设计有 C20 钢筋混凝土初衬厚度 20 cm，采用倒挂壁施工方法，岩石段不设初衬，一次挖到井底，然后进行衬砌，二次衬砌为 C30 钢筋混凝土一直到顶，厚度 30 cm。

2007 年 6 月开始对竖井进行冻结法施工，2008 年 5 月全部成井。采用冻结法施工，在水利工程中应用还属首例，并把竖井全部建成，解决了在沙漠富含水带无法成井的难题，竖井施工达到了预期的效果。

2013 年引洮工程再次应用垂直冻结解决深埋竖井的施工难题。引洮供水一期工程总干渠 7 号隧洞中部长 182.6 m、最大埋深 242.5 m 洞段穿越新近系含水疏松粉（细）砂极软岩地层。

根据竖井及隧洞施工技术特性，垂直冻结法施工分为竖井及隧洞两部分区域，隧洞洞段长，冻结量较大，氨制冷剂相比氟利昂价格低，采用氨制冷剂低温盐水冷媒剂循环制冷冻结，以降低成本。竖井冻结采取单圈同深布孔，隧洞纵向布置 5 排冻结孔，内 3 排穿越洞身加强冻结（见图 18.5），确保洞身及其周边控制地层冻结壁厚与强度。全线地面根据地形开挖形成三台阶冻结作业平台，高差 16.5～19.4 m，隧洞垂直冻结孔深度不等。井身先行冻结，外围形成冻结壁保护开挖衬砌，及早形成隧洞施工工作面。

垂直冻结法施工技术最大限度降低了极软岩地层突泥、涌砂及破坏性大变形等对隧洞掘进造成的安全风险，全面有效地保证了掘进安全，填补了国内长距离洞段 200 m 以上深埋、高外水与极软岩地层水工隧洞垂直冻结工法掘进技术的空白，为国内首创，居于领先水平，标志着我国地下工程建设垂直冻结法施工技术取得重大突破与创新，设计与施工技术全面跃上新台阶。

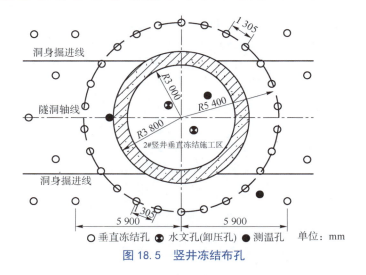

图 18.5　竖井冻结布孔

六、又试铁路山岭隧道

铁路山岭隧道工程建设中，当遇到富水弱胶结的第三系砂岩及高压富水断层时，一般采用超前降水、旋喷桩加固、帷幕注浆加固等辅助措施通过，很少采用冻结技术。2014 年 12 月在程儿山隧道施工时，首次采用了地表垂直冻结技术成功通过 F2 断层核心带。

程儿山隧道位于宁夏回族自治区固原市，为普速单线铁路隧道，长度为 6 437 m。隧道出口工区通过宽约 220 m 的 F2 断层，该断层为一隐伏断裂，走向近南北向，近场区内长度为 49 km。断层面倾向西，倾角达 80°以上，为高角度正断层，断层通过处被第四系地层覆盖。破碎带内主要为原岩结构已受到破坏的压碎岩，成分主要为棕红色饱和松散第三系砂岩、青灰色泥岩、泥灰岩。

2014 年 12 月 29 日，隧道出口工区施工至 DK10+272 处，发生突泥、涌砂及掌子面向外推移的地质灾害（见图 18.6）。涌砂量多达 1 万 m³，导致开挖台车被毁，二次衬砌台车被埋没，洞内涌砂段长达 180 m，最终采取砂袋码砌措施挡住涌砂。

（a）掌子面涌砂初期　　　　　（b）洞内涌砂掩埋二次衬砌台车

图 18.6　突泥涌砂现场

事故发生后，经专家论证采取迂回导坑绕行方案进行施工，其目的一是探明断层的具体地质条件，为正洞施工方案的制订提供基础资料；二是提前泄压，为正洞施工降低突水压力，降低施工风险；三是为后续施工多创造一个逃生通道，保障施工人员安全。由于地质条件极为复杂、断层内压力极高、水平钻孔极为困难，在采用进口设备多方尝试后仅成一孔。由此判定断层破碎带核心宽度为 55 m，主要为高压富水弱胶结第三系砂岩。

根据该隧道 F2 断层突泥涌砂段及水平超前地质钻探情况，分析对比几种辅助加固措施的利弊，最终选择采用垂直冻结施工方案。

根据地质条件及施工方案，确定 DK10+216～DK10+278 段为垂直冻结范围，共计 62 m。参照 ANSYS 有限元分析软件分析结果并结合工程经验确定冻结壁厚度：封顶厚度为 10 m；封底厚度为 6.5 m；端头封堵确保严密；侧壁冻结厚度为 3.5 m；冻结壁平均温度−15℃。

共设置冻结孔 5 排，冻结孔排间距为 2.74 m，中间冻结孔孔间距为 2.42～3.2 m，外排孔孔间距为 1.62 m，封头孔孔间距为 1.56 m，共 129 个孔，设置 7 个测温孔，如图 18.7 和图 18.8 所示。

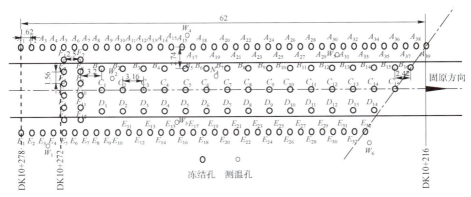

图 18.7　冻结孔布置平面图

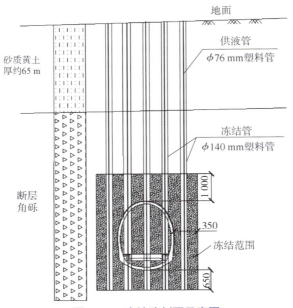

图 18.8　冻结孔剖面示意图

为了降低冻结成本，将整个冻结段落划分为 4 段进行分段钻孔、逐步冻结。从 2015 年 12 月 25 日，钻机开钻至冻结开机用了 40 d 时间，冻结开机至具备开挖条件用了 60 d 时间。洞内开挖采用机械破除配合弱爆破进行，施作两层初期支护，工序较烦琐，施工进度为 30 m/月。

冻结法施工一次性投入较大，施工进度较慢，但可靠性高，可在高压、富水的断层破碎带或无胶结易突涌的砂层等极端地质条件下进行应用，以保障施工安全和取得稳定的施工进度。针对程儿山隧道第三系富水砂岩和高压富水断层段的设计方案进行了长期艰难探索，一度致使施工进度缓慢，工期难以预测。采用冻结法后，有序、安全通过了高压富水断层破碎带，保证了全线的开通运营。

第三节　水平冻结技术

一、上海地铁初步试验

相对垂直冻结技术，水平冻结技术在我国的应用要晚得多。1990年在修建上海地铁1号线时，地铁双洞隧道之间的联络通道和地下抽水泵站，由于地层软弱，含水量大，需要采取先加固后开挖的方法进行施工。一开始地层加固采用地面垂直钻孔旋喷技术，如上海地铁1号线的长沙路泵站、思南路泵站、海宁西路旁通道等，但地面旋喷加固存在加固不到的死角，并且占用路面，开挖施工时不仅变形较大，而且面临涌砂突水的风险，因此，如何更好地进行联络通道的施工是一个迫切需要解决的问题。有的专家建议采用顶管法，有的专家则坚持尝试冻结法，在调查国内外的地层冻结技术后，选择与有垂直冻结技术经验的煤炭科学研究总院北京建井研究所合作，进行城市隧道地层冻结技术的研究工作。1993年上海地铁1号线长沙泵站加固盲区采用小规模的冻结试验，取得成功。同年，煤炭建设系统组织专家到日本考察，了解到日本的地层冻结技术与我国的方向不同，其地层冻结技术主要用于市政和隧道工程，曾完成了东京湾海底隧道等重大工程的盾构对接。这给地层冻结技术开拓上海市政工程领域增强了信心，但是当时在上海乃至国内，还没有像日本那样在繁忙交通、复杂建筑和水下等条件下施工隧道的先例，关键技术和工艺没有经过工程实践的检验，存在较大的工程风险，因此时间和经验上都需要等待工程契机。

二、北京地铁最先采用

工程机遇首先出现在北京。北京地层条件和上海差异很大，主要是砂砾石黏土类地层，所以一般采用降水法就能克服地下水问题。但随着北京地铁复八线往东延伸，开始出现粉细砂层，1997年复八线隧道在三环和建外大街的交汇处国贸立交桥下，大北窑站—热电厂站区间隧道拱顶遇到流动的粉细砂，隧道发生坍塌直至地表，施工被迫中断，复杂的地质条件、交错的地表建筑和繁忙的地面交通使得该段隧道施工成为复八线贯通的一个难题。这为开展隧道冻结技术的研究和应用带来了机会。

北京地铁建设公司、北京城建集团会同煤炭科学研究总院北京建井所一起开展了隧道内水平冻结施工技术研究。首先，在现场开展了近1个月的水平冻结孔试验，水平钻孔长度为45.6 m，采用国产MK-5坑道钻机和专门设计的单面出液并具逆向止土功能的十字形无芯合金钻头，结合灯光水平测斜技术，实现钻铺合一的水平钻进和冻结管铺设工艺，钻孔偏斜量最终控制在8‰以内，为实施水平冻结技术奠定了坚实的基础；其次，采用了小型螺杆氟利昂机组，实现在隧道内的制冷供冷；并研究了冻土壁钢拱架网喷支护结构。

1998年1月19日开冻，3月26日开挖，4月10日完成冻结段施工。冻结期间地表隆起小于 5 mm，最终稳定沉降小于 25 mm，1998 年 4 月成功完成了中国第一例隧道水平冻结工程，如图 18.9 和图 18.10 所示。

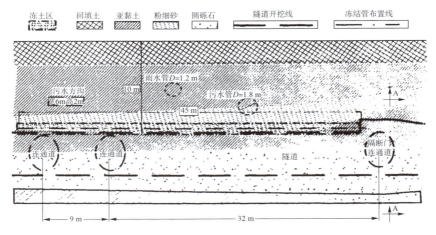

图 18.9　北京地铁"大—热"区间隧道水平冻结段纵向剖面图

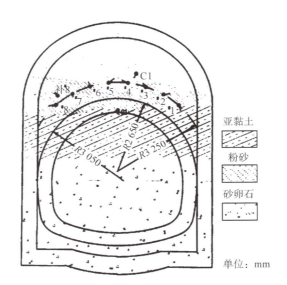

图 18.10　水平冻结管、测温孔布置及偏斜图

三、上海地铁不甘落后

北京地铁水平冻结技术的成功，加快了上海地铁采用水平冻结技术的步伐。还没等北京地铁全部完成，1998 年 2 月，上海地铁就开始在 2 号线浦东段龙阳路站—世纪公园站区间的联络通道进行工业性试验，并在冻结孔铺设合一技术的基础上，又进一步研究了钻孔孔口控制技术，开发了克服管片散热的冷板技术，研究了全断面封闭结构的冻结技术、冻土开挖、联络通道洞口隧道管片稳定技术等，至 6 月 30 日，龙纪区间联络通道冻结施工顺利完成（见图 18.11）。

之后上海地铁 2 号线又确定了 4 个联络通道采用水平冻结技术施工，以规避地面旋喷加固所遇到的局限。江苏路站—中山公园站区间联络通道、静安寺站—南京西路站区间的两个联络通道先后顺利实施成功，最后一个是 1999 年 12 月—2000 年 4 月完成的南京东路站—陆家嘴站区间联络通道，这是中国第一条在江底实施水平冻结技术的联络通道。

图 18.11　上海地铁联络通道冻结法施工

四、广州地铁创了世界纪录

　　2001 年，广州地铁也开始采用水平冻结技术进行施工，首先用于地铁 2 号线中山纪念堂站—越秀公园站区间，该区间有一个清泉街断裂破碎带，由南北侧的破碎带和中间挤压带组成，长度达 145 m。右线隧道冻结施工于 2001 年 5 月开始，2001 年 7 月冻结结束，左线隧道冻结施工于 2001 年 9 月开始，2001 年 11 月冻结结束；包括隧道掘进和衬砌施工在内的隧道施工于 2001 年 12 月底全部顺利完成。水平冻结孔施工设备选用的是经过改进的YSP 液压钻机，冻结设备选用 YSLGF600 冷冻机组。冻结管选用直径 108 mm、壁厚 8 mm的无缝钢管，并兼作钻杆，钻孔测斜采用了灯光测斜和 YT-1 型压电陀螺测斜仪。右线冻结孔的实际长度达 62 m，左线 53 m。但不尽如人意的是冻结孔的实际偏斜率大部分大于8‰，平均值为 19‰，与 8‰的设计要求相差较大；地表最大隆起值为 5.7 mm，地表最大沉降值为 13.1 mm，冻胀和融沉对地面的沉降影响并不显著。冻结管单管长度 62 m，远大于国内外水平冻结长度仅 45 m 的水平，创了个世界纪录（见图 18.12、图 18.13）。

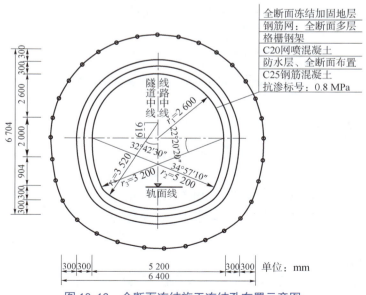

图 18.12　全断面冻结施工冻结孔布置示意图

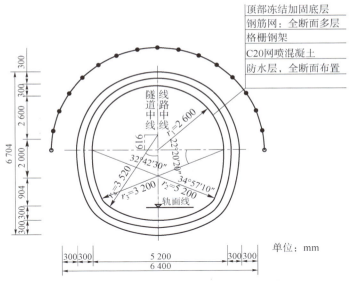

图 18.13　半断面冻结施工冻结孔布置示意图

到了 2005 年 7 月 10 日，广州地铁又在 3 号线天河客运站折返线隧道工程使用水平冻结技术，单孔冻结孔最深 71.9 m，并再次刷新了世界纪录。天河客运站折返线隧道工程是广州地铁 3 号线建设中的关键工程，位于广州市天河区天河汽车客运站东北侧，斜穿广汕公路和沙河立交桥。该区域地表交通繁忙、建筑密集、地层管线纵横交错、地质条件差。隧道最大开挖跨度为 14.85 m，且冻结加固体距地表仅 5.5 m，工程中不可预见因素较多，工程施工风险极大。隧道施工采用全断面帷幕冻结，超长水平冻结施工，分为以下阶段：钻孔施工期、积极冻结期、冻结维护期（隧道开挖期）和融沉期。冻结钻孔采用跟管钻进并结合先进的钻孔纠偏技术。冻结管选用 $\phi108$ mm×8 mm 的低碳钢无缝钢管，用丝扣连接，后用手工电焊进行补焊。冻结孔开孔布置轴线距隧道开挖边沿设计为 0.87 m。折返线南端布设冻结管 46 根，测温孔 5 个，水文孔 4 个。北端布设冻结管 46 根，测温孔 4 个，水文孔 4 个，冻胀压力测孔 4 个。南、北端面冻结孔错位布置。南、北两端于 2005 年 7 月 10 日开始实施冷冻。冻结壁设计有效厚度为 2.5 m。一次性水平冻结长度达 138.8 m，冻结断面 86 m^2，单孔冻结孔最深 71.9 m。在冻结孔施工阶段，南端地面沉降累计值最大为-7 mm，平均为-3.6 mm；北端累计沉降平均为±1 mm。南、北两端 2006 年 4 月 20 日和 4 月 26 日贯通（见图 18.14、图 18.15）。

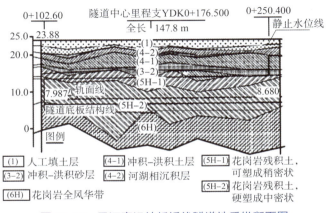

图 18.14　天河客运站折返线隧道地质纵断面图

此后南京等地的联络通道也相继采用冻结法施工。

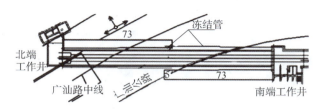

图 18.15　折返线隧道冻结平面示意图

五、上海地铁在艰难中前进

继上海地铁 1 号、2 号线之后，地层水平冻结技术也进入加速发展阶段，地铁过江公路隧道联络通道大多采用冻结工法施工，例如大连路隧道、复兴路隧道越江公路的联络通道等。

但是，此段时间内联络通道水平冻结施工并不是一帆风顺的，相继出现了一系列的质量安全事故。上海中山北路联络通道在冻结孔钻进期间，钢管片焊缝出现裂缝，导致管缝出现裂缝，涌砂突水，施工中断一个多月；大连路公路隧道冻结段开挖时发生冻结管断裂事故。小患不断，终酿大患，2003 年 7 月 1 日凌晨上海地铁 4 号线发生了特大安全事故，震惊了整个上海市，也惊动了中央。

尽管上海地铁 4 号线事故给上海地铁隧道建设带来了短期影响，但隧道水平冻结施工技术的发展并没有停步。上海体育馆地铁 4 号线零距离下穿 1 号线地铁工程在艰难中慢慢化解一个个施工难题。在确保 1 号线地铁不间断运营的前提下，于 2004 年 9 月完成冻结段主体施工，上海体育馆冻结工程为地层水平冻结技术的继续发展撑了一把力。

更值得一提的是上海地铁 4 号线事故隧道的处理和环线贯通工程，专家组仍选择了原位恢复方案，并仍将冻结技术作为整个工程的关键技术之一，显示出上海地铁隧道工程界专业人士的魄力以及对地层冻结技术发展的信心。

在上述历程之后，水平冻结技术在地铁隧道界已经确立了牢固的地位，也更加适应和融合到地铁隧道建设中。2007 年上海制定了国内第一部联络通道施工规范，水平冻结技术在上海地铁 M8 线、7 号线、西藏南路公路隧道、沪崇过江隧道施工中全面使用，同时，也进入天津、南京、广州等地地铁和公路隧道施工中。

六、水平冻结技术解决了一个世界性难题

水平冻结技术产生于市政工程，主要用于地铁联络通道的施工，在其他工程领域应用较少。此时，机会来了，因为引洮工程遇到了世界性难题。

引洮供水一期工程是解决甘肃定西市等中部地区水资源短缺问题的大型跨流域调水工程，被喻为甘肃省的圆梦工程。其中 7 号隧洞是引洮总干渠关键性控制工程，全长 17.29 km，除进口 50 m、出口 250 m 外，全部采用 ϕ5.75 m 单护盾 TBM 掘进。施工过程中，遇到了粉细含水疏松砂岩地层，这种地层刀盘一扰动，就发生坍塌，坍塌体压住刀盘，刀盘无法转动，同时坍塌体从刀盘的径向开口大量涌入，加剧了坍塌，形成恶性循环。先后经历拆机、重

新加工刀盘、重新组装、调转方向、再次启动掘进、再次卡机、无法解困、再次拆除的困境。几乎尝试了国内水利行业所有的技术措施，都没有取得实质性进展。

引洮总干渠 7 号隧洞的难题，牵动着中央领导的心，2013 年 2 月 3 日，习近平总书记在引洮工程视察时，得知引洮工程遇到世界性地质难题，叮嘱水利部主要领导派专家咨询指导。同年 2 月 17—19 日，水利部总工程师汪洪在兰州组织国内水利、地质、冻结等方面的权威专家亲临施工现场进行指导和咨询论证，提出了用冻结法穿越 7 号隧洞的粉细含水疏松砂岩地层和为 TBM 解困的指导性意见建议，建设方邀请国内有经验的施工单位，及时研究制订了冻结法施工方案。

首先用垂直冻结法施工 1 号、2 号竖井，再通过两个竖井采用水平冻结技术穿越粉细含水疏松砂岩地层，完成剩余主洞的施工任务，并为 TBM 解困。为了确保安全，进行了全断面冻结，冻结孔布置采取两个断面布孔，以便形成套筒结构，保证开挖面附近冻土厚度。一次冻结长度为 25 m，开挖 22 m，前方留 3 m 厚的冻土墙与周边 5 m 以上的冻土帷幕一起来阻挡外界的水土压力。期间几经波折，前后历经 540 多个昼夜，终于在 2014 年 10 月 7 日打通了剩余 270 m 疏松砂岩地层，实现了引洮总干渠全线贯通。解决了含水疏松沙地层涌水涌沙的世界性难题，创造了国内大型水利工程在 240 多米深以下首次进行隧洞冻结施工的历史纪录（见图 18.16）。

图 18.16　引洮 7 号隧洞冻结段开挖贯通

七、与管幕结合形成了新的工法

港珠澳大桥是一项举世瞩目的"世纪工程"，而拱北隧道是港珠澳大桥珠海连接线的核心控制性工程。拱北隧道位于珠海与澳门分界线，双向六车道，设计时速 80 km，全长 2.74 km，其中暗挖段 255 m。开挖宽度约为 22 m，高度为 24 m，开挖断面达 336.8 m²，是世界最大断面的双层公路隧道。

拱北隧道暗挖段大部分位于水位线以下，地下水与海水联通，穿越多种具有强度低、易触变、渗透性强的软土及砂层，埋深浅，跨度大，地面建筑多，地下管线及邻近桩基密集，对安全要求极高。仅仅依靠单纯的管幕法无法满足要求，还必须结合水平冻结技术，才能确保安全（见图 18.17）。

这里的水平冻结法，就是在已经做好的这个椭圆环形曲线管幕的顶管内，插入冻结管，采用-28 ℃的低温盐水，将 2～2.6 m 的土层冻结起来，形成止水屏障，防止海水渗透，并与曲线管幕共同支护隧道内的暗挖工程（见图 18.18）。

图 18.17　拱北隧道平面布置图

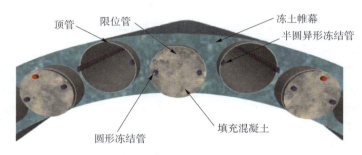

图 18.18　顶管内冻结管路布置示意图

2015 年 9 月，中煤矿建特凿公司通过 1 年多的试验段测试和多次的专家会验证后承接了港珠澳大桥拱北隧道顶管冻结工程，并在同年进行了工程的正式安装。2016 年 1 月，工程正式开机进入冻结运转阶段，同年 6 月拱北隧道冻结强度达到开挖要求。2017 年 9 月 20 日，工程开始转入强制解冻及融沉注浆阶段，一个月后，解冻及融沉注浆施工结束，口岸地表及建筑物安全平稳，标志着拱北隧道顶管冻结工程胜利完成。

拱北隧道首次建立了由常规冻结管、异形冻结管和限位冻结管构成的独创性的"管幕冻结法"冻结体系，是国内外首次采用管幕内限位管限制冻土发展的方法，发明了"长距离曲线大管幕冻结止水与开挖协同的分段冻结新技术"。其中针对水平冻结纵向不均匀性及混凝土顶管内温度监测点易失效的问题，预留空顶管为后续补救应急措施提供施工空间。空顶管由于空气对流的影响，设置常规冻结管无法进行有效冻结，因此开发设计了异形冻结管，从而保证空顶管内的冻结效果。根据实顶管与空顶管的冻结效果有差异的特点，在实顶管内设置限位管，既限制实顶管外侧局部冻土帷幕的发展，又不影响顶管间的冻土帷幕封水效果。

拱北隧道所采用的 255 m "曲线管幕+水平冻结"工法，其管幕长度、管幕面积和冻结规模均刷新了世界同类隧道的施工纪录。

第十九章　管幕（超前支护）

第一节　管幕技术概述

管幕技术，通常叫管幕法，也叫排管顶进法，它是在管棚法的基础上发展起来的，管棚主要以拱部、顶部支护为主体，而管幕法则在顶部支护的基础上又增加了两侧的支护或者底部支撑。即利用微型顶管技术在拟建的地下建筑物四周顶入钢管或其他材质的管子，钢管之间采用锁口连接并注入防水材料，形成超前支护和水密性地下空间。然后在管幕的保护下，对管幕内土体加固处理后，边开挖边支撑，直至管幕段开挖贯通，再浇筑结构体；或者先在两侧工作井内现浇箱涵，然后边开挖土体边牵引对拉箱涵。由于开挖土体或者推进箱涵是在管幕的保护下进行的，因此，地面沉降可以显著减少，施工时开挖面的稳定性也大大增加。同时，由于管幕具有隔离地下水的作用，故施工时无须降低地下水位。

管幕技术起源于日本，最早出现在 1962 年日本东海道新干线第一热海隧道工程。1971年，在日本 Kawase-Inae 穿越铁路的通道工程中采用了管幕技术；1971—1980 年采用 Iseki 公司设备施工的管幕技术工程就有 6 项。

我国的管幕技术在诸多辅助工法中，是起步最晚的技术，1984 年在香港修建地下通道时才首次使用；之后是 1989 年的台北松山机场地下通道工程；直到 2003 年内地才在上海中环线虹许路—北虹路下立交工程中首次采用；2004 年进入城市地铁，首先在北京地铁 5 号线崇文门站应用，后来又在上海、深圳、沈阳、广州等城市地铁施工中应用；2007 年厦门市高崎互通连接线下穿既有鹰厦铁路杏林大桥后，多次采用管幕法穿越铁路；2007 年沈阳地铁 2 号线新乐遗址站，引进了新的管幕法；2011 年港珠澳大桥珠海连接线工程拱北隧道创造了曲线管幕冻结法。

虽然我国的管幕技术起步较晚，工程实例也不是很多，但在城市道路、地铁、铁路、公路、水利、城市管廊等工程领域都有应用，结合工程开展了多方面的专题研究，解决了不少技术难题，取得了很多创新成果。

第二节　管幕技术的应用及发展

一、率先进入城市道路

据说中国首次应用管幕工法是在 1984 年香港修建地下通道时，但详情难考。记载比较详细的应用是 1989 年的台北松山机场地下通道工程，采用的是管幕工法及无限自走涵体推进工法（ESA 工法），并用水平注浆加固管幕内土体，管幕为口字形，管径 81.28 cm，长度103.5 cm，涵体为 22.2 m×7.8 m 双孔混凝土箱涵结构。但承建单位并不是中国公司，而是日本的铁建公司。

真正使用管幕工法由中国自己施工的第一个项目是 2003 年的上海中环线虹许路—北

虹路下立交工程。

中环线工程是上海"搭建"中心城区道路交通骨架路网的重要组成部分，以客运交通为主，具有分担内、外环线交通流量的功能。全线长约 70 km，设置双向八车道。其中，中环虹许路—北虹路下立交工程是中环线工程的重要组成部分。该工程南起虹许路与古羊路口，向北沿虹许路在地下穿越延安西路、虹桥路、西郊宾馆后至北虹路与威宁路交叉口，全长 1.7 km。地处西南高档别墅区，沿线经过了西郊花园别墅、西郊明珠苑、四方西郊花园、新苑宾馆、西郊公寓酒店等，并穿越西郊宾馆，整个地区环境特殊，文明施工要求很高。为尽可能减少对周边环境的影响，施工单位大胆提出了管幕法施工方案。

该工程规模为双向八车道，采用管幕结合大断面箱涵顶进工法，图 19.1 为钢管幕外接式锁口，钢管幕由 80 根 ϕ970 mm×10 mm 带锁口的钢管组成，形成矩形断面管幕，单根钢管长度为 126 m。内部箱涵矩形双孔钢筋混凝土结构，横断面尺寸为 34.2 m×7.85 m，共分 8 节，前两节分别为 18 m，第三节为 4 m，第四～第七节为 17.5 m，第八节为 15.2 m。管幕顶部覆土层厚度 4.5～5.0 m。80 根钢管采用 8 台泥水平衡顶管掘进机同时由北工作井向南工作井顶进，平均每台掘进机日推进约 30 m。钢管幕顶进的方向偏差为±3 cm，箱涵顶进地表变形为±3 cm。

图 19.1　钢管幕外接式锁口

该工程在钢管幕顶进高精度姿态控制技术、箱涵出洞控制技术、箱涵推进姿态控制技术、箱涵推进阻力计算及减阻技术、箱涵网格开挖面稳定技术、箱涵推进地表变形及控制技术等六个方面进行了深入研究，主要创新点有：①首创了管幕-箱涵顶进工法（RBJ 工法）；②开发了钢管幕高精度姿态控制技术；③应用了大断面箱涵开挖面软土不加固的稳定控制技术；④研制了特种复合泥浆材料和注浆工艺；⑤开发了大断面涵箱液压同步自动化控制推进技术。

这是中国内地首次采用管幕技术，也是世界上在软土地层中施工的断面尺寸最大的管幕法工程。该技术达到了世界先进水平，获 2006 年度上海科技进步一等奖和 2006 年度"非开挖技术"国际大奖。

该项目工程由上海中环线建设发展有限公司投资，上海隧道工程轨道交通设计研究院设计，上海市第二市政工程有限公司施工，2003 年 6 月 30 日正式开工，2005 月 4 月 20 日建成。

此后，又先后在天津洪泽路下穿黑牛城道快速路隧道工程、上海田林下穿中环线通道等工程中应用。其中在上海田林下穿中环线通道工程中为箱涵推进专门量身定制了土压平衡式箱涵，并创造了断面最大掘进机的纪录。

上海田林路是漕河泾开发区内重要的一条东西向道路，但田林路被中环线隔断，漕河泾开发区东西两片区之间绕行距离超过 1 km，联系不便。田林路穿越中环线地下通道主体工程建设通道竣工运营后，以往田林路被中环线"拦腰截断"的困境得到改善，实现中环线东西向穿越直行，漕河泾地区的通行以及徐汇闵行的跨区联通能力都得到提升。

田林路跨越徐汇和闵行两个区，此次建设下穿中环线通道，是要将田林路重新打通。这条地下通道位于徐汇区漕河泾开发区中部，西起古美路，东至桂平路，全长约 1 032.78 m，采用双向三快两慢车道。

田林路下穿中环线通道 2015 年开始施工，前期进行管线、绿化等搬迁工作；2016 年 9 月，地道部分的主体工程开建，用管幕-箱涵工法施工。

利用小口径顶管机和钢管施工管幕，管幕为口字形钢管幕，由 62 根带锁口钢管构成，可有效隔离保护层并承担上覆水土压力。箱涵推进施工采用全封闭土压平衡掘进机，该掘进机采用四台螺旋机出土，作业时通过安装在土舱面板上的 14 个土压力传感器实时监测正面土体变化情况。

为保证中环线及公用管线的正常运行，制订了严谨的沉降控制方案，涵盖洞口止水、同步注浆、置换注浆、开挖面稳定管理等诸多细节方案，实现 20 余项国内或行业"首创"。管幕和箱涵穿越期间，地面沉降控制在 1 cm 以内。

该项目在传统的网格式工具头的基础上创新升级，"量身定制"了土压平衡式箱涵掘进机，创下世界最大断面纪录（长 19.84 m，宽 6.42 m）。

二、进入城市地铁

上海中环线虹许路—北虹路下立交工程还在施工过程中，北京地铁就开始了管幕法的施工。

2004 年由中铁隧道集团施工的北京地铁 5 号线崇文门站，已经开了多次专家会，就如何下穿净间距只有 1.98 m 的地铁 1 号线，一再论证，最后决定采用管幕法施工。

北京地铁 5 号线崇文门站从既有地铁环线崇文门站东端喇叭口式过渡段区间隧道下方穿过，为了保证既有环线地铁的正常运营，需要严格控制既有结构的沉降。超前管幕布置在拱部上方 300 mm 处，全长 36 m，每根钢管直径 600 mm，壁厚 16 mm，钢管之间采用工钢、槽钢实现相互咬合，中洞与两侧洞共计顶进 28 根。在每根钢管上布置 4 根袖阀式注浆管，及时跟踪注浆，补偿由于管幕施工引起的地层损失。钢管采用 SYD-Z 型水平液压螺旋钻孔顶管机进行顶进施工，用经纬仪、水准仪检查钢管前进轴线和标高，掌握控制钢管的顶进方向。在顶进过程中多次遇到槽钢、钢管、扁钢、方木、老城砖、大卵石等障碍物，经严格采取安全保护措施，克服种种困难，2004 年 12 月 16 日完成了管幕施工。该项目成果荣获 2006 年度北京市科学技术奖二等奖。

此后，先后在上海地铁 2 号线西延伸工程威宁路站 3 号出入口通道工程、北京地铁 10 号线知春里站—知春路站区间隧道下穿铁路框架桥工程、北京地铁 4 号线宣武门站下穿既有环线宣武门站工程、深圳地铁 4 号线二期工程大脑壳山隧道穿越梅观立交桥工程、北京地铁 19 号线新发地站—草桥站区间和新机场线新发地站—草桥站区间隧道下穿镇国寺北街道和上跨既有地铁 10 号线工程、沈阳地铁 10 号线东北大马路站、上海轨交 14 号线桂桥路站下穿曹家沟及王家桥、沈阳地铁 9 号线奥体中心站、广州地铁 21 号线天河公园折返线下穿黄埔大道工程等地铁工程中采用管幕法。其中在技术方面有所创新的是沈阳地铁 10 号线东北大马路站和沈阳地铁 9 号线奥体中心站。

沈阳地铁 10 号线东北大马路站为双层三跨平顶直墙岛式站台车站，其平面图如图 19.2 所示，两侧采用盖挖法施工，在施工中间 43 m 时采用管幕法与洞柱法结合，形成了管幕洞柱法，在国内属于首次使用。

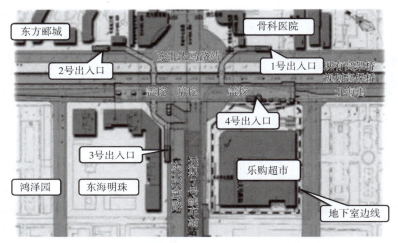

图 19.2　沈阳地铁 10 号线东北大马路车站平面图

沈阳地铁 9 号线奥体中心站施工时引入一种新型的管幕工法（STS 工法），该工法是通过密集顶进带翼缘板的圆形钢管，在管间穿入横向螺栓并在管内外灌注混凝土，将钢管、翼缘板、连接螺栓和混凝土形成协同受力的板系结构。

三、穿越铁路

2007 年厦门市高崎互通连接线下穿既有鹰厦铁路杏林大桥时，采用下穿隧道方式通过，隧道分左右两线，其中左线 78 m，右线 110 m。隧道通过地段地表为第四系全新统人工筑土，厚度 4 m 左右，其下为第四系全新统长乐组海相沉积层，第四系更新统龙海组冲、洪积层以及燕山期花岗岩。隧道场区内地表水主要为海水，水位受潮汐影响；地下水不发育，主要受大气降水补给。隧道埋深较浅，最小深度仅为 2.5 m，隧道施工会对周边地层以及上部立交桥影响较大。为了确保铁路安全，采用管幕法施工，管幕长度 110 m。

管幕施工时，在隧道开挖线外侧 400 mm 处，沿隧道轴线方向将 ϕ299 mm×12 mm 的钢管水平铺设在土体里，钢管之间采用锁扣连接，并在钢管连接处打入 ϕ60 mm 钢花管，通过钢花管对土体进行注浆加固并使钢管成为一个整体。

钢管铺设采用"前拉后夯"方法进行施工，即首先利用水平导向钻机打设 ϕ127 mm 的水平孔。根据水平孔的精度，分析是否进行扩孔作业，然后用前拉后夯的方法：在前部用拉管钻机通过钻杆及连接头拉住 ϕ299 mm 钢管，将 ϕ299 mm 钢管拉入设计位置。在拉入过程中，如果出现回填卡钻现象时，局部用夯锤夯击通过。

钢管安装最大偏差在 15 cm 以内；地表沉降较小，最大沉降在 5 mm 以内。

采用管幕法下穿铁路施工，在国内尚属首次，如何控制管幕施工精度及控制铁路沉降是施工中的两个关键性技术难题。本项目主要依靠较先进的导向仪器来控制管幕施工精度；通过出土量、及时对管内管外进行回填注浆以及现场同步施工监测来控制地表沉降，对同类工程施工具有一定的指导意义。

此后，管幕法先后在北京—石家庄客运专线下穿石太直通线工程、南昌市洛阳路下穿铁路框架桥工程、吉林污水管线防护涵下穿铁路和管廊工程、河北省南水北调保沧干渠输水管线穿越朔黄铁路框架涵工程等多个工程应用。

四、保护好古树

2004 年 5 月，上海新黄浦集团与美国洛克菲勒国际集团组建中外合作企业，共同开发外滩源。上海外滩源 33 项目是一期工程的主要项目，北临苏州河，西至圆明园路，东邻中山东一路，南面与半岛酒店地界相接，总用地面积 22 654 m²。场地内主要有领事馆和官邸两栋保护建筑。中山东一路 33 号原为英国领事馆，2002 年以后这一区域被称为"外滩源"。地块内有原领事馆主楼和原领事官邸两幢砖木结构房屋，先后于 1873 年和 1884 年建成，是外滩"万国建筑博览会"中保存最早的建筑。这两栋楼保护级别为Ⅲ级。领事馆主楼和官邸楼地上两层，建筑高度为 12.87 m，两栋建筑具有重要的历史保留价值，如图 19.3 所示。

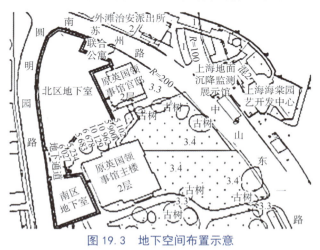

图 19.3　地下空间布置示意

因功能拓展，需要在圆明园路侧增加 3 层地下空间，作为地下车库和功能配套用房。地下空间上部有 1 棵 150 年的古银杏树，是重点保护文物古树。因古树移植风险很大，故将原设计的 1 个地下空间分成南、北 2 个地下空间，通过位于地下 2 层的通道进行连通。地下连接通道顶板埋深-5.96 m，底板埋深-13.16 m，截面尺寸为 8.5 m×5.3 m，通道结构长度 23.4 m，如图 19.4 所示。

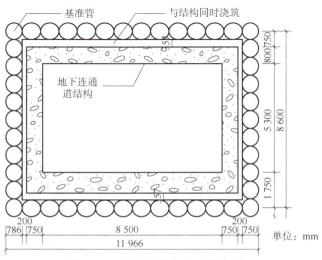

图 19.4　连接通道完成后的横剖面

钢管帷幕施工采用泥水平衡顶管工法施工，管幕钢管 $\phi786\,mm$，壁厚 $12\,mm$，帷幕上下左右共设置 46 根钢管，顶底各 14 根，左右各 9 根。钢管长度 $25.4\,m$，分节顶进长度 $4\,m$，各节之间采用焊接。管幕内的围檩及支撑均采用 H400 型钢，支撑呈十字，支撑与围檩 2 榀一组，每组间距 $3\,m$，每组支撑之间设置剪刀撑，如图 19.5 所示。

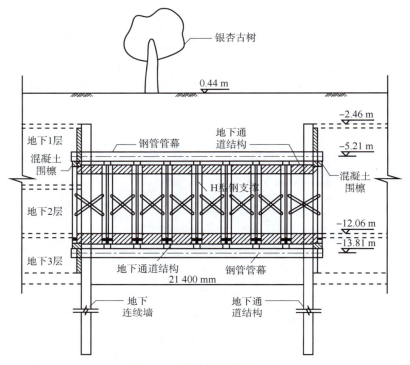

图 19.5　管幕支护的纵剖面

施工中采用了钢管的顶进姿态测量与纠偏、多管水平旋喷法全断面加固、台阶式垂直开挖、古树养护等措施。

在钢管帷幕支护下，连通道施工期间古树达到可靠的保护，古树沉降仅为 $13\,mm$。地下水监测显示，未出现明显下降，水质正常。开挖期间，钢管帷幕未出现明显渗漏，支撑未发生变形异常，钢管帷幕变形最大为 $20\,mm$，基坑变形较小，周边建筑安全。

五、引进新的管幕法

使用大直径钢管修建地铁车站最早始于 20 世纪 80 年代的欧洲，后来韩国引入该技术，并在管幕法的基础上形成了新管幕法（new tubular roof method），简称 NTR 工法，该工法在韩国得到广泛应用，已经修建了 90 余项地下工程，其中有 3 座地铁车站。

新管幕法与管幕法最根本的区别首先是钢管直径的大小，管幕法所采用的钢管直径大多在 $600\sim1\,000\,mm$ 之间，很少超过 $1\,000\,mm$；而新管幕法所采用的钢管都是大直径钢管，一般直径都在 $1\,800\,mm$ 以上。其次是钢管的连接方式不同，管幕法各单管之间依靠锁口相连，采用注浆或冻结止水；而新管幕法在切割部位顶部和底部之间，采用焊接止水及支护钢板进行连接。另外管幕法中，钢管不是构筑物的一部分，需在管幕形成的空间内重新浇筑结构体；而新管幕法的钢管被作为地下构筑物结构的一部分。

在修建沈阳地铁 2 号线新乐遗址站时，为了避免干扰交通，以及破坏环境、建筑物和管线拆迁而带来昂贵的拆迁费用，首次引进了新管幕法。

早在 2006 年修建 1 号线中街站时，沈阳地铁建设指挥部就有了引进 NTR 工法的想法，但施工单位没有采纳这一建议。2007 年，中建中标沈阳地铁 2 号线新乐遗址站，指挥部又有了引进的想法。

新乐遗址站位于沈阳繁华的黄河大街，这是一条八车道、宽 26 m 的道路，且附近有非常著名的友谊宾馆、电信设备楼、人防通道等多处重要建筑物，若控制不好沉降量，极有可能引起仪器、设备失灵，整个沈阳市的通信系统都可能瘫痪。由于车站长、跨度大、埋深浅、地层差，传统的普通暗挖法显然难以满足这些需求。而且，传统暗挖法要确保无水施工，污水管线特别是黄河北大街路中心的一条污水管线就必须迁改导流，但整个黄河北大街各种重要管线密布，基本上没有迁改的位置，如图 19.6 所示。

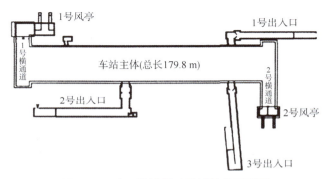

图 19.6　沈阳地铁新乐遗址站总平面图

沈阳地铁建设指挥部向中建表达了希望其引进使用 NTR 工法的想法。这无疑给中建出了道难题。传统施工方法经济风险小、技术相对简单，但安全性、可靠性差；而新工法具有扰民小、安全可靠、社会效益好的诸多优点，但是技术复杂，国内没有可供参考的标准和规范，并且由于是在国内首次使用 NTR 工法，经济投入相对较大。中建市政经过反复权衡，还是下决心引进 NTR 工法。

为此中建市政专门派 20 余人前往韩国参观培训。这种施工方法说来也很简单，就是在车站两端向土层里按地铁隧道的半圆形顶进一圈排列整齐的钢管，而且是从墙的两端分别顶进，钢管要在车站中间实现无缝对接；然后沿钢管横向进行切割、绑扎钢筋和浇注混凝土，将钢管连接成稳定的整体框架。

同时，为确保工期，专家论证通过，将原先设计的先完成新乐遗址站主体后进行盾构施工的方案，调整为车站、盾构同时交叉施工。在地铁车站主体结构未施工的情况下实现盾构过站，这在世界上也是首次。

由于此前的设计图纸都是按照传统暗挖法制作的，需要重新设计。因此，邀请了韩方专家团队常驻现场进行二次设计，设计图纸几经修改，直到 2008 年 8 月底才真正动工。

在新乐遗址站标准段，管幕由 21 根直径 2.2 m 左右、长度 159 m 的钢管构成，成马蹄形断面。每根钢管都由约 6 m 长的钢管焊接而成。顶管初期，平均每天顶进长度不到 2 m，在主体顶管后期，顶管最高纪录一天达到 15 m，平均每天超过 8 m。为确保钢管地下对接的精准度，采用了先进的激光指向仪为其定位，误差严格控制在 2 cm 以内。顶管阶段地面最大沉降 35 mm。管内结构施工时几乎不引起地面沉降，后期土方大开挖阶段仅会产生较小的沉降。

2010 年 3 月 28 日，伴随着最后一段站台板混凝土浇筑完成，新乐遗址站主体结构顺利完成。

在 2011 年 1 月 19 日的成果鉴定会上，各界给予很高的评价。该项目首次在极其复杂的地质条件下完成了最大尺寸的地铁站建设；创新研究了超长钢管对顶技术；采用管井降水与注浆相结合的方法有效控制了沉降；采用实时轴力补偿技术，保证了工程的安全，填补了该领域的空白，研究成果达到国际领先水平。

采用新管幕法施工的另一个比较有名的项目是太原市迎泽大街下穿火车站通道工程。该项目由铁四院设计、中铁十四局施工。

太原市迎泽大街下穿火车站通道工程是迎泽大街东延的控制性工程，是太原市向东拓展的主通道之一。迎泽大街在太原火车站前分为上下行，分别从火车站南北两端正交下穿。主要工程为 2 座车行通道，其中北侧通道下穿火车站段长 102.5 m，南侧通道下穿火车站段长 105 m，每条隧道宽 18.2 m，全高 10.5 m。太原火车站是石太客运专线、大西客运专线、南北同蒲铁路、石太铁路等多条铁路线的交会点，站内有站台 4 座，正线、到发线 10 条，每天通行列车 340 余辆。隧道最浅埋深仅 2.6 m，属于超浅埋、大断面隧道，地层为杂填土和新黄土，施工过程中极易出现冒顶和大面积塌方。如果采用传统的框架顶涵、暗挖及大盾构施工技术，对车站扰动很大，稍有不慎就会危及列车运行安全。

为破解这一难题，采用了新管幕法施工技术。2016 年 12 月进场施工，并定制了 4 台直径 2 m 的小型盾构机，在埋深较浅的施工部位使用 2 台敞开式盾构机，埋深较大处使用 2 台土压平衡盾构机。直到 2017 年 12 月 16 日盾构才正式始发。

在每座隧道断面外廓四周挖掘 20 条小隧道，再采用大型"千斤顶"装置——液压顶管机，将多节厚 2 cm、直径 2 m 的钢管一一顶入隧道作为支撑，然后再切割、焊接钢管，用钢筋将这些小隧道连接成环，浇注混凝土使之固结成一个管幕状整体。待土体稳固之后，再进行隧道开挖。

切割钢管是安全风险最高的施工环节，稍有不慎就会出现涌泥、涌水或者下沉坍塌等险情。现场切割方案进行了 10 余次模拟比对，最终选出安全系数最高的碳弧气刨切割方案。

2019 年 6 月 21 日，太原迎泽大街下穿火车站通道顺利贯通，太原站四周将形成环形路网，对于改善城市交通路网、方便群众出行和带动经济发展有着十分重要的作用。

该项目大胆引入小型盾构机，形成新管幕法盾构施工工艺，开创全国首例。

六、拱北隧道的曲线管幕冻结法

已完工的头号大洋工程港珠澳大桥，以工程量巨大、施工难度巨大、难题繁多而闻名于世，其中就包括珠海连接线工程。港珠澳大桥珠海连接线工程主线长约 12.67 km，设计方案设大桥、隧道多座。其中结构最复杂、施工难度最大、施工方法最特殊的是拱北隧道暗挖段。拱北隧道暗挖段是一座双层整体式隧道，上下层各 3 车道，穿越繁华、繁忙的拱北口岸，地下水位较高，并与海水紧密相连，如图 19.7 所示。

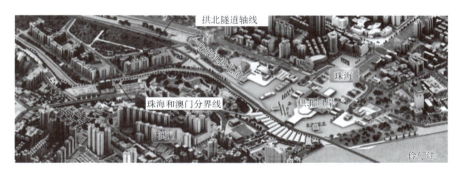

图 19.7　拱北隧道平面布置及周边建筑物

2011 年拱北口岸首次超越罗湖口岸成为全国第一大陆路口岸。2014 年 8 月 17 日，拱北口岸的出入境旅客每天超过 35.5 万人次。如此繁忙的口岸，要开展隧道施工，当然不能"开膛破肚"，于是穿越拱北口岸段隧道采取暗挖法，暗挖的总长度为 255 m。因为地面人流密集，加上地下水水位高，隧道断面超大、覆土超浅，地质条件复杂，暗挖施工难度可想而知。在熙来攘往的拱北口岸，隧道施工绝不能发生漏水和地面塌陷，无论采用何种方法施工。首先必须要保证地面变形在可控范围内。经多方研究，最终敲定管幕冻结法。管幕冻结法是"管幕+冻结预支护、矿山法暗挖"的施工方法。其中，管幕是围绕隧道四周、沿隧道全长布置的大型钢管，以强筋健骨保护隧道施工安全；冻结则是把钢管之间及周围土体冻结成冻土，形成止水帷幕。通俗地讲，这种方法是预先沿隧道开挖的轮廓打入一圈钢结构保护筒，开挖就在保护筒里面进行，保护圈层则是由一系列顺次排列的大型钢管和人工冻土构成。这段暗挖工程最终确定的管幕由 36 根直径为 1.62 m 的钢管组成，围成一个宽 18 m、高 22 m 的椭圆形隧道开挖断面，其高度相当于 7 层楼的高度。一般的冻结法都是直接将冻结管打进土里，然后在管里循环冷冻液，从而在冻结管周围形成冻土。可是，在这里用不了，因为隧道线路为曲线，无法在土层中布设冻结管。唯一可行的途径是把冻结管布置在管幕的大钢管里面。这一国内外未曾使用的方法面临三大问题。首先，不与土体接触的冻结管是否能把土体冻住；其次，超大断面隧道开挖后，在亚热带炎热气候条件下冻土会逐渐融化，冻土如何抗弱化；最后，由于土体冻结体积膨胀的客观规律，冻结在超浅覆土的地下进行，冻胀可能导致地面严重隆起而影响拱北口岸的正常运行，甚至可能影响到地上地下相邻建、构筑物的安全，如何控制得住地面隆起，即如何限制冻胀。

如何解决这三大难题？经过反复比较、测算、试验，项目团队设计出"冻起来、抗弱化、限冻胀"的方法，提出了一套解决上述三大技术难题的方案。管幕冻结法具备了在积极冻结期形成有效的冻土止水帷幕、在隧道开挖期抵御开挖热扰动引起的冻土弱化、在冻结全过程中限制冻胀的三大能力。此方案摒弃传统的单种冻结管思路，用圆形冻结管、异形冻结管和冻土限位管 3 种管路构建了一套特殊的冻结系统。圆形冻结管和异形冻结管作为冻结的主要冷源，以冻结形成冻土并抵御冻土弱化；限位管在需要时开启热盐水，用来限定冻土帷幕的范围从而实现冻胀的控制。方案要付诸实施，尚有一系列理论和工程问题需要解决。为了确保工程万无一失，相继开展了大型物理模型试验研究、大量精细化数值模拟研究、实验室管幕-冻土复合结构力学性能研究和工程原位试验研究。

5 月 28 日，随着最后一根顶管缓缓顶出，由 36 根钢管组成的曲线顶管管幕成功下穿我国第一大口岸——拱北口岸，标志着港珠澳大桥珠海连接线拱北隧道，暗挖段曲线顶管管幕核心技术取得了重大突破，该项施工技术填补了我国建筑领域的空白。拱北隧道是港珠澳大桥珠海连接线的关键控制性工程，是国内外公认的极具挑战性的隧道工程之一。为有效解决拱北隧道暗挖段施工技术难题，交通运输部设立科研项目"港珠澳大桥珠海连接线拱北隧道建设关键技术与应用研究"为该工程提供科技支撑。临海环境高水压下超长水平冻结止水帷幕施工关键技术研究、复杂环境下浅埋超大断面隧道施工变形控制技术研究和临海隧道结构防水技术及其应用研究等专项研究取得的阶段性研究成果，包括顶管润滑减阻、管间密封防水、障碍物处理、冻结止水帷幕力学性能、冻胀融沉、暗挖变形控制、隧道结构防水等各项先进技术，成功地指导了现场施工。截至 2015 年 5 月 28 日，历时两年，拱北隧道管幕施工顺利完成。

七、两隧道穿越机场跑道

首都机场扩建工程 T3E—T2 捷运联络线及汽车通道工程位于北京首都机场内，在 T3E 航站楼与 T2 航站楼之间，为地下联络通道工程，包括以运输中转旅客为主的捷运隧道和以通行行李拖车、配餐车、摆渡车为主的汽车隧道。捷运隧道长 1 621 m，汽车隧道长 1 265 m，两隧道中线均为东西走向。捷运隧道与汽车隧道均按双向交通设计，宽 23.9 m，高 8.9 m。T2 航站楼位于隧道西端，T3E 航站楼位于隧道东端，两条隧道主体部分相互平行并垂直下穿使用中的机场跑道。机场跑道为南北方向设置，宽 60 m，如图 19.8 所示。

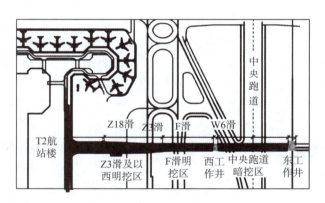

图 19.8　T3E—T2 捷运联络线及汽车通道工程平面位置

由于起降航班频繁，平均每不到 1 min 就起降一架次，这就意味着要在中央主跑道不停航条件下进行暗挖施工，浅埋暗挖段为 232 m，埋层最厚处为 4 m，跑道道面沉降不得超过 30 mm，还要承受飞机降落的巨大重量。施工现场在跑道正下方、跑道两侧地面和站坪区，并距离 A380 飞机停机位仅有 10 m，距离 T2 航站楼仅有 15 m 之遥，飞行区内不停航条件下跑道下方施工的安全管控难度大。滑行道下有数条高压电缆主干线，最厚处的覆盖层只有 4 m，此覆盖层内埋设 11 万 V 的高压电缆，是机场的电力主干线，一旦受到损坏，机场照明和其他电力系统将受到很大程度影响，甚至可能出现夜间无照明，一片漆黑。如果造成跑道塌陷，将严重危及飞机滑行安全。该工程施工难度之大、技术标准之高、质量要求之严、安全风险之大，是其他工程难以比拟的。

考虑到以上情况，并结合对场区工程地质与水文地质的分析，采用全封闭管幕法施工。管幕工程中的钢管外径为 970 mm、壁厚为 16 mm。钢管纵向分节顶进，单节长不小于 10 m，分节之间采用丝扣加围焊连接。横向钢管之间采用外接式锁口，锁口采用工厂焊接热轧不等边角钢。由于管幕净长达 232 m，如何控制长管幕施工精度及地表沉降是管幕顶进施工中的两个关键性技术难题。根据地层条件，选用了日本 RASA 工业株式会社生产的 DT-800 泥水平衡顶管机进行管幕钢管顶进施工。

本项目为超长管幕施工，在施工中进行了高精度的姿态控制，主要包括管幕钢管进出洞的稳定性控制、掘进控制、管幕施工精度控制等。

由于机场跑道环境特殊，无法采用一般的地表沉降观测方法，又因飞机的起降条件对跑道沉降变形十分敏感，采用徕卡生产的 TCA 自动化全站仪，进行了实时动态的自动化监测。机场跑道和隧道中心线处地表沉降均小于 7 mm，在控制标准之内。

该项目 2011 年 3 月开工，2015 年 3 月贯通。项目共获得四项国家专利；项目成果获北京市科学技术二等奖、中国施工企业管理协会科学技术一等奖。捷运通道的顺利通车，使得首都机场 T3 航站楼与 T2 航站楼之间的场内旅客换乘、货物周转，以及地勤服务车辆通行，由原来绕行跑道和滑行道的 30 min 缩短到 5 min 以内，给旅客带来极大方便。

八、南水北调干线穿越高速公路

天津干线工程是南水北调中线一期工程的重要组成部分，担负着向天津市和河北保定及廊坊部分地区供水的任务。工程西起河北省保定市徐水肥西黑山村，东至天津市外环河西，全长约 155 km。干线途经河北省保定市的徐水、容城、高碑店、雄县和廊坊市的固安、霸州、永清、安次等县以及天津市的武清、西青、北辰，共 11 个区县。

天津干线工程共有 5 个设计单元，其中天津市 1 段为第 5 设计单元，全长 19.66 km，全部为钢筋混凝土输水箱涵，工程在天津市武清区王庆坨镇，与京沪高速公路呈正交穿越，采用管幕-箱涵顶进法。

京沪高速公路路面宽 44 m，路顶高程 9.44 m；穿越段输水箱涵断面为 3 孔 4.40 m× 4.40 m，长 74 m，底板厚度 80 cm，顶板厚度 70 cm，边墙厚度 70 cm，中墙厚度 50 cm。箱涵顶面高程 1.15 m，覆土厚度 8.29 m，箱涵混凝土强度等级为 C35W8F150。工程地层岩性为第四系松散堆积物。地面高程 4.70～4.90 m，最高地下水位 1.40 m。

穿越工程管幕支护设计采用 970 mm×16 mm 螺旋钢管，总长 77 m，管幕为口字形，内净断面 16.13 m×6.20 m，钢管之间采用焊接在钢管侧面上热轧轻型槽钢互锁扣接。为保证钢管在顶进过程中不侵入到箱涵限界，管幕与箱涵之间设有间隙，其中顶排管幕底面距箱涵设计顶面 30 cm，两侧管幕内侧分别距箱涵外边缘 26.5 cm，底排管幕顶面为箱涵设计底面高程，将来即以底排钢管幕作为箱涵顶进基准面。

管幕顶进采用 DH800 型泥水平衡掘进机，并带有精确的激光纠偏导向系统；箱涵顶进采用 29 台 500 t 顶力的千斤顶。将钢管按设计位置依次顶入，并利用钢管锁口互相咬接形成管幕；在管幕内顶进预制箱涵，同时开挖涵内土体，直至箱涵顶进工作全部贯通完成。

施工期间对地面交通影响小，对周围环境干扰少，京沪高速公路的路面未发生异常现象。

该项目自 2008 年 11 月 17 日开工，2011 年 5 月 13 日顺利完成。天津干线天津段工程主体顺利完工，为南水北调中线干线工程全线通水后本市及时用上引江水，创造了有利条件。

另外，2012 年 1 月在南水北调中线天津干线工程穿越保津高速公路时，也采用了"管幕-顶涵法"施工技术。

九、综合管廊中首次采用管幕法

兴隆 86 路综合管廊下穿天府大道工程是天府新区核心区综合管廊及市政道路工程（二期）项目的关键性工程。管廊为 11.85 m×4.7 m 的四舱矩形混凝土结构，设置雨污水舱、电力舱、电信舱及天然气舱等。综合管廊下穿天府大道总长 118 m，地下水位埋深 2.1～10.2 m，覆土深度 7.2～9.3 m，覆土多为杂填土。图 19.9 为天府大道下穿纵断面。

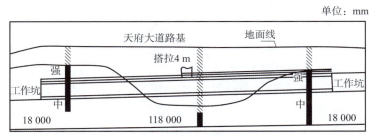

图 19.9　天府大道下穿纵断面

到底如何施工，经过几番论证，最终选择了管幕法。管幕要横穿杂填土、强风化泥岩及中风化泥岩层，施工难度很大。

2017 年 11 月 15 日，下穿天府大道暗挖管幕设备完成安装调试工作，施工正式开始。施工单位是天投建设公司。

管幕采用 54 根 ϕ402 mm×14 mm 无缝钢管，钢管全长 118 m。进出口设置纵向长度 1 m 的管幕支撑门架，管幕两端均嵌固于门架中，从进出口进行两端对打，每侧掘进约 61 m，中间搭接 4 m。钢管间采用角钢双角锁扣连接，锁扣外侧设置 2 根注浆小导管注浆加固。钢管顶进就位后，钢管内填充 C30 微膨胀混凝土，提高管幕强度及刚度。图 19.10 为管幕支护断面及效果示意图。

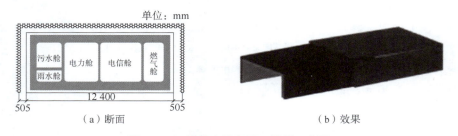

（a）断面　　　　　　　　　　　　　（b）效果

图 19.10　管幕支护断面及效果示意图

管幕施工中采用了国内首创的"螺旋出土，跟管顶进"工艺。2018 年 7 月 24 日，顺利贯通。这是国内采用管幕法施工完成的首条综合管廊隧道工程。

第二十章　通风技术

第一节　概　　述

隧道与地下工程的施工通风是在其施工过程中，通过空气稀释和置换的方式为施工人员和机械设备创造一个适宜的作业环境。按照动力的来源分为自然通风和机械通风。自然通风利用的是自然风压，而机械通风利用的则是通风机产生的风压。机械通风的基本方式主要有送风式、排风式、混合式、并用式和巷道式。

我国有记载最早的隧道施工通风应用实例是 1906 年 4 月修建京张铁路八达岭隧道。而通风技术研究较多而且进步较快的则是在 1950 年以后的矿山巷道的施工通风技术，当时的通风技术理论计算大多来自苏联。到了 1984 年的大瑶山隧道，隧道施工通风技术取得了较大的突破，创造了无轨运输施工最长的独头通风纪录。

在通风方式上，一直以送风式、排风式、混合式为主，到 20 世纪末，巷道射流通风开始发展成熟，21 世纪开始大规模应用，后来又出现了顶隔板通风。

通风管路大概经历了从铁风管到软风管、钢圈接头软风管到拉链接头软风管、小直径风管到大直径风管的发展过程。

通风机从单级风机到两级对旋风机，再到多级风机，从单速风机到变速风机，变速风机从变极调速风机到变频调速风机，风机功率由小到大的发展过程。

通风应用实例在 21 世纪以前，相对较少，进入 21 世纪后，通风技术得到广泛应用，长大隧道通风技术不断发展，针对瓦斯隧道、高地温隧道、高原隧道等特殊隧道的通风技术也得到应用和发展，我国隧道施工通风技术进入世界领先水平。

第二节　隧道施工通风技术的应用和发展

一、京张铁路最早出现的施工通风

我国最早的隧道施工通风记录是 1906 年 4 月修建京张铁路八达岭隧道。

八达岭隧道是京张全路工程最为艰巨的一段，有日本人雨宫敬次郎建议袁世凯用机器凿洞，又有英国工程师金达建议用外国人包办，但都被詹天佑拒绝。该隧道的难度一是长度问题，二是经过地段石质异常坚硬。中国技术人员既缺乏经验，又无先进机械，在有限的时间内完成，异常艰难。鉴于八达岭隧道长度问题，詹天佑决定采用竖井法，即在中间开凿两个竖井，造成 6 个工作面，这样就大大加速了工程进度。

在开通竖井过程中，到达一定深度后，需要在井口架设辘轳，既可以送出井内土石或泥水，也可以送进开凿所需工具，也便于工人上下。另外，由于井深，中部空气不足，工人在井内开挖隧道时容易缺氧。为此，在井口处安置扇风机连接洞内铁管，加速井内空气流通。隧道完工后，井口处可以修建通风楼（见图 20.1）。通风楼既可以遮蔽雨水，又可以起到通风作用。

图 20.1　八达岭隧道通风楼

二、矿山巷道奠定了施工通风基础

我国隧道与地下工程的施工通风技术，最早出现在 1906 年，但真正成熟于 20 世纪 60 年代，当时国家大力发展矿山事业，开采各种矿山资源，其中需要进入地下开凿开拓巷道，在施工过程中就遇到了施工通风的问题。当时开展这方面研究的单位和人员很多，一边学习一边研究，主要是向苏联学习，通风的基本理论和计算方法基本都来自苏联。在学习研究过程中，逐步发展完善了我国的施工通风技术，当时长距离通风是比较大的难题，基本上都限制在几百米的范围内。1972 年江西下垅鸽矿实现 903 m 长巷道独头通风。

江西下垅鸽矿下堆坑口 401 中段东部探矿系长巷道独头掘进，在组织快速掘进的过程中，曾一度由于管理不当，粉尘浓度达不到卫生标准。为了正确解决安全防尘与生产的矛盾，既要狠抓快速掘进，又要实现"向 1.5 mg 进军"的目标，组织了三结合试验组，在江西冶金研究所、江西冶金学院的协助下，对这一课题进行了认真的调查和试验研究。试验组抓住以风水为主的综合防尘措施，把加强通风作为重要的一环，千方百计保证工作面有足够的有效风量。

试验组采取了改进风筒连接法（见图 20.2）、加大风筒直径、粘贴针眼、加大弯头曲率

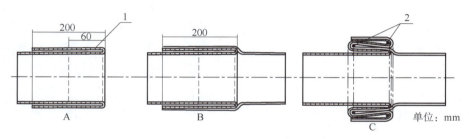

1—罗圈；2—绑扎铁丝。

图 20.2　风筒接头连接法

半径、风筒吊挂平直紧等措施，同时在日常通风管理工作中，建立了对风筒实行现场粘补和拆换、定期排放风筒内部积水、坚持巷道规格验收、严格风机起动操作和定期检查测定等制度。经过几个月的努力，实现了向 1.5 mg 进军的目标。单机混合式通风距离达到 903 m，粉尘浓度基本上控制在 1.5 mg 以下，有效风量率达到 71.15%，风筒百米漏风率为 2.89%，工作面风速达 0.5 m/s，保证了正常掘进。

三、大瑶山将施工通风推向新高度

到 20 世纪 80 年代，虽然已经修建了几千公里隧道，但在隧道施工通风方面，除了在 50 年代从苏联引进了一些设备、规范和计算方法外，几乎处于停滞不前的状态，除西南铁路建设会战时有过一个施工通风战斗小组外，长期处于施工单位孤军作业状态，施工单位限于力量也只能应付一下，不了了之。随着改革开放的进程，在修建大瑶山隧道时，引进了成套的机械化设备，施工效率大大提高，进度加快。但也出现了一些新的问题，引起了领导和各方面的重视，其中无轨运输条件下长大隧道的独头施工通风就是主要的问题。当时隧道局科研所进行了专题研究，很好地解决了这个问题。

大瑶山隧道是我国 20 世纪 80 年代修建的最长的双线铁路隧道，全长 14.295 km，穿越南岭山脉南端瑶山山区，埋深 70～910 m。线路坡度为人字坡。除了进口端有 84 m 在缓和曲线上外，其余均为直线。开挖面积 86～104 m²。出口端有一渡线段，有效长度 1 050 m，加宽 130 cm，开挖面积 98～118 m²。采用三个斜井和一个竖井的施工方案，在进出口端设置平行导坑。

为贯彻快速掘进使各工区尽早贯通的原则，在辅助坑道里使用中小型机械开挖，在斜井、竖井进入正洞后，即使用大型机械进行上半断面单工序掘进，开挖面积 45～50 m²，有轨运输；在进出口两端则使用大型机械进行全断面开挖，模板台车衬砌，无轨运输。

出口工区施工采用瑞典 PromecTH286-2 型四臂液压凿岩台车钻眼，用非电毫秒雷管和塑料导爆管进行深孔爆破，一次装药量 640～840 kg，平均循环进尺约 4.5 m。出渣运输采用一台 240 马力的瑞典 VOLVO LM-1641 装载机，或一台 200 马力的日本 Cater Pinar-966D 装载机，四辆意大利 PerlioiDP205C 翻斗车，每辆 238 马力，载重量 20 t。在出渣前后还用一台东方红牌推土机进行清道和检底。衬砌结构采用锚喷支护与模注混凝土复合衬砌。喷混凝土时用解放牌翻斗汽车运料，分拱墙两步人工喷射。模注混凝土采用自制平台立模人工灌注，解放牌翻斗车运料与国产模板台车、日本混凝土输送车运料、泵送混凝土灌注同时进行。另外，还有供上下班用的解放牌汽车一辆。

TH286-2 型凿岩台车和 966D 装载机均带有净化装置，PerlioiDP205C 翻斗车只有水洗净化，VOLVO 装载机无任何净化装置。上述设备均为柴油驱动。

大瑶山隧道实时性施工通风，是由专门设计小组于 1982 年设计的，后来在施工中各工程处，又做了一些修改。大瑶山隧道施工通风的难题是除要消除 300～800 kg 炸药一次爆破所产生的污染外，还要消除不断增加的运输车辆所产生的大量和长时间的污染，同时还必须解决 3 km 左右的风管通风问题。

在解决这个难题的过程中，从通风方式，到风量计算、通风设备，再到风管漏风都进行了激烈的讨论。对于大瑶山这种无轨运输的长独头通风，当然最理想的方式是防炮后吸出，运渣时压入。但当时还不具备这样的条件和技术，最后，采用了以压为主的通风方式。

在风量计算问题上，无轨运输时由于柴油机连续不断吸气排气，所以通风排烟主要是稀释作用。采用风管压入式通风时，洞内各断面的有害气体浓度随着车辆往返次数的增加逐渐升高，到一定时间后均相对稳定，并达到各自的最大值。但各断面达到稳定浓度的时间有先后，离挖掘面越远，时间越长。因此通风量随长度而变化。隧道长度越长，需要的通风量就越大。根据现场的多次测试，风量应按 $3 \text{ m}^3/(\text{kW} \cdot \text{min})$ 进行配置，总功率按额定功率计算即可。没有必要采用实际功率，一是实际功率难以估算，二是半经验公式宜尽量简化。采用额定功率打折扣的办法是完全没有必要的。在设备方面，由于风管漏风影响长度不可能很长，即如堵漏堵得好，长度可以加长些，还可以采用分散串联风机的办法减少风流对管壁的压力。大瑶山隧道选用了 $\phi 1\,200 \text{ mm}$ 铁风管，在法兰盘的制作和连接质量上都有很大的提高，百米漏风率减少到 2%，在施工中发挥了很好的作用；风机选用的是日本 MFA100P2-SC3 对旋轴流风机，风压高，风量大，噪声低。

初期曾采用 8 台 JBT62-2 轴流通风机，每 4 台并联后，分散串联在 $\phi 1.2 \text{ m}$ 铁风管上进行压入式通风。由于并联后再串联，实际上形成脱开串联方式，短路循环严重，曾出现过人员晕倒和迫使出渣运输中断现象。1983 年 3 月改换日本 MFA100P2-SC3 消音对旋轴流通风机后，仍取分散串联方式送风，由于减少了短路现象，通风效率有所改善。随着隧道掘进长度的延伸，后又增加了第二排 $\phi 1.2 \text{ m}$ 铁风管和一台 MFA100P2-SC3 风机，将风送至模注地段。

大瑶山隧道采用双路风管压入式通风，风管一长一短，长者通到掌子面，短者紧跟衬砌台车后，对两段工人集中地方送风（见图 20.3）。CO 浓度为 $68 \sim 85 \text{ mg/m}^3$，接近国际标准。风管通风长度达到 2 765 m，无轨运输施工长度接近 7 km。

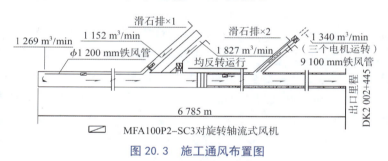

图 20.3　施工通风布置图

大瑶山隧道施工通风取得了令人兴奋的技术成果。采用 1.2 m 大直径风管进行施工通风在当时是很少见的，百米漏风率也达到了较好水平，3 km 独头通风在国内是最长的，创造了最新纪录。这一技术成功，意味着在开挖 6 km 的隧道时可以不设平导，从而节省资金，降低工程造价。这一施工通风技术成果，有理论、有实践，并取得了大量的试验和测试数据，建立了非常先进的通风模型，为深化研究隧道通风技术问题，提供了有效的试验手段。后来在军都山等隧道施工通风中推广应用，也取得了良好的经济效益和社会效益。大瑶山所取得的成果将我国隧道施工通风技术推向了新的高度。

四、杭州西区输水隧洞首次应用新型风管

隧道施工通风中常用的风管有软风管、硬风管和伸缩性风管。一般软风管是用涂塑或

浸塑布制成，基布为涤纶、维纶等纺织物，重量轻，拆装搬运方便，适合做成大直径风管，但也存在漏风大、阻力大的问题，其核心问题是接头，当时的软风管均为钢圈接头。硬风管一般为铁风管，通常采用法兰盘连接，可用于正压通风，也可用于负压通风。这种风管比较笨重，移动安装都很不方便，且管节短，接头多，漏风大，不适合长距离送风。1990年铁道部隧道工程局科研所开始研制新型拉链软风管，1992年获得国家专利。该新型软风管重量轻，安装移动方便，管节长，接头少，阻力和漏风小，可做成大直径风管，适合长距离送风。该风管一出现，基本上取代了原来的传统式风管，在施工现场被广泛应用。1992年，杭州市西区水厂输水隧洞是应用新型拉链软风管的第一个隧道，采用混合式通风成功解决了小断面长独头的通风难题。

杭州市西区水厂输水隧洞是为解决杭州市百万农民生活用水及工业用水而修建的工程，长 8 670 m，埋深 10～370 m，有进出口和斜井三个工区施工。隧洞穿过国家一级重点自然保护区的五云山、天竺山和美人峰。隧洞线路成人字坡，开挖洞径 3.6 m，有效洞径 2.9 m。

进口段位于杭富公路北侧钱江果园内，标段里程 K0+140 至 K3+3 118 m。采用钻爆法掘进，初期锚喷网支护，先贯通后模筑砼。电动立爪扒渣机装渣，电瓶车牵引梭矿出渣。

钻爆法掘进每次钻孔深 2 m，装药量 50 kg，爆破平均进尺 1.8 m。用电动立爪扒渣机装渣，有轨运输，正常日开挖为四个循环。施工单位为铁道部隧道工程局三处。1992年当现场施工到 2 000 m 左右时，经常发生作业人员晕倒现象，施工遇到了巨大的困难。当时局领导要求派通风专家帮助解决这一难题。

原通风方案（见图 20.4）采用压入式通风，采用四台风机断开串联，所用风管为新型拉链软风管，通风效果很差。经测试爆破排烟 25 min，距掌子面 5 m 处的 CO 浓度为 450 mg/m³，45 min 降到 338 mg/m³。在排烟 33 min 时，送风管出风口内风流中 CO 浓度为 330 mg/m³，说明污风循环严重，没达到换气的目的。工人们普遍感到头痛、呕吐、四肢无力，时有作业人员晕倒。

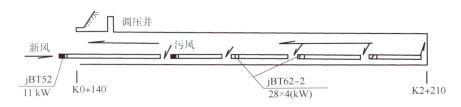

图 20.4　原通风方案

改进后，通风效果明显变好（见图 20.5）。经测试，在通风竖井两侧 CO 浓度为零，不存在污风循环问题。爆破排烟过程中竖井至送风机段的 CO 浓度很低，基本为新鲜风流。爆破中 CO 浓度为 2 125～3 150 mg/m³。掌子面通风排烟 30 min，距掌子面 5 m 处 CO 浓度降到 111 mg/m³，基本接近隧道施工规范规定进人作业的标准（100 mg/m³）。排烟 55 min，CO 浓度即达到了国家标准（30 mg/m³），如图 20.6 所示。温度 18.42～19.8 ℃，相对湿度 91%～95%。

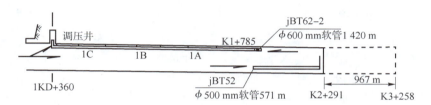

图 20.5　新通风方案

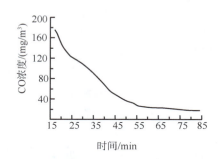

图 20.6　掌子面 CO 浓度随时间变化曲线

与原来的铁风管和通风方式相比，节约 30.1 万元，获得了明显的经济和环境效益。

五、寺铺尖隧道初试射流巷道通风

隧道施工射流巷道通风技术是中铁隧道局科研所在研究和实践的基础上发展起来的技术，它相对单纯的管道通风来说，大大缩短了风管的送风距离，减少了通风阻力，降低了耗能；另外由于隧道不像风管存在漏风的问题，减少了总供风量。相对主扇巷道通风来说，省掉了风道和风门，减少了基建投入，另外由于没有了风门，不存在漏风问题，减少了总供风量，降低了耗能。同时节约了运输时间，减少了安全隐患。

该技术经历了提出、尝试、试验、完善的发展过程，后来在双洞隧道或设平导的单洞隧道施工中被广泛采用。它的成功应用也改变了双线铁路隧道的设计理念。首次试验是在 1997 年的朔黄铁路寺铺尖隧道进口工区。

寺铺尖隧道地处山西省五台县境内，穿过太行山脉中部寺铺尖山，山势陡峻，沟谷深切。隧道全长 6 407 m，最大埋深 927 m，是朔（州）—黄（骅港）铁路控制工期的工程。隧道平面除出口有 50 m 的曲线外，其余均在直线上，洞内设 9.5‰的下坡。隧道通过地区地质复杂，有 12 条断层。地层主要是寒武系泥质灰岩、页岩、花岗岩。进口 2 800 m 区段内 II、III 类围岩占施工长度的 82.9%，IV 类围岩的长度占施工长度的 17.1%。全隧涌水量达 24 538.2 m^3/d，其中进口工区涌水量为 18 832 m^3/d，占总涌水量的 77%，而且是反坡排水，施工困难。施工设计时因地形条件限制，没有设施工斜井。若采用平行导坑施工，又不经济。因此，该隧道采用了长独头施工。

寺铺尖隧道进口工区 3 150 m，由铁道部隧道工程局中标承建；出口工区 3 257 m，由铁道部第十八工程局中标施工。隧道于 1996 年 7 月开工，钻爆法施工，内燃机械装渣，无轨运输。

因隧道进口处于桥隧相连，洞口外没有安装风机的条件，只能安装在洞口内。为避免污风循环，在交通洞设了一台 SDF-No5.6 风机作射流风机用，引射新风从隧道进口进入，污风从横洞排出，如图 20.7 所示。

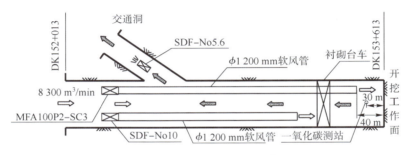

图 20.7　寺铺尖隧道进口通风布置图

测试时总供风量 2 300 m³/min，掌子面风量 792 m³/min，放炮后通风 45 min（即出渣作业 25 min），距掌子面 30 m 处的 CO 浓度降到通风设计指标（62.5 mg/m³）。CO 浓度值沿隧道洞口方向逐渐变小。由于提前出渣，装渣机司机在超指标下工作 25 min（但仍在 100 mg/m³ 的允许浓度范围内）。当炮烟中 CO 峰值出洞口后，距洞口 700 m 处的隧道施工环境监测仪显示出渣过程中的 CO 浓度值为 37～41 ppm（46.25～50.00 mg/m³）。掌子面的 CO 浓度随通风时间快速下降，如图 20.8 所示。

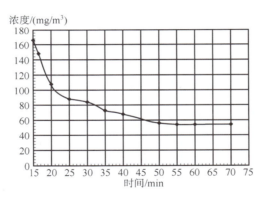

图 20.8　放炮后掌子面的 CO 浓度随通风时间的变化曲线

六、秦岭隧道的 TBM 施工通风

隧道掘进机（tunnel boring machine，TBM）是国际上最先进的隧道施工机械之一，它依靠机械的强大推力和剪切力破碎岩石，使隧洞掘进、出渣、衬砌、灌浆，采用激光导向等工序平行作业，实现工厂化施工，一次成洞。TBM 法对围岩扰动小，开挖面平整圆顺，超欠挖少，可以有效降低地质灾害发生风险，实现连续快速作业。它具有速度快、质量优、施工安全等优点，广泛应用于水利、水电、城建、交通等行业。

TBM 施工作业特点：①隧道掘进机设备配置复杂，机电、液压和精密高科技设备多；②作业人员主要集中在前方后配套的作业平台上；③掘进连续快速；④作业产生的粉尘多，热量多；⑤非爆破作业。

TBM 施工作业特点对与之配套的通风系统提出了相应的要求。机电、液压和精密高科技设备多，对作业环境的要求高；作业产生的粉尘多，热量多，必须采取除尘降温措施；非爆破作业，不存在对风管的破坏问题，风管维护相对容易；设备人员集中，通风除尘重点突出；

掘进连续快速，通风管路要快速跟进。1995 年我国在秦岭特长隧道引进了当时最先进的 TBM。

秦岭特长隧道长达 18 456 m，是当时我国最长的铁路隧道，设计为两座基本平行的单线隧道，线间距 30 m，最大埋深 1 600 m。其中 I 线隧道采用两台敞开式 TBM 由两端洞口相向施工，TBM 未抵达工地前先用钻爆法在两端洞口提前施工预备隧道和出发隧道，进、出口钻爆法施工长度分别为 260 m 和 310 m。F4 断层带及相邻地段 400 m，待平导贯通后，由平导经横通道提起进入 I 线隧道，采用钻爆法完成。II 线隧道采用钻爆法施工，先期在隧道中线位置上修建平行导坑，平导贯通后暂不进行扩挖，应辅助 I 线隧道 TBM 进行施工，以解决施工排水、改善施工通风和其他作业条件。待 I 线隧道主体工程完工后，再将平导扩建为 II 线隧道。

I 线隧道进口由中铁隧道集团、出口由中铁十八局施工。两台 TBM 于 1998 年 1 月正式开机，历时 19 个多月，于 1999 年 8 月 29 日贯通，秦岭左线全面贯通。通风方式均为送风式。

通风系统包括主通风系统和后配套通风系统。进口工区的主通风系统（见图 20.9）洞口主风机由两台 AL17-1700/450 型轴流风机串联组成，另外在距主风机 3 250 m 处串联一台 AL17-1700/450 风机；出口工区洞口主风机由 3 台 150XN 型轴流风机组成（见图 20.10）。后配套通风系统是 TBM 自身的自备通风系统（见图 20.11），主要满足后配套尾部到刀盘区域作业人员、除尘系统和设备冷却的需要。

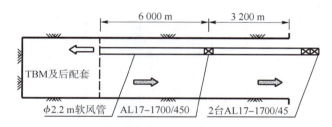

图 20.9　进口工区主通风系统

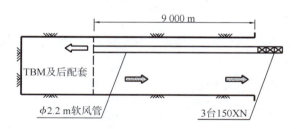

图 20.10　出口工区主通风系统

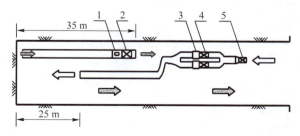

1—除尘滤网；2—360° MRDE RecireRemote Tank 风机；3—LKM2-290 空调机组；

4—30°LCN Axial 风机；5—48°LCN Axial 风机。

图 20.11　后配套通风除尘系统示意图

经测试，掘进过程中，出口工区主机区域粉尘含量低于 8 mg/m³，后配套区域为 5~6 mg/m³，设备保养整修时，整机范围内粉尘含量相同，最高不超过 1~2 mg/m³；作业期间，洞内空气含氧量一直维持在 18%以上。掘进过程中主机区域温度维持在 32 ℃左右，保养整修期间为 25 ℃左右。进口工区虽然没有留下施工环境的检测记录，根据施工人员的反映，效果也不错。TBM 的引进给国内带来了新的通风理念。

七、华蓥山瓦斯隧道射流巷道式通风的正式应用

1997 年射流巷道式通风在寺铺尖试验成功以后，马上应用到华蓥山隧道的施工中，这也是第一个正式运用射流巷道式通风的隧道。

广（安）—邻（水）高速公路华蓥山隧道地处四川省中部和川东的结合部，位于华蓥市和邻水县交界的华蓥山地段。华蓥山隧道左线全长 4 706 m，右线全长 4 684 m。华蓥山隧道左右线同时兴建，其东口工区左线隧道施工长度 2 524 m，右线隧道施工长度 2 534 m。

华蓥山隧道地质条件十分复杂，具有穿过 K1 煤层、石油、天然气、硫化氢（H₂S）、断层、岩溶、岩爆地层及岩体大变形等诸多难点，尤其是穿过的 K1 煤层，属于二迭系龙潭组（P2L）地层，煤层变化较大，煤厚为 1.0~4.0 m，倾角 35°，隧道方位与 K1 煤层揭煤点基本为正交，瓦斯压力为 1.44 MPa，瓦斯含量为 9.19 m³/t，全断面揭煤时正常瓦斯涌出量为 4.01 m³/min，最大瓦斯涌出量为 7.04 m³/min。华蓥山隧道属高瓦斯隧道，具有煤与瓦斯突出危险。隧道于 2017 年初开工，通风方式开始为移动风机巷道式（见图 20.12），铁道部隧道局科研所接手后改为射流巷道式。

采用射流巷道式通风，射流区域风量大，除了能把瓦斯的浓度降到安全浓度以下，在采用无轨运输的出渣方式时，也能稀释出口地段浓度最高的柴油烟并将其排出洞外。在隧道施工中，射流通风地段的风速大于 1 m/s，瓦斯浓度低于 0.3%，使该区域成为非防爆区域。随着横通道的不断打通，立即封闭前一个横通道，逐次扩大非防爆区域。在煤系地层有瓦斯涌出地段，洞口有另一套单独的送风式通风系统送新风和特殊处理，这样防爆区域就缩小了，减少了防爆设备的配置（见图 20.13）。

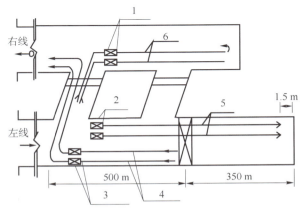

1—两台 55 kW 风机；2—两台 55 kW 风机；3—两台 75 kW 风机；4—ϕ1 200 mm 硬风管；

5—ϕ1 200 mm 软风管；6—ϕ1 200 mm 软风管。

图 20.12　华蓥山隧道东口原移动风机巷道式通风方案

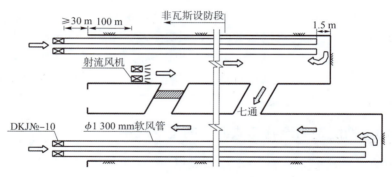

图 20.13　华蓥山隧道东口射流巷道式通风新方案

华蓥山隧道在穿越 1.97 m 厚的煤层时，由于瓦斯涌出，隧道进洞 1 000 m 后，为了保证安全生产，建立了完善的瓦斯监测系统。瓦斯监测以自动监测系统为主、人工监测为辅的方法。

对所监测地点的瓦斯浓度实现远距离、定点、长期、连续自动监测，并能自动记录、超限报警与控制断电，用电设备达到"风-电-瓦斯"闭锁。针对华蓥山隧道施工的特点，从技术和经济两个方面以及隧道施工的现场实际情况综合考虑，选择 AYJ-2 型五路瓦斯遥测仪和 AYJ-2 型单路瓦斯遥测警报断电仪各一台（见图 20.14）。

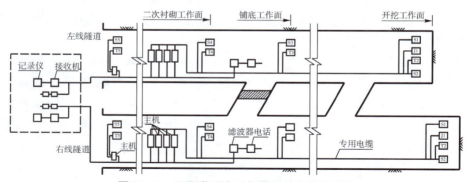

图 20.14　瓦斯监测自动报警系统布置示意图

华蓥山隧道东口采用射流式巷道通风，右线进新风、左线排污风，增大了左线隧道的断面平均风速，排除了瓦斯浓度的积聚，从而解决了华蓥山高瓦斯隧道施工无轨运输的通风技术难题。洞内在正常照明的条件下，可见度大于 21 m，粉尘浓度和有害气体浓度均低于国家卫生标准规定值。华蓥山隧道左、右线均采用无轨内燃出渣，右线出渣经靠掌子面通道从左线运出，时间从原有轨出渣的 10 h/茬炮，缩短为 2 h/茬炮。左、右线隧道瓦斯浓度在大风量的稀释下仅为 0.1%～0.22%，反算瓦斯涌出量与地质预报基本相符。采用内燃机械揭煤运输，设备比有轨简单、机动、灵活、易管理、效率高，可加快施工进度、缩短工期；也可减少防隔爆机械设备的投入，降低工程成本。

八、圆梁山隧道创造了通风长度的新纪录

随着射流巷道式通风逐渐应用，一些问题亟待解决，特别是理论计算的问题。2002 年中铁隧道集团科研所依托圆梁山隧道开展了这方面的研究，取得了丰硕成果，在现场应用

方面，也创造了钻爆法施工通风长度的新纪录。

圆梁山隧道位于重庆市酉阳县境内，全长 11 068 m（DK351+465～DK362+533），隧道右侧铺设平导，平导与正洞中线间距 30 m，每隔 410 m 左右设一个横通道，共计 26 个。隧道进出口工区分界里程为 DK355+820。进口工区长 4 355 m，约 10 个横通道；出口工区长 6 713 m。进口工区穿越二叠系上统吴家坪组煤系地层，伴有瓦斯涌出，属瓦斯工区。进出口工区均为钻爆法施工、有轨运输。施工单位为中铁隧道集团。通风方式为射流巷道式（见图 20.15、图 20.16）。

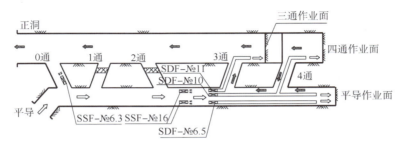

图 20.15 进口工区第二阶段施工通风布置示意图

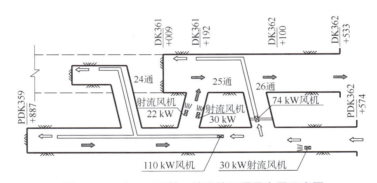

图 20.16 出口工区第二阶段施工通风布置示意图

进口工区第二阶段通风系统方案完成以后，分别对平导作业面、三通正洞作业面和四通正洞作业面放炮过后 CO 浓度的变化情况进行了测试，结果见图 20.17。从测试结果可以看出，基本可以在 20 min 时间内，把 CO 浓度降到 62.5 mg/m³（50 ppm）标准以下，通风效果良好。

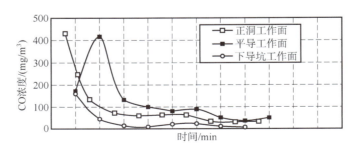

图 20.17 进口工区平导、三通正洞和四通正洞作业面放炮后 CO 浓度随时间的变化

出口工区第二阶段在平导内射流风机停机、其他风机全开的情况下，分别对正洞和平导工作面放炮过后 CO 浓度进行了测试。正洞一次爆破炸药消耗量 192 kg，测点距掌子面 20 m；平导一次爆破炸药消耗量 92 kg，测点距掌子面 10 m 的中线高 1.5 m 处。

圆梁山单线铁路瓦斯特长隧道是国内第一条设平导而没有采用主扇巷道式通风的隧道，而是用射流巷道式通风技术，各工作面放炮通风约 30 min 时，CO 浓度降到规定的标准，如图 20.18 所示；正洞出渣过程中的 CO 浓度小于 50 mg/m^3，较好地满足了环保要求。由于采用了射流通风技术和配套管理与检测方法，为施工创造了良好的作业环境，提高了作业效率。特别是在出口工区，32.5 个月完成平导开挖 7 650 m，并创造平导月开挖 462 m 的国内最新纪录；正洞开挖 7 467 m，创造月平均开挖 227.2 m 的国内施工新成果，在国内单线隧道施工进度尚属首次。这些都与 7 650 m 的通风难题的成功解决不无关系。单线铁路瓦斯特长隧道施工大面积应用射流巷道式通风技术，在国内隧道施工通风史尚属首次，国外隧道施工通风中未见相关报道。该技术为类似隧道工程的通风设计提供了经验，具有推广应用价值。圆梁山特长隧道施工射流巷道式通风技术的经济效益也非常明显。与主扇通风方案相比，仅隧道出口工区就节省通风费用 343 万元，其中节约电费 221.4 万元。

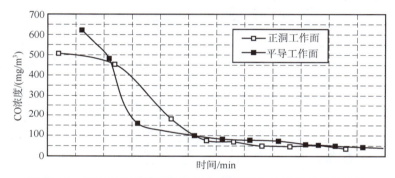

图 20.18 出口工区正洞和平导工作面放炮后 CO 浓度的变化曲线

九、高原隧道的顶隔板风道通风

长大铁路隧道修建多以增加无轨运输斜井的方式加快施工进度，无轨运输斜井污染严重，给施工通风提出了新难题，在高原地区施工的长大隧道问题尤为突出，问题的解决必须依靠对新设备、新管材的研究，还要通过非常压送风、永临通风设施结合、大断面隧道分隔等措施的研究。以往高原隧道施工通风，或因距离较短而采用压入式解决，或有巷道式通风条件而采用巷道式通风解决。

改建铁路青藏线西宁至格尔木段增建第二线关角隧道，长 32.690 km，于 2007 年 11 月 6 日开工建设，2014 年 12 月 28 日开通运营。该隧道的建成，将既有线路缩短了 36.82 km，列车的运行时间由 2 h 缩短为 20 min。关角隧道长度突破 30 km。

关角隧道为两座平行的单线隧道，线间距 40 m，施工中设 10 座辅助施工斜井（总长 15 321.71 m），全隧一次建成。隧道地处青藏高原东北缘，高寒干旱缺氧。极端最高气温 28.0 ℃，极端最低气温-35.8 ℃，最大日温差 24.7 ℃，最大积雪厚度 21 cm，最大冻结深度 299 cm。正洞洞身处于海拔 3 300～3 400 m 之间，最高施工点 7 号斜井口海拔为 3 678.12 m。隧道穿越地层包括区域性深大断裂带、细砂层、湿陷性黄土、岩溶、高地应力、突涌水等不良地质，地质条件极其复杂；且在低气压、寒冷、温差大、缺氧条件下施工，难度相当大。斜井断面原设计均为单车道+错车道，进入正洞后开设 3～4 个开挖面，多数采用无轨运输，施工通风难度非常大。2008 年中铁隧道集团科研所在 7 号斜井开发应用了顶隔板风道通风技术，之后在其他斜井工区开始大量推广应用，见图 20.19。

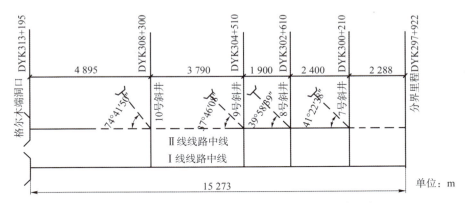

图 20.19　关角隧道 XGZHQ 5-2 标段各洞口平面分布示意图

为解决施工通风问题，将斜井横断面分隔为上、下两部分，上部作为进风通道，然后在斜井底部与正洞交汇处安装 4 台风机与软管形成压入式通风系统，分别向 4 个工作面供风，所有回风流经斜井下部矩形通道排往洞外，见图 20.20。

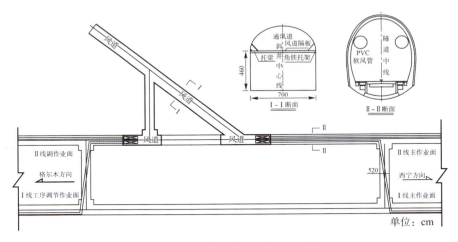

图 20.20　斜井分隔方案通风布置图

采用彩钢板作为分隔板，利用铆钉将彩钢板固定在方钢骨架上，彩钢板横向和纵向的搭接宽度均为 10～15 cm。隔板风道向斜井口外延伸，使进风道口距斜井口的距离约 30 m，以防止从斜井排出的洞内污风进入隔板风道而发生污风循环。隔板风道进入正洞后，其端头与送风机为密封连接，见图 20.21、图 20.22。

根据格尔木方向和西宁方向划分的施工任务量，以及通风计算结果，对通风设备进行了匹配选型（考虑了高原因素）。西宁方向独头送风距离较长，选择了 2×185 kW 通风机；格尔木方向选择了 2×110 kW 通风机；隔板风道内选择了 55 kW 射流风机；风管全部选用

ϕ1.8 m PVC 拉链式软风管。

图 20.21　斜井隔板安装图　　　　图 20.22　隔板风道洞口设置图

关角隧道 7 号斜井工区的通风效果总体较好，能够满足高原地区隧道施工要求。其技术关键是尽量降低整个上部风道的漏风率，主要包括隔板自身的密封性、隔板与墙壁接触带的密封性、送风机与隔板风道连接处的密封性等。目前应用隔板风道式通风基本都是采用彩钢板作为隔板。从现场实际应用效果来看，彩钢板短期密封效果可以满足要求，长期密封效果不理想，因为随着温度的反复变化会造成密封胶和胶条失效、放炮冲击波会导致隔板变形、机械振动会导致被封堵的缝隙再次开裂，所以采用彩钢板作为隔板必须经常进行漏风检测和密封处理，因此建议隔板采用钢筋混凝土与隧道墙壁结合成整体，像公路隧道运营通风的风道一样施作，以保证其有足够的刚度、密封性和耐久性，同时也保证了进风量和通风效果。

顶隔板风道式通风技术的成功应用，解决了高原隧道长斜井长距离通风的难题，为打通世界高海拔第一长隧道做出了贡献。

第六篇

测量技术

第二十一章 隧道测量技术概述

第一节 隧道测量内容及特点

一、隧道及地下工程测量的主要内容

隧道测量亦即隧道工程测量，在施工阶段根据隧道施工要求的精度和施工顺序进行相应的测量工作。首先根据隧道线路的形状、长度并结合隧道施工各洞口的位置进行隧道控制测量技术设计、控制网布设及施测，再进行中线进洞关系的计算及测量，随隧道向前延伸而阶段性地将洞内基本控制网向前延伸，并不断进行施工控制导线的布测和中线的施工放样，指导并保证不同工作面之间以预定设计的精度贯通，贯通后进行实际贯通误差的测定和线路中线的调整，施工过程中进行隧道纵、横断面测量和相关建筑物的放样，以及进行竣工测量。

二、隧道测量的特点

隧道测量有洞外、洞内测量。洞外测量是洞内施工测量的基础，洞外控制网测量应在隧道施工入洞前完成。

（一）洞外测量的特点

（1）越岭交通隧道往往地处山区，地形起伏大，交通困难，外业测量工作量大，特别是水准路线绕行长；水下隧道穿越河流、湖泊或海峡，平面和高程传递具有特殊性；城市隧道地处城区，建筑物密集，选点困难。

（2）洞外控制网的范围、形状、点位分布，应与隧道工程的长短、形状、开挖洞口设置相适应。洞口之间的控制点一般不通视，洞口子网内相邻控制点一般要求通视。由洞口子网和子网间的联系网组成整个控制网。

（3）洞外控制网的测量精度要求高，须根据隧道贯通面的长度及总的贯通精度，兼顾洞内测量精度进行设计，以保证隧道贯通误差的需要。

（4）坐标系一般选择隧道施工坐标系，坐标轴位于隧道主轴上。投影面选择在隧道平均高程面上，以保证投影变形值尽可能小，便于施工放样。

（二）洞内测量的特点

（1）测量环境条件差，如洞内潮湿、黑暗、粉尘水汽大、洞内外温差大、视线差、施工干扰等。

（2）洞内空间较为狭窄，坑道往往只能前后通视，控制测量形式单一，测量网形受到限制，仅适合布设导线或测中线延伸。

（3）掘进开挖坑道、隧洞往往采用独头掘进，洞室之间互不相通，不便组织校核，出

现错误不能及时发现，而且随着坑道的进展，点位误差的累计越来越大。

（4）测量工作随着坑道工程的掘进，而不间断地进行。一般先敷设隧道中线或以低等级导线指示坑道掘进，而后布设高等级导线进行检核。

（5）为保证建造及设施安装精度，往往采用一些特殊的测量方法和仪器。

第二节　隧道测量技术发展

隧道测量技术随隧道的建设同步发展，也随着测量设备和测量技术不断进步，施工设备、施工技术互为促进，为隧道开挖的长度不断增长提供了可能。长大隧道建设与施工控制测量技术的发展紧密相关，控制测量精度是保证隧道正确贯通的关键。各时期铁路隧道贯通极限误差规定值见表21.1。

表 21.1　各时期铁路隧道贯通极限误差规定值　　　　单位：mm

隧道长度	1949 年前	20 世纪 50 年代	20 世纪 60 年代	20 世纪 70 年代	20 世纪 80—90 年代	2009 年	2018 年
4 km 以下	无规定	100	100	100	100	100	100
4~8 km	—	100	150	150	150	130	130
8~10 km	—	—	200	8 km 以上根据当时测量水平，由现场另行酌定	200	160	160
10~13 km	—	—	400		300	200	200
13~17 km	—	—	400		400	270	270
17~20 km	—	—	600		500	320~360	320~360
高程贯通限差	无规定	70	70	50	50	50	50

实践经验的积累、测量仪器设备的进步、测量人员素质的提高，促进了测量技术不断进步。各个时期对测量精度标准的修订，反映了该时期测量技术进步及发展的状态。

1949 年前，铁路隧道因受修建技术水平及工程投资等因素限制，长 1 km 以上隧道数量甚少。隧道不进行控制测量，也无隧道工程测量技术标准。隧道设计所需的测绘资料来源于铁路勘测，在施工中用定测精度对隧道设计中线（即定测中线）进行复测，依据复测后结果进行施工。当时隧道施工测量方法简单，工程中常用的测绘仪器精度较低，在直线隧道中用游标经纬仪穿中线，曲线用偏角法测设中线，距离使用钢卷尺，高程测量使用美国的活镜水准仪。

旧中国亦修建了部分矿山、煤矿矿井或水电站工程，但其时建设规模小，亦无统一的矿井等地下工程测量标准，所用测绘仪器依赖进口，但普通仪器精度较低，故矿井井巷测量标准都不高。

新中国成立后，隧道工程建设发展迅速，专业测量需求显得十分迫切。20 世纪 50 年代早期，测量技术力量和精密的测量仪器设备薄弱，测量技术水平普遍不高。1954 年 2 月宝成铁路秦岭（41 号）隧道施工，进行洞外的路线贯通复测工作，用正倒镜延长直线法，先后进行 10 次之多，耗时数月仍未得出一个可靠的中线。秦岭 37 号隧道（989 m），因切线距离错误，导致中线方向偏差达 2.09 m；长峰隧道南口因中线打偏，拱圈返工 31.5 m。

20 世纪 50 年代中期，在宝成铁路秦岭隧道（2 364 m）和丰沙Ⅰ线下马岭 16 号隧道（2 435 m）、珠窝 18 号隧道（2 187 m）施工中，因隧道长度超过 2 km，经咨询苏联专家意见，首次引进精密经纬仪——瑞士 Wild T3、T2 型号光学经纬仪，使用三角网控制测量技术对长隧道进行施工控制测量。

在 20 世纪 50 年代后期按隧道贯通时最大允许误差进行设计，指导测量工作，既防止贯通面超出误差，同时也扭转了无原则采用过高精度的浪费，这是早期实践中所取得的隧道测量工作的一大进步。

20 世纪 60 年代修建川黔铁路凉风垭隧道（4 270 m）时，洞外采用三角网锁进行控制测量，利用中线法进行洞内中线测量，总结出用导线坐标法控制中线方向的适用性，提出闭合导线法预计贯通误差的初步理论和公式。施工测量方法采用正倒镜延长直线法或光学经纬仪测角法、偏角法，距离用钢卷尺、横基尺或铟瓦量距基线尺测量。其时，因仪器及技术限制，4 km 长度的山岭隧道控制网测量建网需要 2 个月以上才能完成。

1964 年 12 月，铁道部基本建设总局组织编写的中国第一部铁路隧道测量技术规范《铁路隧道测量技术通则》正式出版，通则中首次确立了以导线预计贯通误差的理论与方法，从此我国铁路隧道施工测量开始步入了规范化的新阶段。

20 世纪 60 年代中期，西南铁路建设上马。由于隧道多且长度增加、隧道线路线形及地形地貌复杂，施工速度快，隧道测量在控制方案上较 50 年代有了新的发展，出现了三角网方案、三角网与精密导线混合方案、主副导线环方案以及盘山线路桥隧群方案等。

20 世纪 70 年代建成的京原铁路驿马岭隧道，全长 7 032 m，平面形状为直线形，施工辅助坑道为平行导坑。地表平面控制采用二等三角网和三个基线测距网，在隧道中部增设一条 384 m 山顶基线边以加强图形强度并提高精度，做到了贯通误差控制在预定范围内。控制网内业计算以手工为主，一般是用对数表、三角函数表及算盘、手摇（或电动）计算机进行控制网平差计算。因为计算工具有限，只有在隧道较长时，才采用严密方向平差法平差。当隧道相对较短时，大多采用简易平差法平差。

20 世纪 80 年代，衡广铁路复线大瑶山隧道等施工中大量引进光电测距仪用于平面控制网的边长测量，精密导线和精密导线环布网占主导地位，三角网法在隧道施工控测中使用渐少。中铁隧道局施工前对设计单位的三角网法和导线闭合环进行了实测比较，重新进行了控制网优化改造建网测量。光电测距精密导线网角度观测按照二等边角网标准，边长往返观测，该隧道首次采用光电测距精密导线环取代传统的三角网对长大隧道建网测量。导线环布置为沿隧道线路走向伸展的狭长形状，多边形导线闭合环由 5 个小环组成。洞内平面控制网采用光电测距导线环网，隧道中部的班古坳竖井联系测量采用瑞士 Wild NL 垂准仪光学投点、Wild GAK-1 陀螺经纬仪定向和光电测距仪等高新技术。洞外高程控制实验，应用光电测距三角高程测量方法建立的长大隧道高程控制成果，精度达到三等水准指标，洞内高程则采用四等水准精度测量。

大瑶山隧道工程建设中，中铁隧道局还利用光电测距仪进行竖井导高测量（将地面水准点的高程引导到井下施工平面）、用光学对中器进行竖井联系测量，都取得了可靠的研究成果，丰富了我国隧道控制测量技术。

20 世纪 80 年代后期，我国引进了卫星测量技术，经过研究试验开始在精密大地测量和城市工程测量中应用。铁一院根据西康线秦岭特长隧道控制测量的实际需要，从 1989 年开始进行技术调研，并开展了 GPS 技术在铁路工程控制测量中的应用研究。

20 世纪 90 年代建设的侯月线云台山隧道、南昆线米花岭隧道，其洞外、洞内采用光电精密导线闭合环进行平面控制测量，洞外、洞内分别进行二等、四等水准测量。云台山隧道建设中采用卫星定位 GPS 系统测量技术首次进行长大隧道洞外控制网测量建网实验并取得可靠验证结果，精度高、速度快、费用省。该隧道洞内采用了半自动断面测量设备测绘断面轮廓线形状并分析隧道开挖超欠挖信息。

1995 年，西康铁路秦岭 I 线隧道（长度 18.46 km）开始动工；1997 年，施工单位中铁隧道局、中铁十八局采用从德国引进的两台 TBM 分别由隧道两端洞口相向掘进施工，最长独头掘进长度超过 9 km，对施工控制测量提出极高精度要求。洞外控制测量时平面采用了 GPS 网（B 级）控制，观测成果经平差处理后其相对精度达到 1/60 万，平面控制点位坐标精度、方位精度，相对于地面传统测量方法提高 10～20 倍，前期洞外高程控制测量由中铁第一勘测院和中铁隧道局分别采用一等水准绕山间公路施测。结合经典精密水准测量方法及结果比较，该隧道完成的 GPS 网三维网坐标成果和隧道洞口两端高程基准点间的相对高差精度与传统二、三等水准测量精度标准相当。

秦岭隧道洞内平面控制测量采用徕卡 TC1800 型 1 秒级全站仪进行一等精密导线测量，高程使用瑞士 Wild NA2 水准仪+GMP3 测微器进行二等水准实施。1998 年贯通，横向贯通误差 12 mm，高程贯通误差 1 mm。

2001—2005 年，渝怀线铁路圆梁山隧道（11.07 km），洞口地势险要，处于峭壁半腰，洞口至山坡高差超过 300 m，垂直角很大，对施工测量进洞引入控制方向带来极大挑战。中铁隧道局洞外平面控制采用精密导线闭合环方式对整座隧道布网，洞口局部布设插网点，导线精度等级按照二等导线技术指标实施，控制网主网与插网同精度观测、联合平差。洞外高程控制采用光电测距三角高程网方法与施测精密导线网时同步实施，测量精度达到国家三等水准精度技术指标。建设中，为保证隧道横向贯通精度，在隧道贯通前实施了 GPS 控制测量复测检核，确认精密导线网成果与 GPS 控制网成果一致。洞内平面控制测量采用三等精密导线闭合环，高程采用三等水准测量精度。

2002—2011 年，分别于 2006 年建成兰武线乌鞘岭隧道（20.05 km）、2007 年建成秦岭终南山公路隧道（18.02 km）、辽宁大伙房水库输供水隧洞工程（85.32 km）、石太线客专铁路太行山隧道（27.84 km）、2009 年建成武广高铁新大瑶山隧道群（全长 24.75 km）、2011 年建成代表性的越海工程广深港高铁狮子洋隧道（10.8 km）等典型地下工程。其施工测量共同特点是地表控制主网采用 GPS 控制网一等或二等网（B 级网）高精度标准，洞内外高程控制则采用二等水准网；洞内平面控制采用交叉布点观测、多闭合环套接精密导线网，特长隧道建设中采用了陀螺经纬仪实施陀螺定向复测并融入导线观测数据联合平差、跨海段及山岭陡坡或跨沟谷路段利用精密全站仪同步对向观测、开展光电测距三角高程法实施等级水准测量，高程精度达到了二等或三等水准测量设计技术标准。高铁隧道洞内的整体道床施工及轨道铺设施工，实施 CPII 网和 CPIII 网控制测量，洞内使用的主要仪器为智能全站仪、电子水准仪等精密测量设备。

2007—2014 年建成的青藏铁路西格二线新关角隧道（32.645 km）位于青海天峻县境内。呈东西走向，为两座平行的单线隧道，两线间距 40 m，正线设置有 10 座斜井，隧道线路越岭山脊海拔 4 500 m，线路平均海拔超过 3 600 m，是世界高海拔第一长隧。洞外平面控制网采用铁路 GPS 控制网 B 级加强网，洞内采用二等精密导线网；高程控制方面，洞外、洞内均采用二等水准网标准，洞外进、出口端水准基点间水准路线长度达 156 km。

2007—2017 年间先后建成的南吕梁山铁路隧道（23.44 km）、南疆铁路中天山隧道（22.45 km）、张唐铁路燕山隧道（21.15 km）、兰渝铁路木寨岭隧道（19.1 km）、西秦岭隧道（28.24 km）、哈达铺隧道（12.5 km）、胡麻岭隧道（13.61 km）洞外平面控制网均采用 GPS 控制网 B 级（铁路 CPI 一等网），高程施工网采用二等水准网完成。隧道洞内控制网等级为精密二等导线网、道床施工及轨道控制网为铁路 CPIII 精密网，洞内高程控制采用二等水准网。其中，中天山隧道、燕山隧道、西秦岭隧道、木寨岭隧道洞内施测了精密陀螺仪定向测量以加强洞内平面控制网测量精度控制。

2016—2020 年建设的成昆铁路复线小相岭隧道（21.775 km），设有贯通平导 1 座 21.58 km，斜井 2 座，长分别为 2 425 m 和 2 200 m，洞外平面施工控制网采用铁路 GPS 一等 CP I 网，高程控制网采用铁路隧道二等水准网，洞内平面控制采用精密二等导线网，网型构造为菱形三～四边形闭合环网，隧道洞内精密网中选择部分导线边加测精密陀螺定向，以减小误差传递积累对贯通误差的影响，高程控制采用二等水准网。

2015—2023 年在建的大瑞铁路高黎贡山隧道（34.54 km），2 座斜井长度分别为 3 850 m、3 870 m，4 座主副竖井井深分别为：1 号主井 762.6 m，副井 764.7 m；2 号主井 640.2 m、副井 640.4 m。地表平面控制网为铁路 GPS 一等网，高程控制网为国家二等水准网；洞内平面控制网为二等精密导线网，加测精密陀螺仪定向控制，高程控制网采用二等水准网。特深竖井联系测量中坐标投点采用高强钢丝重锤悬挂垂准法自上而下投点，竖井井筒导高采用定制钢卷尺整尺与分段组合相结合形式测量高差，期间辅以分段光电测距测高差检核。面临的洞内测量难题是超高地热导致隧道洞内测量环境差、水汽大引起光信号严重衰减，因各通道联结口温差变化大，易致观测目标成像不稳定，视线方向受到横向和垂直折光影响增大，给精密网观测、竖井投点和高程联系测量中设站位置、测边长度的实施，以及观测质量均带来较大挑战。

进入 21 世纪以来，我国陆续在武汉长江、重庆嘉陵江、南京长江及玄武湖、上海黄浦江、杭州西湖、青岛黄海、厦门、广东珠江以及广深港高铁狮子洋隧道、佛莞城铁狮子洋隧道、珠海伶仃洋等处修建了多座穿越水下的交通、电力、城市服务大型隧道工程。水下隧道的施工，其测量往往有不同于陆岸的测量方法。例如，采用沉管法施工时需要完成水下预制管节的沉放定位和管节接头位置在水中的精确对接安装，因此建设期间必须做好隧道洞内、洞外、陆岸以及水域和水底的各类测量工作。

传统的水下、水面测量一般以经纬仪、电磁波测距仪、标尺、标杆、测深锤、浮标、测量乘用船等作为基本必要的测量器材、工具。

采用断面法或极坐标法及交会法定位，并用测深杆和测深锤来采集水深数据，这种方法误差大、效率低，已经很少采用。近年来随着卫星定位技术的发展，DGPS、GPSRTK 及 CORS 系统配合多波束测深仪得到了广泛的应用。DGPS 是以某已知点作为基准点，基准点的 GPS 接收机连续接收卫星信号，并与已知点的位置进行比较，确定当时误差的伪距修正值，将这些修正值通过无线电台发射，用户接收机接收修正值来实时校正 GPS 信号。目前 RTK 及 CORS 系统定位已到厘米级的定位精度，并且能够做到实时无验潮测量，对于大面积的水下地形测量，可以大大缩短工作周期，减轻劳动强度。

综上所述，我国 20 世纪 50 年代至 60 年代隧道洞外平面的施工控制测量，以三角锁（网）为主，其中基线丈量距离、测角观测量大，程序复杂，劳动强度高，效率低。从 70 年代后期开始，光电测距仪和简易型电子计算机技术在隧道控制测量中得到普遍应用，繁重的基线丈量过渡至使用便携式光电测距仪与经纬仪组合工作，使用光电测距取代，加上测量应用新技术方法的改进研究验证，导线网演进为隧道工程平面控制网的主要布设形式，以往的三角锁方式基本被淘汰。80 年代末，全站仪、GPS（全球定位系统）技术开始引进应用于长大隧道洞外控制测量。90 年代中期开始，逐步应用于我国大多隧道工程的洞外平面控制网施工测量，其中，电子全站仪和电子水准仪的使用，又标志着新测量技术逐步抛弃了以往手工记录数据的落后方式，由此实现了全天候、无地域限制的电子记录野外测量数据；仪器观测中的电子数据自动记录成为常态，借助数据交换传输（有线或无线形式）技术的普及，仪器接口传输至计算机并使用研制的数据平差软件进行计算机平台数据处理。20 世纪末，改进的 GPS 隧道控制测量技术、理论方法，控制网和施工放样专用测量软件在测量工程中获得大量使用。

进入 21 世纪，全站仪、电子水准仪、GNSS、陀螺全站仪、激光测绘仪等设备逐渐出现了技术升级，激光三维扫描仪、激光跟踪仪、激光雷达等现代仪器研制并应用于隧道地下工程建造测绘之中。伴随着计算机技术、信息技术、通信技术、空间应用技术的快速发展，测绘科学从理论到手段发生了根本性变化，从而促进了隧道测量技术的深刻变革，极大程度地推动了隧道工程测量中一部分测绘作业实现内、外业一体化、信息化的现代智能测绘服务目标。

第二十二章　新中国成立前的测量技术

这时期，矿井、隧道建设地表控制测量以三角网（锁）测量为主。对于隧道地下工程中线路中桩的放样定位则采用串线（穿线）法、经纬仪正倒镜分中延伸法、交会定位法，曲线隧道通过曲率计算弦线或切线支距法测设。施工测量中使用罗盘仪、平板仪，后期使用游标经纬仪拨设角度，钢卷尺或皮尺量距，测角和量距精度较低，控制测量范围较小。

坐标、方位、高差等计算均采用简易平差计算方法。

第一节　测量仪器

工程中用到的量距仪器有：测绳、步弓、测步器、木杆尺、皮尺、钢卷尺、测链、视距仪、因瓦基线尺、横基尺。

测角仪器有：罗盘仪、平板仪、游标经纬仪、视距（罗盘）经纬仪、光学经纬仪。

测高程仪器有：活镜水准仪、定镜水准仪、微倾水准仪。

一、仪器特点及发展历程

水准仪历史上最早应用于大地控制、地形测量、河道疏浚、农田灌溉等工程，后使用于矿山矿井、隧道建设测量中。光学经纬仪诞生于 20 世纪 30 年代，较水准仪晚了近一个世纪，起初经纬仪主要用于天文大地测量控制与国土测绘，后在矿山矿井及隧道工程应用中发挥出重要作用，成为地表和地下控制测量无可替代的工具，与卷尺、测绳等一起使用成为测设放样及绘制地下巷道关系图的利器，初步实现地下各开挖坑道按设计位置在一定误差范围内贯通，克服了早期地下工程测量中使用磁罗盘仪标定开挖方向所致偏差大的困扰。

（一）量距仪器工具的发展

古代的测距工具主要有测绳、步弓、测步器、测链、竹尺、木杆尺等。

1680 年，意大利制成附有视距丝的望远镜，后来将其安装在光学测量仪器上，光学测量仪器具有测距功能，用于进行普通视距测量，其测距相对精度可达 1/300～1/200。

1903 年，出现因瓦基线尺，用于精密距离测量，最高精度可达 1/1 000 000，用于高等级三角网控制测量，矿井、水利、道路等工程大面积或大区域三角测量网（锁）起算边的基线长度量测，但在高差起伏大的山岭地区使用因瓦基线尺丈量长边基线十分困难。

20 世纪初期，为提高视距测量精度，出现了原理不同、形式各异的光学视距仪，其测距相对精度可达 1/3 000，但最佳测程偏短，使用环境条件要求严苛，作业效率低。同时期制作出了测绳、皮卷尺，后面制作出了钢线尺、钢卷尺。

（二）标定线路、井下巷道掘进方位的仪器——罗盘仪、经纬仪

1075 年，宋朝沈括就将罗盘用于地形测量。

后研制出装有望远镜的测量专用罗盘仪，能测定直线的磁方位角，能够测定目标高度角及高差，但精度很低。

1730 年，美国哥德弗莱和英国哈德利创制六分仪，其误差约为±0.2°～±1°，具有角度或方位观测功能，用于海上进行天文观测。

1730 年，英国西森研制成第一台游标经纬仪，随后陆续出现了小平板仪、大平板仪，用于矿山巷道、交通隧道等地下工程测量。

1920 年，德国蔡司光学仪器厂当时的总工程师威特等人研制成功第一台光学经纬仪，并定名为 T1 型。

1923 年及之后，德国蔡司光学仪器厂生产出双线刻划度盘光学经纬仪，定名为 T2 型，标称精度 2″（或 1″）。后又改进推出新款 Wild T2、T3 型，仪器标称精度均为 2″（或 1″）维持不变。新款进行了仪器竖盘指标补偿器、光学成像系统、读数视窗及结构造型等多方面技术改进，其被广泛应用于各类工程测绘活动中。该型号产品制造精良、性能稳定，畅销世界各地。

（三）测定地面两点间高差的仪器——水准仪

作用：建立水平视线并测定地面两点间高差。

（1）活镜水准仪。17 世纪中叶，在出现水准器和望远镜的基础上，出现了水准仪，老式的水准仪是活镜水准仪，参见图 22.1。

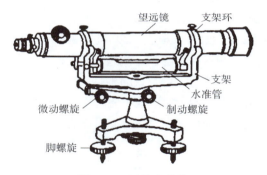

图 22.1　活镜水准仪

（2）定镜水准仪。18 世纪左右，为克服活镜水准仪性能结构和使用不灵活的缺点，研制出现了定镜水准仪（望远镜与水准仪支架系统固联一体）。

（3）微倾水准仪。20 世纪初，在制造出内对光望远镜和符合水准器的基础上，制造出了微倾水准仪，精度达到 3 mm/km。

二、代表性测量仪器工作原理

（一）游标经纬仪

水平度盘、竖直度盘以及游标盘都由金属制成，利用游标尺读取度盘上不满一整分划的读数。在水平度盘和游标盘上，都设有制动和微动螺旋，使两个圆盘都能转动，以便用复测法观测水平角，因此游标经纬仪属于复测经纬仪。

（二）微倾式水准仪

这是借助于微倾螺旋获得水平视线的一种常用水准仪。

作业时先用圆水准器将仪器粗略整平，每次读数前再借助微倾螺旋，使符合水准器在竖直面内俯仰，直到符合水准气泡精确居中，使视线水平。微倾的精密水准仪同此前的普通水准仪比较，前者管水准器的分划值小，灵敏度高，望远镜的放大倍率大，明亮度强，仪器结构坚固，特别是望远镜与管水准器之间的连接牢固，相较普通水准仪精度提高。微倾式水准仪见图 22.2。

图 22.2　瑞士 Kern suisse 微倾式水准仪

（三）因瓦基线尺

因瓦基线尺使用温度膨胀系数很小的因瓦合金钢制造的线状尺或带状尺。用它测量距离的误差很小，主要用于丈量三角网的基线和其他高精度的边长。常用的线状尺长 24 m，钢丝直径 1.65 mm，线尺两端各连接一个有毫米刻划的分划尺，分划尺刻度为 80 mm。作业时用 10 kg 重锤通过滑轮引张，使尺子呈悬链线形状，尺段丈量相对精度可达 1/100 万，但作业程序复杂，测距短，工作效率低。此法在 20 世纪 30—50 年代为三角网基线测量中最重要的高精度测距手段。

（四）短基线视差法测量

短基线视差法测量是视距测量中较高精度的一种，在工程三角网（锁）控制测量中广泛应用。

其工作原理为用经纬仪测量短基线两端所对应的视差水平角，再按三角公式推算水平距离。短基线长度一般为待测距离的 1/100～1/10。因为用经纬仪测得的视差角是水平角，所以视差法求得的距离为水平距离。

用定长（一般为 2 m）而水平放置的基线横尺及其所对的视差角来推算水平距离的方法称为基线横尺视差法（见图 22.3）。

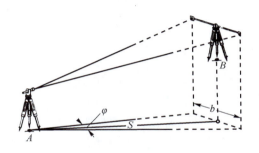

图 22.3　基线横尺视差法

观测视差角 φ 后，水平距离用下式计算：

$$S = \frac{b}{2} \cdot \cot\frac{\varphi}{2} \tag{22.1}$$

式中：b——基线横尺两端标志间的长度；

　　　φ——观测视差角；

　　　S——测站点 A 至目标点 B 之间的水平距离。

短基线视差法通过合理控制视差角大小及测角精度，测距相对精度可达 1/20 000～1/2 000。

第二节　测量方法

1878 年，唐山开平矿务局成立绘图房，为中国第一个煤矿测绘机构，开展了生产运营期矿井井巷的施工测设及其位置制图测量服务。

其后，国内成立的较大矿务局均基本设置有测量机构服务于矿山（煤矿）建井与井巷生产测量及管理服务工作。

1887—1889 年，台湾兴建基隆到新竹铁路狮球岭隧道，其为我国第一座山岭铁路隧道，全长 261.4 m。1887 年隧道从南北两端同时开工，由外国工程师作顾问，同时聘用了华侨技术人员，使用其时购得的测绘工具标定出线路方向及中心桩的开挖高度。工程隧道贯通时，隧道中线正常贯通，但是高程贯通误差出现错误，隧道北端的标高高出南端约 4.27 m。

1905—1909 年间，詹天佑担任总工程师负责京张铁路（现京包线）的勘测设计及施工测绘技术指导，其中位于北京市昌平、延庆的居庸关隧道（全长 365 m）、八达岭隧道（全长 1 091 m）在 1909 年建成通车，圆满完成隧道洞内外施工控制测量，工程中使用了游标经纬仪和水准仪等测绘设备。

早期年代，在隧道施工中，无论是洞外控制测量，还是洞内测设放样，采用的均为符合国情的实用简单方法。光学仪器当时国内制造不了，即使是普通低精度的经纬仪和水准仪都需从国外进口。施工测量中的计算工具主要有算盘、专用计算表。因为所用测量仪器精度低、观测方法单一，加上隧道控制网计算理论处于探索阶段，对 2 km 以上长度的交通隧道来说，欲保证其按设计实现准确可靠的相向开挖贯通，在当时的施工和测量技术储备诸方面均被认为面临极大挑战。

一、隧道施工中高程测量的方法

经典方法，即采用普通水准仪设站观测线路逐桩标高，采用水准仪+水准尺高程放样。采用测垂直角及测三角形角度边长，利用空间几何法或三角高程观测法放样。

二、隧道中线、开挖轮廓测设方法

隧道工程中直线隧道中线的放样基本采用垂球悬吊三点一线准直延伸法，或光学经纬仪正倒镜穿中线测量法；曲线隧道则采用极坐标法、偏角拨距法等放样。

隧道地下工程平面控制在 20 世纪 40 年代前基本采用三角形或三角锁网的布测方法。距离或三角形边长测量工具依赖于测尺、视距尺或基线尺丈量，或三角几何法间接测算。对于山区隧道洞口的定位或线路中线的地面测设较为艰难，一些困难区域亦采用三角形交会定位法完成位置的测设。

20 世纪 50 年代前，我国没有国产的精密测量仪器，所使用的主要仪器需要进口。隧道等地下工程测量中，虽有部分较好的仪器来自美国、德国、日本等国的游标经纬仪和活镜或定镜水平仪，但其中大多属于中低精度，体积大，重量也较重。加上当时去往矿山、隧道的工地道路崎岖，缺少车辆，野外观测中仪器的携带只能人背或人扛，远距离迁站时则利用牲畜托运或马、牛车运输，作业不便，工效也低。

量长工具多为皮尺、普通钢尺等。计算工具为算盘、对数表、专用计算表。测量工作一般由施工技术人员负责。

第二十三章 光学测绘技术在隧道工程中探索发展 （1949—1970 年）

第一节 测量仪器

20 世纪 50—70 年代，隧道工程的主要建设施工单位一般拥有苏联、匈牙利或德国的老式经纬仪，体积大，重量也偏重，精度稍高的水准仪体积也较大，当时的主要测绘仪器为光学仪器。隧道测量中使用的照准标志除了测量花杆，还有线铊锤球或金属制测钎；水准尺则有水准直尺或水准折叠尺，经纬仪、平板仪观测作业时的设站，目标对中基本使用吊线锤球对中。仪器主要性能特点介绍如下。

一、仪器型号特点

（一）经纬仪

经纬仪是一种测量角度的高级仪器，它配合上花杆、线锤或觇标直接测量测点间水平角（空间夹角在水平面上投影角）和竖直角。另外，经纬仪还兼有低精度的间接法视距测距、测定高差以及较高精度的定线等功能。

角度测量是一种最基本的测量工作。隧道施工测量中掘进方向线的实地标定、构造物设计位置的施工放样、测量网中点位坐标的取得，都离不开经纬仪的测量工作。光学经纬仪见图 23.1。

（a）苏光 J2-2   （b）Wild T2

图 23.1 光学经纬仪

1. 主要仪器型号介绍

早期的光学经纬仪、望远镜等光学成像系统基本是左右倒像，后期才出现正像经纬仪；仪器标称精度 6″/3″/2″；隧道测量使用的代表性进口仪器有苏联、瑞士、德国以及匈牙利 MOM 公司等的产品，标称精度 1″/2″/3″等。20 世纪 70 年代中国北光、苏光等也开始生产 2″/6″/30″光学经纬仪。

地下工程控制网测量中使用比较著名的光学经纬仪有瑞士威特 WILD T3（1″）、瑞士克恩 KERN DKM3（1″）、苏联 OT-02（1″）、德国 CarlZeiss theo010（2″）、匈牙利 MOM TE-B3、瑞士威特 WILD T2（2″）、瑞士克恩 KERN DKM2（2″）、苏联 OTC 等。

中国北光、苏光生产的有 J2（2″）、J6（6″）系列经纬仪。

2. 仪器基本构造

经纬仪可分为游标经纬仪、光学经纬仪和电子经纬仪三种。该时期因为电子经纬仪还没有制造出来，又因游标经纬仪测量精度低、产品体积大且笨重已经淘汰不再使用，故介绍当时常用的光学经纬仪（以下简称经纬仪）（精度 2″/6″）构造概况。

经纬仪由对中整平装置、照准装置、竖轴轴系和读数装置四部分组成。中国 DJ2 光学经纬仪见图 23.2。

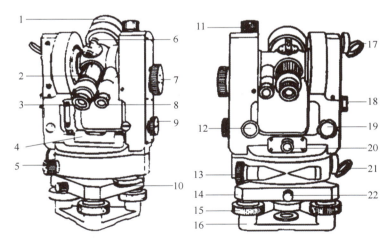

1—物镜；2—望远镜调焦筒；3—目镜；4—照准部水准管；5—照准部制动螺旋；6—粗瞄准器；7—测微轮；8—读数显微镜目镜；9—度盘换像旋钮；10—水平度盘变换手轮；11—望远镜制动螺旋；12—望远镜微动螺旋；13—照准部微动螺旋；14—基座；15—脚螺旋；16—基座底板；17—竖盘照明反光镜；18—竖盘指标水准器观察镜；19—竖盘指标水准器微动螺旋；20—光学对中器；21—水平度盘照明反光镜；22—轴座固定螺旋。

图 23.2　DJ2 光学经纬仪

（二）平板仪

平板仪是早期平板仪测图的主要仪器，由平板、照准仪、基座以及方框罗盘、对点器和独立水准器等附件组成。照准仪、平板和三脚架见图 23.3。

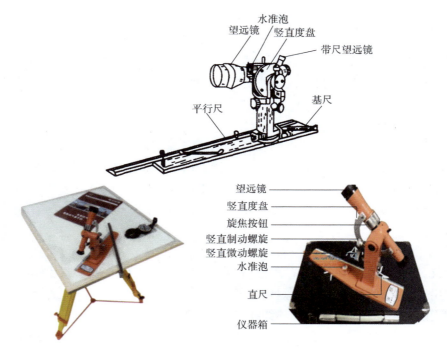

图 23.3 平板仪组成示意图

平板仪测图原理为：

利用平板仪测绘地形图的方法与过程，实质上是应用相似形原理及图解的方法，将实地的水平角、平距或图形，直接缩绘到图纸上的一种简单方法，见图 23.4。

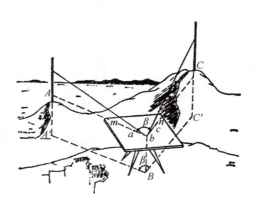

图 23.4 测图原理示意图

（三）微倾精密水准仪

微倾精密水准仪由下列四个部分组成。

（1）望远镜：提供视线，并可读出远处水准尺上的读数。

（2）水准器：用于指示仪器或视线是否处于水平位置。

（3）测微器：组合装套于望远镜物镜前的精密测微器装置。

（4）基座：用于置平仪器，它支承仪器的上部并能使仪器的上部在水平方向转动。

微倾精密水准仪见图 23.5。

图 23.5　瑞士 Kern suisse 微倾精密水准仪

（四）光学视距仪

普通光学视距测量是利用安装于望远镜内的测距十字丝装置完成的，专用的精密视距测量则使用双像视距测量装置，代表性产品为光楔双像视距仪，有单件独立使用产品，但更多的是作为其他测量仪器的附加视距装置，安装于望远镜物镜上使用，其测距精度可达到 1/2 000 以上。

二、典型仪器工作原理

（一）光学经纬仪测角原理

水平角是指从空间一点出发的两个方向在水平面上投影所夹的角度，而竖直角是指某一方向与其在同一铅垂面内的水平线所夹的角度。在经纬仪的竖轴中心安装有带刻度的水平度盘用来测量水平角，在望远镜可以上下俯仰绕横轴转动的横轴上安装有竖直度盘，这样当望远镜围绕竖轴和横轴转动瞄准目标时，就可以分别读出目标点的方向数值和竖直角数值。

（二）微倾式水准仪工作原理

进行水准观测时，要求仪器架设的照准部一直处于精确整平状态，但这会影响工作效率，因此仪器结构设计有圆水准器和管水准器。通常操作时先调整脚螺旋使仪器粗略整平，在瞄准目标后，旋转仪器上的微倾螺旋可使望远镜连同管水准器做俯仰微量的倾斜，从而可使视线精确整平，达到事半功倍的目的。故将此水准仪称为微倾式水准仪。通过设计科学照准及精密读数装置则形成微倾精密水准仪，配上精密因瓦水准标尺，可以获得良好的测量精度。

（三）光楔双像视距工作原理

根据几何光学及三角学原理设计测定两点间距离。光楔双像视距装置是一块光楔，安装于望远镜物镜前，遮住物镜一部分使用，在测线的另一端安置水平或竖直的标尺，在望远镜视场中可以同时看到标尺通过光楔经物镜的构像和不通过光楔直接经物镜的构像。光楔使光线偏转一个角度 φ，从而测得尺上一段长度 L。设计时根据视距乘常数等于 100 或 200 等整数的要求来决定 φ 值。有些双像视距仪有自动归算性能，可以直接测得水平距离。

第二节　测　量　方　法

一、隧道工程测量技术标准的初步确立

新中国制定工程测量标准始于 1950 年 6 月，在这之前，我国没有一本隧道测量规范。1952 年后，参照苏联的有关规定，制定出隧道横向贯通极限误差，不论隧道长短一律定为 100 mm，隧道控制测量参照苏联城市三角网测量规范进行。1954 年修建宝成线过程中，由于隧道多，平面形状复杂，并出现长达 2 364 m 的秦岭隧道，在铁道部重视和国内外专家的指导下，施工测量技术才有了较大进步。

至 20 世纪 60 年代初，我国新建成的铁路隧道长达 450 km 以上，1 km 以上的隧道有 50 多座，在隧道测量技术方面，积累了较多经验，有必要统一规定隧道测量有关技术要求。铁道部基建总局于 1961 年底开始组织有关单位编写《铁路隧道测量技术通则》（简称《通则》），于 1964 年 12 月正式出版发行。从此我国铁路隧道施工测量开始步入了规范化的新阶段。

20 世纪 50 年代中期至 70 年代初，煤炭矿山测量行业也开始陆续制定出煤矿测量试行规程，以规范管理矿山开采及建井测量中所涉及的复杂技术问题。

随着我国社会生产的蓬勃发展，交通隧道及新线建设的增多，施工速度的加快，测量人员素质及实践经验的积累，以及测量仪器设备的进步，促进了测量技术的发展。各个时期对测量标准的修订，反映了技术进步和发展。表 23.1 给出了 1949—1970 年各时期铁路隧道贯通极限误差的规定值。

表 23.1　1949—1970 年铁路隧道贯通极限误差规定值　　　　单位：mm

隧道长度	1949 年前	20 世纪 50 年代	20 世纪 60 年代	20 世纪 70 年代
4 km 以下	无规定	100	100	100
4～8 km	—	100	150	150
8～10 km	—	—	200	8 km 以上应根据当时测量水平，由现场另行酌定
10～13 km	—	—	400	
13～17 km	—	—	400	
17～20 km	—	—	600	
高程贯通限差	无规定	70	70	50

二、隧道施工测量方法的不断改进与完善

（一）1950—1952 年修建成渝、天兰铁路时期

这一时期，我国隧道施工测量技术基本处于 20 世纪 50 年代前的水平。50 年代初期修

建的成渝铁路，施工测量使用美国 K.E 经纬仪，在直线上用经纬仪穿直线，在曲线上用偏角法测设中线；高程测量方法简单，仪器使用美国的活镜水准仪。当时测量工作由承担隧道施工的工程段技术主管负责。

（二）1954—1960 年宝成铁路建设时期

1954 年宝成铁路开工，隧道测量方法仍无变化，在宝成北段 60 座隧道的中线和水准测量中事故多达 93 次。秦岭隧道在中部设一座竖井，其中线用冲线法测量，花费两个多月的时间从南口到北口在地表用正倒镜延长直线法对线路中线做了多次复测，均与设计的中线点不相符合，中线偏差最大达 48″，因此中线得不到正确的确定。此时隧道已按设计院的中桩施工达数月之久。担负该隧道施工的单位，决定组建一个测量队（该队于秦岭隧道贯通后即撤销），以一台瑞士威尔特 T2 光学经纬仪，再次进行地表复测。最后确定设计院所测中线在隧道一端的一个中线点上产生 60″ 的折角，隧道长度较设计院所测的短 2.467 m，用导线法测量较设计院用中线法穿直线和沿山坡丈量中线距离的精度高。最后以复测后的成果对洞内中线做了调整。

秦岭隧道的测量方法虽有了改进，但对于隧道中线的控制仍然没有把握。后根据国内外专家意见决定对该隧道做二等三角网控制测量。在做贯通误差预计时，确定隧道横向贯通极限误差为 100 mm，通过计算确定了需要的测量精度。三角网角度观测用瑞士威尔特 T3 光学经纬仪，基线用 24 m 因瓦基线尺丈量。整个三角网测量工作由铁六局测量队和同济大学测量系的实习队共同完成。由于工程施工进展迅速，三角网施测较晚，三角网平差计算刚完，隧道已根据原先用导线测量的成果打通了，实际上三角网成果未得到使用。

秦岭隧道实际贯通误差：北口至竖井 24 mm，南口至竖井 11 mm，均小于规定的横向贯通极限误差 100 mm。事实证明用导线法是可行的，为导线法测量隧道闯出新路。隧道导线测量计算、高程网计算平差方法一般采用简易方法进行。

（三）三角网（锁）与导线测量环技术应用于隧道工程施工

20 世纪 70 年代前，我国正在实施的大地控制测量主要采用三角网（锁）测量技术。考虑到隧道等地下工程建设要求的贯通精度及安全生产需要，故隧道工程施工测量精度从严要求基本采用三角测量网法建网。为了观测各三角形的内角，相邻三角点之间必须互相通视，因此三角点上一般都要建造测量觇标。为了使各三角点在地面上能长期保存使用，还要埋设标石。

三角测量中各三角形顶角的观测工作称为水平角观测。主要有两种观测方法，一是方向法或全圆法，二是全组合测角法。除了观测各三角形的顶角外，三角测量还要选择一些三角形的边作为起始边，测量它们的长度和方位角。其时用基线尺在地面上丈量起始边的长度，由于地形限制，一般只能丈量长几百米或几千米的线段。因此借助建立基线网中基线边的丈量、观测，间接计算三角网起算边长度。

三角测量的实施有两种扩展方式：一种是同时向各个方向扩展，构成网状，称为三角网；另一种是向某一设计方向推进以构成锁状，称为三角锁。三角锁网中的单个图形一般是单三角形，也可以是有双对角线的四边形，或者是有一中点的多边形等不同形式。

根据隧道的长度、平面形状和地形情况等，出现了三角网方案、三角网与精密导线混合方案、主副导线环方案以及盘山线路桥隧群方案等。

1. 三角网（锁）测量方案

成昆铁路沙马拉达隧道（6 383 m）建设中，洞外采用大地四边形锁控制方案，施工控制网长度 7.4 km，主锁大致沿隧道中线布设，由 4 个大地四边形组成，于锁的两端各设一条基线，见图 23.6。

该隧道洞内平面控制测量采用闭合导线，在正洞布设一条单导线，利用平行导坑布设另一条导线，隔适当距离（一般在 500 m 左右），利用横通道组成闭合环的形式。在实测过程中，由于横通道距离太短，在闭合环的首尾就出现长短边相差数倍至 10 倍的情况，对测角精度影响极大。为避开长短边悬殊的不利影响，正洞内导线布设直伸型闭合导线，平行导坑内布设单导线，相距一定距离利用横通道相互校核，防止粗差。

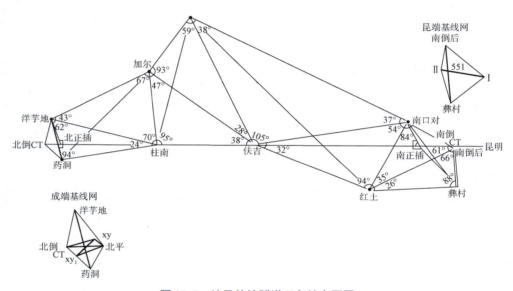

图 23.6　沙马拉达隧道三角锁布网图

沙马拉达隧道洞外高程测量为三等精密水准测量，洞内为四等水准测量。

2. 三角网与精密导线混合控制测量方案

当隧道地形由开阔进入狭窄地带，或两端洞口地势开阔而中间狭窄，三角网布网有困难时，可采用在开阔地区布设三角网，狭窄地带布设精密导线与之连接的控制方案。如成昆线响水河 2 号、溪坝村 4 号、竹箐口以及关村坝等隧道都采用这种测量方案。

关村坝隧道进口端 306 m，位于曲线上，其余均为直线，平面形状呈直伸型。隧道地表山高林密，多悬崖绝壁，不利于沿中线布设三角网。隧道中线左侧，沿大渡河西岸地势较开阔，可以布设三角网。接近出口端，河谷变狭窄，悬崖绝壁毗邻，改为精密导线。因此形成三角网与精密导线混合控制方案，见图 23.7。

该隧道地表控制网远离隧道中线达 4 km，控制网是一个混合控制方案，在三角网中部设一条基线，通过基线网扩大至主网起始边，在特殊困难地区采用特殊的控制方案。

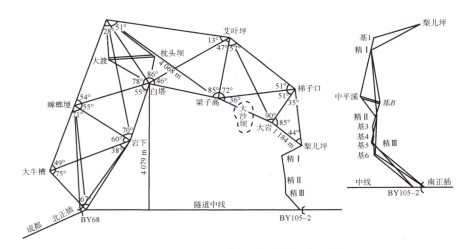

图 23.7　关村坝隧道三角控制网布网图

3．主副导线环控制测量方案

李子湾隧道全长 3 008 m，隧道两端洞内各有长约 250 m 的曲线，中间 2 509 m 为直线，平面呈直伸型。整个隧道位于大渡河河谷地区，大渡河的东岸，山势陡峭，河流湍急，没有布点条件。两岸陡壁下坡脚平台狭窄，最宽处不到 400 m。线路定测后，曾沿隧道中线方向施测过三角网及闭合多边形导线混合控制，控制网见图 23.8。

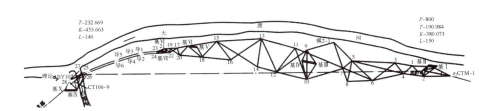

图 23.8　李子湾隧道三角网控制测量

1965 年 6 月隧道开工前，由于原有部分测点位于河滩，常被淹没；利用狭窄地带布设三角网，不可避免地出现了短边三角形，在 21 个三角形和 3 个四边形中，不足 100 m 的短边就有 17 条。控制点过多，增大测角误差对贯通的影响，因而须改善方案重新布网。

为防止测量粗差，并尽量减少内外业工作量，该隧道地表控制最终采用主副导线网方案。

隧道施工测量中，布设了 8 个主导线点和 6 个副导线点组成闭合多边形。测量所有内角构成闭合差，借以评定测量工作质量，布点情况见图 23.9。

该隧道地表控制方案的特点是：布点灵活，较原三角网控制点少；导线走向未完全沿隧道中线敷设，但又尽可能靠近中线并使之成直伸型，从而降低了量边的精度要求，为利用 2 m 因瓦横基尺在山地快速测距创造了条件，解决了导线测量中大量繁重的量边工作；副导线不量边，减少了一半的量距工作；简化了内业平差工作，交付测量成果快。采用横基尺主副导线环，进行直伸型长隧道控制测量，在我国还是第一次。实践证明，在解决测距困难的情况下，采用此法可节省测距工作，并有角度闭合检验。

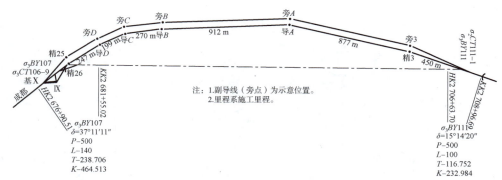

图 23.9　李子湾隧道主副导线环控制测量

4．展线地段桥隧群控制方案

　　成昆线展线地段较多，如乃托、乐武、韩都路、两河口、大渡河、巴格勒、桐模甸等。其中乐武眼镜形展线是上述展线中较复杂的线路，有长短隧道 10 座，延长 5 370 m，大中桥 8 座。其中乐武 1 号隧道长 2 442 m，有格以达隧道长 1 410 m。为了保证隧道的正确贯通和与相邻大中桥的正确衔接，对乐武桥隧群和有格以达桥隧群分别进行三角网控制，如图 23.10 所示。其特点是在长隧道两洞口间布设控制点并控制线路方向，而无须沿隧道中线布设。

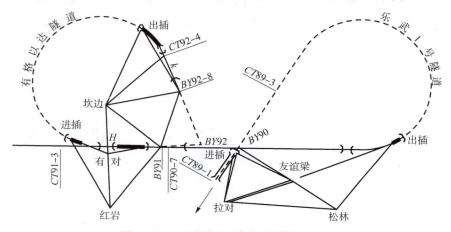

图 23.10　乐武展线分割控制测量示意图

　　该控制网角度以方向观测法测定，基线用 2 m 因瓦横基尺布置视差环节测定，如图 23.11 所示。内业平差计算采用角度平差法。该隧道地表控制测量速度快，精度高，交付成果迅速，满足了施工需要。

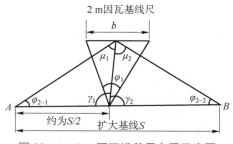

图 23.11　2 m 因瓦横基尺布置示意图

20 世纪 60 年代建成的铁路隧道上千座，表 23.2 为部分隧道贯通成果。

表 23.2　成昆铁路部分隧道贯通实绩统计

序号	隧道名称	平面形状	隧道长度/m	地表控制测量方法	贯通误差/mm 横向限差	横向实际	纵向实际	高程限差	高程实际	附注
1	赵坪1号	直伸型	3 253	三角网	100	20				
2	关村坝	直伸型	6 187	三角网精密导线混合方案	部定300	15.2	884	60	19	
3	李子湾	直伸型	3 008	主副导线环横基尺测距	100					现场反馈贯通误差很小，无具体数据
4	白石岩	回头曲线	2 319	三角网	100	40.9	35			
5	沙马拉达	直伸型	6 383	三角网	100	7.2	21	70	15	
6	孙水关	曲、直	1 935	三角网（普通钢尺量基线）	100	69.9	6	70	29	
7	枣子林	曲、直	3 300	三角网	100	37	130	70	5	
8	浮漂	直伸型	4 273	三角网	250	154	804	70	22	
						15			4	局部贯通
9	红卫	直伸型	3 022	三角网	100	2		70	10	局部贯通
						12			10	
						3			10	
10	前进	曲、直	3 524	三角网	100	4		70	18	局部贯通
						30			1	
11	莲地	直伸型	4 602	三角网	250	194		70	543	局部贯通
12	响水河	曲	1 558	三角网导线混合方案	100	2				
13	竹箐口	曲、直	1 372	三角网导线混合方案	100	20				

5. 简化作业三角网测量方案

西南铁路建设中,隧道多,进度快,工期紧,隧道施工测量要保证工程的需要,必须加快测量速度。工程局的测量技术人员在多年实践的基础上,运用测量误差理论,针对山岭隧道的特点,采用了简化作业三角网测量的方法。具体实施方法为改善布网,尽量沿隧道中线布设成直伸型三角网;使用 2 m 横基尺直接测量三角网起始边,取代了基线丈量和基线网的大量工作;采用简化平差,节省内业计算工作量。通过验算,简化平差与严密平差结果差异很小,实例比较见表 23.3,布网形式与测量结果可用作贯通误差预计。

表 23.3　三角锁测量观测值精度与严密平差值精度的比较

三角锁名称	简化平差观测值精度（测角中误差）	严密平差值精度（平差角中误差）	附　注
白石岩 1 号隧道三角锁	±0.74″	±0.71″	
关村坝隧道三角锁	±0.87″	±0.79″	
李子湾隧道三角锁	±1.7″,±2.6″	±1.41″,±3.40″	两外锁段
沙马拉达隧道三角锁	±0.71″	±0.72″	

通过比较,简化方案比《铁路隧道测量技术通则》所规定的方案在工效上有成倍的提高,参见表 23.4。采用简化方案测量的部分隧道实际贯通误差的统计数据见表 23.5,统计表明所有隧道均达到了规定的贯通精度,显示了简化作业三角网测量在光电测距和电子计算器尚未引进的条件下,较好地解决了我国相当数量的隧道控制测量问题,并保证了隧道贯通精度。

表 23.4　工效比较表

项　目	沙马拉达隧道（传统三角网方案）	银匠界隧道（简化方案）	彭莫山隧道（简化方案）
隧道长度	6.4 km	4.5 km	5.6 km
参加测量人数	25 人	11 人	15 人
选点布网及精度估算	10 d	4 d	5 d
选标埋石	15 d	2 d	3 d
主网及插网角度观测	20 d	7 d	7 d
基线网角度观测	10 d		
平整基线场及基线丈量	13 d	2 d	2 d
内业平差计算	20 d	5 d	5 d
共计工作时	88 d	20 d	22 d

表 23.5　采用三角网简化方案测量的隧道贯通误差统计表

顺序	隧道名称	隧道长度/m	平面形状	测量仪器		横向限差/mm	实际贯通误差		附注
				角度观测	基线测量		横向/mm	纵向/mm	
1	二甲	1 100	直、曲	蔡司 010	均采用蔡司威尔特的 2 m 因瓦横基尺	100	23.2	161	贵昆线
2	梅子关	1 917	直、曲	蔡司 010		100	42.4	660	贵昆线
3	开建 2 号	1 685	直、曲	蔡司 010		100	64.3	150	成昆线
4	大老姆坪	1 905	直、曲	蔡司 010		100	36.0	133	成昆线
5	塔足古	1 788	直线	蔡司 010		100	35.1	312.1	成昆线
6	有格以达	1 406	回头曲线	蔡司 010		80	51.0	237.8	成昆线
7	拉普（乐武）	2 449	回头曲线	蔡司 010		100	59.1	155.4	成昆线
8	凉红	2 500	直、曲	蔡司 010		100	19.4	40.2	成昆线
9	那坝	1 045	直、曲	蔡司 010		100	18.0	10.0	成昆线
10	白云	1 687	直、曲	蔡司 010		100	13.0	23.0	湘黔线
11	东山	2 277	直、曲	蔡司 010		100	58.3	19.8	湘黔线
12	新牌	2 810	直、曲	蔡司 010		100	16.0	25.0	湘黔线
13	牙己	2 530	直、曲	蔡司 010		100	3.2	28.8	枝柳线
14	银匠界	4 522	直线	WILD T3		150	30.6	590.0	枝柳线
15	彭莫山	5 592	直线	WILD T3		150	58.1	763.0	枝柳线

三、1949—1970 年高程网经典测量技术

施工高程控制主要用水准测量实施，用水准测量方法建立的高程控制网称为水准网。高程控制网可以一次全面布网，也可以分段或分级布设。根据控制网的等级，首级网一般布设成环形网，加密时可布设成附合线路或结点网。测区高程应采用国家统一高程系统。当属于小测区联测有困难或工程有其他特殊用途要求时，也可采用假定高程。

对于水准网成果平差计算，要求在建立高程控制网时，应有一定数量的多余观测值用来进行检核，据以提高成果精度。对观测值按最小二乘法原理进行平差计算，消除各观测值之间的矛盾，求得最可靠的结果和评定测量结果的精度。对于观测精度不高的控制网，采用近似法进行平差计算。

隧道施工高程控制测量一般从隧道两端主洞口开始，按照高程控制网设计出水准网等级，把隧道两端的水准控制点以贯通测量方式连接起来，并进行误差精度计算。当满足限差条件时，在测段内进行误差分配并计算出控制网中各水准点的平差后高程，以此指导隧道施工。

四、地下工程竖井井底定向测量的经典传统方法——几何定向法

几何定向是在立井中悬挂钢丝垂线，由地面向井下传递平面坐标和方向的测量工作。定向

工作分为三个部分：①定向投点：在井筒中自由悬挂钢丝垂线将地面点（钢丝）垂直投影到定向水平上；②地面（井上）连接测量：地面已知点与钢丝垂线联测，以测定钢丝垂线的坐标和两垂线连线的坐标方位角；③井下连接测量：井下导线点与钢丝垂线进行联测，根据钢丝垂线的坐标和两垂线连线的坐标方位角，求出井下导线起始点的坐标和起始边的坐标方位角。

竖井几何定向有一井定向、两个立井（两井定向）定向方法。

（一）一井定向

一井定向是指在单独立井中悬挂钢丝垂线，由地面向井下传递平面坐标和方向的测量工作，见图 23.12。

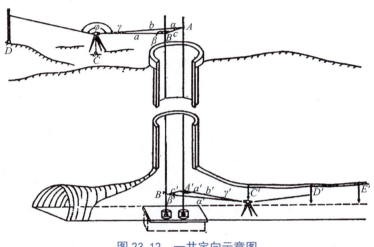

图 23.12 一井定向示意图

（二）两井定向

两井定向是指通过两个竖井进行的竖井定向测量。在两个有巷道连通的竖井井筒内，各悬挂一根重锤线（或各铅垂地发射一条可见光束），根据地面控制网测定两根重锤线中心（或光束轴心）的平面坐标，并在巷道内用导线对两重锤线中心（或光束轴心）进行联测，从而将地面控制网的平面坐标和方向，传递给井下的控制点和导线边。

该时期，我国在矿山建井、井巷等竖井的地下工程测量中，较多地采用了单井定向、两井定向测量方法。

计算工具从珠算、计算尺演进至对数表、专用计算表、普通计算器、手摇计算机。

第二十四章　电磁波测距与电子化测绘技术兴起
（1970—1990 年）

第一节　测　量　仪　器

一、光电测距仪器

光电测距仪器的制造并投入工程应用是电子测量技术、光电集成制造技术的一次划时代进步。20 世纪 80 年代后引入我国隧道工程施工测量，它改变了以往隧道及地下工程测量中千百年来只能依托测杆、测链、钢卷尺、横基尺丈量长度及距离的历史。

（一）光电测量技术的发展

从 20 世纪 40 年代开始，雷达以各种脉冲式和相位式技术在舰船飞机导航系统等中持续得到实验研发，促进人们对电子测时、测相技术和高稳定度频率源等领域的深入研究。以此为基础，贝里斯特兰得（E.Bergstrand）和沃德利（T.L.Wadley）分别于 1948 年和 1956 年研制成功了第一代光电测距仪和微波测距仪，但由于体积和重量原因，距工程市场的推广有所限制。60 年代中期后，随着电子技术的高速发展，仪器又经过不断改进，至 70 年代后期，小型及便携的电磁波测距仪进入各国民用市场。

70 年代国产光学测量仪器有所发展，生产厂家逐渐增多，产品型号系列化，仪器精度有所提高。这个时期国家编制公布了《经纬仪系列标准》和《水准仪系列标准》，国产仪器步入标准化、系列化，为隧道工程测量选购仪器提供了依据。

80—90 年代，测量仪器随着科学技术的发展呈现出大发展的势头，新产品不断问世。我国铁路隧道现场已普遍使用国产中等精度的 J2 级光学经纬仪、DS3 水准仪。如北京光学仪器厂生产的 TDJ2 光学经纬仪和苏州第一光学仪器厂生产的 T2、J2-2 精密光学经纬仪等。

光电测距仪是在集成电路、微电子、微型计算机等新技术融合发展的条件下，在光机电集成制造能力发展到一定时期的一个新产物。其优点是小型化、测距精度高，兼备了钢尺、水准仪、经纬仪的量距、测高、测角的功能，在我国铁路隧道测量中很快得到了推广应用。70 年代末至 90 年代期间，我国大量引进了瑞士、德国、日本等国生产的光电测距仪及当时高品质的光学经纬仪、自动安平水准仪，还有部分测量仪器制造的专利技术。80 年代后，我国也开始独立制造或引进部件生产光电测距仪，如北京光学仪器厂生产的 DC-J 光电测距仪、江苏常州大地测距仪厂生产的 D3000 光电测距仪。

80 年代末，在光电测距仪器使用基础上，引进了全站型电子速测仪（全站仪）产品。这种仪器，可以测角、测距、测高，还可算出坐标，再通过接口将数据输入计算机进行处理，实现测量过程的自动化。这类仪器持续至今仍在我国铁路隧道测量中得到广泛应用。

控制测量和施工测量沿着内外业一体化、自动化道路不断取得进展。随着隧道断面测量及炮孔布置自动化测量系统的应用，工程队施工用的普通测量仪器也逐步升级换代。

90 年代中期，西康线秦岭隧道施工开始，隧道地表控制测量首次正式应用全球定位系统（GPS）控制测量技术。它的主要优点是：定位之间不需通视；不受天气影响，可全天候工作；点位精度高而且均匀；自动化程度高；可同时得到测站点的三维坐标，特别有利于隧道控制建网测量。

（二）光电测距仪特点及工作原理

1. 型号特点

进口测距仪是以瑞士 Wild DI3、DI4/DL4L、DI5/DI1000，还有瑞典 KERN 公司 DM501、DM502、DM503 系列为主，后期引进日本等公司的红外光电测距仪也占有一定比例。测距仪不同型号之间，测距精度范围从（5±2）ppm 到（3±1）ppm 不等，测程从数百米到数千米不等。90 年代后，中国也开始引进技术及攻关研制，生产出了数种型号的红外光电测距仪器，投入到隧道等地下工程建设及其他测绘工作中，进口仪器设计紧凑、体积小、重量轻，除产品价格高外，产品性能稳定，测量精度高，便于野外携带使用。它具有测量速度快、方便、受地形影响小等特点。光电测距仪的应用，逐渐代替常规钢尺量距，大大提高了作业的速度和效率，使测边的精度大为提高（见图 24.1）。

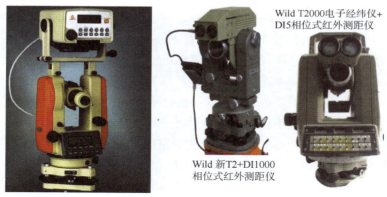

Wild T2000电子经纬仪+
DI5相位式红外测距仪

Wild 新T2+DI1000
相位式红外测距仪

图 24.1　红外测距仪+电子经纬仪

2. 工作原理

光电测距仪根据测定时间 t 的方式，分为直接测定时间的脉冲测距法和间接测定时间的相位测距法。高精度的测距仪，一般采用相位式。相位式光电测距仪的测距原理是：由光源发出的光通过调制器后，成为光强随高频信号变化的调制光。通过测量调制光在待测距离上往返传播的相位差 φ 来解算距离。

二、组合式全站仪系统的工作原理

组合式全站仪由测距头、光学经纬仪（或电子经纬仪）及电子计算部分拼装组合而成。

测距头使用时连接至经纬仪支架上，在同一测站上分别使用测距、测角的功能，实现单向的测距和测角工作。测距仪上可实现所测斜距与平距的换算显示，部分型号亦可进行气象、温度、仪器常数等输入仪器的改正量计算。

三、激光指向仪的构造特点及工作原理

我国在 20 世纪 70 年代后，开始研制出矿用（防爆）激光指向仪。70—80 年代应用的激光指向仪基本为氦氖激光指向仪，90 年代研制生产出半导体激光指向仪，与前者相比具有体积小、重量轻、寿命长、便于安装应用等优点，半导体激光指向仪广泛应用于地下工程中的掘进方向指示。

这里介绍我国生产的 JZY-2 型半导体激光指向仪。

仪器主要特点是采用半导体激光器产生的（670±10）nm 的波长作为发光光源，利用小型便携式矿灯充电电源为工作光源，指向仪配套设计有供隧道固定使用的简易安装装置，洞内仪器发光可见距离最长可达 500 m，光斑直径可调至 32 mm。

仪器的主要技术指标如下：

激光波长	（670±10）nm
光功率	≥5 mW
工作电压	DC 2.7～3.0 V（仪器专用电池）
功耗	≤300 mW
半导体激光器使用寿命	50 000 h
防爆型式	本质安全型 ibI
工作环境温度	−10～+40 ℃
工作环境相对湿度	95%
储存温度	−40～+60 ℃
有效工作距离	500 m（光斑直径<40 mm）
外形尺寸	164 mm×40 mm×20 mm
重量	6.6 kg

四、上架式陀螺经纬仪的特点及工作原理

陀螺经纬仪是将陀螺仪和经纬仪组合在一起，用以测定真方位角的仪器。

（一）特点

仪器基本结构由陀螺仪、经纬仪、陀螺电源箱及三脚架等四部分组成。

上架式陀螺经纬仪是指将陀螺仪架设于经纬仪之上的一种构造形式，二者上下式组合连接，定向结束后，陀螺仪取下独立存放。

该仪器具有全天候、全天时、无依托自主定向的功能，观测简单，效率较高，能保证较高的定向精度，广泛应用于矿山、隧道等地下工程。

国际上比较有代表性的有 GAK-1、Gi-C11、TK$_4$、GP-1 等，我国则有 JT$_{15}$（15 s）、FT90 等（见图 24.2）。

（a）GP-1（日本索佳）　　　（b）FT90（中国）

图 24.2　陀螺经纬仪

（二）工作原理

用于测量定向的陀螺是一个悬挂着的能做高速旋转（转速 2 万～3 万 r/min）的匀质转子，当其高速旋转时，陀螺旋转轴在无外力作用下具有保持恒定方向的特性（定轴性），当陀螺轴在受外力作用时会按一定的规律产生进动（进动性）。因此在转子高速旋转和地球自转的共同作用下，陀螺轴可以在测站的真北方向两侧做有规律的往复摆动，通过对陀螺轴摆动的观测，可以得出测站的真北方向。陀螺经纬仪主要用于矿山和隧道地下导线测量的定向工作。

五、全站型速测仪工作原理

（一）全站型速测仪构造

第一代全站仪，由电子测角、电子测距、电子补偿、微机处理装置等四部分组成，配合反射棱镜，集水平角、垂直角、距离、高差测量功能于一体。

主要技术指标：单棱镜测距 D 为 0.1～2 km，测角精度 1″/1.5″ / 2″/3″，测距精度（±3 mm+ 2 ppm·D）～（±2 mm+1 ppm·D）。

（二）全站型速测仪工作原理

（1）测角原理。仍然采用度盘，从度盘上取得电信号，再将电信号转换为数字并显示角度值。电子测角的度盘主要有编码度盘、光栅度盘、动态度盘三种形式。因此，电子测角也就有编码测角、光栅测角、动态测角等形式，早期全站仪的测角常用前两种。

（2）测距原理。利用电磁波作为载波和调制波进行长度测量，通过测量仪器发射的光波在待测距离上往返传播的时间来计算待测距离。目前测定方法有脉冲法和相位法。

（3）电子补偿原理。仪器采用的补偿器是光学型（经纬仪）、转向光电型（电子经纬仪）后出现的一种全新的误差改正器件。作业中，如果整平的水准气泡偏离精确设定的气泡中心，此时传感器对仪器的水平度进行检测，并对由此产生的小角度偏差进行自动补偿改正，其改正量的大小依据仪器自检获取的偏移量，按照预置公式，由机载微处理器自动实时进行。

（4）数据处理原理。该仪器集成了机载计算机微处理系统，数据处理即仪器内部的微处理器接收控制命令后，按观测数据及内置控制程序的设定自动响应运行等工作，其中包括数据采集、数据流传递与存储、测量结果显示以及数据输出等，各项数据处理指令自动响应，借助数据处理系统，测量员可适时得到需要的观测数据。

第二节　测量方法

随着国民经济发展需要及隧道施工技术进步，隧道建设量增加，建造速度也加快。出于施工测量作业工效与生产能力相匹配要求，专业测量队配备了便携式微机和通用平差软件及专业测量软件，基层测量人员配备了编程计算器或袖珍微机，采用自编程序进行测量数据处理，使用光电测距仪或全站仪测设导线网，使工效得到成倍提高。高程测量除了传统的水准测量外，光电测距三角高程测量已普遍应用。

一、隧道掘进中半导体激光指向仪使用

在隧道掘进施工中利用激光指向仪标定指示出的可见光束方向，供生产者作为基准线指导开挖方向，简单直观。当使用若干个激光指向仪同时标定方向点时，可在隧道开挖面上标识出炮眼孔或开挖轮廓边界的位置，指导现场正确地在设计位置钻爆破孔。激光指向仪在隧道施工中的安设使用，在生产中可以减少测量员测设掌子面开挖轮廓线及标识钻炮孔的循环作业次数。

安装调试方法：首先在隧道内适当地段的洞室顶部或边墙安装固定连接架座，然后将激光指向仪按悬挂形式吊装与连接，依据隧道线路平面形状及线路纵坡资料，接通电源，打开激光指示器的射出光束，调试光斑大小，由测量技术人员用测绘仪器现场标定出正确方向，通过操作仪器光轴的水平和高低调节旋钮，使仪器射出光束的方向与仪器标定方向吻合，最后锁紧仪器。这样，激光束方向即指示出了隧道的掘进方向。

激光指向仪一般在隧（巷）道直线段使用，且使用时应注意防爆炸时碎石和冲击波影响，安装位置远离掘进面 70 m 以上。

二、光电测距仪在大瑶山隧道等地下工程施工测量中的应用

20 世纪 80—90 年代，新型光电测量仪器在铁路隧道控制测量中广泛应用，测距精度可达 1/20 万～1/5 万，由于测角和测距精度高，使三角高程测量具有可行性。精密导线网普遍应用于隧道控制测量，根据需要也可采用三角网测量。

（一）衡广复线大瑶山隧道施工控制测量

大瑶山隧道设计有三个斜井、一个竖井，80 年代初正式动工。隧道线路所经地区山高林密，地形复杂，经常云雾笼罩，通视困难，交通不便，工期要求紧，传统的测量方法难以适应。经过研究选择了一整套隧道控制测量新技术，最终证明效果优良，确保了隧道高精度贯通，并具有显著的经济和社会效益。

该隧道洞外控制测量有以下特点：

（1）采用光电测距精密导线网作为地表与洞内的平面控制。该隧道长度在《铁路测量技术规则》（TBJ 101—85）（简称《测规》）中未规定，测量设计按专项报铁道部。

采用光电测距三角高程测量控制隧道高程。

首次采用光电测距精密导线环取代传统的三角网，导线环的闭合差高达 1/20 万～1/17 万。施工前，隧道局对控制网进行改造和复测，测量精度比三角网有较大突破。

（2）在竖井联系测量中，采用光学投点、光电测距仪导入高程和运用 GAK-1 型陀螺经纬仪测量井上、井下联系边的空间投影、几何平面角、传递坐标方位等竖井联系测量新技术。

（3）采用概率论、数理统计处理观测数据并提出新的平差方法。

（4）该隧道测量使用了技术先进的进口仪器，如瑞士克恩 DM501、DM503、DI4L、DI3 光电测距仪和瑞士克恩 DKM2 及威尔特 T2 经纬仪。

大瑶山隧道精密导线网布网如图 24.3 所示，贯通测量成果见表 24.1。

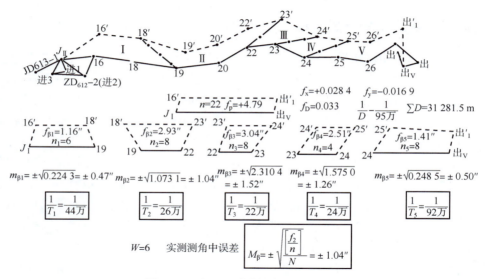

图 24.3　大瑶山隧道精密导线网布网

表 24.1　大瑶山隧道贯通测量成果

各段贯通部位	两开挖口间长/km	贯通面里程	实测贯通误差/mm	贯通误差的限差/mm	备注
进口至上崩塘斜井	4.60	精 DK1991+920～977	横向 19.8 高程 8.4 纵向 87.2 方位 A=10.71 s	横向 150.0 高程 50.0 纵向测量设计 1/10 000	贯通时间：1984 年 10 月 29 日 贯通测量时间：1985 年 3 月 28—29 日各项实测精度均高于规范和设计纵向精度（1/5.3 万）
进口至斑古坳竖井	6.30	精 DK1993+693.321	横向 5.7 高程 23.0 纵向 93.7 方位 A=3.41 s	横向 150.0 高程 50.0 纵向测量设计 1/10 000	贯通时间：1986 年 4 月 17 日 贯通测量时间：1986 年 11 月 9—10 日各项实测精度均高于规范和设计纵向精度（1/6.7 万）

续表

各段贯通部位	两开挖口间长/km	贯通面里程	实测贯通误差/mm	贯通误差的限差/mm	备　注
出口至滑石排 2 号斜井	3.60	精DK1999+757.718	横向 3.4 高程 9.3 纵向 26.5 方位 A=15.05 s	横向 100.0 高程 50.0 纵向测量设计1/1 000	贯通时间：1984 年 2 月 15 日贯通测量时间：1984 年 3 月 4 日各项实测精度均高于规范和设计纵向精度（1/13.5 万）
出口至滑石排 1 号斜井	6.50	精DK1997+471.530	横向 37.0 高程 4.7 纵向 45.7 方位 A=6.17 s	横向 150.0 高程 50.0 纵向测量设计1/10 000	贯通时间：1985 年 2 月 20 日贯通测量时间：1986 年 6 月 28 日各项实测精度均高于规范和设计纵向精度（1/14.2 万）
大瑶山隧道进口至出口	14.295	精DK1995+189.085	横向 17.3 高程 4.6 纵向 230 方位 A=3.08 s	横向 400.0 高程 50.0 纵向测量设计1/10 000	贯通时间：1987 年 5 月 6 日贯通测量时间：1987 年 5 月 7—8 日各项实测精度均高于规范和设计纵向精度（1/6.2 万）

按整体隧道贯通结果为：

横向实际贯通误差为 A_y=17.3 mm，小于《测规》规定的 400 mm 限差；

高程实际贯通误差为 A_h=4.6 mm，小于《测规》规定的 50 mm 限差。

（二）家竹箐隧道控制测量

南昆线家竹箐隧道，全长 4 990 m，该隧道地表控制测量采用精密导线网，用瑞士克恩 DM504 光电测距仪测量角度和边长，高程控制用光电测距三角高程法。该隧道的突出特点是洞内瓦斯含量极高，为了安全，使用防爆型光电测距仪（日本索佳防爆测距仪）和蔡司 THEO 010 经纬仪配套。最后该隧道实际横向贯通误差为 30 mm，小于 150 mm（规定限差）。实际高程贯通误差为 30 mm，小于 50 mm（规定限差）。

（三）米花岭隧道、云台山隧道

20 世纪 90 年代铁路南昆线米花岭隧道（长 9 392 m）施工控制测量，隧道主网及各洞口子网均采用光电精密导线闭合环进行平面控制测量，侯月线云台山隧道（Ⅰ线长 8 145 m，Ⅱ线长 8 178 m）洞外控制主网也采用了 GPS 网对原建导线网进行复核检查，洞外 GPS 网等级按照铁路 GPS 网 B 级网控制，洞内平面网按照二等导线网施测，主洞、平导及连接二者之间的横通道内布设导线桩构成多边形导线闭合环，洞内高程控制采用精密水准仪、配套因瓦水准尺施测二等水准网。隧道贯通达到理想的贯通精度。

米花岭隧道、云台山隧道洞内采用了半自动断面测量设备测绘断面轮廓线形状并分析隧道开挖超欠挖信息。

（四）北京正负电子对撞机工程

该工程是中科院高能物理研究所设计和建造的中国第一台高能加速器，工程核心部位均在地下洞室建造及安装，1984 年 10 月—1987 年 12 月建成。精密测量由总参一大队承担，地面控制网、地下平面和高程控制网布测、磁铁精就位（准直）测量均达到很高精度。国务院重大技术装备领导小组在京召开表彰大会，总参第一测绘大队受到嘉奖。

（五）竖井联系测量技术

1. 单竖井联系三角形测量法

竖井联系测量包括平面联系测量和高程联系测量两部分，前者称为竖井定向测量，后者称为竖井高程传递。此处介绍前者。

联系三角形法，适合于井口小、深度不大的竖井进行联系测量。虽然作业工作量较大，但其精度稳定，目前在地铁和一些深度不是太深的山岭隧道联系测量工作中广泛使用。但当井筒深、井内风速大时，因其难以达到要求精度，而多采用陀螺经纬仪定向。

井上、井下联系三角形布置及测量需满足要求：

（1）竖井中悬挂钢丝间的距离 c 应尽可能长。

（2）联系三角形锐角 γ、γ' 宜小于 $1°$，呈直伸三角形，其中 γ 为设站仪器观测悬挂钢丝方向的夹角；a/c 及 a'/c' 宜小于 1.5，a、a' 为近井点至悬挂钢丝的最短距离，c、c' 为井上、井下位置分别丈量的悬吊两根钢丝间的平距。

（3）联系三角形测量，每次定向独立进行三次，取三次平均值作为定向成果。

（4）联系三角形边长测量可采用光电测距或钢尺丈量，每次独立测量三测回，每测回读数三次，各测回较差应小于 1 mm。地上与地下丈量的钢丝间距较差小于 2 mm；联系三角形定向推算的地下起始边方位角的较差应小于 12″，方位角平均值中误差小于 ± 8 ″。

（5）井上、井下需同步进行测量，同步观测联系三角形的边角关系等。

2. 两井定向测量技术

在两个立井中各悬挂一根垂球线 A 和 B（投点设备和方法与一井定向相同），一般采用单稳定投点。由地面控制点布设导线测定两垂球线 A、B 的坐标。敷设地面连接导线时应尽量减少导线转点数，减小角度误差对两垂球线 A、B 的坐标的影响。定向示意图见图 24.4。

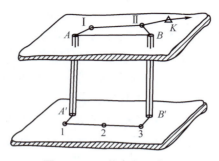

图 24.4　两井定向示意图

3. 陀螺经纬仪在交通隧道、矿井贯通测量中的定向测量技术

一般采用陀螺经纬仪与铅垂仪（钢丝）组合方法完成定向测量工作。

地下定向边陀螺方位角测量采用"地面已知边→地下定向边→地面已知边"的测量程序。

（1）地下定向边的陀螺方位角测量每次测三测回，对于标称定向精度≤15″的陀螺经纬仪，测回间陀螺方位角较差小于 20″。隧道贯通前，同一定向边陀螺方位角测量应独立进行三次，三次定向陀螺方位角较差应小于12″，三次定向陀螺方位角平均值中误差应小于±8 ″。

（2）陀螺经纬仪的工作方法：

① 陀螺经纬仪定向方法，例如中天法、逆转点法等，精确测定已知边和定向边的陀螺方位角；

② 陀螺经纬仪的仪器常数测定及子午线收敛角计算。

（3）铅垂仪的投点方法及精度：仪器精平后分四个方位分别投点，投点误差范围内取其均值。

1985 年，在衡广复线铁路大瑶山隧道建设中，中铁隧道局完成了当时国内最深的交通隧道竖井的精密定向测量工作。该竖井联系测量采用徕卡光学垂准仪和改制经纬仪，实施垂直光学投点相互检核、光电测距仪导入高程，并科学总结出 GAK-1 型陀螺经纬仪测量井上、井下联系边的定向测量方法、竖井高程联测方法、坐标及方位在竖井的传递测量新技术。

（六）地面摄影测量方法在隧道施工测绘中的应用

20 世纪 80 年代后，中国水利水电建设单位，在丹江口、葛洲坝等水电站建设测量中，除使用传统测量仪器进行测量控制、施工放样外，亦应用了地面摄影测量方法（技术）进行隧洞开挖断面的测绘、大面积复杂陡峻山坡开挖土石方量的计量、构造物的平整度检测等，施工测量中减少了施工干扰的影响，保障了测绘员作业安全，显著提高了测量精度和工作效率。

第一节　主要测量仪器综述

该时期全站仪在隧道及地下工程施工测量作业中逐步普及。使用进口产品型号主要有瑞士徕卡 TC500～TC900（2″）、TC1100 系列（2″/1″）、TC1800（1″）、TC2003（0.5″），此外还有德国蔡司 Elta 系列、瑞典捷创立（Ceotronics）、日本拓普康（Topcon）、索佳（Sokkia）、尼康（Nikon）等全站仪系列产品，以及国产苏光、北光全站仪（精度 2″/3″/5″）等型号产品。GNSS 卫星定位系统接收机和电子水准仪以使用进口产品为主。

多功能断面测量仪器主要有瑞士安伯格（Amberg）全自动无反射棱镜的断面测量仪 Profile 2000/3000 等型号产品，也有北京光电技术研究所等研制的设备（见图 25.1）。

  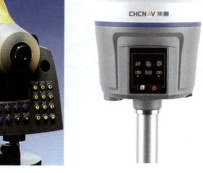

（a）全站仪　　　　　　　（b）电子水准仪　　　　　（c）GNSS 卫星定位接收机

图 25.1　主要测量仪器

一、全站仪（多功能）

全站仪结构和工作原理与全站型速测仪相似，只不过全站仪的光机电集成度更高，是后者的升级产品。在仪器数据记录卡、机载微处理器及仪器操作控制系统、应用程序等方面配置标准更高，方便工程现场测量员进行坐标放样，测角、测边长和测高差可同界面自动显示，亦可直接测量目标点的三维坐标。

多功能全站仪除具备全站仪常用功能外，增加无棱镜测距或指示导向光功能，提高对工程测量及施工放样等特殊需要的适用性。

二、电子水准仪

电子水准仪又称数字水准仪，它集光机电、计算机和图像处理等技术为一体，由基座、水准器、望远镜及数据处理系统组成。以自动安平水准仪为基础，在望远镜光路中增加了分光镜和探测器（CCD），配有专用的条码标尺。观测时只需照准专用的条码标尺，便可进行自动读数和测量，并自动记录和存储数据。

该时期隧道施工使用的较高精度电子水准仪主要是美国天宝 Dini12、徕卡公司 DNA03，均为精密水准仪，配上因瓦精密条码尺，高程测量往返中误差可达到 0.3 mm/km；若配上普通条码水准尺，可测量三、四等水准网。该仪器除观测高差外，亦可电子测量前后尺的视距长度，利用仪器内置的水准测量应用程序，人工瞄准后，操作观测键，实现自动读数和数据记录，极大地提高观测质量和工作效率。

三、GNSS 与 RTK

（一）GNSS 接收机

GNSS 是"全球导航卫星系统"英文名称（Global Navigation Satellite System）的缩写，是对所有全球导航卫星系统的统称，即包括：美国的 GPS、俄罗斯的 GLONASS、欧洲的 GALILEO 和中国的北斗 BeiDou（COMPASS）等卫星导航定位系统。

GNSS 接收机即为具备多卫星星座导航系统定位性能的卫星定位设备。

GNSS 的测量原理是利用卫星后方交会原理，即测量出空间已知位置的可视卫星到用户接收机之间的距离，然后综合多颗卫星的数据，利用空间距离的后方交会法计算出测站接收机的具体位置。

GNSS 定位特点：全球全天候定位，定位精度高，观测时间短，观测点间不需要直接通视。

（二）RTK 测量

具备 RTK 测量功能的测量设备，其组成为 GNSS 接收机基准站、数据电台、用户接收机（移动测量终端）。

RTK（real time kinematic）实时动态差分法的工作原理为：基准站建在已知或未知点上；基准站接收到的卫星信号通过无线通信网实时发给用户；用户接收机将接收到的卫星信号和基准站信号实时联合解算，求得基准站和流动站间坐标增量，站间距 30 km，平面精度 1~2 cm。以前的静态、快速静态、动态测量都需要事后进行解算才能获得厘米级的精度，而 RTK 是能够在野外实时得到厘米级定位精度的测量方法，是 GPS 应用的重大里程碑，它的出现为工程放样、地形测图及各种控制测量带来了新曙光，极大地提高了外业作业效率。

（三）多功能隧道断面测量仪

图 25.2 为使用安伯格 AMT Profile3000/4000 隧道断面测量仪检测隧道开挖断面超欠挖状态。

断面测量仪，适用于隧道施工中开挖或衬砌隧道断面轮廓线形状测量，控制超欠挖数量，进行施工质量控制、监测，竣工验收等工作中，可高效获取隧道断面数据，也适用于矿井限界等结构体空间的检测。历史上是依靠人工方式采用接触方式用测绘工具完成的，此处介绍的断面测量仪是非接触性测量方法。

图 25.2　安伯格 AMT Profile3000/4000 隧道断面测量仪

工作原理：采用无合作目标激光测距技术和精密测角技术，将极坐标测量方法与计算机技术紧密结合，高速精确检测，无需后处理，可直接输出报告，也可用于桥梁静态挠度检测。高精度角度控制，保证测量结果精确无误。使用专用控制器，显示结果形象直观。激光测距传感器，无需反射棱镜。激光断面测量作为一种非接触性测量方法，具有安全、方便、准确、快速的特点。隧道等地下工程主要用其检测隧道开挖断面、衬砌断面，以及检验衬砌厚度和平整度。

第二节　测　量　方　法

20 世纪 90 年代后，隧道、竖井、地下洞库建设中广泛地使用了隧道断面测量系统用于隧道洞室开挖断面测绘、开挖方量计量、超欠挖管理等工作。该时期观测自动化程度较高的断面测绘产品以瑞士安伯格（Amerbg）公司的 Profile 2000/3000/4000 断面仪为代表，突出特点是其具有全自动无反射棱镜的断面测量系统，测量精度和工作效率均很突出，1993 年开始应用于国内地下储气储油洞库建设、铁路南昆线米花岭隧道等工程中。

1993 年 5 月，GPS 测量技术正式在西康铁路秦岭特长隧道建立隧道线路控制网。该 GPS 控制网由洞口子网和其间联系网组成，同步观测图形之间采用边联式连接，控制点按工程施工实际需要布设，没有过渡点，均为必要点，GPS 观测采用静态测量模式、B 级网实施。洞外高程采用一等水准绕山间公路对进、出口水准基点贯通测量完成建网。施工中，将 GPS 点与水准点用二等精密水准联测得到高程。用 Trimvec-pluse 处理观测数据的基线矢量，用 Trimnet 和 GPSurvey 软件进行网平差。WGS-84 三维坐标转为施工坐标和黄海高程，用科研成果"工程椭球直接投影转换程序"和"高程异常变化梯度回归法程序"进行；施工数据用"隧道施工数据计算程序"完成。网的边长相对精度 1/90 万～1/18 万，方位角中误差为±2.0″，施工坐标中误差为±3 mm，进出口水准基点间 GPS 水准高差与几何水准高度之差为 24.5 mm，小于限差（±36 mm）。

1995 年，秦岭 I 线隧道（长度 18.46 km）TBM 施工段开工，采用从德国引进的两台 TBM 自隧道两端洞口相向掘进施工。考虑到独头掘进长度超过 9 km，对施工控制测量有极高的精度要求，为确保贯通质量，中铁隧道局将洞口网改造优化，采用 B 级 GPS 网标准多次复测，使 GPS 控制网数据直接引入指导洞内施工。观测成果经平差处理后相对精度达到 1/60 万，控制点坐标精度、方位精度，相对于地面传统测量方法的测量精度提高 10～20 倍。结合经典精密水准测量方法及结果比较，该隧道完成的 GPS 网三维网坐标成果中，隧道洞口两端高程基准点间的相对高差精度与二、三等水准测量相当。

洞内平面采用徕卡 TC1800 型 1″级全站仪进行一等精密导线测量，高程使用瑞士 Wild NA2 水准仪+GMP3 测微器进行三等水准测量。秦岭隧道 1998 年贯通，横向贯通误差 12 mm，高程贯通误差 1 mm。符合《铁路测量技术规则》（TBJ 101—85）的规定。

据统计，该隧道地表 GPS 测量精度可比常规测量提高 10～20 倍，费用节省 40%，工作人员减少 80%，测量周期缩短 95%。秦岭特长隧道 GPS 施工控制网测量是全路、全国首次应用 GPS 测量结果指导交通隧道施工的实践，填补了我国应用 GPS 技术进行特长隧道贯通控制测量的空白，促进了铁路隧道测量的科技进步。本成果纳入当时铁道部行业标准《全球定位系统（GPS）铁路测量规程》（TB 10054—1997），在全路推广使用。

2001—2007 年建成的秦岭终南山公路隧道（18.02 km），施工期间测量维护的隧道洞外控制网的坐标、高程系统与临近的西康铁路秦岭 I 线隧道完全相同，施工测量控制网主要桩点共用了秦岭 I 线隧道控制网的成果。

2001—2005 年，渝怀铁路圆梁山隧道（11.07 km），洞口地势险要，处于峭壁半腰，洞口至山坡高差超过 300 m，垂直角很大，对施工测量进洞引入控制方向带来极大挑战。中铁隧道局洞外平面控制利用全站仪采用精密导线闭合环方式施测隧道主网和洞口插网，精度等级达到二等导线技术指标。洞外高程控制采用光电测距三角高程网方法，与精密导线网同时施测完成，光电测距三角高程测量精度达到国家三等水准精度技术指标。建设中，为保证隧道横向贯通精度，在隧道贯通前实施了 GPS 控制测量复测检核，确认精密导线网成果与 GPS 控制网成果一致。洞内平面控制测量采用三等精密导线闭合环，高程采用三等水准测量精度。

这时期，国家长大隧道平面控制测量建网首选是采用 GPS 卫星定位技术，例如圆梁山隧道（11.07 km）、野三关隧道（13.846 km）施工时，中铁隧道局等单位在进行长大隧道施工测量控制建网、测量复核中大力推广使用。具体实施中，采用 GPS 控制网建主网+导线法测插网的混合布网方式，降低了全程导线网施测的难度，同时规避了 GPS 在深沟谷地带观测时信号质量差的限制，方便洞口控制网关系引入洞内测量控制。地表高程控制网若整座隧道线路使用水准仪完成高差观测亦非常困难，故作业中，在洞口高差大测段及越岭高差起伏大测段，采用精密光电测距三角高程完成，两座隧道实际贯通结果均良好。

各工程测量单位开发出施工测量应用程序用于如地铁工程、隧道工程、电站洞室等地下工程建设测量中，运行终端有袖珍编程计算机、微型电子计算机、可编程函数计算器等，开发出小型测量程序有工程测量等级导线网、边角网、三边网和水准网等严密平差，输出坐标、高程计算成果及精度统计指标，还可打印结果及图形，隧道施工测量应用开发的还有隧道开挖轮廓线、炮眼孔位置等全站仪放样程序。

第二十六章 智能化及信息化测量技术：为超长隧道建造提供质量和工艺保障

智能化及信息化测量技术，近些年来持续创新应用于隧道工程施工测量及隧道施工质量监测领域，为我国隧道工程的高质量、高速度建设发挥出重要作用。2005 年后，新型测量设备以其自动化可控、精度高、效率高的特点在国家各项工程施工测量中得到较好推广，测绘作业数据采集及处理方式电子化、信息化应用程度不断提升。其中，铁路、公路、地铁、矿建、水电、核电等地下建设中逐步引入先进的智能型全站仪，并在特长隧道和重要地下工程中开始引进使用高精度全站型陀螺经纬仪。在高铁、地铁隧道和核电洞室建设测量中，三维激光扫描仪呈现其高速高效性能；在隧道施工断面及洞壁砼二衬成型质量的扫描检测、构造物的三维建模、洞内设备结构的安装、计量测绘等方面提供特殊应用价值。21 世纪初，因为高精度智能全站仪和陀螺全站仪均为进口产品，售价高，维护成本高，因此大范围使用受到影响，故仅在大型地下工程精密测量中才使用。2010 年后，随着国家研制单位在光机电、集成电路、电脑芯片及精密制造等相关领域的不断开发积累，国产精密全站仪、全站型陀螺仪等在兼收并蓄及创新的基础上逐步跨越技术瓶颈，中国制造高端产品以最优性价比入市，竞争迫使进口产品的价格逐年下降，从而促进国内外先进测量设备在各类地下工程中的使用更为普及。国内隧道工程等建设单位，在施工测量中开始大量地使用具备先进技术性能的电子经纬仪、全站仪、GNSS 等产品，以往光学经纬仪则渐渐退出市场。

隧道施工控制平面网测量主要采用 GNSS 定位控制网和全站仪导线网相结合，高程控制测量广泛使用电子水准仪完成，施工高程放样则使用光学水准仪、电子水准仪、全站仪光电测距三角高程三种方式。

在进行隧道完工后的洞室周边边墙、拱部填筑、隧道二衬施工工艺质量检测时、隧道开挖钢筋砼支护施工中，为快速采集施工工艺质量问题（空洞、裂隙、裂纹、渗水缝、蜂窝坑等）的检测数据，工程中还应用了激光雷达干涉测量、摄影遥感测量等无接触激光及影像测量技术。

第一节 测 量 仪 器

一、智能型全站仪主要功能及作用

智能型全站仪称作测量机器人（measurement robot；georobot）或测地机器人。它是在通用型全站仪基础上集成步进马达、ART 技术以及 CCD 影像传感器视频成像系统等功能，并配置智能化的控制及应用软件所形成的，是一种能代替人进行自动搜索、跟踪、辨识和精确照准目标并获取角度、距离、三维坐标等信息的电子全站仪，见图 26.1。

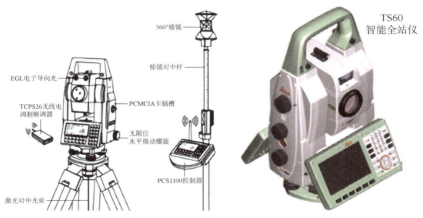

图 26.1　智能型全站仪

ART 称作目标自动识别（automatic target recognition，ART），用于智能型全站仪可以自动识别并快速锁定照准的目标。

地下工程应用的智能型全站仪代表性产品主要有徕卡公司 TCA1800（1″）、TCA2003（0.5″）、TCRA（P）1200（1″）系列、TS（TM）30/50/60（0.5″），Topcon 公司 800A、GPT 系列（0.5″/1″），美国天宝公司 S6/S7（1″/2″）、S8/S9（0.5″）等；国产代表性型号南方测绘 NTS-银河 1（0.5″）、NTS-582R20（2″）、三鼎光电 STS-791（1″）、苏光 RTS010A（1″）等高性能产品则多用于线路工程等。

智能型全站仪主要性能及其在隧道工程测量中的使用方式：

（1）在测距功能方面，既可红外有棱镜测距，也可激光无棱镜测距，实现测绘放样灵活选择。

（2）角度测量功能方面，在轴系马达驱动和望远镜 CCD 目标照准功能的配合下，可实现对静态目标的自动照准和对动态目标的跟踪测量。

（3）全站仪的软、硬件功能进一步增强。既可使用机载预置的商用测量应用程序，也可机载运行用户自主开发的应用程序，还可在微机上开发程序，远程在线控制全站仪的操作，使仪器按照用户的需要来工作。

（4）具备自动适时多测回重复观测目标点角度、距离、高差或点位三维坐标值等多种测量功能。作业时，可选择设置地球曲率系数、大气折光系数、投影面改正系数以及温度、湿度、气压及仪器加、乘常数等改正参数输入设置，进行观测数据的实时自动改正。

（5）使用应用软件可自动或半自动进行山岭隧道、跨河水准精密测距三角高程观测、导线测量网观测；隧道中线、边墙及排水沟施工放样、隧道开挖断面轮廓线及钻爆孔眼的布置测设，完成隧道里程断面形状的自动测绘等。

（6）智能全站仪的使用可明显提升工作效率（用工数量变少），减小作业人员工作强度和观测错误发生率，工作质量和地下工程安全保障水平明显提升。

二、高精度陀螺全站仪特点

图 26.2 中的左图为 BTJ-3 陀螺全站仪（北京中国航天一院，标称定向精度 3.6″）；

图 26.2 中的右图为 Gyromat 5000（德国 DMT 公司，标称最高定向精度 2.6″）。

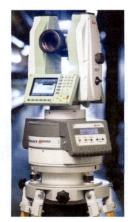

图 26.2　陀螺全站仪

　　陀螺经纬仪在隧道地下工程测量中主要用来保障隧道（巷道）掘进方向方位的准确性，限制延伸导线多测站测角误差积累的影响。然而，早期的人类依靠观测日月星辰的变化来辨认方位，后来人们发明指南针后，利用地球磁场确定方向，但这些方法极易受到环境气象，以及外界观测条件影响，因精度较低故只能满足一些简单的工程生产、生活需要。

　　随着科技的发展，人们研制了专门用于观测天体运动变化的天文测量仪器，并通过观测天体中恒星的位置来测定地面点的天文经纬度以及地面定向边的天文方位角，但这种方法需要较长的观测时间，且容易受气象等外界条件的限制而无法实施。目前，使用 GNSS 测量技术也可以测得地面测量边的任意方位。但这些方法在地下受限空间无法实现自主定向。

　　陀螺全站仪（经纬仪）是一种将陀螺仪与全站仪（经纬仪）集成连接于一体，通过感应地球自转角动量独立测定任意测线真北方位角，系敏感型寻北定向仪器，且在地下隧道等受限空间仍可以充分发挥其定向性能。主要特点如下：独立测定测线方位值；具有全天候、全天时无依托自主定向；陀螺仪与全站仪可以实现内部数据通信；高精度陀螺全站仪具有全自动定向功能；定向结果可在全站仪显示面屏上显示；定向工作时间较短。

　　高精度陀螺全站仪代表性产品有：德国 DMT-Group 公司 Gyromat 2000（3.2″）/3000（3.2″）/5000（2.6″）。

　　国产仪器：中国航天一院 BTJ-3（3.6″）、长安大学 GAT-D（5″）、解放军 1001 厂 HG5（5″）等。

　　近些年来，使用高精度陀螺全站仪（经纬仪）对特长及超长隧道的洞内施工精密测量网进行坐标方位检核，校准隧道掌子面开挖中线方向，对保证施工隧道的安全顺利贯通起到重要作用。

三、三维激光扫描仪的特点及应用

（一）特点

　　三维激光扫描技术又称作"高清晰测量"（HDS），也被称为"实景复制技术"，它是利用激光测距的原理，通过记录被测物体表面大量密集点的三维坐标信息和反射率信息，将各种实体或实景的三维数据完整地采集到计算机中，进而快速复建出被测目标的三维模型及线、面、体等各种图件数据。

三维激光扫描测量技术是继 GNSS 之后的又一项测绘新技术，它突破了传统的单点测量方法，具有高效率、高精度的独特优势，应用于隧道工程测量，对工艺质控和成本管理具有明显提升作用。

不需要合作目标，可自动、连续、快速地获取标志物表面的密集采样点数据即点云数据，数据具备全数字特征，信息传输、加工、表达容易。

（二）构成及技术原理

三维激光扫描系统主要由三维激光扫描仪、计算机、电源供电系统、支架及配套软件构成，而三维激光扫描仪作为系统的主要组成部分之一，又由激光发射器、接收器、时间计数器、马达控制可旋转的滤光镜、控制电路板、微机、CCD 相机以及软件等组成。

工作原理是通过测距系统获取扫描仪到待测物体的距离，通过测角系统获取扫描仪至待测物体的水平角和竖直角，进而计算出待测物体的三维坐标信息。在扫描的过程中再利用本身的垂直和水平马达等传动装置完成对物体的全方位扫描，这样连续对空间以一定的取样密度进行扫描测量，就能得到被测目标物体密集的三维彩色散点数据，成为点云。

激光测距技术是三维激光扫描仪的主要技术之一，激光测距的原理主要是基于脉冲测距法（见图 26.3（a））、相位测距法（见图 26.3（b））、激光三角法、脉冲-相位式四种类型。目前测绘领域所使用的三维激光扫描仪主要是脉冲测距法和相位测距法。

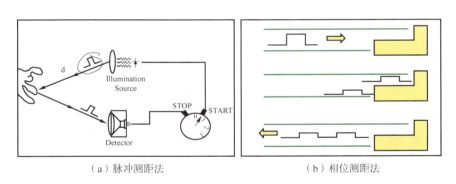

（a）脉冲测距法　　　　　　　　　（b）相位测距法

图 26.3　技术原理

（三）市场上主要型号及制造商

拓普康 Topcon（日本）、天宝 Trimble（美国）、法如 Faro（美国）、Riegl（奥地利）、Optech（加拿大）、Z+F（德国）、Leica（瑞士）、MAPTEK I-Site（澳大利亚）、Surphaser（美国）、思拓力（中国）等厂家。

（四）基本功能

1. 三维测量

三维激光扫描仪具备实时三维获取能力，其三位测量功能不仅包括 X、Y、Z，还包括

R、G、B 颜色信息、反色率信息，这样全面的信息能给人一种电脑中真实再现的感觉，是一般测量手段无法得到的。

2．快速扫描

三维激光扫描仪最初为 1 000 点/s 的测量速度，现在新一代扫描仪（Leica Scan Station P40）最大速度已经达到 1 百万点/s，其扫描范围已达到 270 m。

（五）地下工程中的应用领域

应用领域包括地下采矿业测绘、隧道变形监测、隧道工程测绘、洞室及设施三维建模、地铁隧道安全维护、隧道施工中超欠挖检验等。

四、TBM/盾构导向测量系统

（一）PPS 测量导向系统

PPS（poltinger precision system）导向系统是通过两个三维空间坐标点自动确定 TBM 的位置和掘进方向，在计算机屏幕上显示 TBM 轴线相对于隧道设计线的偏差并显示最优纠偏路径。TBM 上的两个三维空间坐标点是安装在 TBM 前部的两个棱境，该棱镜相对于 TBM 轴线的姿态是定值，在 TBM 组装时已经确定。PPS 导向系统主要包括硬件系统（全站仪、倾斜仪、计算机、马达棱镜和数据传输电缆）和软件系统（全站仪控制程序、坐标计算程序、导向屏幕显示程序）。PPS 导向系统原理如图 26.4 所示。

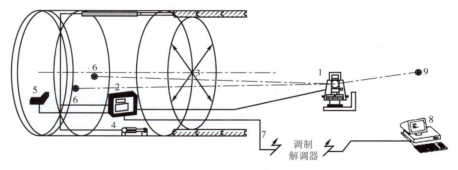

1—电动经纬仪；2—计算机；3—清除装置（备选）；4—数据传输（备选）；5—测斜仪；6—电棱镜；

7—连续数据传输装置（备选）；8—办公室计算机（备选）；9—远程棱镜。

图 26.4　PPS 导向系统原理图

首先将隧道设计中线输入到计算机系统中，施工现场全站仪定向完成后，测量 TBM 上两个棱镜的三维坐标进而确定掘进中 TBM 姿态，TBM 轴线相对于设计中线的垂直和水平偏差及 TBM 方位就在计算机系统实时显示。掘进过程中如果超出设计偏差，系统将自动计算并提供一个最优的投影路径指导 TBM 回到设计中线位置，同时它还提供路径参数。PPS 导向系统测量主要有：

（1）测定全站仪站点坐标、后视点的坐标。

（2）TBM 组装完毕后测定目标棱镜的坐标，并确定其与 TBM 轴线的相对位置关系。

（3）输入各种参数（站点坐标、目标棱镜坐标、设计轴线和各种偏差的限值等）。

（4）随着隧道向前掘进，向前延伸测站点。

（5）定期检查隧道边墙上控制点的稳定性。

（6）确保导向系统正常工作（保证全站仪与目标棱镜间的通视，防止人员或物体遮挡棱镜；定期检查数据传输电缆，保证数据能正常传输；定期除去全站仪、目标棱镜和后视棱镜上面的灰尘，保证全站仪能正常观测目标棱镜和后视棱镜）。

（二）VMT 测量导向系统

VMT 测量导向系统主要由激光智能全站仪 TCA1201/1800、后视棱镜（prism）、中央控制箱（central box）、电子激光靶、倾斜仪、调制解调器、自动开合棱镜、计算机（工业计算机 PC）及掘进软件（TUnIS）等组成。

VMT 测量导向系统是基于架设在掘进机内部的全站仪和激光靶测量掘进机的位置和方向，并持续提供掘进机姿态和趋势，该系统具有多种传感设备和软件模块，用以应对隧道内恶劣的环境，具有实时姿态确认、连续且稳定显示姿态、冗余导向、可靠、节约安装控件、具备线路导向、减少工作时间等优势。VMT 测量导向系统示意见图 26.5。

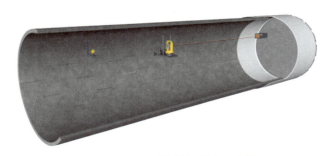

图 26.5　VMT 测量导向系统示意图

VMT 导向系统测量主要有：

（1）测量全站仪站点坐标、后视点的坐标、激光靶坐标。

（2）输入各种参数（测站点坐标、目标棱镜坐标、设计轴线和各种偏差的限值等）。

（3）随着隧道向前掘进，向前延伸测站点。

（4）定期检查隧道边墙上控制点的稳定性。

由于 TBM/盾构机上的导向系统必须有控制测量的支持才能运作，所以控制测量仍然是自动导向测量的基础。

在 TBM/盾构施工中，采取以下措施，可提高激光测量导向系统的测量精度：

（1）在盾构机准备就绪后、掘进始发前进行盾构机控制测量时，尽可能多测参考点，以精确解算盾构机初始姿态参数，保证激光导向系统正确初始化。

（2）向系统正确录入隧道平曲线、竖曲线参数。

（3）提高地下支导线的精度，并及时对激光全站仪设站点、定向点坐标进行人工检测。

（4）随隧道掘进、环片拼装进度，对激光全站仪及时进行移站，以减少外界温、湿度等气象条件的影响。一般激光全站仪到盾构机上棱镜最远距离，在直线段不应超过 200 m，曲线段不应超过 100 m。

隧道掘进过程的间隙，及时进行盾构机控制测量，以检核、修正激光导向系统的有关参数。

五、顶管隧道自动测量导向系统

顶管施工测量的目的在于测量出顶管机头当前的位置，并与设计管道轴线进行比较，求出机头当前位置的左右偏差（水平偏差）和上下偏差（垂直偏差），以引导机头纠偏。

顶管隧道自动测量导向系统是由自动全站仪、自动整平基座、棱镜、计算机与其他辅助测量设备组成的智能测量系统，见图 26.6。该系统通过计算机与全站仪取得通信，控制全站仪进行测角测距，通过返回的数据进行处理计算，求得顶管机头中心坐标，与设计轴线中心相比较，求出偏差数值，以图表方式显示，方便施工人员进行纠偏，做到"随测随纠"。

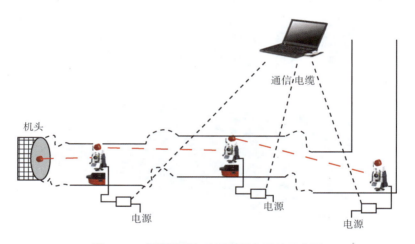

图 26.6　顶管隧道自动测量导向系统示意图

顶管隧道自动测量导向系统主要包含以下内容：

（1）每个设站需架设一台自动全站仪，每台全站仪手柄上需安装专用棱镜，棱镜中心与全站仪中心在同一铅垂线上。

（2）除了井口处的全站仪，井中全站仪都需要安装在 AD-12 自动整平基座上，保证在顶管顶进的过程中，管中的全站仪能实时保持整平状态。

（3）每台全站仪都需要接通电源，并通过数据屏蔽线（通信电缆）与地面控制室中的计算机相连。

系统以智能全站仪为传感器，配合自动测量与导向的软件，在计算机的控制下实施自动测量工作。系统依次驱动三台全站仪进行数据采集、传输与处理，通过数据计算处理获得顶管机机头中心上测点的三维坐标数据，并与设计数据比较求出上、下、左、右的偏差，系统界面显示顶管前端中心的三维偏差以及顶进过程中的偏差变化轨迹，实现远程监控管理。

第二节　测　量　方　法

进入 21 世纪以来，铁路隧道和城市地铁建造技术标准不断创新发展，隧道线下工程的施工工艺也发生了较多变化，迫切需要铁路、地铁隧道洞内施工控制测量寻找到一种全新的、满足高精度质量控制要求的测量新型建网技术及方法，这种技术即为CPIII网测量技术。

一、CPIII网测量技术

实施隧道 CPIII网测量观测工作，以测量机器人技术成熟和性能完善为支撑。因为 CPIII网的形态如同一张密织的渔网，其观测边和连接角数量巨大，加上数据观测精度要求高，没有自动化且智能化的高精度观测仪器根本无法实现。

（一）CPIII网的技术起源

轨道控制网的概念及标准源于德国博格公司，引入时称为轨道设标网（GVN）。我国铁路测量科技人员将其命名为轨道控制网，并简称为 CPIII。博格公司带来的只是一个点对形式的线状交叉网的网形图，如图 26.7 所示。至于测量技术流程、技术指标和计算方法及精度指标等一概没有，尚处空白。

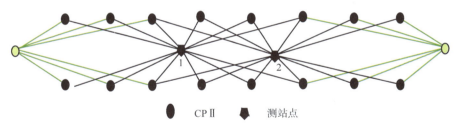

图 26.7　CPIII网网形图

德国高速铁路工程测量体系和标准经历了一个发展和完善的过程，对我国铁路测量具有一定的借鉴作用。我国 CPIII网的测量及数据处理技术是在对国外测量方法进行研究、引进吸收基础上再创新，总结提出了"自由测站边角交会法"，采用测量机器人进行外业全方向、距离自动观测。

（二）CPIII网的技术原理与内容

轨道控制网 CPIII是沿线路布设的三维控制网，起闭于基础平面控制网（CPI）或线路控制网（CPII）及线路水准基点，在线下工程竣工，通过沉降变形评估后施测，为无砟轨道铺设和运营维护提供三维基准。

1. CPIII网平面测量

我国高铁线路、客专线路、城际铁路包括其中的隧道线路，所用整体道床施工及轨道铺设均按照 CPIII网技术标准实施控制网测量。

CPIII网平面观测采用自由测站边角交会的测量方法，全站仪测角精度不低于1″，测距精度不低于±（2 mm+2 ppm·*D*），且具有自动目标搜索、自动照准、自动观测、自动记录功能。水准仪为不低于 DS1 级的电子水准仪及其配套因瓦尺，水准测量按照精密水准测量等级进行。

测量时每次置镜自由设站，以前后各 3 对共 12 个 CPⅢ点为测量目标，每个自由站与上站重叠观测 4 对 CPⅢ点、递进 2 对 CPⅢ点，以保证每个 CPⅢ点被测量 3 次，一般应尽量选择无风的阴天或夜间进行观测，并准确测定每站测量时的温度和气压。

CPⅢ网观测的自由设站间距一般约为 120 m，自由测站到 CPⅢ点的最远观测距离不应大于 180 m；每个 CPⅢ点至少应保证有三个自由测站的方向和距离观测量。

CPⅢ网水平方向应采用全圆方向观测法进行观测。当观测方向较多时，也可以采用分组全圆方向观测法。

2. CPⅢ网高程测量

CPⅢ水准联测应采用单程矩形闭合环水准路线形式。

采用单程精密水准测量方法进行时，CPⅢ控制点间的水准路线图如图26.8所示，以保证每相邻的4个CPⅢ点之间都构成一个闭合环。外业观测时，左边第一个闭合环的四个高差应该由两个测段完成，其他闭合环的三个高差可由一个测站按后—前—前—后或前—后—后—前的顺序测量。考虑到实际测量多采用电子水准仪，机载程序要求测量必须以偶数站结束，因此每个闭合环可观测四个高差。

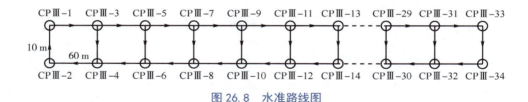

图 26.8　水准路线图

CPⅢ点与上一级水准点的高程联测时，应采用独立往返精密水准测量的方法进行，见图26.9。

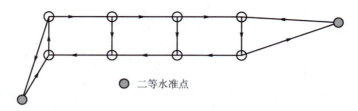

● 二等水准点

图 26.9　矩形闭合环联测基准水准点

3. CPⅢ网分段与测段衔接

在线路或特长隧道施工建设中，往往由于施工生产进度的要求，多开施工工作面同步施工，因而 CPⅢ网可根据施工需要分段测量，分段测量的测段长度不宜小于 4 km。测段间应重复观测不少于 6 对 CPⅢ点，作为分段重叠观测区域以便进行测段衔接。施工时 CPⅢ

网两端应分别预留 6 对 CPIII 点区段，作为后续 CPIII 网连接区域。

铁路特长隧道根据施工分段贯通的实际情况，采用已贯通的段落先期建立 CPIII 网或在此区间内分成多段 CPIII 网测量，后将各段 CPIII 网之间进行搭接联测，最后进行整网平差。特长隧道洞内分段开展 CPIII 建网工作的有西格二线关角隧道（32.61 km）、兰渝线西秦岭隧道（28.24 km）、木寨岭隧道（19.1 km）、哈达铺隧道（16.59 km）、蒙华铁路中条山隧道（18.4 km）等。

CPIII 网测量技术已广泛地应用于隧道交通工程、地铁工程控制网测量中。

二、2006 年以来山岭、地铁隧道工程测量方法

2006 年建成的兰武线乌鞘岭隧道（20.05 km）为两座单线隧道，左右线间距为 40 m，为缩短建设工期，全隧道辅助施工坑道设计 13 座斜井、1 座竖井、多个横洞。平面控制采用 GPS 网（B）级设计并施测，高程控制采用二等水准测量。洞内控制测量及施工测量基本采用导线法控制中线施工。隧道所设斜井井身长度超过 2 000 m，大台竖井深度为 516.44 m，井口海拔高程达到 3 022 m，创下当时铁路隧道竖井深度及海拔高度之最。竖井坐标投点采用钢丝投点和光学垂准仪投点比对，竖井高程传递使用钢丝长度导高方法。为保证洞外控制测量坐标方位向隧道井底的可靠传递，由斜井、竖井引入的控测方向进行陀螺经纬仪方向检测比对。洞内平面控制按照二等精密导线精度，高程控制按照三等水准精度实施。

2007 年建成秦岭终南山公路隧道，单向两车道，主线隧道设置 3 座通风竖井，两条隧道间每 500 m 设 1 处行车横通道，其中竖井开挖直径 12.1～15.2 m，最深竖井（通风井）深度 661 m。洞外平面控制网采用公路勘测规范 GPS 网一等网施测，工程系统采用临近工程的原西康铁路秦岭 I、II 线隧道控制网坐标系统，高程控制采用二等水准网等级。洞内平面控制采用 1″级全站仪建立精密二等导线网，高程控制使用精密光学水准仪施测二等水准网，隧道纵、横向及高程贯通误差均小于规范规定限差。

2004—2007 年大伙房输水隧洞工程全长 85.32 km，是当时在建同类工程中国内最长的山岭水工隧道，工程采用钻爆法和 TBM 联合施工。TBM 施工段分 3 个标段，其中 TBM2 标段为疙疤寨（12 号支洞）—台宝段（15 号支洞）输水隧洞合同段主洞，全长 22.56 km。洞外控制桩建立强制对中观测墩，平面网采用 GPS 网 B 级网，高程控制二等水准网；洞内平面网采用长边（边长 600 m 设计，困难地段短边为强制归心观测墩）一等精密导线，高程采用二等水准网。使用仪器为徕卡 TC2003 全站仪（0.5″）及电子水准仪 DNA03。通过控制测量措施和方案的有效实施，该隧道实现了长大 TBM 施工隧洞的高精度贯通：2005 年 12 月 26 日第一掘进段顺利贯通，单向开挖 7 815 m，相向开挖 10 325 m，其贯通误差横向 55 mm、纵向 33 mm、竖向 16 mm；2007 年 8 月 31 日第二掘进段实现了顺利贯通，单向开挖 8 725 m，相向开挖 11 242 m，其横向误差 26 mm、纵向误差 58 mm、竖向误差 11 mm。

2005—2007 年建成的新建石太线客专铁路太行山隧道（27.84 km）为双洞单线，穿过海拔为 1 311 m 的太行山山脉主峰越宵山，最大埋深 445 m，两线间距 35 m，下行线全长 27 839 m，上行线全长 27 848 m，除进、出口外，全隧设斜井 9 座。洞外平面控制网采用 GPS 控制网（B 级），高程施工网采用二等水准网完成。隧道洞内控制网等级为精密二等导线网，道床施工及轨道测设采用 CPIII 网技术，洞内高程控制采用二等水准网完成。

2005—2009 年，武广高铁新大瑶山隧道群贯通铺轨，隧道群全长 24.75 km，1 号隧道

10.331 km，2 号隧道 6.026 km，3 号隧道 8.391 km。地面隧道群平面主控制网采用 GPS 网，隧道洞口应用 1″级全站仪施测二等精密导线网，洞外高程控制采用电子水准仪施测二等水准，局部路线应用全站仪对向观测法施测光电测距三角高程，精度指标按照铁路测量规范中 2～3 等水准观测精度指标控制。洞内施工平面控制网使用二等导线网，高程采用二等水准网控制。隧道贯通后，建立隧道洞内 CPⅡ导线网和 CPⅢ轨道网供隧道整体道床施工、轨道铺设及轨道精调使用。

2007—2011 年建成的广深港高铁狮子洋隧道全长 10.8 km，两端洞口各使用 TBM 掘进机往对岸方向开挖，相向掘进施工，贯通面位于狮子洋江中水下泥石层。该隧道控制网为平面 GPS 网+精密导线网，洞内沿隧道壁两侧交叉布设强制归心的观测托架，开展精密导线网施测，同时也采用了陀螺经纬仪辅助定向测量。高程控制采用二等水准网，电子水准仪观测，地表跨狮子洋水面段高程控制采用精密光电测距三角高程观测。技术指标均按照二等水准作业精度。

2007—2014 年建成的青藏铁路西格二线新关角隧道（32.61 km）为两座平行的单线隧道，两线间距 40 m，正线设置有 10 座斜井，见图 26.10，斜井数据见表 26.1。隧道线路越岭山脊海拔 4 500 m，线路平均海拔超过 3 600 m，是世界高海拔第一长隧。洞外平面控制网采用 GNSS 控制网 B 级加强网，优于国家 GPS 网 B 级网精度指标，高程施工网采用二等水准网完成。隧道洞内控制网等级为精密二等导线网、道床施工及轨道控制网建立高等级铁路 CPⅢ精密网，洞内高程控制采用二等水准网。

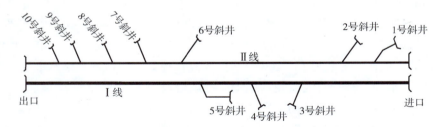

图 26.10　关角隧道正洞与斜井位置关系图

表 26.1　关角隧道 10 个施工斜井设计数据

斜井编号	斜井总长/m	井口高程/m	井底高程/m	斜井坡度
1 号斜井	640.34	3 464.29	3 401.87	9.8%
2 号斜井	1 043.28	3 516.62	3 415.47	9.74%
3 号斜井	1 677.16	3 620.73	3 444.11	10.6%
4 号斜井	1 580.01	3 626.10	3 464.91	10.26%
5 号斜井	1 945.62	3 680.80	3 485.71	10.08%
6 号斜井	2 824.72	3 774.30	3 485.10	10.3%
7 号斜井	2 332.06	3 678.12	3 446.15	10%
8 号斜井	1 613.47	3 581.45	3 423.35	9.85%
9 号斜井	1 125.89	3 515.45	3 405.30	9.83%
10 号斜井	442.53	3 414.58	3 369.29	10.293%

关角隧道控制网见图 26.11，GPS 网观测中，中短基线观测时段数≥2，时段长度≥1.5 h，长基线（指进口处控制点与出口处控制点联测基线）加强补充观测一个时段，时段长度 8 h。洞外高程控制网采用二等水准网施测，从进口到出口水准线路长度 156 km，隧道二等水准点布设 21 个。隧道洞内控制网等级为精密二等导线网，道床施工及轨道控制网建立高等级铁路 CPⅢ精密网。施工中经由斜井再开挖正洞方向独头开挖长度超过 5 km，洞内高程控制采用二等水准网。中铁隧道局施工主洞出口段及 7～10 号斜井并增援 6 号斜井区间，承担主洞出口段长度约 16 km×2 范围施工任务；中铁十六局施工 1～6 号斜井以及主洞进口段 17 km×2 范围施工任务。施工期间两家单位定期分别独立或联合开展地表施工控制网整网测量及周期性复核工作，洞外高程控制测量采用精密电子水准仪翻山完成进出口贯通联测，水准线路越岭段海拔高程最高处达 3 848 m。隧道分段相继贯通后，各贯通面横向、高程贯通误差均小于铁路测量规范限差，满足规范设计要求。

隧道建设期间，洞内施工精密导线网示意图（局部）见图 26.12、图 26.13；关角隧道洞外二等水准网路线图（出口段部分）见图 26.14。

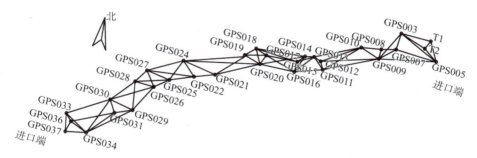

图 26.11　关角隧道洞外 GPS 控制测量点位示意图

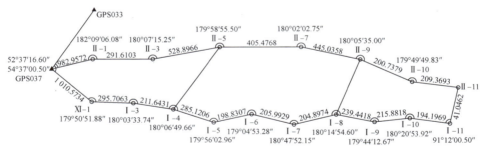

图 26.12　出口段洞内精密导线网测量示意图（局部）

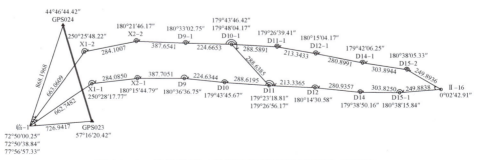

图 26.13　关角隧道 7 号斜井导线观测示意图（局部）

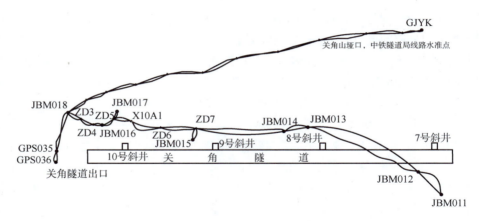

图 26.14　关角隧道洞外二等水准网路线图（出口段部分）

Ⅰ线隧道与Ⅱ线隧道同期施工，两座隧道之间线路里程间隔 400～500 m 设计有联络横通道。施工测量时，洞内导线在Ⅰ线、Ⅱ线和横通道之间形成闭合环路并进行成果复核。

2014 年，建成的枢纽北京站至北京西站地下直径线隧道长度 9.2 km，暗挖法+盾构法隧道施工长度 6.1 km，隧道独头掘进长度 5.8 km。该隧道施工控制网：平面网采用 GPS 网+精密导线网实施；洞内外高程网施测采用城轨交通测量规范精密水准网标准。隧道贯通前，为确保隧道掘进中线控制精度及盾构机准确出洞，分别采用了日本陀螺经纬仪定向测量，并增设两处测量孔进行两井定向，很好保证了贯通质量。

2007—2015 年间先后建成的南吕梁山铁路隧道（23.44 km）、南疆铁路中天山隧道（22.45 km）、张唐铁路燕山隧道（21.15 km），洞外平面控制网采用 GNSS 控制网 B 级（铁路 CPⅠ 一等网），高程施工网采用二等水准网完成。隧道洞内控制网等级为精密二等导线网、道床施工及轨道控制网为铁路 CPⅢ精密网，洞内高程控制采用二等水准网。

2008—2017 年间，中铁隧道局先后建成的兰渝铁路木寨岭隧道（19.1 km）、西秦岭隧道（28.24 km）、成兰铁路平安隧道（19.1 km），洞外平面施工控制网采用铁路 GPS 一等（或 B 级）CPⅠ控制网，高程控制网采用二等水准网。洞内平面网为精密二等导线网，道床施工及轨道控制网采用铁路 CPⅢ精密网，高程控制则采用水准二等网，同时隧道洞内施测了精密陀螺仪定向测量以加强平面控制网测量精度控制。

兰渝铁路西秦岭隧道全长 28.236 km，单线双洞，线间距 40 m，设计斜井 2 座，隧道进、出口间水准线路近 100 km。隧道控制测量 GPS 网见图 26.15。

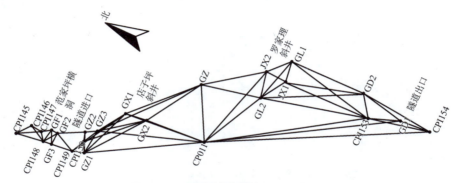

图 26.15　西秦岭隧道控制测量 GPS 网

2012—2016 年建成的深圳地铁 11 号线，从福田中心枢纽到车公庙，然后转向滨海大道的滨海医院，从世界之窗后方经过在建的跨国集团总部基地，到南山前海湾，然后直通宝安国际机场，再到深莞边界，线路长 51.936 km，共设置 18 座车站。其中地下线 34.99 km，地下车站 14 座。该线工程荣膺"中国土木工程詹天佑奖"及"中国建设工程鲁班奖"。

该项地铁工程施工中采用了 GPS 网、精密导线网及二等水准主网控制，道床及轨道施工期间则建立了洞内 CP Ⅱ 导线网和 CPⅢ 轨道网，盾构掘进方向控制除采用了掘进机自动导向系统外，还进行了区间陀螺经纬仪定向测量和竖井双井定向测量技术，地铁站间地下隧道施工中线方向、纵横向和高程贯通误差均符合设计标准（横向限差≤100 mm、高程限差≤50 mm）要求。

2015—2019 年，中铁隧道局等地下施工单位采用精密陀螺仪对传统控制测量方法建立的洞内精密导线网中的方向边进行了精密陀螺定向，以提升特长隧道独头掘进测量方向的准确性，施测的代表性隧道有：大瑞铁路高黎贡山隧道（34.54 km）、格库铁路 S6 标阿尔金山隧道（13.2 km）、蒙华 3 标中条山隧道（18.4 km）、京沈铁路 13 标望京隧道（8 km）、新疆引额供水隧道工程以及深圳、广州、北京、郑州、武汉、杭州、南京等地铁地下隧道工程。

2019 年 11 月施工贯通的阿尔金山隧道全长 13.195 km，设除进、出口主洞口，另设施工斜井 2 座。隧道位于新疆若羌县境内，工程区域平均海拔 3 500 m，年平均气温 2.5 ℃，极端气温-37 ℃。施工测量面临洞内外过渡段温差大，观测视线受折光、气流不稳定影响大，冬季极寒天气时段多，对精密导线测量和精密水准测量观测质量和效率均有较大不利影响。

三、三维激光扫描仪在隧道超欠挖中的应用及工作流程

2017 年开始，我国高铁隧道施工建设中逐步推广三维激光扫描仪的工程应用，2018 年后国家铁路建设主管部门将三维激光扫描仪列为重要的新开工高速铁路隧道施工测量的标配工程装备，应用于控制隧道超欠挖以及隧道建设期的 BIM 建模与管理中，激光三维扫描仪的应用是对智能全站仪应用于隧道断面扫描技术的进一步升级。优点主要表现为隧道空间及断面、墙壁能实现区域全覆盖扫描，分辨率高，不再是点、线的扫描，而是空间点云或是反射界面信息的全采集。

为了获取高精度的完整的点云数据，工程过程中一般包括项目计划定制、外业数据采集和内业数据处理三个环节。《地面三维激光扫描作业技术规程》（CHZ 3017—2015）中指出，地面三维激光扫描总体应包括技术准备与技术设计、控制测量、数据采集、数据处理、成果制作、质量控制和成果归档。以下从技术准备要点、点云数据采集简要叙述。

（一）设计采集方案

采集方案设计主要如下。

1. 扫描仪参数选择

扫描仪品牌较多，在激光波长、激光等候、数据采样率、最小点间距、测距精度、测距范围等指标方面各有差异，参数设计应注意最佳扫描距离、每站扫描区域、分辨率等指标，分辨率达到工程项目精度即可。

2．测站布设选择

扫描仪本身在扫描过程中可以设站建立与项目工程匹配的绝对坐标系统，在无特殊要求时能满足项目需求。为了保证测站精度，需要注意现场测量控制网布设，测站距离控制点过远或控制点夹角过小等都会引起测站精度降低，从而影响整个测站点云精度。

（二）全站式扫描仪获取点云数据

扫描开始前需要做好相关准备工作，针对不同设备在一个测站上具体的扫描操作的方法会有所不同。下面以拓普康 GTL-1000 扫描仪为例，采用后方交会设站方式实施扫描的基本步骤。

1．仪器整平

拓普康 GTL-1000 扫描仪外业扫描时，先进行设站。仪器开机整平，设备内置±5.5′的补偿器。

2．扫描仪设站

GTL-1000 提供多种传统全站仪的设站方式，已知方位角、已知后视点以及后方交会的方法，可以轻松地将扫描仪架设在任意位置，通过后方交会的方式实现高精度的不同测站的绝对坐标数据采集，见图 26.16。

图 26.16　扫描仪设站

3．扫描参数设置

当确认仪器设站成功后，启动扫描模块进行扫描参数的设置，主要包括测站号、扫描范围、分辨率、是否彩色扫描等相关参数设置。其中与精度相关参数的设置要与项目技术设计相符，目前主流的扫描仪设置基本上都是这几个参数设置。

4．开始扫描

确认仪器参数设置正确后，即执行扫描操作。仪器在扫描过程中会有扫描进度显示，以及完成扫描剩余的时间显示，如果有问题可以暂停或者取消扫描。

当仪器扫描结束后，检查扫描数据质量，不合格的需要重新扫描。如有人员走动造成局部区域有遮挡或现场发现有问题区域，可以在扫描仪上进行局部点测量，保证数据的准确完整性。

为了保证后续工作顺利完成，在测站上应做好观测记录，主要内容包括扫描位置大致里程、有效范围（一般取半径 50 m）、扫描仪型号、扫描时间、扫描操作人、测站编号、参数设置等，可自行设计表格填写。

5．换站扫描

当确认测站相关工作完成无误后，可以将仪器搬到下一测站，是否关机取决于电源情况、两测站之间的距离、仪器操作要求等因素。当仪器搬到下一站后，可以重复上述 4 个步骤的工作。注意与前一个测站需要设置相同的工程文件名称、分辨率等特殊指标参数。

6．数据输出

当全部扫描工作完成后，查看数据文件的大小，结合项目工程需要可在现场导出数据文件，导入 SD 卡/U 盘。

7．结束扫描工作

当数据传输完成后，关闭仪器。整理相关部件，仪器马达停止工作后取出电池装箱，可以结束扫描外业工作，见图 26.17。

图 26.17　结束作业

（三）点云数据处理

除了硬件，点云数据处理软件也是三维激光扫描系统的重要构成部分。点云数据以生产商内部格式储存，用户需要用原厂家的专门软件进行读取和处理。为了充分发挥三维激光扫描仪功能，目前需要两种类型的软件：一种是扫描仪自带的控制软件，另一种是针对不同工程行业的专业数据处理软件。前者是扫描仪随机自带的软件，一般用来对数据做简单的预处理，如拓普康扫描仪自带的软件 MAGNET Collage、法如扫描仪自带的 SCENE 软件。后者是主要针对不同应用行业的第三方专业软件，如 Geomagic 建模软件、Amberg Tunnel 隧道超欠挖专业软件、Amberg Rail 地铁病害检测专业软件等。

（四）点云预处理

1．对项目工程采集的原始点云预处理

利用对应厂家的自带软件进行点云预处理格式转换，以拓普康 GTL-1000 扫描仪采集数据为例。MAGNET Collage 是拓普康三维激光扫描仪的标配点云预处理软件，在此项目中主要进行点云数据从设备中的读取、点云拼接以及点云预处理工作。在此步骤中主要工作是创建以本次扫描内容为标题的数据库，然后将扫描的原始数据导入到 Collage 中，见图 26.18。

图 26.18　点云预处理

2．数据去噪及导出

点云配准完成后，自带真实绝对大地坐标系的海量数据。软件对海量数据自动进行去噪处理，利用 Collage 对隧道数据进行优化，将同样位置的点云进行计算和自动过滤，最终以整体的方式得出一份质量好、噪声小、高精度的数据。

点云预处理完成后，基于专业应用方向软件需求，将数据进行特定的格式导出。点云常用的格式有.LAS、.PTS、.E57、.XYZ、.PCD 等。

（五）隧道点云超欠挖分析

不同行业有不同专业的点云处理应用软件，目前国内隧道施工测量应用较多的是安伯格隧道超欠挖专业软件（Amberg Tunnel）。下面以 Amberg Tunnel 为例，简述隧道点云处理流程。

1．建立隧道设计模型

（1）设计中线。依据设计单位提供的平、竖曲线，在 Amberg Tunnel 软件中定义施工隧道（正洞、竖井）设计中线。在软件里计算逐桩坐标，与设计单位提供的逐桩坐标相符合，保证设计数据的精准性，见图 26.19。

（2）施工阶段。依据扫描的点云定义开挖、初支、二衬三个基本的施工阶段，导入不同施工阶段的设计理论断面，并定义不同等级围岩断面对应的里程信息，构建隧道设计模型。

2．导入预处理点云数据

经过预处理的数据，导入 Amberg Tunnel 软件中，自动定位出测站里程信息。打开点云进行数据过滤，软件提供两种过滤模式。

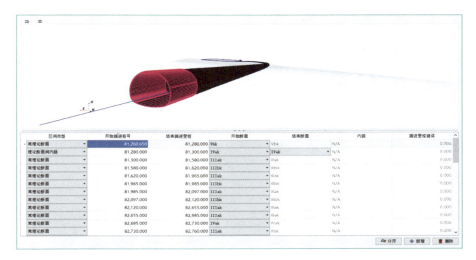

图 26.19　隧道建模

（1）按照距离、里程过滤。现在三维激光扫描仪存在性能过剩，扫描半径一般几十米、几百米，在隧道超欠挖高精度应用方面，过远的距离会造成精度降低。目前行业默认隧道扫描有效半径不高于 40 m，软件提供按照距离半径、按照隧道里程一键式过滤冗余数据，见图 26.20。

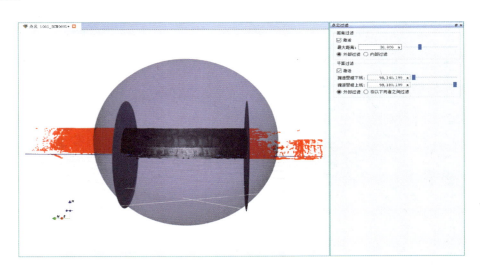

图 26.20　预处理点云数据

（2）按照固定的分辨率过滤。按照固定的分辨率对点云进行抽稀过滤，降低采样分辨率，从而提高处理速度。

3. 超欠挖分析计算

点云导入成功后，下一步进行点云的分析处理、超欠挖分析。

单击项目目录：分析→增加点云分析→钻爆法隧道扫描→对应的施工阶段（开挖/初支/二衬）→选择过滤设置，进行超欠挖分析计算。

平面展开图见图 26.21、图 26.22。

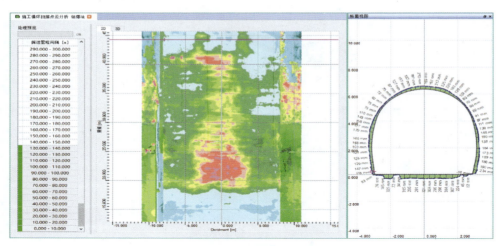

图 26.21　超欠挖分析计算 1

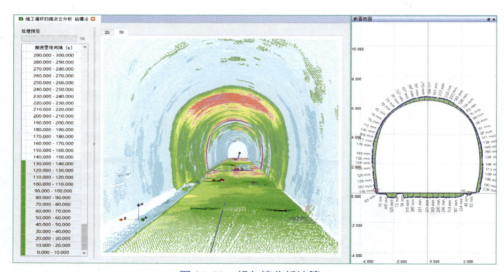

图 26.22　超欠挖分析计算 2

4. 3D 视图

软件界面可以实时显示鼠标任意位置断面的超欠挖信息，同时用不同的颜色区分隧道超欠挖分布状况，见图 26.23。

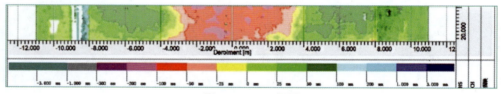

图 26.23　3D 视图

（六）质量控制措施

在隧道钻爆法施工中，隧道超挖或者欠挖是不可避免的。但在实际施工中，若对超挖、欠挖的认识不够，以至于开挖成型质量较差，对隧道施工的工程质量和安全、进度、成本均产生重要影响。

1. 质量控制

典型隧道施工工序示意图如图 26.24 所示。

图 26.24　隧道施工工序示意图

扫描主要应用于开挖控制、喷射层管理、初支零欠挖管理、二衬净空验收四个管理阶段。国内隧道施工源于成本控制，三维扫描测量系统主要应用于初支控制、初支零欠挖验收、二衬净空验收三个阶段。流程示意见图 26.25。

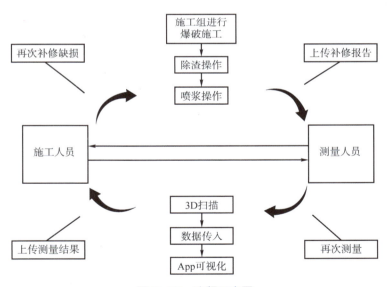

图 26.25　流程示意图

2. 超欠挖控制

行业内的隧道三维解决方案众多，真正专业解决施工质量问题的款型数量占比不多。传统意义的扫描仪点云需要拼接定位，损失精度，拼接距离不能超过 15 m，否则效率低下。全站式扫描仪自带全站仪功能，支持设站、欠挖放样等，全站式扫描仪将是未来隧道扫描方案的最优选择。

四、多波束测深、水下监测、无人船海底地形测量设备及技术

进入 21 世纪，我国交通、能源等领域除了在陆地修建隧道地下工程外，在穿越江河湖海或位于近海海域也修建了一批具有影响力的大型海底水下隧道或洞库工程。水下（海底）隧道等水下工程建设对工程区域海底形态的适时地形测绘是必须的，对海底地形的稳定性亦非常关注，故海底地形地貌的快速准确获取十分重要。海底地形的稳定性通常利用钻孔取芯数据评估，但往往周期长，费用高。海床的稳定性可借助海底地形的变化来评估。随着无验潮模式下的精密多波束测深技术发展，浅水实现厘米级的海底地形高程监测已成为可能。

在海（湖）水中抽沙或抛石筑岛建设期间，对水底抛石状态监测和抛石作业指导、开展水下结构物施工安全保护，必须经常对水下填筑物状态进行水下测绘调查，以保证工程实施的安全质量。

施工中测量科技工作者采用了多波束测深技术、水下监测技术、无人船海底地形测量技术，以保证地下工程建造高效、优质、安全。

现对多波束测深技术、水下监测技术、无人船海底地形测量技术加以介绍。

（一）多波束测深技术

1. 多波束测深技术特点

20 世纪 70 年代开始出现多波束测深系统（multibeam bathymetric system，MBS），是在回声测深仪基础上发展起来的测深设备。MBS 能够在与航迹垂直的平面内一次获得数十个到数百个测深点，形成一条一定宽度的全覆盖水深条带，能够精确快速测出沿航线一定宽度范围内水下目标大小、形状和高低变化，从而较可靠地描绘海底地形地貌的精细特征。与单波束回声测深仪比，MBS 具有测量范围大、速度快、精度和效率高、记录数字化和实时自动绘图等优点，将传统的测深技术从原来的点、线扩展到面，并进一步发展到立体测深和自动成图。

1976 年数字化计算机处理及控制硬件应用于多波束系统，产生了第一台扫描测深系统 SeaBeam。21 世纪，我国已自主研发出多个型号的浅水多波束系统，测深数据采集及处理软件也研制投入使用。

2. 多波束测深系统组成及技术应用

多波束测深系统是由多个子系统组成的综合系统。不同的多波束系统虽然单元组成不同，但大体上可将系统分为多波束声学系统、多波束数据采集系统、数据处理系统、外围辅助传感器和成果输出系统。利用声学原理获取多波束的测量结果，结合 GNSS 测姿定位数据，确定出海底点位置和高程。

我国目前已经具备独立自主研发和生产用于海底地形地貌测量的单波束、多波束、侧扫声呐等测量系统的能力，国产装备在海洋测量工程中的使用率同国外设备基本持平。国内北京联合声信公司研发的 DSS3065 双频侧扫声呐采用全频谱 Chirp 调频技术，300 kHz 和 600 kHz 同时工作，垂直航迹分辨率达 2.5 cm，缩短了与国外同类产品的差距。此外，

将多波束测深系统与合成孔径声呐三维成像技术相结合，研制的多波束合成孔径声呐系统，在分辨率及海底地形地貌的全覆盖探测、测绘目标三维成像等方面取得较大进步。

（二）水下监测技术——设备、监测步骤与方法和工程实例

水下隧道工程中需要对水中一些特定目标例如桩基、特殊孤石块、海床谷沟、沉管隧道管节下沉测控、管节安放和管节间对接精密安装等各项监视测量。

水下监视测量系统包括水下 CCD 摄像成像装置、探测感应器件、监测数据图像传输系统、专用数据信息分析软件、陆岸计算机处理及三维显示系统。

港珠澳大桥建设中水下隧道沉管沉放对接定位测量技术采用了一种称作"测量塔法"的定位测量方法。此方法的水下定位测量方法如下：

管节预制完成后，先在预制厂干坞内对管节顶面、端面及内部特征点进行标定测量，二次舾装后管节出坞前完成对管节测量塔顶 GNSS 天线、棱镜与管节各特征点之间的关系测量，从而达到对测量塔顶 GPS 天线、棱镜的标定。管节浮运至现场开始沉放。测量塔和管节之间的微小变形可以忽略不计，两者可视为同一个刚体，因此通过跟踪测量塔顶 GNSS 天线/棱镜的位置，结合此前陆岸标定测出的各特征点之间的已知相对关系，以及实时观测安装在沉管上的倾斜仪同步采集到的数据，采用专业软件对上述数据进行解算，可得到管节特征点坐标和空间姿态，进而指导沉管的沉放对接施工。测量塔法定位原理图见图 26.26。

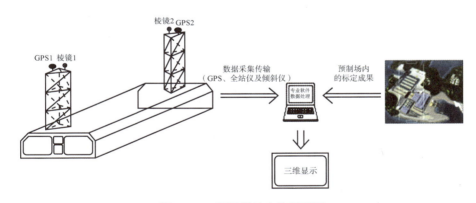

图 26.26　测量塔法定位原理图

（三）无人船海底（水下）地形测量技术

该技术系统由无人船、测量系统（单波束、多波束、侧扫声呐）、信息数据传输系统组成。

船基测量是目前获取海底地形精度较高的一种作业模式。船基测量需要根据测量范围、设计测线开展长程走航测量，尤其对于单波束系统，作业枯燥、烦琐、费时费力问题突出。无人船测量技术解决了浅水、低海况时海底地形的自动获取问题，提高了作业效率，显著降低了作业成本。

近年来，国内无人测量船在民用测绘领域已经有了较大的发展，在浅水区和近海区有许多应用。中海达研制出的无人测量船具有一定代表性。其中中海达的 IBoat BMI 智能无

人船以湖泊、河流、水库、港湾等水域为对象，基于水上机器人无人驾驶遥控船为载体，集成控制系统、推进系统、无线通信系统、定位导航系统、测深系统等，可快速、高效获取高精度的水下地形数据。其中通信系统主要由无人船数据传输天线、电台和遥控器组成，数据通过无人船数据传输天线经电台传输到 PC 设备中，无人船可以通过 PC 设备经电台控制和遥控器进行控制，电台传输距离 5 km，遥控器传输距离 2 km。定位导航系统和测深系统分别由 GNSS 和单波束（或多波束）测深仪组成，形成一个完整的水下测量数据采集系统。收集的所有信息数据通过岸基系统接收并处理。

现有无人船海底地形测量系统虽有不错的性能，但在抗风浪、自制作业、全方位参数获取、海量测量数据实时传输等方面还待深入研究改进，系统性能亦尚需进一步完善。

五、近年来水底隧道施工测量方法

2011 年建成的广深港高铁狮子洋隧道（10.8 km），为水下建成的最长铁路隧道。隧道自两端洞口相向开挖，采用 TBM 掘进机施工，在狮子洋海水底下的泥石岩层中贯通。隧道施工测量中遇到的难题首先是洞内外控制桩（平面、高程）在施工期受到扰动导致控制点位不稳定。因为施工区域属于近海软弱地基层，在施工降水和 TBM 掘进推进过程期间，埋设于隧道洞内混凝土底板、洞外地表的平面、高程控制点位置都会不同程度地产生位移起伏变化，施工测量中必须要用远离施工区（3～4 km 以外）的稳定控制点为依据，高频次地对施工区域的控制桩变化量校准，并及时更新测量成果指导洞内的延伸控制测量和工程放样；另一个是跨海水准联测要求等级高，工作中分别采用了光电测距三角高程法跨海高程测量，以及 GPS 测量法完成跨海测量对光电测距三角高程法相互复核对照，均达到国家二等精度技术指标。该隧道最终的平面及高程贯通测量结果达到国家测量规范限差指标要求。

2014 年建成的天津海河隧道，水下沉管隧道长 3.32 km，隧道总长 4.2 km。施工中，国内首次采用智能水下监控系统和 GPS 定位技术以及水下声呐监测技术，实现沉管水下对接精度偏差仅 5 mm，为设计标准的十分之一。

2004—2008 年，武汉长江隧道（3.63 km）建成投入使用，该隧道是长江公路交通隧道第一隧，平面控制网洞外采用 GPS 布网，洞口插网及洞内导线控制先后使用徕卡 TC1800（1″）、TC2003（0.5″）精密全站仪建立精密导线网引测；高程控制网过江段应用精密全站仪实施跨江精密测距三角高程，其他施工区域应用精密水准仪施测，水准网控制精度按照二等水准要求。隧道掘进施工采用盾构，在洞内延伸的精密控制测量网指引下，盾构推进过江到达江对岸的接收井，准确实现隧道贯通。

2006—2009 年，厦门东通道—翔安海底隧道（8.70 km）建成，本隧道为公路三孔隧道，其中中孔为服务隧道，两侧行车隧道为内地第一座大断面海底隧道。该隧道施工控制网，洞外平面采用 GPS 方式建立主网，洞口端插网及洞内采用精密全站仪建立精密导线网，高程控制网洞内、外均采用电子水准仪按照二等水准技术指标施测建网。隧道施工中，洞内施工精密导线网由中铁隧道局测量单位根据开挖衬砌的进度不断向前延伸，局级精测队进行定期复核，以保证开挖方向和施工高程的正确性。为满足隧道独头施工开挖长度过长容易导致方向误差积累大的风险控制，确保开挖多作业面间海底贯通面相向贯通质量，在贯通前，中铁隧道局在不同施工区间开展了洞内陀螺仪定向测量，对洞内精密导线传递的坐标方位角进行校准，保证了整座隧道分段开挖施工中线的方向精准控制。隧道贯通后，横向贯通误差 2.0 cm，高程贯通误差 1.5 cm，均优于公路规范设计标准。

2010—2016 年南京定淮门长江隧道（7.37 km）建成，控制网：地表平面 GPS 建网，加测竖井和测量孔联系测量，隧道内布设精密导线网并加测陀螺定向边。高程控制网：隧道洞内外均采用二等水准网。隧道横向贯通误差 2.5 cm，高程贯通误差 1.5 cm。

2018—2020 年建成的佛莞城际铁路新狮子洋盾构隧道长度 4.9 km，见图 26.27，平面控制网采用 GNSS 二等控制网，洞内采用铁路精密二等导线网，高程控制网采用二等水准网，过江段采用光电测距三角高程跨河观测，精度指标达到二等水准网标准。隧道采用大断面盾构掘进机单向掘进 4.9 km，隧道内采用陀螺经纬仪校核洞内延伸导线的坐标方位，并在盾构机到达接收井前利用测量投点孔再次复核验证洞内施工导线，最终盾构机准确抵达接收井，隧道中线贯通误差横向 1.71 cm、纵向 1.75 cm、高程误差 2.39 cm。

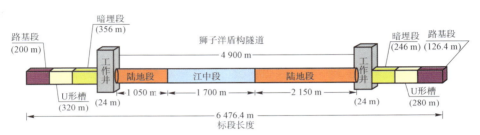

图 26.27　佛莞城际铁路狮子洋盾构隧道示意图

六、雷达干涉测量、摄影与遥感测量技术在隧道工程施工中的应用

用途：可检测出洞壁面的裂缝、微小空隙、不平整，或各里程处的隧道净空断面形状数字测绘，以及隧道地表及洞室的变形、高效率监测测绘。所用新技术是传统人工方法测量效率的数倍至近 10 倍，同时可明显降低人工作业的危险性，可以充分提高测量作业的精度质量。

三峡大坝电站、葛洲坝电站等发电洞室及其设备安装工程中所需的工艺、计量测量方法，已经较广泛地应用到摄影与遥感测量、雷达干涉测量等现代测绘技术中。

（一）激光雷达干涉测量

激光雷达干涉测量分为星载技术和地基技术，在隧道工程中，地基雷达干涉测量更加适用，通过干涉测量技术可实现亚毫米级微变形监测。

地基雷达干涉测量，分为一维的地基干涉雷达系统和二维的地基合成孔径雷达系统。前者固定在某一位置对观测对象进行监测，关注点在距离向的变形分析；后者雷达主机在线性导轨上完成对观测对象的监测，关注点包括距离向和方位向。

雷达干涉测量简称 InSAR，其基本原理是：利用两副天线同时成像或一副天线相隔一定时间重复成像，获取同一区域复雷达图像对，由于两副天线与地面某一目标的距离不等，使得在复雷达图像对同名像点之间产生相位差，形成干涉纹图。干涉纹图中的相位值即为两次成像的相位差测量值，根据两次成像的相位差与地面目标的空间几何关系以及飞行（机载）轨道参数或地面位置（地基或车载动态）参数，即可测定地面目标的三维坐标。

（二）摄影测量技术

摄影测量经历了模拟摄影测量（1940—1960 年）、解析摄影测量（1960—2000 年）、数字摄影测量（2000 年至今）几个阶段。摄影测量学是遥感的一个子学科，本质上都是使用遥感影像来进行信息的提取。摄影测量利用光学摄影机获取的像片，经过处理以获取被摄物体的形状、大小、位置、特性及其相互关系。

在隧道工程中借助于采用非接触成像或其他传感器系统，通过记录、量测、分析与表达等处理，获取测量物体及环境的可靠信息。

（三）遥感测量

对遥感最本质的认识，就是用不接触的手段对地表或地表下浅地层（现在已经扩展到其他星球，例如行星遥感）的观测感知。

遥感是指从远距离、高空至外层空间的平台上，利用探测仪器，根据物体对电磁波的反射和辐射特性，通过摄影、扫描、信息感应、传输和处理从而识别地面物体的性质和运动状态的技术系统。在隧道洞内的遥感测量方法，一般指在地面或车辆上安置遥感测量设备，对待测范围发射电磁波进行多波段、多光谱扫描形成遥感图像，然后由仪器设备进行自动化解译和人工判读，以准确识别出遥感图像中所关注的具体信息内容。

工程遥感可为工程建设的勘测设计提供多时相、多波段、多品种的图像信息，以及定性的评价、定量数据的分析等基础资料，为工程建设各阶段服务。多谱段遥感是根据物体对不同波谱段的反射率存在差异这一原理，进行多波段同目标扫描，可以获得相同目标不同波段的大量信息，以提高分析和识别目标的能力。

主动式遥感是通过分析回波的性质、特征及其变化来识别物体的。应用的遥感仪器有激光雷达、侧视雷达、微波散射计等。

被动式遥感是通过分析物体对电磁波辐射的反射、发射和吸收的特征来识别物体的。常用的遥感仪器有：各种类型的航摄仪、多光谱照相机、红外和多光谱扫描仪、微波辐射计等。

遥感测量技术可判断隧道洞室周围存在的孔洞、裂隙、二衬砼结构中出现的裂缝、渗水等地质或施工工艺问题，亦可用来监测地铁或隧道上方地表覆盖物、邻隧建筑物的位移形变变化。

七、CORS 网卫星快速定位技术在大型地下工程建设中的应用

CORS 为 continuously operating reference system 的缩写，称作连续运行参考站系统测量网。

港珠澳大桥工程是一个由桥、岛、隧及大桥引线构成的特大型综合工程，全长 55 km，主体工程实行桥、岛、隧组合，总长约 29.6 km。其中桥梁长度为 22.9 km，隧道总长为 6.7 km，海底隧道部分为 5.6 km。三峡电站、白鹤滩电站、广东深中通道等大型工程建设中，在施工区域及周边建立了完善的 CORS 站网测量系统，该系统为工地建设的施工测量网布设观测和加密、构造物的快速测设放样提供了极大的便捷性，同时对提高工效、保证

作业质量有较大的促进作用。尤其在海岸和海面平台上，提升了抵抗潮涌、风浪对测量观测环境的不良影响。

港珠澳大桥中的隧道、桥梁在建设中采用了跨海二等水准测量线路，在海中建造有数个控制网点观测专用平台，每个测量平台上安装有强制对中观测墩用于平面网测量和光电测距三角高程跨海水准测量，测量中采用徕卡公司两台精密全站仪 TM30（标称精度 0.5″，$\pm(0.6\,mm+1\,ppm \cdot D)$）和两个特制标灯，借助为本项目开发的机载"跨海高程测量"软件，充分发挥仪器自带长距离 ATR 自动照准技术，用两台仪器同时对向观测竖角和斜距的方法进行观测。所有观测选择在大气状况相对稳定的夜间进行，每段跨海高程测量均组成四边环，便于进行环闭合差检验。观测方式分别为两岸由近一远、再由远一近的顺序。两跨海高差点间距离由 TM30 与 RTK 分别观测并进行距离对比，跨海三角高程测量的精度达到二等技术指标。

港珠澳大桥工程中，水下隧道管节沉放、对接测量难度大，沉管隧道管节沉放与对接精度要求很高。为此对岛隧工程，根据沉管隧道施工特点，在东、西人工岛上根据实地情况布设数个加密点，每个人工岛各控制点之间通视性良好，便于施工放样使用。控制点共布设 8 个，其中东、西人工岛测量平台各 1 个，东、西人工岛上各 3 个。加密网精度平面按照工程二等精度采用 GPS 施测，全站仪测边测角复核，高程按国家二等水准测量精度采用跨海三角高程法施测。

为保证沉管隧道对接期间贯通偏差小于 50 mm 的设计要求，最终接头贯通面偏差小于 50 mm 的指标（横向贯通限差要求远高于现有规范）。测量限制条件：管节沉放水深大，测量控制点不稳定，进洞口测站定向边偏短，人工岛风浪、潮汐均对观测不利。东西人工岛隧道外控制测量进洞点引测进洞时均采用 3 个后视定向点，保证了洞内、外联系测量时引入隧道内点位坐标及方向值数据的准确可靠。

第七篇

监控量测技术

第二十七章　监测理念、内容与管理模式

第一节　地下工程监测目的

一、监测的含义

地下工程监控量测是指在隧道、地铁、基坑、管廊等地下工程建设施工过程中，应用各种类型的仪表设备，对主体结构、围岩条件、地表、支护结构、周边环境的变形情况和受力状态进行经常性观察和量测，并对其进行分析评价和预测，用于指导施工和动态设计，确保施工安全。

二、监测的目的

地下工程监控量测工作的开展目的主要有：

（1）及时揭示并掌握地层力学性状，为设计修正提供依据。

地下工程处于岩土介质中，围岩在变形特性、物理组构、初始应力场分布、温度场、水侵蚀效应等方面具有明显的非均质性、非连续性和非线性。鉴于围岩和地下结构之间复杂的力学关系，结构的受力变形规律很难用现有理论进行精确推导，获得令工程师满意的结果。目前，地下工程的结构设计最合理的方法为：①综合工程类比、基础理论和专家经验，得出结构的初步设计；②在施工中，根据监控量测结果，修正结构设计，使结构参数更合理。因此，地下工程监测的目的便是揭示、掌握地层围岩的实际力学参数、力学性状，为设计修正提供依据，实现设计的动态调整。

（2）及时掌握地层围岩、支护结构、周边环境变化动态，用于指导施工。

在开挖前，围岩处于自平衡状态。随着洞室的开挖，平衡状态被破坏，围岩的物理力学状态和周边环境均会受到不同程度的影响。因此，需在施工过程中，通过监控量测，系统地掌握地下结构施工对地层与周边环境的影响和支护结构受力变化，在必要的时候调整施工措施和手段，保证施工安全。

（3）对监测数据进行必要的处理和一定计算后，对后续相关变化进行预测和反馈，能够及时预报险情，确保施工安全，为工程和环境安全提供可靠信息。

监控量测的首要目的便是确保施工安全和环境安全，通过对监测指标的分析和预测，预测未来几个小时、几天内的数据变化，以此判断地下工程的土体状态和施工参数合理性，并不断对其进行动态调整，直至满足安全要求。

（4）积累数据资料，总结相关经验，为地下工程理论研究与类似工程提供依据。

我国地下工程发展起步较晚，地下工程理论研究尚不完善，需要通过监控量测提供一手资料与经验，尤其是典型或罕见案例一手资料，为理论研究提供数据支撑基础。因此，地下工程监控量测是我国地下工程理论水平提高的重要倚仗之一。同时，地下工程监控技术水平的提高，也会带动我国地下工程领域水平的发展，为地下工程科学技术进步做出贡献。

第二节　地下工程监测理念发展与现状

一、监测理念发展概况

由于对地下工程的受力特点及其复杂性认识的加深，自 20 世纪 50 年代以来，国际上就开始通过对地下工程的监控量测来动态观察围岩和支护的稳定性，并应用现场量测结果修正设计和指导施工。

在我国，20 世纪 50 年代，隧道与地下工程的修建以矿山法为主。当时"新奥法"还未引进，主要采用"荷载-反力"模型进行隧道与地下工程受力计算，以传统施工技术和模筑混凝土技术为主要施工手段。当时，工程师的注意力主要集中在衬砌结构荷载上，需通过一定量测手段寻找作用在衬砌结构上的荷载。有人通过在隧道衬砌背后埋设钢弦式、油腔压力盒，量测衬砌所承受的"山体压力"，即衬砌与围岩之间的接触应力。当时，监控量测概念还未正式提出，但这是我国隧道与地下工程监控量测的最早形态，目的在于指导设计。

20 世纪 60 年代，随着"新奥法"理念的引进，锚杆和喷射混凝土一类新型"主动支护"技术得以推广使用。"新奥法"的主要原则是"少扰动、早支护、勤量测、紧封闭"，其中勤量测，是指以直观、可靠的量测方法和量测数据来准确评价围岩（或围岩加支护）的稳定状态，或判断其动态发展趋势，以便及时调整支护形式、开挖方法，确保施工安全、顺利进行，监控量测概念被正式提出。"新奥法"以局部的和实时的量测信息作为依据，通过力学分析计算确定结构和岩土介质的物理参数、所满足的本构方程，以及地层初始地应力分布，在此基础上对全局的和后期的变形和受力进行预测和估算。这里，将原先需要求算的诸如洞周围岩收敛-位移等作为输入参数，而本应该作为计算前提条件的材料参数和边界条件则作为计算所谋求的结果。

另外，我国工程建设者通过实践发现"荷载-反力"模型和围岩松动理论不能很好地解释新奥法施工新型支护的作用实质，亦不能借以进行设计计算，于是期望通过对围岩应力应变的量测，了解围岩的稳定性和支护系统的安全度，故监控量测才开始逐渐被广大建设者了解熟悉。其中围岩应力应变量测简单说来便是：在地下工程围岩中钻孔，埋设各种类型的应力计或应变计，再往孔中注入水泥砂浆，然后测读应变计，了解围岩的应力应变状态，这也是新奥法新引进时期的监控量测的一种主要形式。

新奥法被引进后的四十年，在地下工程领域，监测方法不仅对计算理论，而且对整个工程施工技术水平产生了巨大和深远的影响，我国隧道与地下工程的修建技术得到飞速发展，矿山法与钻爆法等传统施工方法也在适应时代技术的进步，不断得以改进与提升，均纳入了监控量测技术。监控量测技术也开始逐渐得到广大建设者的认可。同时，监控量测技术在中国工程建设中的应用与技术提升也在不断被人研究，其在监测指标、技术、仪器方面均在不断发展。工程界和学术界开展了以地下洞室开挖支护过程中，洞壁围岩收敛-位移量测为基础，以反分析为导向的"新奥法"施工新技术的研究和实践，涉及铁路、公路、水利水电、煤炭、采矿等多个领域。

二、监测理念发展现状简述

随着隧道与地下工程监控量测规范、规程的发布，监控量测成为信息化施工的重要组成部分。将监控量测作为关键工序纳入现场施工组织和生产工序之中，主要流程为：以国家、行业相关标准为依据，由施工单位编制监控量测实施细则及作业指导书，并报监理单位审批，在施工中严格、认真实施。

时至今日，监控量测已经发展成为工程建设中必不可少的组成部分，监控量测技术也得到了广泛普及，现已形成系统完整的技术实施管理体系。目前，工程建设中的量测工作主要以位移监测为主导，兼顾其他项的必测项目与选测项目。监测目的不再仅仅是通过反分析方法进行现场实际围岩参数推演，还包括指导设计动态变更和确保施工安全有序进行。

现阶段施工监控量测工作的原则为多层次、重点突出、经济适用。从理论上讲，凡是能够反映围岩与支护结构力学形态的物理量，都可以作为监控量测指标。但是，现阶段要求被测的物理量既能反映土体与支护结构力学形态变化，同时在技术经济上又容易实现。而变形是土体与结构最直观的表现形式，支护系统破坏、围岩坍塌都是变形发展到一定程度的必然结果。此外，变形监测具有结果直观、测试数据可靠及测试费用低廉等特点。因此，现阶段监控量测技术，除规范规定以及特殊要求外，仍以变形位移监测为主。

目前，施工监控量测中，主要是通过人工手段进行数据采集。该方法操作简单、技术成熟，相应的监测成果也较为可靠，但仍有很多显著的缺点，如效率低下、时效性差、人力成本高、施工中的隧道特殊环境对监测人员人身健康与安全的影响不容忽视等。因此，监测技术正朝着信息化、自动化、智能化方向发展，而部分工程建设已经实现监测的信息化。

信息化监测是实现地下工程施工信息化的不可或缺的环节，能有效避免人为对监测数据采集和处理过程的干扰，确保数据真实反映和反馈处理及时性，实现超限自动预警。通过突破传统管理模式，实现监测数据采集、数据传输、服务器后台综合分析、自动反馈。具有系统操作简单、功能齐全、窗口界面操作便捷、实用性强等优势。可降低内业处理时间，提高管理效率，实现观测数据及处理结果远程实时查询、溯源管理，降低监测成本，可推广性强。

信息技术手段的发展推动了监控量测自动化发展，隧道与地下工程的自动化监测技术是依托无线网络通信技术和数据库应用技术，在地下既有环境中能够实现在无人状态下监测设备 24 h 自主作业，能够根据预先设定参数进行自动量测、采集、分析数据，然后形成测量分析监测报告，极大地提高了监测作业的效率。自动化监控量测技术的推广可以减少人工成本，避免人为部分误差，增加监控量测的准确性，具有很好的社会与经济效益。此外，隧道自动化监测系统在运营隧道中也具备良好的应用前景。

第三节　地下工程监测内容发展与现状

一、监测内容发展概况

新奥法引进后，隧道与地下工程监控量测开始逐渐兴起，起初的监控量测内容仅包括地下土体和结构的变形与受力（位移、应力、应变）。随着工程案例增多和工程质量要求的提升，通过工程师的不断实践探索，监测内容也不断得以完善，如山岭隧道方面增加了关于环境监测、洞内有害气体、锚杆拉拔、特殊地质等的监测，城市地铁与基坑方面增加了对于建筑物影响、地下水影响、气象环境、爆破震动等的监测。

二、监测内容发展现状

（一）地下工程监测内容（项目）确定原则

监控量测的项目主要根据地下工程的地质条件、跨度、开挖方法和支护类型等综合确定。而且，在地下工程中进行量测，绝不是单纯地为了获取信息，而是把它作为施工管理的一个积极有效的手段，因此量测信息应能：

（1）确切地预报破坏和变形等未来的动态，对设计参数和施工流程加以监控，以便及时掌握地下土体和岩体动态而采取适当的措施（如预估最终位移值、根据监控基准调整、修改开挖和支护的顺序和时机等）。

（2）满足作为设计变更的重要信息和各项要求，如提供设计、施工所需的重要参数（初始位移速度、作用荷载等）。

施工监测是一项系统工程，监测工作的成败与监测内容的选取及测点的布置直接相关。根据监测工作的经验，归纳以下 5 条原则。

（1）可靠性原则。可靠性原则是监测系统设计中所考虑的最重要的原则。为了确保其可靠性，必须选用可靠的监测仪器，并在监测期间做好测点保护。

（2）多层次监测原则。多层次监测原则的具体含义有 4 点：

① 在监测对象上以位移为主，兼顾其他监测项目；

② 在监测方法上以仪器监测为主，并辅以巡检的方法；

③ 在监测仪器选择上以机测仪器为主，辅以电测仪器；

④ 考虑分别在地表及邻近建筑物与地下管线上布点以形成具有一定覆盖率的监测网。

（3）重点监测关键区的原则。在具有不同地质条件和水文地质条件、周围建筑物及地下管线段，其稳定的标准是不同的。稳定性差的地段应重点进行监测，以保证建筑物及地下管线的安全。

（4）方便实用原则。为减少监测与施工之间的干扰，监测系统的安装和测量应尽量做到方便实用。

（5）经济合理原则。系统设计时考虑实用的仪器，不必过分追求仪器的先进性，以降低监测费用。

（二）隧道工程监测内容

目前，根据规范规定，隧道工程（主要包含山岭隧道、城市地铁隧道、引水隧洞）监测内容设计较多，常规监测主要以变形监测、受力监测、环境监测为主，具体详细监测事项如表 27.1 所示。

表 27.1　监控量测具体事项统计表

序号	监测内容	监测项目	备注
1	地质水文监测	地质构造、不良地质和水文地质的预报评价	超前地质预报
2	变形监测	地表下沉	传统隧道工程监控量测项目
		周边位移及拱顶下沉	
		围岩内部位移	
		隧底隆起	
		支护状况观察	
3	受力监测	锚杆质量（轴力、长度、饱满度）	
		接触压力	
		钢架内力	
		衬砌内力	
		孔隙水压力	
4	有害气体监测	瓦斯浓度	主要在山岭隧道
		硫化氢浓度	
5	爆破震动监测	震动速度	
6	隧道周边建（构）筑物监测	地表建（构）筑物监测	主要在城市地铁涉及
		地下构筑物监测	
		地下管线监测	
7	其他特殊地质隧道监测	高地应力、高地温、放射性等	

规范规定监控量测必测项目统计如表 27.2 所示。

表 27.2　规范规定必测项目统计表

编号	项目名称	仪器设备	要求及目的
1	地质和水文状况观察	地质罗盘、数码相机	岩性、岩层产状、结构面、溶洞、断层描述，支护结构裂缝观察
2	周边收敛量测	收敛计或全站仪	根据位移、收敛状况、断面变形状态等判断：周边围岩体的稳定性、初期支护的设计与施工方法是否妥善、二次衬砌的浇筑时间等
3	拱顶下沉量测	水平尺、水准尺、钢尺	监视隧道拱顶下沉，了解断面的变形状态，判断隧道拱顶的稳定性
4	地表下沉量测	水平尺、水准尺	从地表设点观测，根据下沉位移量判定开挖对地表下沉的影响，以确定隧道支护结构

规范规定监控量测选测项目统计如表 27.3 所示。

表 27.3　规范规定选测项目统计表

编号	项目名称	仪器设备	要求及目的
1	围岩内部位移量测	多点位移计	了解隧道围岩的松弛区、位移量，为准确判断围岩的变形发展提供数据
2	锚杆轴力量测	钢筋应力计、频率计	根据锚杆所承受的拉力，判断锚杆布置是否合理。了解围岩内部应力的分布情况
3	衬砌应力量测	钢筋应力计、频率计	量测二次衬砌内应力、喷射混凝土内轴向应力。了解支护衬砌内的受力状态
4	围岩压力及层间支护压力	压力盒、频率计	判断复合式衬砌中围岩荷载大小，判断初期支护与二次衬砌各自分担围岩压力情况
5	钢拱架应力量测	钢筋应力计、频率计	量测钢拱架应力，推断作用在钢拱架上的压力大小。判断钢拱架尺寸、间距及设置钢拱架的必要性
6	锚杆拉拔力检测	锚杆拉拔计	检查锚杆的抗拔能力

地铁隧道的监控量测除以上相关联内容外，还应包括：①变形监测，主要包括结构沉降、管片倾斜错动、接缝变形、裂缝开度等，采用位移计、倾斜计、收敛计、应变计等进行量测；②受力监测，主要包括管片内力、螺栓轴力、主层压力等，采用应变计、钢筋计、压力计、渗压计等；③环境监测，包括周边工程环境监测（水土压力、土体沉降、深层水平位移、建筑物管等变形），气象环境监测（振动、温度、湿度、风速、有毒气体）等；④既有管线监测，城市浅埋暗挖施工区段一般地下管线众多，城市浅埋暗挖施工时不可避免地要对土体产生扰动，因而埋设在土层中的地下管线随土体变形，产生垂直位移和水平位移，可能会引起地下管线的断裂而直接危及其正常使用，甚至引发灾难性事故，其后果是极其严重的，必须进行严密监测。

（三）基坑工程监测内容

基坑工程监测的内容主要包括围护结构、主体结构、周围环境三个方面，具体监测项目与使用仪器如表 27.4 所示。具体监测项目应根据基坑的重要性、地质条件、基坑形状和规模以及周边环境等条件进行确定。

表 27.4　基坑监测项目统计表

监测结构	监测对象	监测项目	检测仪器
围护结构	围护桩（墙）	桩（墙）顶位移与沉降	全站仪、水准仪
		桩（墙）深层水平位移	测斜仪
		桩（墙）内力	钢筋应力计、频率仪
		桩（墙）水土压力	土压力盒、孔隙水压力计、频率仪
	水平支撑	轴力	钢支撑轴力计
	圈梁	内力	钢筋应力计或应变计、频率仪
	围檩	水平位移	经纬仪
	立柱	轴力	钢筋应力计、应变计、频率仪
	坑底土层	隆起、下沉	水准仪或全站仪
		垂直隆起	水准仪、深层沉降标、回弹监测标
	坑内地下水	水位	水位管、水位计

监测结构	监测对象	监测项目	检测仪器
相邻环境	相邻地层	地表沉降	水准仪
		分层沉降	分层沉降仪
		水平位移	测斜仪
	地下管线	垂直位移	水准仪
		水平位移	经纬仪
	相邻房屋	垂直沉降	水准仪
		倾斜	全站仪、经纬仪
		裂缝	目测、测缝仪
		爆破震动	爆破测震仪
	既有线的桥梁、隧道、路基、轨道等	沉降	静力式水准系统
		水平位移	全站仪
		倾斜	静力式水准系统
		结构缝及裂缝	测缝仪
主体结构	结构板	沉降	水准仪
		内力	钢筋应力计或应变计、频率仪
	侧墙	水平收敛	收敛计

第四节　地下工程监测管理模式的发展与现状

一、管理模式发展概况

新奥法引进后，经过长期实践发现，地下工程周边位移和浅埋地下工程地表沉降是围岩与支护结构系统力学形态最直接、最明显的反映，是可以监测并控制的，因此普遍认为其是最具有价值的，监测以位移监测为主，以应力、应变监测等为辅。

起初我国引进监控量测时，由施工单位单方面进行，通过监测数据指导施工，以降低或避免施工中可能引发的安全事故。但是，由于施工单位的测量技术力量参差不齐，加之监测与信息反馈技术对技术人员专业水平要求较高，单方面的监测有时也可能存在测量误差和粗差，从而影响监测效果，发生安全事故。为了解决上述问题，国内在监测管理方面开始走专业化的道路，从技术上、管理上确保施工安全，将监测作为一个独立的工序从工程项目中分离出来，由有资质的专业队伍来实施，以保证监测的客观性与公正性，由此引入了第三方监测的作业模式。通过施工方监测和独立于施工方的第三方监测，监测方受业主委托，对地下工程施工影响范围内的建筑物、地下管线、地下水位等进行监测。为项目建设加上了"双保险"，从而及时、有效地发现和规避风险，确保工程安全施工。

随着地下工程施工技术的开展，地下工程安全监测技术的发展也非常迅速，主要表现为检测方法的自动化和数据处理的程序化，监测设备及传感器不断发展与完善，监测技术向系统化、远程化、自动化方面发展，从而实现实时数据采集、数据分析，检测精度不断提高，数据分析与反馈更具有时效性。

二、管理模式现状简述

（一）监测相关单位管理模式

1. 施工单位

（1）项目部必须成立相应的隧道监控量测组织机构，设置由项目总工程师为组长，专业测量工程师为副组长的监控量测机构，配备专业（专职）的监控量测人员和设备，人员要求相对稳定，每个隧道洞口成立不少于三人的监控量测小组，责任落实到人，专项负责现场监控量测点位的埋设、标识、数据的采集和分析。

（2）编制监控量测实施细则，报监理批准后实施，并报公司指挥部、工程部和安质部核备。

（3）隧道围岩监控量测应按规程和细则认真组织实施。每次现场量测的原始记录应及时统计分析，并向现场施工、技术负责人提供变化情况，为指导施工提供参考依据。

（4）洞口技术负责人应根据隧道围岩位移管理等级和量测结果采取相应的施工措施，报施工负责人审批后执行，并按照位移管理等级及时调整施工方案。

（5）隧道洞口值班室应保留一份30天的量测数据资料，便于施工、技术负责人每天查阅、分析量测结果，审阅后签字确认。

（6）如现场量测中发现异常情况，应立刻通知现场施工、技术负责人、现场设计配合人员及监理，并及时研究处置方案，同时将处置情况上报公司指挥部及工程部、安质部。

（7）工程竣工后应将监控量测资料整理归纳并纳入竣工后文件中。

2. 第三方监测单位

目前工程建设市场中，除应有施工单位监控量测项目组外，业主一般还会寻找具有资格的第三方监测单位代替业主进行监测工作，两家监测机构共同配合。第三方监测目的是及时、准确、全面地获取施工现场安全的相关监测信息，并有效服务于工程设计和工程施工。近十年来，地铁工程施工在全国范围内广泛展开，第三方监测对于施工风险分析、评估、事故预报警方面所起的作用日益凸显。第三方监测根据国家和合同等相关规定，对项目建设影响区内的建筑物、道路、管道及项目本身周围环境进行独立、公正的安全评价，为参建各方提供地铁建设环境的安全预报和决策依据。

第三方监测单位人员配置要求如下：

（1）专职监测技术负责人：测绘专业或岩土工程勘察或相关专业大专（含）以上学历，并取得助理工程师以上的技术职称，有类似工作经验2年以上。

（2）巡视工程师：应具有岩土工程勘察、地下工程或相关专业大专（含）以上学历，并取得助理工程师以上的技术职称，有类似工作经验2年以上。

（3）专职的监测测工：应具有高中（含）以上学历，至少一名有市级以上测绘行政主管部门核发的测量人员执业资格证书（测量中级工及以上专业资格），能够熟练操作仪器、处理监测数据，有类似工作经验1年以上。

第三方监测单位主要工作内容为现场监测服务和现场巡查。

1）现场监测服务工作内容

（1）对施工监测的管理，主要包括：监测方案审查、监测点验收、人员资质审核、仪器仪表鉴定是否有效、监测数据的复核、现场监测点是否完好、标识是否清晰，各种监测数据、报告是否真实有效、监测数据上传的真实性和及时性等。

（2）具体项目指标监测：具体包括规范规定工程监测必选与选测项目等，不同类型工程对应不同检测项目。

（3）其他与项目施工强相关的监测项目。

2）现场巡视检查

监测"五固定"十分重要：固定监测人员、固定监测仪器、固定监测方、固定监测线路、固定时间。坚持"五固定"可以尽可能地消除误差，提高监测精度，以获取最真实、最准确的监测数据。

工程监测应能够掌握工程建设整体性状的变化，对工程安全状态做出迅速、及时的评价，除常规仪器监测外，应进行现场安全巡视。现场巡视往往能更迅速发现问题和采取措施，是工程安全监测及预警的重要辅助手段和不可分割的组成部分。尤其在大雨天、大雾天等自然条件差，不利于检测设备进行工作时，现场巡视的作用更加重要。

每日至少进行一次巡视观察并进行记录，特殊情况下应增加次数，每周至少进行一次第三方监测、监理、施工单位的联合巡视。

3. 施工监测与第三方监测关系

第三方监测与施工监测都是施工安全风险控制的重要手段，二者既有区别又有联系。

1）区别

第三方监测的目的，一是为建设单位风险监控预警、险情处置、事故分析以及工后评估提供服务；二是为监理单位核实及验证施工监测数据提供服务；三是第三方监测的监测数据具有客观独立性，在处理投诉事件和解决争议时，可作为界定责任的重要依据。而施工监测作为施工工序组成部分，主要是为施工单位指导自身信息化施工和安全、质量、进度控制服务。

第三方监测一般是对整条轨道交通线路或多个施工标段进行监测，其监测重点是重要的周边环境和工程支护结构的关键部位，监测项目和监测频次较施工监测要少。施工监测主要针对一个施工标段的工程支护结构和周边环境，其监测项目较多，监测频次高。

第三方监测由建设单位委托具有资质的监测单位实施，施工监测由施工单位自行实施。

2）联系

（1）第三方监测对施工监测负有监督管理职责，包括：参与施工监测方案评审；提出监测设备预埋技术要求，并进行测点验收；对施工监测的监测过程进行指导和监督，核查监测资料等。

（2）第三方监测与施工监测共用监测点，实行同点平行监测。

4. 监理单位

（1）审查监测机构监控量测实施细则和作业指导书；核对量测人员、仪器到位情况，未具备条件不得批复开工报告。

（2）监督监测机构监控量测实施细则和作业指导书的实施，核查测点埋设是否符合规定，跟踪检查现场施作、监测记录、数据分析处理、信息传递等情况，并做好记录。对Ⅳ级及以上围岩段落和断层、软岩变形段等关键部位的量测实施旁站监理。

（3）对监控量测情况，总监理工程师至少每半个月巡查一次，现场监理工程师每天巡查一次并对原始数据签字确认，对Ⅲ级以上围岩测量结果进行分析；对量测实施不到位的，发出书面通知单，限期整改。

（4）每月监理例会要将监控量测管理作为一项重要内容分析总结。对监控量测工作存在的问题，及时提出整改意见。

（5）监理站应指派专人负责对本标段施工单位上报的围岩监控量测资料进行分析、汇总、上报。

（二）工程监测等级管理模式

根据基坑、隧道工程自身风险等级、周边环境风险等级和地质条件复杂程度确定工程监测等级，见表 27.5。

表 27.5　工程监测等级划分表

环境风险等级 工程风险等级	一级	二级	三级	四级
一级	一级	一级	一级	一级
二级	一级	二级	二级	二级
三级	一级	二级	三级	三级

注：工程监测等级应根据当地经验结合地质条件复杂程度进行调整，最高为一级。

工程自身风险等级宜根据基坑、隧道工程支护结构发生变形或破坏、岩土体失稳等的可能性和后果的严重程度，采用工程风险评估的方法确定，也可根据基坑设计深度、隧道埋深和断面尺寸等按表 27.6 划分。

表 27.6　工程自身风险等级的划分表

工程自身风险等级	等级划分标准
一级	基坑设计深度 $H \geqslant 20$ m 超浅埋隧道，超大断面隧道
二级	基坑设计深度 10 m $\leqslant H \leqslant 20$ m 浅埋隧道，近距离并行或交叠的隧道，盾构始发与接收区段，大断面隧道
三级	基坑设计深度 $H \leqslant 10$ m 深埋隧道，一般断面隧道
备注	H：基坑深度 等级划分按照新颁布的《城市轨道交通工程监测技术规范》(GB 50911—2013)

（1）超大断面隧道是指断面尺寸大于 100 m² 的隧道；大断面隧道是指断面尺寸在 50～100 m² 的隧道；一般断面隧道是指断面尺寸在 10~50 m² 的隧道。

（2）隧道深埋、浅埋和超浅埋的划分根据施工工法、围岩等级、隧道覆土厚度与开挖宽度（或直径），结合当地工程经验综合确定。

周边环境风险等级宜根据周边环境发生变形或破坏的可能性和后果的严重程度，采用工程风险评估的方法确定，也可根据周边环境的类型、重要性、与工程的空间位置关系和对工程的危害性，按表27.7划分。

表 27.7　工程周边环境风险等级的划分表

周边环境风险等级	等级划分标准
一级	主要影响区内存在既有轨道交通设施、重要建筑物、重要桥梁与隧道、河流或湖泊
二级	①主要影响区内存在一般建筑物、一般桥梁与隧道、高速公路或重要地下管线 ②次要影响区内存在既有轨道交通设施、重要建筑物、重要桥梁与隧道、河流或湖泊 ③隧道工程上穿既有轨道交通设施
三级	①主要影响区内存在城市重要道路、一般地下管线或一般市政设施 ②次要影响区内存在一般建筑物、一般桥梁与隧道、高速公路或重要地下管线
四级	次要影响区内存在城市重要道路、一般地下管线或一般市政设施

工程影响分区应根据基坑、隧道工程施工对周围岩土体扰动和周边环境影响的程度及范围划分，可分为主要、次要和可能三个工程影响分区，见图27.1和图27.2。

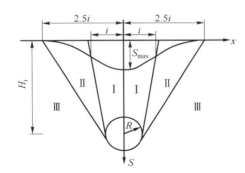

图 27.1　土质隧道工程影响分区图

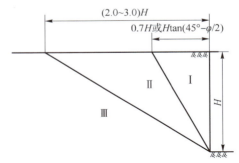

图 27.2　基坑工程影响分区图

地质条件复杂程度可根据场地地形地貌、工程地质条件和水文地质条件按表27.8划分。

表 27.8　地质条件复杂程度划分表

地质条件复杂程度	等级划分标准
复杂	地形地貌复杂；不良地质作用强烈发育；特殊性岩土需要专门处理；地基、围岩和边坡的岩土性质较差；地下水对工程的影响较大，需要进行专门治理
中等	地形地貌较复杂；不良地质作用一般发育；特殊性岩土不需要专门处理；地基、围岩和边坡的岩土性质一般；地下水对工程的影响较小
简单	地形地貌简单；不良地质作用不发育；地基、围岩和边坡的岩土性质较好；地下水对工程无影响

注：符合条件之一即为对应地质条件复杂程度，从复杂开始，向中等、简单推定，以最先满足的为准。

（三）工程监测工作流程管理模式

工程监测工作的实施可分为以下 5 个阶段。

1. 前期准备阶段

主要进行收集，分析相关资料，现场踏勘，仪器检校，预埋元器件标定，重大风险源及监测重难点分析工作。

2. 方案编制及审查阶段

根据工程的施工特点，在分析研究工程风险及影响工程安全的关键部位和关键工序的基础上，编制有针对性的监测方案，且监测方案必须经过专家评审。

3. 监测点埋设与初始值采集阶段

按通过评审的监测方案埋设监测点，监测点的布设位置和数量应满足反映工程结构和周边环境安全状态的要求；监测点的埋设位置应便于观测，不应影响和妨碍监测对象的正常受力和使用。监测点应埋设稳固，标识清晰，并采取有效的保护措施。

进行初始值采集工作，初始值要在监测点稳定后、施工影响前测定，至少连续独立观测三次，取其稳定值的平均值作为初始值。施工监测和第三方监测同时采集初始值。注意初始值采集时机（重点是传感器类监测项目）。

4. 监测实施及信息反馈阶段

（1）按照监测方案的监测方法和监测频率进行监测；
（2）每次观测后，及时处理监测数据；
（3）按照既定的监测信息反馈流程，及时反馈监测信息；
（4）达到预警标准时，根据预警等级按预警管理制度及时预警，并进行加密监测；
（5）循环直至满足结束监测工作条件。

5. 成果验收及归档阶段

结束监测工作后，及时编制监测总结报告，进行成果验收和归档。

（四）地下工程监测相关规范管理模式

目前，公路、铁路、城市地铁行业对于地下工程监控量测的管理较为混乱。铁路行业对于山岭隧道施工监控量测出台了一项监控量测管理规范即《铁路隧道监控量测技术规程》（Q/CR 9218—2015）。公路方面，交通运输部还未出台全国统一规范，目前仅为各个省级相关部门自己出台相应地方规定。城市地铁行业，由国家质量监督局和住房和城乡建设部共同出台统一管理规定：《城市轨道交通工程监测技术规范》（GB 50911—2013）和《城市轨道交通工程测量规范》（GB/T 50308—2017）。基坑方面，住房和城乡建设部出台《建筑基坑工程监测技术规范》（GB 50497—2019）、《建筑变形测量规范》（JGJ 8—2016）和《地铁工程监控量测技术》（DB 11/490—2007）。

（五）信息化、自动化监测系统管理模式

近年来，信息化施工发展较为迅速，信息化管理施工逐渐普及，自动化监测是发展的必然趋势，"施工方监测+第三方监测"的监测模式已经不适宜自动化监测的发展，因此提出自动化监测模式，即不需要额外的对比监督，业主方、施工方、咨询方和设计方等可以把更多的时间和精力投入到实时监测数据的深入分析中去，更好地为施工提供指导意见，具有实际工程运用价值。

信息化的隧道检测管理系统对隧道施工安全管理实现人员统计，掌握施工现场人员信息、设备分布状况，以便于更合理地调度管理以及安全监控管理。对突然发生事故时，救援人员可迅速了解有关人员的位置情况，及时采取相应的救援措施。

第二十八章　监　测　手　段

第一节　监测手段的发展与现状

一、监测手段发展概述

　　隧道与地下工程监控量测手段的选用应根据具体实际工程特点来定，例如：浅埋或水平岩层中的隧道工程需特别注意垂直系统位移的量测，此时地表沉降可以作为一个主要的量测项目。对于深埋隧道，水平方向位移的量测往往也比较重要，量测重点放在水平方向还是垂直方向，还与隧道的形状有关。总之，地下工程监控量测要尽量选择简单、可靠、成本低的测试手段，便于监测单位采用，且所选择的被测物理量要概念明确，量值显著，数据易于分析，实现反馈作用。

　　截至20世纪末，我国监控量测技术的主要监测对象是以位移、应力应变量测为主，监控量测测量方法在静态测试中以直接法为主，而在动态测试中以间接测量为主，传感器以振弦式、磁电式为主，监控设备自动化程度普遍低于国外。

　　经过20年的不断发展，我国在监测手段上虽有了长足的进步，但总体水平仍低于国外。目前，我国监测手段仍比较古老和陈旧，涉及的仪器设备数量很少，实现监测项目的方法基本依赖人工静态观测。

　　随着地下工程施工技术的发展，地下工程安全监测技术的发展也很迅速，部分工程也开始陆续使用先进手段进行监测，监测手段逐步多样化，主要表现为监测方法的自动化和数据处理的软件化。监测设备及传感器不断发展与完善，监测技术向系统化、远程化、自动化方面发展，从而实现实时数据采集、数据分析，监测精度不断提高，数据分析与反馈更具有时效性。

二、各测试项目主要监测方法现状简述

　　隧道工程（山岭隧道与城市地铁）、基坑工程对于主要监测项目的检测方法、仪器使用、监测断面布置、测点布置、检测频率、控制值等很难具有统一标准，监测方案会因地质条件、施工环境、设计方案、施工方法的不同而有所差异，现针对典型监测项目常规监测方案（相关监测参数会因工况不同而变化）简述如下。

（一）隧道洞内外观察

1. 观察内容

（1）代表性测试断面的位置、形状、尺寸及编号；

（2）岩石名称、结构、颜色；

（3）结构面情况，岩体风化程度、特点、抗风化能力；

（4）岩脉穿插情况及其与围岩接触关系，软硬程度及破碎程度；

（5）地下水的类型、出露位置、水量大小及锚喷支护施工的影响等；

（6）施工开挖方式方法、锚喷支护参数及循环时间；

（7）围岩内鼓、弯折、变形、岩爆、掉块，坍塌的位置、规模、数量和分布情况，围岩的自稳时间等；

（8）溶洞等特殊地质条件描述；

（9）喷层开裂起鼓、剥落情况描述；

（10）地质断面展示图（1∶100～1∶20）或纵横剖面图（1∶100～1∶50），必要时应附彩色照片。

2．观察目的

预测开挖面前方的地质条件，为判断围岩隧道的稳定性提供依据，根据喷层表面状态及锚杆的状态，分析支护结构的可靠程度。

3．测试频率

目测在隧道开挖工作面爆破后及初期支护后立即进行，每个监测断面绘制隧道开挖工作面及两帮素描剖面图。

4．监测仪器

地质罗盘、地质锤、放大镜、数码相机、摄像机。

（二）隧道工程地表沉降

1．测试内容

浅埋隧道洞口开挖成形后，地表岩土下沉量。

2．监测目的

地表下沉量的多少和下沉的快慢，判断分析隧道洞口围岩是否稳定，为设计优化支护参数提供可靠的依据，保证施工安全。

3．测试方法

水准测量和三角高程测量。

4．监测仪器与测点布设

水准测量使用水准仪和标尺，三角高程测量使用全站仪、反射片、钢尺等。监测断面及监测点布设应符合下列规定：

（1）监测点应沿每个隧道或分部开挖导洞的轴线上方地表布设，监测等级为一、二级时，监测点间距宜为5~10 m；监测等级为三级时，监测点间距宜为10~15 m。

（2）应根据周边环境和地质条件沿地表布设垂直于隧道轴线的横向监测断面，监测等级为一级时，监测断面间距宜为 10~50 m；监测等级为二级、三级时，间距宜为 50~100 m。

（3）在车站与区间、车站与附属结构、明暗挖等分界部位，洞口、隧道断面变化、联络通道、施工通道等部位及地质条件不良易产生开挖面坍塌和地表过大变形的部位，应有横向监测断面控制。

（4）横向监测断面的监测点数量宜为 7~11 个，在主要影响区监测点间距宜为 3~5 m，次要影响区间距宜为 5~10 m。

监测断面测点布置见图 28.1。

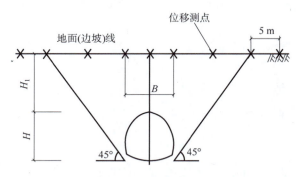

图 28.1　监测断面测点布置图

（三）隧道工程拱顶下沉和周边位移

1. 监测目的与监测仪器

了解断面的变形状态，判断隧道拱顶的稳定性，根据位移变形速度判断隧道围岩的稳定程度，为二次衬砌提供合理的支护时机，采用精密水准仪、全站仪、收敛计等进行量测。

2. 监测断面布置

不同围岩级别监测断面纵向布置见表 28.1。

表 28.1　不同围岩级别监测断面纵向布置表

围岩级别	断面间距
V ~ VI	5~10 m
IV	10~20 m
III	20~30 m
I ~ II	30~50 m

注：大变形软岩段或超浅埋软土地层等特殊地段断面间距可适当缩小。

3. 测点布置

根据施工方法、地质条件、量测断面所在位置、隧道埋置深度等条件确定，见图 28.2。

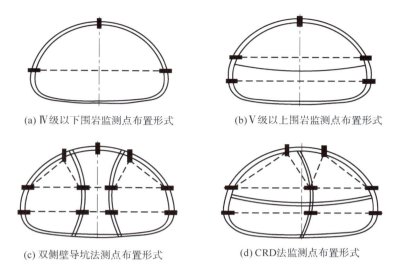

(a) Ⅳ级以下围岩监测点布置形式　　　　　(b) Ⅴ级以上围岩监测点布置形式

(c) 双侧壁导坑法测点布置形式　　　　　(d) CRD法监测点布置形式

图 28.2　测点布置形式图

4．监测频率

监测频率见表 28.2。

表 28.2　监测频率统计表

内容	监测频率（B 为隧道跨度）			
按开挖后时间	1~15 天	16~30 天	31~90 天	大于 90 天
按与开挖面距离	$<2B$	$(2~5)B$	$(5~10)B$	$\geqslant 10B$
按变形速率/（mm/天）	$\geqslant 1.0$	0.5~1.0	0.1~0.5	<0.1
监测频率	1~3 次/天	1 次/2 天	1~2 次/周	1~3 次/月

5．管理等级

位移管理等级见表 28.3。

表 28.3　位移管理等级表

管理等级	管理位移		反馈施工对策
	距开挖面 1B	距开挖面 2B	
Ⅰ	$U<U_{1B}/3$	$U<U_{2B}/3$	正常施工
Ⅱ	$U_{1B}/3 \leqslant U \leqslant 2U_{1B}/3$	$U_{2B}/3 \leqslant U \leqslant 2U_{2B}/3$	可加强支护
Ⅲ	$U>2U_{1B}/3$	$U>2U_{2B}/3$	采取特殊措施

（四）坑道周边相对位移

为量测方便起见，除对拱顶、地表下沉及底鼓可以量测绝对位移值外，坑道周边其他各点，一般均用收敛计量测其中两点之间的相对位移值。测试方法及注意事项如下：

（1）开挖后尽快埋设测点，并测取初读数，要求 12 h 内完成；

（2）测点（测试断面）应尽可能靠近开挖面，要求在 2 m 以内；

（3）读数应在重锤稳定或张力调节器指针稳定指示规定的张力值时读取；

（4）当相对位移值较大时，要注意消除换孔误差；

（5）测试频率应视围岩条件、工程结构条件及施工情况而定；

（6）整个量测过程中，应做好详细记录，并随时检查有无错误。记录内容应包括断面位置、测点（测线）编号、初始读数、各次测试读数、当时温度以及开挖面距量测断面的距离等。两测点的连线称为测线。

（五）围岩内部位移

1．量测目的

了解径向位移分布；判断开挖后围岩的松动区和强度下降区；判断锚杆长度是否适宜；判断相邻隧道施工对既有隧道围岩的影响。

2．量测仪器

用位移计量测钻孔内（围岩内部）各点相对于孔口（岩壁）一点的相对位移。多点位移常使用的是四点钻孔伸长计进行量测（见图 28.3）。它由四个钻孔锚头、四根量测钢丝、一个侧筒、四个电感式传感器和数字位移计组成。

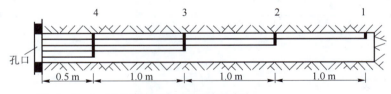

注：1、2、3、4为地中位移计4个分测点的编号。

图 28.3　多点位移计使用示意图

3．测点的布置及量测要求

（1）量测断面应设在具有代表性的地质地段。

（2）量测断面上的测点布置，每一量测断面应设 3~5 组测点，尽量靠近锚杆或净空变化量测的测点处。

（3）围岩内位移的量测频率与同一断面其他项目量测频率相同。

（六）混凝土应力监测

1. 监测内容与目的

混凝土应力监测包含喷射混凝土、二次衬砌混凝土应力量测，其目的是了解混凝土层的变形特性以及混凝土的应力状态，掌握喷层的应力大小，判断喷层的稳定状况。

2. 量测仪器与方法

混凝土应力量测是将量测原件直接安装于喷层或二次衬砌中，在围岩逐渐变形过程中由不受力状态过渡到受力状态。目前，用于混凝土应力量测的方法主要有应力计量测法、应变砖量测法。

混凝土应变计是测混凝土应力的常用仪器，量测时将应变计埋入混凝土层内，通过钢弦频率测定仪测出应变计受力后的振动频率，然后从事先标定出的频率-应变曲线上求出作用在混凝土层上的应变，然后求出内力。

应变砖量测法，也称电阻量测法。所谓应变砖，实质上是由电阻应变片外加银箔防护板做成的银箔应变计，再用混凝土材料制成矩形立方块，故名应变砖。

量测时将应变砖直接埋入喷层内，喷层在围岩应力的作用下，由不受力状态逐渐过渡到受力状态，应变砖也随之产生应力。

3. 测试断面的布置

混凝土应力量测在纵断面上与其他的选测项目的布置基本相同，一般布设在有代表性的围岩段，在横断面上除了要与锚杆受力量测测孔对应布设外，还要在有代表性的部位布设测点，在实际量测中通常有三测点、六测点、九测点等多种布置形式。在二次衬砌布设时，一般应在衬砌的内外两侧同时布置，有时也可在仰拱上布置一些测点。

测定混凝土应力时，不论采用哪种测量法，均应根据现场的具体情况及量测要求，定期进行量测。每次对每一应力、应变计的量测应不少于3次，力求量测数据可靠、准确。取其量测的平均值作为当次的数据，并做好记录。量测频率与其他选测项目量测频率相同。

（七）锚杆轴力、长度、饱满度量测

1. 轴力量测目的

了解锚杆受力状态及轴力的大小，为确定合理的锚杆参数提供依据；判断围岩变形的发展趋势，概略判断围岩内强度下降区的界限；评价锚杆的支护效果；掌握围岩内应力重分布的过程。

2. 锚杆应力量测断面及测点布设应符合的规定

（1）锚杆拉力监测宜选择基坑各边中间部位、阳角部位、深度变化部位、地质条件复杂部位及周边存在高大建（构）筑物部位的锚杆；

（2）锚杆拉力监测应沿竖向布设监测断面，每层锚杆均应布设监测点；

（3）每层锚杆的监测数量不应少于 3 根；

（4）每根锚杆上的监测点宜设置在锚头附近或受力有代表性的位置；

（5）监测点的布设位置与支护桩（墙）体水平位移监测点宜共同组成监测断面。

锚杆应力监测断面布置见图 28.4。

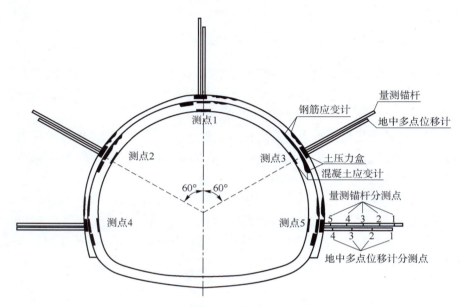

图 28.4　锚杆应力监测断面布置图

3. 轴力量测方法

采用钢筋应力计连接而成的量测锚杆，沿锚杆不同长度布置原件，量测沿锚杆长度各点的轴力。轴力量测示意图如图 28.5 所示。

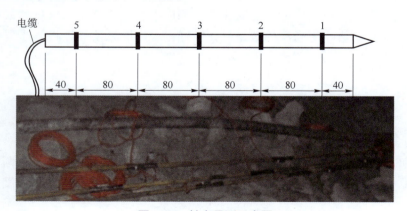

图 28.5　轴力量测示意图

4. 锚杆长度、饱满度量测方法

采用锚杆质量检测仪进行无损检测，见图 28.6。

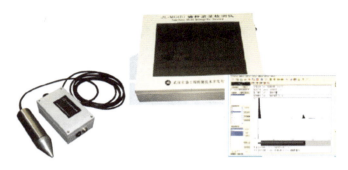

图 28.6　锚杆质量检测仪

5．锚杆长度、饱满度评价标准

锚杆长度、饱满度评价标准统计见表 28.4。

表 28.4　锚杆长度、饱满度评价标准统计表

质量分类	波形特征	注浆锚固状态	注浆饱满度百分比	长度指标	评价结果
优	波形规则，只有较微弱的底部反射波或没有底部反射波	密实	≥90%	≥95%	合格
良	波形较规则，有底部反射波和局部有较微弱的反射波	局部欠密实	80%~90%	≥95%	合格
合格	波形欠规则，有底部反射波和局部有较强的反射波	局部不密实或空浆	75%~80%	≥95%	合格
不合格	波形不规则，底部有较强的反射波和底部反射波提前，或有多出较强的反射波	多处不密实或空浆	<75%	<95%	不合格

（八）围岩压力/初支与二衬间接触压力

1．监测仪器与方法

可采用盒式压力传感器（称压力盒）进行测试。将压力盒埋设于混凝土内的测试部位及支护–围岩接触面的测试部位，则压力盒所受压力即为该部位（测点）压力。测试方法及注意事项如下：

（1）将压力传感器按测试应力的方向埋设于测试部位，在喷射混凝土或模筑混凝土振捣过程中，应注意不要损伤导线或导管。

（2）垂直于测试面布置。

（3）测试频率应按要求执行。

2．监测频率

（1）围岩压力量测从压力传感器埋设到二次衬砌浇筑期间每天一次，之后根据压力变

化情况可适当加大量测间隔时间。

（2）支护与衬砌压力量测在脱模后的一周内每天一次，之后可根据实际情况调整测量频率，最大不得超过每周一次。

（九）围岩的弹性波速度

目前，在工程测试中，普遍应用声波在岩体中传播的纵波速度（V_P）来作为评价岩体物理力学性质的指标。测试方法及注意事项如下：

（1）探测区域的选择要有典型性和代表性；

（2）测点、测线、测孔的布置要有明确的目的性，要根据实际工程地质情况、岩体力学特性及建筑形式等进行布设；

（3）声波测试一般以测纵波速度（V_P）为主，但应根据实际要求，可测其横波速度（V_S），记录波幅，进行频谱分析。

（十）基坑地下水位

地下水位用水位观测井监测，观测井布置在基坑四角和长短边中点。设井时，先在土体内钻孔至设计深度，然后将带有进水孔的水位管放入孔中，于管外回填中粗砂至进水段上方 30 cm，再在管外用黏土回填至地面高度。管口设必要的保护装置。监测频率：从开挖至抵达基坑底，每三天观测一次。

（十一）基坑钢支撑轴力监测

1．测点布置

采用钢弦式轴力计，在车站基坑的钢支撑上布置监测点。监测点及监测断面布置应符合下列规定：

（1）支撑轴力监测宜选择基坑中部、阳角部位、深度变化部位、支护结构受力条件复杂部位及在支撑系统中起控制作用的支撑；

（2）支撑轴力监测应沿竖向布设监测断面，每层支撑均应布设监测点；

（3）每层支撑的监测数量不宜少于每层支撑数量的 10%，且不应少于 3 根；

（4）监测断面的布设位置与相近的支护桩（墙）体水平位移监测点宜共同组成监测断面；

（5）采用轴力计监测时，监测点应布设在支撑的端部；采用钢筋计或应变计监测时，可布设在支撑中部或两支点间 1/3 部位，当支撑长度较大时也可布设在 1/4 点处，并应避开节点位置。

2．安装方法

在钢支撑的一端安装钢弦式轴力计监测支撑轴力，在监测断面处每道支撑各安装一个，轴力计安装在钢支撑管与围护墙间（轴力计安装见图 28.7）。轴力计的量程需要满足设计轴力的要求。在需要埋设轴力计的钢支撑架设前，将轴力计焊接在支撑的非加力端的中心，在轴力计与钢围檩、钢支撑之间要垫设钢板，以免轴力过大使围檩变形，导致支撑失去作用。

支撑加力后，即可进行监测。监测频率为：从设置钢支撑到拆除，每天观测一次。

图 28.7　轴力计

（十二）基坑围护桩内力监测

采用钢弦式钢筋应力传感器和频率计数器进行监测。一般布置在维护结构的各边跨跨中，对于较短的边线也可不布设，而对于较大的边线可增至 2~3 个。

在每根桩的桩顶、桩中、柱底布置三对钢筋应力计，分两排，一排在基坑临空面一侧，另一排在桩后土体一侧。钢筋计连接杆与钢筋笼钢筋应进行绑焊，绑条钢筋直径为 $\phi16$ mm 或 $\phi18$ mm，长 20 cm，采用双面焊，要求焊缝必须饱满，焊条强度应接近连接杆与钢筋笼主筋强度。焊接完成后，连接杆再与传感器螺栓连接，要求主筋与钢筋计必须同心。

在安装前，采集钢筋计初始值。桩体混凝土浇注后但未达到养护强度时，应采集钢筋计变化值。桩体混凝土达到养护强度后再次采集钢筋计读数值，作为桩体应力初值的计算依据。根据施工进度，定期采集钢筋计数值，以便了解护坡桩桩体内的应力变化。

监测频率：基坑开挖全过程监测，每天一次。

钢筋计监测示意图见图 28.8。

图 28.8　钢筋计监测示意图

（十三）基坑围护桩顶部水平位移及桩顶位移

选用高精度经纬仪。在进行测点布置时，首先应该选择一个基准点，基准点的选择可通过国家或地区控制坐标进行放样。一般选择两个控制点，通过三角放样方法确定三个监测基准点（以防止监测过程中基准点失效）。基准点一般应选在距离基坑约 3~5 倍的基坑深度。在边坡土体顶部（或桩顶部）每隔 15 m 选定一个测点，埋设坐标点，待混凝土凝固后可与土坡（或桩顶）共同变形。

采用平面导线测量，以基点 1 为坐标原点，通过测量距离与方位角，求出各点位的坐标，平差后推算得到桩顶水平位移值（如图 28.9 所示）。在开挖前采集坐标点初始值，开挖全过程监测，每两天观测一次。

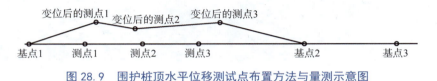

图 28.9　围护桩顶水平位移测试点布置方法与量测示意图

（十四）基坑开挖地下管线监测

1. 监测目的与监测仪器

根据监测结果，掌握地下管线的变形量和变化规律，及时调整施工方案，采取有效施工措施，保证地下管线和施工的安全。

地下管线的监测内容包括垂直沉降和水平位移两部分，垂直沉降监测常用精密水准仪和铟钢尺，水平位移监测采用经纬仪或全站仪。

2. 测点布置与埋设

地下管线测点重点布置在有压管线上，对抵抗变形能力差、易于渗漏和年久失修的雨污水管也应重点监测。测点布置在管线的接头处，或者对位移变化敏感的部位。沿管线延伸方向每 5~15 m 布置一个测点。

目前地下管线测点埋设主要有抱箍式、直接式、套管式和模拟式四种。

（十五）盾构法隧道监测

《地铁工程监控量测技术规程》（DB 11/490—2007）规定了地铁盾构法施工检测项目及要求，除以上相关监测项目外，其余盾构相关详细监测方法介绍如表 28.5 所示。

表 28.5　盾构区间隧道监测项目汇总表

类别	监测项目	监测仪器及元件	测点布置	监测频率
必测项目	洞内外观察	—	管片衬砌变形、开裂；洞外地表沉降开裂、建筑物开裂等的肉眼观察	每天不少于 1 次
	临近建筑物	水准仪、全站仪、经纬仪、裂缝观测仪	根据建筑物的沉降、倾斜、裂缝的不同内容分别布置	沉降和倾斜监测频率同地表沉降；裂缝监测频率按照控制两次观测间裂缝发展不大于 0.1 mm 及裂缝所处位置确定

类别	监测项目	监测仪器及元件	测点布置	监测频率
必测项目	管片衬砌变形	全站仪、收敛仪、断面扫描仪	每一区间隧道设 1~2 个主测断面	分别在盾构拼装成环，但尚未脱出盾尾即无外荷载时和衬砌环脱出盾尾承受荷载作用且能通视时两个阶段进行监测
选测项目	管片衬砌和地层间接触应力	土压力盒、频率接收仪	与上述主断面对应设 1~2 个主测断面，每断面不少于 5 个测点	掘进面距监测断面前后<20 m 时 1~2 次/d；掘进面距监测断面前后<50 m 时 1 次/2 d；掘进面距监测断面前后>50 m 时 1 次/周；根据数据分析确定数据稳定后，1 次/月
	管片内力	钢筋应力计、混凝土应变计	与上述主断面对应设 1~2 个主测断面，每断面不少于 5 个测点	同上接触应力

三、相关监测新技术发展现状简述

目前，国内在基于最先进监测仪器设备上的各种综合性监测系统研究成果较多，列举部分国内较为先进的监测系统如下。

（一）光纤监测技术

利用外界因素使光在光纤中传输时光强、相位、偏振态以及波长（或频率）等特征参量发生变化，从而对外界因素进行检测和信号传输的技术称为光纤检测技术。轻细、柔韧并具有良好可埋入性的光纤，能集信息传输与传感于一体，由它构成的传感器，只需一光源和一探测线路，就可以对沿光纤传输路径上长达数米甚至数千米的信息（如应力、温度、位移、损伤状况等）进行量测与监控。光纤检测技术目前已成为世界各国竞相研究的一个有重大价值的课题。

（二）自动全站仪非接触监测系统

全站仪非接触监测系统通过先进全站仪具有自动目标识别、自动跟踪、无棱镜测距的功能、将全站仪置于固定测站，通过数据线与远处控制室连接，通过控制室电脑发出指令控制全站仪对目标进行测量。该系统具有获取信息及时、测量精度高、监测与施工测量可共用一套仪器的优势。

系统构成：高精度全站仪、小型棱镜（或反射膜片）、数据记录传输系统、后处理软件。

（三）远程静力水准仪监测系统

当地下工程穿越重要建筑物及既有地铁等不便实施常规沉降监测时，可应用静力水准仪监测系统。静力水准仪监测系统由静力水准仪及数据采集系统组成。该方法及所选用的仪器依据连通管原理的方法，用电容传感器，测量每个测点容器内液面的相对变化，再通过计算求得各点相对于基点的相对沉陷量。

（四）三维激光扫描技术

三维激光扫描技术是一种以激光测距方式快速获取大量测点三维坐标的测量技术，能够克服传统测量技术的局限性，获取更加全面的隧道变形信息。三维激光扫描技术简称LIDAR，目前已经广泛应用于地形测量、工业测量、文物保护、土木工程等领域。

三维激光扫描技术的监测原理是通过激光脉冲发射体发射脉冲激光，脉冲激光通过反光镜依次扫过监测区域，通过记录测量反射光束经过时间来计算距离，结合激光束角度可得出被测目标各点的三维坐标。

相对于传统监测技术，三维激光扫描监测技术具有高精度、高密度、无接触测量等优势。

（五）无线传感监测技术

无线传感器网络 WSN 是一种由无线传感器节点组成的无线网络，能够实时地感知、监测和采集节点部署区域内观察者的目标感知对象的各种信息（如温度、湿度、光强、有害气体浓度和噪声等物理现象），将这些监测信息进行处理后发送，监测信息通过无线网络传输至观察者处。

第二节　监测仪器的发展与现状

一、监测仪器发展概况

20 世纪 90 年代，传统垂直位移量测使用水准仪配合塔尺。而净空变化使用一根在重锤（或弹簧）的作用下被张紧的钢尺（钢带或铟钢尺）作为传递位移的媒介，通过百分表测读相对位置的变化，从而计算该两点在连线方向上的相对位移。另外，传感原理以振弦式、磁电式传感器为主，国内量测设备的监测自动化程度低于国外同类产品。

经过多年技术发展，位移量测仪器被引进并普及了全站仪，大大提高了我国监测水平，目前全站仪已是传统仪器，但针对地下结构的监测，全站仪也在不断地进步发展。

目前，考虑到传统监测仪器存在监测成本高昂、不能连续监测、布置安装缺乏依据以及不能整体监测等诸多限制，我国量测设备向着小型化、轻便化、多功能化、遥测化和自动化方向发展，大规模集成电路构成的微处理器的出现，使得传统的模拟信号处理系统逐渐向智能化测试系统演变。因而拓宽了测试功能，提高了测试精度和速度。由机内软件作媒界，使得智能测试系统能完成自动调零、自动量程、自动测试、记录、绘图、制表等功能。借助于计算机，智能测试系统还能完成对由于环境温度、湿度、大气压力等变化所产生的测量误差进行自动修正，从而提高了在线测量精度。

二、主要监测仪器使用现状简述

目前监测仪器主要分为位移类监测仪器（以此为主）、应力应变类传感器及相关仪器以及其他水位、渗流压力等监测仪器。

（一）位移类监测仪器

水准仪、经纬仪、全站仪、收敛计、测斜仪、分层沉降仪、单点（多点）位移计、裂缝计、建筑物倾斜仪等。

（1）水准仪，主要用于垂直类沉降位移观测，不同型号的水准仪如图 28.10 所示。

图 28.10　不同型号水准仪

（2）经纬仪（见图 28.11），主要用于角度类观测，精密测定水平角度、垂直角度，配合钢尺可测量测点距离仪器的水平距离。

图 28.11　经纬仪

（3）全站仪（见图 28.12），主要用于角度、距离、坐标观测，可用于建立平面控制网，是现代监测普遍使用仪器，实现非接触式测量。

图 28.12　全站仪

（4）收敛仪（见图 28.13），主要用于隧道周边收敛观测，主要由连接转向、测力、测距三部分组成，用于观测某一时段的收敛值。

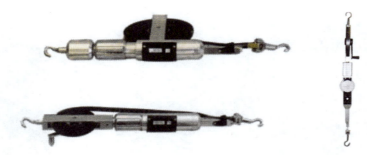

图 28.13 收敛仪

（5）测斜仪（见图 28.14），主要用于土体（桩、墙体）深层水平位移观测，可分为固定式、滑动式两种。固定式：测头固定埋设在结构物内部的固定点上。滑动式：即先埋设带导槽的测斜管，间隔一定时间将测头放入管内沿导槽滑动，测定斜度变化，计算水平位移。

图 28.14 测斜仪

（6）分层沉降仪（见图 28.15），主要用于土体深层垂直位移观测，通过电感探测装置，根据电磁频率的变化来观测埋设在土体不同深度内的钢环（磁环）的确切位置，再由其所在位置深度的变化计算出地层不同标高处的沉降变化情况。分层沉降仪可用来监测由开挖、打桩等地下工程引起的周围深层土体的垂直位移（沉降或隆起）的变化。

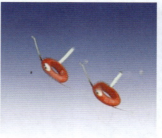

图 28.15 分层沉降仪

（7）变位计（见图 28.16），主要用于在同一钻孔内沿其长度方向不同深度布置 3～6 个测点，测量各个测点沿长度方向的位移，主要分单点式、多点式，由锚头、传递杆、护管、支撑架、传感器、护罩、灌浆管等组成。

（a）振弦式多点位移计　　　　　　（b）电阻式多点位移计

图 28.16　变位计

（二）应力应变类监测仪器或传感器

主要包含钢筋计、土压力盒、孔隙水压计、应变计、频率接收仪、轴力计、锚杆测力计等。

（1）钢筋计（见图 28.17），用于测量钢筋混凝土内的钢筋应力，是串联于结构受力钢筋之中，用以测量钢筋应力变化的传感器。钢筋计与受力主筋一般通过连杆电焊的方式连接。

28.17　钢筋计

（2）土压力盒（见图 28.18），是用于测量界面接触应力的仪器。土压力计按埋入方式分为埋入式和边界式两种，土压力盒是置于土体与结构界面上或埋设在自由土体中，用于测量土体对结构的土压力及地层中土压力变化的测量传感器。根据其内部结构不同，土压力盒有钢弦式、差动电阻式、电阻应变式等多种形式。

图 28.18　土压力盒

（3）孔隙水压计（见图 28.19），用于测量由于基坑开挖、地下工程开挖等作业扰动土体而引起的孔隙水压变化的测量传感器。孔隙水压计由金属壳体和透水石组成，孔隙水渗入透水石作用于传感器。

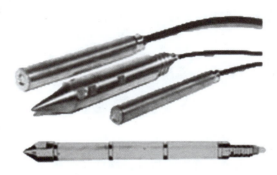

图 28.19　孔隙水压计

（4）应变计，是用于监测结构受荷载、温度变化而产生变形的监测传感器。与应力计所不同的是，应变计中传感器的刚度要远远小于监测对象的刚度。根据应变计的布置方式，可分为表面应变计和埋入式应变计。

表面应变计主要安装在结构表面，是用于测量结构应变的仪器，可用于钢结构表面，也可用于混凝土表面。埋入式应变计主要用于测量混凝土结构的长期应变。在混凝土结构浇筑时，直接将其埋入，用于地下工程的长期应变测量，各种类型的应变计如图 28.20 所示。

（a）表面应变计　　　　　　　　　　　　（b）埋入式应变计

（c）钢架埋入式应变计

图 28.20　各类型应变计

（d）混凝土埋入式应变计

图 28.20　各类型应变计（续）

（5）钢弦频率接收仪（见图 28.21），是主要用来测读钢弦式传感器钢弦振动频率值的二次接收仪表。早期仪器采用全晶体管数字式，以适当的逻辑电路，使一套电子计数器在待视时间间隔内，累计采用石英振荡器作为标准时间信号的个数来进行周期测量。

图 28.21　钢弦频率接收仪

（6）钢弦式轴力计（见图 28.22），主要用于测定基坑钢支撑轴力大小。

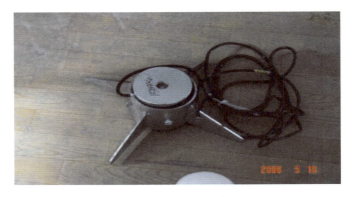

图 28.22　钢弦式轴力计

（三）其他监测仪器

主要包含水位计、渗水压力计、爆破震动仪、管线探测仪、爆破测震仪、CO/VI 检测仪、瓦斯传感器、温度传感器、风速风向传感器、光亮度检测仪、噪声传感器、湿度传感器、气压监测仪、地质雷达等。

（1）渗水压力计，如图 28.23 所示。

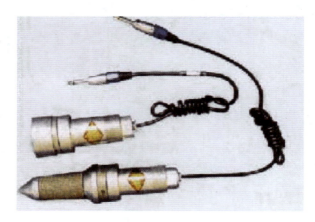

图 28.23　渗水压力计

（2）水位计（见图 28.24），是主要用于观测地下水位变化的仪器，可用来监测由于降水、开挖等地下工程施工引起的地下水位变化，由钢尺水位计、水位管组成。

图 28.24　水位计

（3）爆破震动仪（见图 28.25），主要用于监测爆破引起的对周围环境的震动影响，包括爆破震动速度、位移及加速度等参数，在我国一般以爆破震动速度来衡量。爆破震动监测仪的品种很多，主要有数字记录和磁带记录两种，常用的是数字记录仪。

 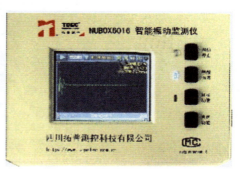

图 28.25　爆破震动仪

三、新设备、新仪器

近年来，我国虽然在量测方法上有了很大进步，但是与世界先进水平相比，仍存在一定的差距，我国正积极研究与引进适宜自己的监测设备和配套监测系统。目前，我国国内监测市场与科研方面出现的一些典型新型设备仪器如下。

3D 测量技术中，激光测距技术能够快速自动地收集详细的空间数据，部分一体化激光隧道断面收敛仪还可基于激光测距对隧道断面上多个测点进行自动化监测，并通过了实例验证，得到了较为可靠的结果，此种仪器在隧道监测方面具有良好的应用前景。

机器人全站仪是近年来新开发的一种能够高效、自动测量、放样的新型仪器，水平角度精度 3″，垂直角度精度 2″，可自动捕捉棱镜并对中。该全站仪主要由软件和硬件组成，软件功能包括能够从 CAD 或 Revit 等多种格式图形软件中选取放样点坐标和数据处理。硬件主要由全站仪、平板电脑、棱镜组成。

基于地面孔径雷达是一种利用有源微波遥感系统监测设计物体位移的新型方法，该方法主要应用于地面变形、滑坡、坝体位移以及隧道变形等的测量。

随着科研与工程时间的发展需要，在传感器、器件上涌现出许多以崭新的测试原理和方法见长的新型传感器、特殊材料及传感元器件。

第二十九章　监测数据判释

第一节　监测数据判释方法的发展概况

监测所得到的信息对设计和施工的反馈可以通过两种形式实现。一是通过力学计算来调整和确定支护系统，其中力学计算所需的输入数据，通常采用反分析技术，根据现场量测数据推算得出；二是根据经验，建立一些判断准则，通过量测结果判断围岩的稳定性和支护系统的静力工作状态，以便及时调整设计和进行施工决策。目前，后者更为常用。

在施工监测中，异常"数据"的出现及其规律，是否调整支护参数，以及如何调整施工措施的依据。然而，什么情况属于"异常"？这就需要工程师针对不同的工程条件（如围岩条件、结构埋深、断面形状等），基于所测的监控量测数据，建立围岩稳定性和支护系统静力工作状态的判定准则，而"经验反馈"正是基于这些准则实现的。

（一）基于位移和速率的判释方法

基于位移和变形速率的数据判释和围岩稳定性评价，国内外的工程中早有应用。特别是在一些可以用连续介质模型进行模拟的围岩中，如土质围岩，岩质较软，或较破碎、较完整的岩质围岩，通过分析位移与变化速率并与限定值进行比较是判定洞室稳定性最常用的一种方式。而位移判别基准是目前新奥法施工中以数据判释与评价围岩稳定最直接的体现。难点在于洞周位移受岩体弹性模量、隧道形状大小等因素影响，况且洞周不同部位收敛值与收敛速率差别很大，很难找到统一标准，因而一直是工程界争论的焦点。

目前，我国隧道与地下工程监测项目以位移为主，对于异常或常规监测数据的分析判释方面，大多以变形速率和累计变形值为判据进行分析，这也是最具代表性的数据判释方法之一。各标准均给出了不同类型工程的累计最大位移和变形速率控制值，行业对其的科学研究与工程应用已经比较成熟。目前，异常变形判释已经成为评价围岩稳定性和施工安全性的重要指标，一定程度上体现了"新奥法"控制围岩变形的主导思想。

（二）基于曲线线型的判释方法

基于曲线线型的数据判释也是常用的手段之一，该方法与基于位移与位移变化速率的数据判释方法有相似之处，都是基于实际监测数据，且分析指标之间具有数学关系，在异常数据的预测方面具有较大的优势。目前，该方法普及程度不如基于位移的数据判释方法，但却有很大的应用前景。

（三）块体理论

块体理论主要是针对稳定较好的围岩，如Ⅱ级、Ⅲ级围岩，此类围岩岩石强度较高，岩体存在一定的节理裂隙。在洞室开挖时，拱部存在岩块掉落的风险，且伴随较小的位移，通过位移监测难以得到很好的预防。

20 世纪 70 年代初，石根华教授提出使用关键块体理论对围岩稳定性进行几何分析评价，与 Goodman R.E.教授合著的 *Block Theory and It's Application to Rock Engineering* 一书，标志着利用块体理论作为岩体工程分析的一种有效方法已趋于成熟。随着国内外学者的不懈努力，该方法已获得越来越广泛的应用，块体理论也得到了较大的发展。我国开始发展块体理论是从 20 世纪 80 年代开始，锦华、吕祖琦将块体理论全面地介绍到中国，对块体理论的基本原理和分析方法及在岩石边坡、地下洞室及隧洞岩体工程中进行围岩稳定性分析等做了系统、全面的介绍，推动了块体理论在我国的初步应用，为进一步研究块体理论奠定了基础。80 年代和 90 年代是块体理论发展与成熟的时期，这个时期，许多专家学者（王思敬、孙玉科、郑颖人、许强等）先后使用赤平投影法和矢量分析法等方法对块体理论进行阐述研究。20 世纪 90 年代末至 21 世纪初，随着块体理论研究和应用的深入，经典关键块体理论也显露出一些缺陷，各国学者从块体结构的几何参数、力学参数等方向入手，结合可靠度思想和数值计算方法等手段，对块体理论提出了一些新的发展思路。此外，对于经典块体理论只考虑单个块体的平行滑动和只考虑结构面处的抗剪强度，忽略块体本身的形变和其他破坏模式等的局限性问题，研究人员做了不少有益的研究。截至目前，块体理论已广泛应用于隧道、地下空间、边坡等岩土工程中，已经成为分析边坡、地下洞室及隧道块体稳定性的主要方法。

第二节　基于变形累计值和变形速率的监测数据判释

一、概述

1. 根据位移量值或最终预测值来判断

在隧道开挖中，若发现量测到的位移总量超过某一临界值或者根据已测位移预计最终位移将超过某一临界值时，则意味着围岩不稳定，支护系统须加强。

法国 M.Louis 提出最大容许位移随埋深而异，约为埋深的 1/1 000。

奥地利的阿尔贝格隧道，净空变化的允许值定为隧道半径的 10%或锚杆长度的 10%，最好控制在 30 cm 以内。

当然，从防止围岩侵入净空，对最大位移值也得有个限制。

日本某公司提出根据岩石单轴抗压强度来确定拱顶下沉的临界值，如表 29.1 所示。

表 29.1　拱顶下沉临界值　　　　　　　　　　　　　　　　　　　　　单位：cm

警戒水平	岩石单轴抗压强度/MPa		
	$\sigma_c > 100$	$\sigma_c = 5 \sim 100$	$\sigma_c = 0.5 \sim 5$
1	0.3~0.5	0.5~1	1~3
2	1~1.5	1.5~4	4~9
3	3~4	4~11	11~27

日本《新奥法设计施工技术指南草案》提出按测得的总位移量值给出围岩类别，然后据以确定与围岩类别相应的支护系统，见表 29.2。

表 29.2　净空变化值与围岩类别的关系

围岩类别	净空变化/mm	
	单线隧道	双线隧道
Is-特 S	>75	>160
I_N	25~75	50~153
I_N-V_N	<25	<50

2．根据位移速率来判断

位移速率也可以作为判断围岩稳定性的标志。日本《新奥法设计施工技术指南草案》提出，当位移速率大于 20 mm/d 时，就需要特殊支护。

新奥法施工的一条原则是二次衬砌要在围岩变形基本稳定的情况下施作，以保证支护系统具有足够的安全度和耐久性。此外，围岩变形基本稳定时间主要是根据位移速率来确定的。

二、基于累计变形与变形速率的监测控制基准值管理

现阶段，我国隧道与地下工程中监测工作控制值便是基于累计变形值和变形速率来确定并进行管理的。以下为明挖基坑、矿山法和盾构法地铁、普通山岭隧道的变形监测控制值相关统计表，部分为基于我国现行规范制定，部分为根据我国长期工程实践经验确定，供部分隧道与地下工程参考。

1．明挖基坑变形监测管理

明（盖）挖基坑支护结构和周围岩土体监测项目控制值见表 29.3。

表 29.3　明（盖）挖基坑支护结构和周围岩土体监测项目控制值

监测项目	支护结构类型、岩土类型	工程监测等级一级 累计值/mm 绝对值	相对基坑深度(H)值	变化速率/(mm/d)	工程监测等级二级 累计值/mm 绝对值	相对基坑深度(H)值	变化速率/(mm/d)	工程监测等级三级 累计值/mm 绝对值	相对基坑深度(H)值	变化速率/(mm/d)
支护桩（墙）顶竖向位移	土钉墙、型钢水泥土墙	—	—	—	—	—	—	30~40	0.5%~0.6%	4~5
	灌注桩、地下连续墙	10~25	0.1%~0.15%	2~3	20~30	0.15%~0.3%	3~4	20~30	0.15%~0.3%	3~4
支护桩（墙）顶水平位移	土钉墙、型钢水泥土墙	—	—	—	—	—	—	30~60	0.6%~0.8%	5~6
	灌注桩、地下连续墙	15~25	0.1%~0.15%	2~3	20~30	0.15%~0.3%	3~4	20~40	0.2%~0.4%	3~4

续表

监测项目	支护结构类型、岩土类型		工程监测等级一级			工程监测等级二级			工程监测等级三级		
			累计值/mm		变化速率(mm/d)	累计值/mm		变化速率(mm/d)	累计值/mm		变化速率(mm/d)
			绝对值	相对基坑深度(H)值		绝对值	相对基坑深度(H)值		绝对值	相对基坑深度(H)值	
支护桩（墙）体水平位移	型钢水泥土墙	坚硬~中硬土	—	—	—	—	—	—	40~50		0.4%
		中软~软弱土	—	—	—	—	—	—	50~70		0.7%
	灌注桩、地下连续墙	坚硬~中硬土	20~30	0.15%~0.2%	2~3	30~40	0.2%~0.4%	3~4	30~40		0.2%~0.4%
		中软~软弱土	30~50	0.2%~0.3%	2~4	40~60	0.3%~0.5%	3~5	50~70		0.5%~0.7%
地表沉降	坚硬~中硬土		20~30	0.15%~0.2%	2~4	25~35	0.2%~0.3%	2~4	30~40	0.3%~0.4%	2~4
	中软~软弱土		20~40	0.2%~0.3%	2~4	30~50	0.3%~0.5%	3~5	40~60	0.4%~0.6%	4~6
立柱结构竖向位移			10~20	—	2~3	10~20	—	2~3	10~20	—	2~3
支护墙结构应力 立柱结构应力			（60%~70%）f			（70%~80%）f			（70%~80%）f		
支撑轴力 锚杆拉力			最大值：（60%~70%）f 最小值：（80%~100%）f_y			最大值：（70%~80%）f 最小值：（80%~100%）f_y			最大值：（70%~80%）f 最小值：（80%~100%）f_y		

注：① f—构件的承载能力设计值；f_y—支撑、锚杆的预应力设计值；

② 支护桩（墙）顶隆起控制值宜为 20 mm（各监测等级取统一值）；

③ 嵌岩的灌注桩或地下连续墙控制值可按表中数值的 50%取用。

2. 盾构法地铁隧道变形监测控制值管理

盾构法隧道管片结构竖向位移、净空收敛监测项目控制值见表 29.4。盾构法隧道地表沉降监测项目控制值见表 29.5。

表 29.4　盾构法隧道管片结构竖向位移、净空收敛监测项目控制值

监测项目及岩土类型		累计值/mm	变化速率/(mm·d^{-1})
管片结构沉降	坚硬~中硬土	10~20	2
	中软~软弱土	20~30	3
管片结构差异沉降		0.04%L_s	—
管片结构净空收敛		0.2%D	3

注：L_s—沿隧道轴向两监测点间距，D—隧道开挖直径。

表 29.5   盾构法隧道地表沉降监测项目控制值

监测项目及岩土类型		工程监测等级					
		一级		二级		三级	
		累计值/mm	变化速率/（mm·d⁻¹）	累计值/mm	变化速率/（mm·d⁻¹）	累计值/mm	变化速率/（mm·d⁻¹）
地表沉降	坚硬～中硬土	10～20	3	20～30	4	30～40	4
	中软～软弱土	15～25	3	25～35	4	35～45	5
地表隆起		10	3	10	3	10	3

3．矿山法地铁隧道变形监测控制值管理

矿山法隧道支护结构变形监测项目控制值见表 29.6，矿山法隧道地表沉降监测项目控制值见表 29.7。

表 29.6   矿山法隧道支护结构变形监测项目控制值

监测项目及区域		累计值/mm	变化速率/（mm·d⁻¹）
拱顶沉降	区间	10～20	3
	车站	20～30	
底板竖向位移		10	2
净空收敛		10	2
中柱竖向位移		10～20	2

表 29.7   矿山法隧道地表沉降监测项目控制值

监测等级及区域		累计值/mm	变化速率/（mm·d⁻¹）
一级	区间	20～30	3
	车站	40～60	4
二级	区间	30～40	3
	车站	50～70	4
三级	区间	30～40	4

4．普通山岭隧道（浅埋、挤压、膨胀除外）变形监测工作控制值管理

1）根据最大位移值进行施工管理

（1）当量测位移 U 小于 $U_B/3$，表明围岩稳定，可以正常施工。

（2）当量测位移 U 大于 $U_B/3$ 并小于 $2U_B/3$ 时，表明围岩变形偏大，应密切注意围岩动向。可采取一定的加强措施。

（3）当量测位移 U 大于 $2U_B/3$ 时，表明围岩变形很大，应先停止掘进，并采取特殊的加固措施。

（4）当实测最大位移值或预测最大位移值不大于 $2U_0/3$ 时，可认为初期支护达到基本稳定。

其中，U_B 为位移控制基准，位移基准按如下要求管理（见表 29.8）。

表 29.8　位移控制基准

类别	距开挖面 $1B$	距开挖面 $2B$	距开挖面较远
允许值	$0.65U_0$	$0.9U_0$	U_0

注：B 为隧道开挖宽度，U_0 为极限相对位移值（参考《铁路隧道监控量测技术规程》）。

2）根据位移速率进行施工管理

（1）净空变化速度持续大于 5.0 mm/d 时，表明围岩处于急剧变形状态，应加强初期支护系统。

（2）当位移速率为 1～0.2 mm/d 时，表明围岩处于缓慢变形阶段。

（3）当位移速率小于 0.2 mm/d 时，拱顶沉降速度小于 0.15 mm/d 时，表明围岩已达到基本稳定。

事实上，位移及速率临界值的确定并不是一件容易的事，由于工程的差异性，位移及速率的临界值判定十分复杂。因此，上述建议绝不能随意套用，特别是对于破碎硬岩，失稳时位移往往比以上表列小得多，需特别注意。

第三节　基于曲线线型的监测数据判释

对时态曲线进行分析，主要是指对变形速率 du/dt 和变形加速度 d^2u/dt^2 进行探讨。通过 U_∞、du/dt、d^2u/dt^2 等指标判断围岩的稳定性。由于岩体的变形特性，岩体破坏前的变形曲线可以分成三个阶段。岩体变形曲线见图 29.1。

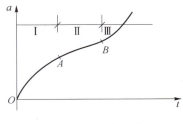

图 29.1　岩体变形曲线

Ⅰ：基本稳定区，主要标志是变形速率不断下降，即 $d^2u/dt^2 < 0$。该区亦称"一次蠕变区"。

Ⅱ：过渡区，变形速率长时间保持不变，即 $d^2u/dt^2 = 0$。该区亦称"二次蠕变区"。

Ⅲ：破坏区，变形速率渐增，$d^2u/dt^2 > 0$。该区亦称"三次蠕变区"。

相应地，现场量测到的位移-时间曲线也可能呈现出以上三种形态。

（1）对于隧道开挖后在洞内测得的位移曲线，如果始终保持 $d^2u/dt^2<0$，则认为围岩是稳定的，如图 29.2 所示。

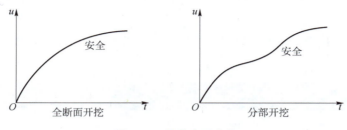

图 29.2　位移变形曲线

（2）如果位移曲线随即出现 $d^2u/dt^2=0$ 的情况，亦即变形速度不再继续下降，则说明围岩进入"二次蠕变"状态，须发出警告，及时加强支护系统。

（3）当位移-时间曲线出现反弯点，亦即位移出现反常的急剧增长现象，则表示已进入危险状态，围岩和支护已呈不稳定状态或危险状态，应加密监视，并适当加强支护，必要时应立即停止开挖并进行施工处理。

值得指出的是，对于浅埋隧道，地表沉降随开挖面推进的发展，曲线可以用以判断围岩稳定性。理论分析表明，这种曲线亦应具有该种状态：当掌子面通过测点所在位置时，曲线由上弯转为下弯，在该处应有 $d^2u/dt^2=0$ $(x=0)$。如果当掌子面已通过测点所在位置后，曲线仍保持上弯状态（$d^2u/dt^2>0$），则说明围岩不稳定，有坍塌的危险，须及时加强支护。

第四节　块体理论与块体稳定性判释

目前，隧道围岩稳定性判定一般都以位移量值为指标，不同级别围岩对应的极限位移值也不尽相同。围岩越软弱，洞室位移值越大，对应的预留变形量也较大。但对于硬岩围岩而言，尤其是层状围岩、节理发育段，监控量测得到的位移普遍较小，切割而成的块体在围岩开挖后失去平衡，在重力作用下坍塌，容易引发事故，而监控量测反映不出围岩的稳定性，因此有必要研究块体理论，以对硬质围岩稳定性分析方法进行补充。

一、块体分析理论

（一）块体理论的基本假定

具体如下：

（1）结构面为平面，各组结构面具有确定的产状，并由现场量测获得；

（2）结构面贯穿所研究的岩体，即不考虑岩石块体本身的强度破坏；

（3）结构体为刚体，不计块体的自身变形和结构面的压缩变形；

（4）岩体的失稳是岩体在各种荷载作用下沿着结构面产生剪切滑移。

"滑塌块体"的常见运动形式有如下三种：直接坠落、沿单结构面滑动及沿双结构面滑动。然而"滑塌块体"沿双结构面滑动时的稳定系数一般大于 1，故本节中不考虑这种情况。

（二）块体分类

岩体被各类结构面和临空面切割后，形成了形状各异的镶嵌块体。从岩体工程稳定性分析方面考虑，可对其作以下分类，其意义见图29.3。

（1）根据块体的边界情况，将块体分为有限块体与无限块体。无限块体是指未被结构面和临空面完全切割成孤立体的块体，这类块体虽受结构面和临空面切割，但仍有一部分与母岩相连；有限块体是指被结构面和临空面完全切割成孤立体的块体。

（2）根据块体的几何可移性，有限块体又可分为不可动块体和可动块体。不可动块体指沿空间任何方向移动皆受相邻块体阻碍，如果相邻块体不发生移动，它也不可能移动的块体；可动块体是指沿空间某一方向或若干方向移动而不受相邻块体阻碍的块体。

（3）根据块体的受力情况，可动块体又分为稳定块体、可能失稳块体和关键块体。稳定块体是指在工程力和自重作用下，即使滑动面的摩擦力和黏聚力为零也能保持稳定的块体；可能失稳块体是指在工程力和自重作用下，滑动面上有足够的抗剪强度才能保持稳定的块体；关键块体是指在工程力和自重作用下，由于滑动面上的抗剪强度不足以抵抗滑动力，若不采取工程加固措施必然会导致失稳的块体。

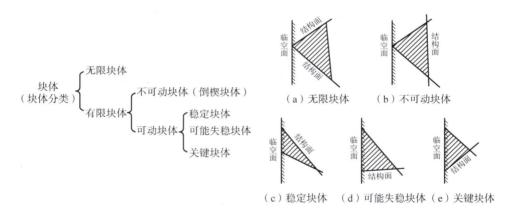

图 29.3　不同块体分类的示意图

（三）数学模型建立

为结构面的数学表达需要，建立直角坐标系 $OXYZ$，规定正北为 X 轴、正东为 Y 轴、Z 轴铅直向上，分别记沿 X、Y、Z 轴正向的单位向量为 u、v、w，如图29.4所示。为便于数学运算引入如下定义。

① 法线向量：称沿 P_i 平面法线指向 P_i 上盘的单位向量为 P_i 平面的法线向量，记作 n_i；

② 倾角：称法线向量 n_i 同 w 间的夹角为平面 P_i 的倾角，记作 α_i，显然，$0 \leqslant \alpha_i \leqslant 90°$；

③ 走向角：从 X 轴正向顺时针转至 n_i 在水平面上的投影向量，所转的角度加 $90°$ 成为平面的走向角，记作 β_i；

因此，任意产状的平面 P_i 都可用唯一的一组 α_i、β_i 来表示，反之，任给出一组 α_i、β_i，唯一确定了一个平面 P_i，同时有：

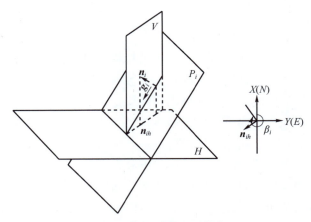

图 29.4 坐标系及平面的表示

$$\begin{cases} \boldsymbol{n}_i = (A_i, B_i, C_i) \\ A_i = \sin \alpha_i \sin \beta_i \\ B_i = -\sin \alpha_i \cos \beta_i \\ C_i = \cos \alpha_i \end{cases} \tag{29.1}$$

④ 倾向向量：在直角坐标系 $OXYZ$ 中，与平面 P_i 倾向平行且同向的单位向量为 P_i 的倾向向量，记作 $\boldsymbol{g}_i$；

⑤ 交线向量：称沿平面 P_i 及 P_j 的交线指向水平面下盘的单位向量为平面 P_i 及 P_j 的交线向量，记作 $\boldsymbol{g}_{ij}$。

切割锥以及最低方向概念如下：

① 切割锥：有出露在临空面上的块体 U，由岩体结构面 $P_1, P_2, \cdots, P_n$ 及临空面 P_f 交割而成。将所有结构面平移过坐标原点，则各结构面 P_i 所划分的 U 所在一侧的各半空间的公共部分构成一个以原点为顶点的棱锥形立体角，称为块体 U 的切割锥。切割锥的棱线皆为某两结构面 P_i 及 P_j 的交线，棱线方向上的单位向量（称棱线向量）即为 $\boldsymbol{g}_{ij}$ 或 $-\boldsymbol{g}_{ij}$。

若向量 r 不指向切割锥外部，则称向量 r 包含在该切割锥中。

② 最低方向：称包含在切割锥中的所有向量中，与 $-\boldsymbol{w}$ 夹角最小的向量所指的方向为该切割锥的最低方向。

科研人员论证了构成滑塌块体的几何条件为：

① 将临空面 P_f 平移至过原点，临空面所划分的相应于岩体所在一侧的半空间同块体 U 的切割锥无公共部分；

② 块体 U 的切割锥的最低方向同 $-\boldsymbol{w}$ 间的夹角小于 $90°$。

二、滑塌块体构成条件及围岩稳定性判断

（一）倾向向量 $\boldsymbol{g}_i$ 及交线向量 $\boldsymbol{g}_{ij}$

根据定义则有：

$$\begin{cases} \boldsymbol{g}_i = \dfrac{\boldsymbol{n}_i \times (\boldsymbol{n}_i \times \boldsymbol{w})}{|\boldsymbol{n}_i \times (\boldsymbol{n}_i \times \boldsymbol{w})|} \\[3mm] \boldsymbol{g}_{ij} = \dfrac{-\operatorname{sign}[(\boldsymbol{n}_i \times \boldsymbol{n}_j) \cdot \boldsymbol{w}]}{|(\boldsymbol{n}_i \times \boldsymbol{n}_j)|}(\boldsymbol{n}_i \times \boldsymbol{n}_j) \\[3mm] \operatorname{sign}x = \begin{cases} +1, x \geqslant 0 \\ -1, x < 0 \end{cases} \end{cases} \tag{29.2}$$

将 $\boldsymbol{n}_i = (A_i, B_i, C_i)$、$\boldsymbol{n}_j = (A_j, B_j, C_j)$ 和 $\boldsymbol{w} = (0,0,1)$ 代入上式得：

$$\begin{cases} \boldsymbol{g}_i = (E_i, F_i, H_i) \\ E_i = \cos\alpha_i \sin\beta_i \\ F_i = -\cos\alpha_i \cos\beta_i \\ H_i = -\sin\alpha_i \end{cases} \tag{29.3}$$

$$\begin{cases} \boldsymbol{g}_{ij} = \dfrac{-\operatorname{sign}N_{ij}}{\sqrt{K}}(L_{ij}, M_{ij}, N_{ij}) \\[3mm] -\boldsymbol{g}_{ij} = \dfrac{\operatorname{sign}N_{ij}}{\sqrt{K}}(L_{ij}, M_{ij}, N_{ij}) \\[3mm] L_{ij} = B_i C_j - B_j C_i \\ M_{ij} = A_j C_i - C_j A_i \\ N_{ij} = A_i B_j - A_j B_i \\ K = L_{ij}^2 + M_{ij}^2 + N_{ij}^2 \end{cases} \tag{29.4}$$

（二）切割锥的棱向量确定

根据切割锥构成条件。切割锥内部的向量 $\boldsymbol{r}$，包含切割锥的棱向量满足如下条件：

① 对于直接坠落块体的切割锥：

$$\boldsymbol{r} \cdot \boldsymbol{n}_k \leqslant 0 \qquad k = 1, 2, \cdots, n \tag{29.5}$$

② 对于沿 $\boldsymbol{g}_i$ 单结构面滑动切割锥：

$$\begin{cases} \boldsymbol{r} \cdot \boldsymbol{n}_i \geqslant 0 \\ \operatorname{sign}(\boldsymbol{g}_i \cdot \boldsymbol{n}_k) \cdot \boldsymbol{r} \cdot \boldsymbol{n}_i \geqslant 0 \\ k \neq i \end{cases} \tag{29.6}$$

（三）滑塌块体稳定系数

引入"滑塌块体"的稳定系数 η：

$$\eta = \frac{P}{F} \tag{29.7}$$

式中：P——阻止块体滑塌的抗力；

F——使块体滑塌的动力。

① 对于直接坠落块体：

$$\eta = \frac{P}{F} = \frac{0}{F} = 0 \tag{29.8}$$

② 沿 $\boldsymbol{g}_i$ 单结构面滑动块体：

$$\eta = \frac{P}{F} = \frac{G\cos\alpha_i \tan\varphi_i}{G\sin\alpha_i} = \cot\alpha_i \tan\varphi_i \qquad (29.9)$$

（四）滑塌块体滑塌条件

判断出包含切割锥的棱向量后，"滑塌块体"的滑塌条件如下：

$$\begin{cases} \boldsymbol{r}_P \cdot \boldsymbol{n}_f < 0 \\ \eta < 1 \\ P = 1,2, \cdots, n \end{cases} \qquad (29.10)$$

式中：$\boldsymbol{r}_P$ ——切割锥各棱线向量；

　　　$\boldsymbol{n}_f$ ——临空面上指向岩体一侧的单位法线向量（见图 29.5）。

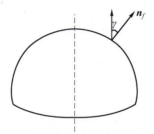

图 29.5　开挖临空面上单位外法线向量示意图

（五）围岩稳定性分析

用隧道开挖轮廓上指向岩体一侧的单位法线向量 $\boldsymbol{n}_f$ 来描述该点的位置，假设某一点从铅直向上方向沿顺时针方向转至指向 $\boldsymbol{n}_f$ 的角度为 γ。

隧道轴线前进方向的走向角为 δ，则

$$\boldsymbol{n}_f = (-\sin\gamma\sin\delta, \sin\gamma\cos\delta, \cos\gamma) \qquad (29.11)$$

走向角 δ 通过实测获取，每一个 γ 对应了一个部位。通过下式便可确定"滑塌块体"的滑塌角度范围。

$$\begin{cases} \boldsymbol{r}_P \cdot \boldsymbol{n}_f < 0 \\ \eta < 1 \\ P = 1,2, \cdots, n \end{cases} \qquad (29.12)$$

求得块体直接坠落的角度区间为 $[\gamma_{坠}^1, \gamma_{坠}^2]$，块体沿单结构面 P_i（$i=1$，2，$\cdots$，n）滑塌的角度区间为 $[\gamma_i^1, \gamma_i^2]$，设 θ 为各角度区间的并集，即 $\theta = [\gamma_{坠}^1, \gamma_{坠}^2] \cup [\gamma_i^1, \gamma_i^2]$。各角度区间将产生不同程度的重叠，重叠程度越严重将是"滑塌块体"越薄弱的部位，根据角度重叠程度将"滑塌块体"滑塌难易程度分区。

根据块体理论分析，隧道施工过程中仅进行 θ 角度范围的"滑塌块体"即可控制连锁失稳，因而在隧道信息化设计过程中，根据掌子面结构面出露形态，可确定 θ 角及其重叠程度，确定相应的支护措施。

第三十章　自动化、信息化监测

第一节　自动化、信息化监测背景

（一）集约型经济增长需求

集约型经济增长的需要，要求依靠生产要素质量和使用效率的提高，以及生产要素的优化组合，通过技术进步，提高劳动者素质和增加资金、设备、原材料的利用率等来实现经济增长的方式。故现代工程需要充分利用现有科学技术，不断提升工程设备、仪器，不断解放劳动力，使得工程向自动化、信息化、智能化方向发展，由此作为工程建设重要环节的监控量测也应把握时代潮流，紧跟步伐，依次向自动化、信息化、智能化方法迈进。

（二）自动化监测

随着我国高速铁路和城际铁路等重点工程建设热潮的到来，山岭隧道、城市地铁建设进入了高峰期。变形监测是保障隧道与地下工程安全建设和成功运营的重要手段，目前围岩变形监测技术形式多样，但可归纳为人工监测和自动化监测 2 大类。变形监测要求应用的技术可连续、多频次地及时覆盖被测目标，获取变形数据，以供决策。

自动化监测技术是相对于传统的人工监测而言的，与人工监测不同的是，自动化监测技术采用智能化的测量仪器进行数据采集，然后通过现代化的数据通信技术将采集的数据实时地传输至计算机，利用相应的数据处理软件进行自动化处理及分析，从而实现监测的自动化、智能化，实现高精度、连续多频次监测，并且与软件平台结合良好，故自动化技术越来越多地被引入变形观测工作中。

传统的人工监测虽然也能满足变形监测的需要，但同时也存在着许多不足之处，主要表现在以下几个方面：传统的人工监测需要 2~3 个劳动力；变形监测伴随着隧道建设的全过程，难免会与建设过程相互影响；人为引起的观测误差较多，影响最终平差精度；观测周期较长，在现势性方面有一定的缺陷。自动化监测替代传统人工监测优势比较明显：①形变速度快；②监测点数量巨大，监测时需要在较短时间内对多个测点同时进行，得到各点的变形量；③监测时间间隔较短，尤其是在施工过程中，变形体的变形速度较快，需要大量短时间间隔的变形监测数据；④监测环境恶劣，观测的地点存在着高噪声、高压或者是监测区域位于其他一些不适合工作人员长时间停留的地方；⑤变形监测活动不能影响正常施工。因此，传统的人工变形监测方法表现出了其自身的局限性，而且当前的多数工程项目也呈现出越来越复杂多变的趋势。

国内的一些测量专家和学者结合我国工程项目的具体特点，研究开发了符合我国需求的以测量机器人为主导的变形监测软件，在隧道、桥梁、大坝、建筑物等工程项目的自动化变形监测中进行了应用。

（三）信息化施工

"隧道信息化施工"方法起源于 20 世纪 40 年代，伴随着当时"现代土力学"研究的发展，隧道信息化施工发展成为了一种集成监控、预测、修正和综合评价为一体的方法。

随着现代测量技术、信息采集处理技术和网络技术的飞速发展，信息化设计施工也开始进入一个新的发展阶段。到 90 年代后期，"信息化方法"已经在设计施工和测量过程中广泛应用，且很多施工规范中也开始引入信息化施工方法。在这种潮流影响下，很多研究人员也开始试图将信息化方法推广到更多的实际工程领域。

进入 21 世纪以来，一些欧美学者开始应用信息化方法建立隧道工程动态设计系统，并将其应用到具体的隧道施工领域，取得了较好的效果，一些已经开始进入产业化应用阶段。

在国内，这方面的研究和应用受到实际条件的限制，开展相对晚一些，在 20 世纪 80 年代在一些坑道施工过程中开始初步应用"信息化设计施工"方法，经过实践反馈后提出了典型类比分析法。随后在此基础上利用系列软件并结合我国隧道施工的大量经验而开发出信息化设计施工方法，信息化监测作为信息化施工重要环节也得到了一定程度的发展。

（四）信息化监测

伴随着科技的不断进步、隧道施工监测技术研究不断深入、施工信息化的全方位覆盖，监测手段越来越多样，技术越来越先进，从水准仪到钢挂尺到现在的自动全站仪监测，测量精度越来越高，监测的效果也越来越好。随着计算机信息技术的发展和成熟，运用计算机信息技术来解决隧道围岩监测越来越受到重视。

在国外，针对传统的数据监测管理方法中存在的不足，集数据输入、存储、管理和应用分析等功能于一体的监测数据处理分析等信息系统被不断用于监测数据的管理和综合分析中来。

在我国，地下工程监控量测技术中不断引入全站仪非接触测量技术，使得隧道监测信息化成为可能。通过利用全站仪非接触测量技术，一些从事隧道与地下工程信息化研究的机构已经研发出铁路隧道围岩监测管理软件，有的已经在隧道施工中得到了成功应用。通过系统的应用实践，能够保障隧道施工安全。

第二节　自动化、信息化监测关键技术

一、自动化监测关键技术

自动化监测的关键技术较多，比如：巴塞特收敛测量系统、自动静力水准监测、测量机器人、三维激光扫描和自动化近景摄影测量、自动化激光测距变形监测以及光纤变形监测。

巴塞特收敛测量系统采用固定在断面上带倾角计的组合臂测定收敛，精度高、数据实时；自动静力水准监测能实现稳定的遥测；测量机器人本质是自动化的全站仪，可远程获取测点的三维坐标变化；三维激光扫描能快速获取海量目标物的三维坐标，提供较全面、生动的数据，可实现车载式；自动化近景摄影测量和自动化激光测距变形监测分别是相机和激光测距仪加装自动化操控和传输装置，以较低的经济成本实现原有技术升级；光纤变

形监测技术运用 FBG 传感器，可实现高速实时的准分布式监测。分布式光纤技术的光纤既是传感介质又是传输通道，解决了点式存在的漏检问题，空间分辨率可达 0.1 m。传输距离最远为几十千米，能适应复杂环境，且成本低廉，故其在大、长、复杂隧道的变形监测中具有优势。自动化监测技术按照监测共组流程大致可分为监测传感器、自动采集技术。

（一）监测传感器

隧道自动监测的传感器与采用人工手段的监测传感器是一致的，围岩变形的监测能够实现自动监测的传感器主要有测量机器人、激光位移计、静力水准仪、巴塞特收敛系统和自动隧道断面扫描系统等；对围岩及支护结构力学特性监测的传感器主要有压力盒、多点位移计、锚杆轴力计、混凝土应变计和钢筋计等，主要以振弦式和电阻式两种类型为主。选测项目以埋入式为主，对于施工隧道的抗干扰能力较强，而围岩变形检测需要稳定地安放于隧道内部，抗干扰能力较低，且成本较高。

（二）监测数据的自动采集技术

根据目前隧道施工监测内容以及现有的传感器类型，其输出的信号类型主要有电压数据信号、振弦数据信号、电流数据信号、数字数据信号以及压电数据信号等。隧道施工自动监测的第一步就是需要对各类传感器采集输出的各种信号进行定时的自动采集和向外输出可识别的信号。

目前市场上此类技术已比较成熟，多类信号数据均可成功实现集成和转化。最为常见的自动化采集技术为自动化全站仪（自动化测量机器人）。

大量的研究成果及实测经验表明，测量机器人在大型精密测量工作中表现出了精度高、效率高、稳定性好的特点，能够满足大坝、地铁隧道、滑坡等多种工程项目的测量需求。测量机器人能够实现对监测点全天候的监测，能够按照预先设定的周期自动完成监测工作，对于短时间内由各种原因导致的暂时无法测量的监测目标进行重复测量，还能够按照预先设定的方案自行解决测量中遇到的各种问题，使得测量工作顺利进行。

测量机器人是一种自动化、智能化的专业电子监测仪器，外形如图 30.1 所示。它具有一般全站仪的所有功能，不同的是它将 CCD 影像传感器、马达驱动、微型计算机以及人工智能等多种先进技术集成在一起。测量机器人具有很强的自动目标搜寻、自动目标识别以及精确照准功能，能够在较短的时间内对多个观测目标自动进行周期性测量，具有较强的实用性。

图 30.1　自动化测量机器人

TM30 测量机器人是徕卡公司于 2009 年开发出的全新高精度监测仪器，它综合了长距离的自动精确照准、小视场、数字影像采集等先进技术，大大提高了测量精度、测量半径，能够满足各种变形监测工程项目的要求。测量机器人 TM30 的特点具体表现在以下几个方面。

1．测量精度高

TM30 的测角精度可达 0.5″，能够满足各种高精度的角度测量需求；仪器内部配备了先进的电磁波测距系统，使得有棱镜模式的测距精度达到了 0.6 mm+1 ppm，而 1 km 内的无棱镜测距精度可达 2 mm+2 ppm，能够满足多种远距离、高精度的测距要求。

2．ATR 技术

仪器自带 ATR（自动目标识别）技术，在 ATR 模式下，测量人员只需粗略瞄准棱镜，仪器内部的 CCD 相机即可对回光信号进行分析，通过马达驱动照准部进行精确照准及望远镜的旋转等操作，以进行正镜和倒镜的自动观测，这使得 TM30 更加适合远距离、持续性的自动化监测工作，实现对监测点进行无人值守的持续性观测工作。在自动精确照准状态下，测量机器人的最远测程能达到 3 km，在一般气象条件下可达 2 km 以上，同时精度达到毫米级；使得监测半径得到很大提高，也降低了设站间隔的要求，使设站更为方便灵活，确保人员及仪器安全。

3．小视场技术

测量机器人内部配有小视场技术，有效提高了 ATR 系统对棱镜的识别能力。测量时，若视场内有多个棱镜，则仪器能够自动缩小目标可视范围，及时准确地找到目标棱镜，从而减少判断失误，提高监测效率。

4．数字影像采集技术

数字影像采集技术使得 TM30 监测机器人能够在测量的同时对监测点的影像信息进行采集，并能够实时地进行存储和传送。在终端进行在线控制时也能够随时掌握监测区域的即时状况、测量的通视情况，及时发现现场一些潜在的危险因素。

5．自动跟踪功能

自动跟踪目标时，仪器能够自行锁定目标，并能够在目标移动时进行 360°全方位的跟踪测量。智能系统软件能够利用 CCD 相机对反射信号进行分析处理，消除噪声信号的干扰，保证对目标棱镜跟踪的连续性，即使目标棱镜暂时失锁也能及时恢复跟踪锁定。TM30 测量机器人将异型剖面镜传输技术及压电陶瓷驱动技术结合在一起，提高了仪器驱动时的转速，还有效降低了噪声，节约了数据采集工作的时间。

（三）数据的自动传输技术

针对隧道施工特点，施工中的隧道不存在无线网络的覆盖，为实现自动监测，需在隧道内自建网络或者通过有线向外传输。随着无线通信技术的发展，无线数据通信的相关技术得到了快速的发展，无线通信技术可分为两大类：①基于蜂窝的接入技术，如蜂窝数字分组数据（CDPD）、通用分组无线传输技术（GPRS）、EDGE 等；②基于局域网的技术，如 IEEE802.11、WLAN、Bluetooth、IrDA、Home-RF、微功率短距离无线通信技术方式，此类技术目前已基本成熟。

（四）数据的自动分析、处理和预警技术

数据自动分析、处理和预警技术需要借助计算机加以软件开发得以实现，通过软件开发将前端数据进行处理分析，并在系统中嵌入隧道施工安全状态的评价系统，同时向用户推送隧道施工安全信息。目前该项技术已比较成熟，其核心在于隧道施工安全状态的评价方法和评价系统的建立。隧道施工阶段自动化监测系统的基本构成见图 30.2。

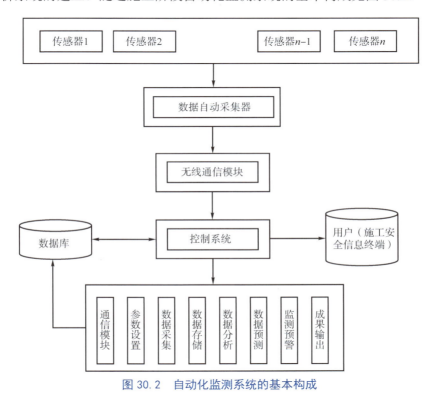

图 30.2 自动化监测系统的基本构成

二、信息化监测关键技术

（一）数据处理

隧道施工监控量测方案要根据隧道工程特点设计，方案应包括监测内容、监测方法、测线布置、测量频率、数据处理、生成报表等。只有选择正确的监测方法和采用合理的数据处理技术才能正确地分析围岩的应力和应变的变化情况，正确地指导隧道施工，先进监测技术和先进合理的数据处理方法是保证隧道信息化施工的重要保障。

常用的监测数据处理方法从不同的角度、过程考虑，数据处理方法会有所不同。一种是从信号的角度出发研究数据处理方法，主要包括：均值滤波法、中值滤波法以及防脉冲干扰平均滤波法等。另一种是从数值考虑监测数据的处理方法，通常数据处理的常用方法

是采用统计分析方法。统计分析方法是采用随机过程、数理统计以及概率论等统计知识，把监测数据作为随机变量来分析处理的数值计算方法，其包含回归分析和时序分析两种方法。目前，众多国内外研究学者在监测数据分析处理的方面已取得了一些比较大的进步。

（1）回归分析法是监测数据分析处理方法中比较常用的方法。所谓回归分析法，是在掌握大量监测数据的基础上，利用数理统计方法确定因变量与自变量之间的关系，建立回归方程并用于预测。黄铭、葛修润等采用多元逐步回归分析并建立了既能反映位移大小、位移变化方向等伴随时间温度以及水压的变化规律，又能反映一定区域内位移分布情况的模型；徐洪钟、吴中如研究出偏最小二乘法多元回归分析方法，此方法解决了自变量数据间的多重共线性问题；杨子文等研究出一种采用合理的方法进行位移监测数据的回归分析的模型。

（2）时序分析法是一种比较成熟的监测数据处理方法，它通过对监测数据按照时间进行排序，并对相互关联的监测数据进行分析，较早的时序分析法有柯维纳分析预测法、尔莫哥洛夫分析预测法以及平稳线性最小方差预测法等。后来出现的自回归模型法，用前期若干时刻的随机变量的线性组合来描述以后某时刻随机变量的线性回归模型。史玉峰等人研究采用混合自回归滑动平均模型方法对变形监测数据进行分析处理与预测；同时，时序分析中也引入遗传算法、灰色系统和神经网络等模型。刘思峰、刘斌、党耀国等提出了基于灰色理论模型的时序分析方法，梁艳春等提出并实现了基于模糊神经网络模型的时间序列预测分析方法。

（二）监测信息管理系统

进入 21 世纪以来，伴随着我国总体经济快速发展，隧道建设项目日益蓬勃，与隧道相关的各种功能的监测系统也逐步进入系统研究。其中关于隧道施工状态、监测数据的处理研究也在不断深入进行中，同时国内外已经大量涌现出有关隧道监测的软件系统。国内隧道监测系统的设计，通常是围绕数据信息进行的，主要涉及的功能有：监测数据采集、监测数据处理、监测数据分析、预测与评估。

我国在隧道工程的监测数据管理方面已经获得了大量的研究成果，并且有效地支撑了隧道工程的建设。

（三）隧道多媒体技术

采用机器人、摄像机、照相机三维扫描仪和其他图形图像等设备采集隧道变形数据，结合摄影测量和图形图像处理、数据库和多媒体技术，设计和开发隧道变形监测数据系统，研究监测数据的存储、调用、分析和管理方法，可提高监测数据处理的效率。

可以利用 GPS、摄像机、三维扫描仪、测量机器人、电子水准仪等现代测量仪器采集地表和隧道沿线建筑物的三维变形信息。可以采用摄像机、三维扫描仪、测量机器人、电子水准仪采集隧道内部收敛和下沉等三维变形信息；利用气象和地质、温度、应变传感器可以采集其他环境信息。

利用 GPS 进行地面变形测量有两种方式。一是用几台 GPS 接收机，定期监测处理变形分析与预报；二是在监测点上建立无人值守的 GPS 观测系统，通过软件控制，实现实时监测和变形分析、预报。目前已开发出 GPS 一机多天线控制器，用一台 GPS 接收机连接多台天线。每个监测点上只安装天线，不需安装接收机，使监测系统的成本大幅度下降。多天线 GPS 系统，采用分时原理将多副天线与接收机连接，按设定的时间片顺序采集 GPS 观测数据。此系统用一个 GPS 多天线开关在一台工业 PC 的控制下实现。其天线所采集的数据都能计算相应天线的位置或位移，其精度可达 5～6 mm。

多台网络模式是将多台 GPS、摄像机、三维扫描仪、测量机器人、电子水准仪或者传感器和多台或一台计算机，通过网络、通信和供电电缆连接起来，组成监测网络系统。该模式根据现场情况布设多个测点或者断面，每个设站点均安装变形测量点。另外，各设站点与基准点组成控制网，以确定各测量周期设站点相对于基准点的坐标变化。系统可以实现控制网测量、变形点测量完全自动化。用摄影机或者摄像机采集隧道变形信息是按照摄影测量原理通过计算机计算和分析定量给出结构变化值，其数据采集示意如图 30.3 所示。

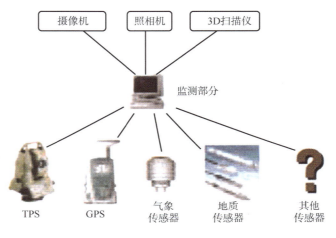

图 30.3　数据采集示意图

第三节　自动化、信息化监测的发展、现状与展望

一、自动化、信息化发展与现状

（一）自动化发展与现状

国外较早就开始利用智能全站仪开发自动化监测系统。像徕卡、天宝、拓普康等国际领先的仪器生产商很早就开始研制基于智能全站仪的自动化监测系统。其中，瑞士徕卡公司是最早生产该系统的公司，在 20 世纪 80 年代该公司生产的自动化监测系统就已经在欧洲和新加坡地铁获得应用，给地铁建设和运营期间的安全提供了保障。

随着自动化测量技术的持续发展，智能型全站仪也取得了新的突破，在角度及距离测量精度上获得了进一步提高，已广泛应用于国内外各种工程项目的实践中，并取得了良好的成效。许多学术及应用研究也针对自动化监测而展开，自动化、智能化的变形监测成了必然趋势。自动化监测的理论及应用研究均得到了迅猛发展。

近年来，国内一些测量专家和学者研制了符合我国需求的基于智能全站仪的自动化监测系统，并在隧道工程等变形监测工程中进行了应用，具有代表性的有以下几个：

1997 年，由张学庄教授主持开发的"SMDAMS 自动化监测系统"在湖南省五强溪水力发电站工程大坝进行边长交会试验观测。试验结果表明该系统运行稳定，观测结果准确可靠，观测精度达到了亚毫米级。但是由于该系统需要建立高精度的观察基线，地铁隧道的观测条件无法满足这个要求，因此该系统不适合在地铁隧道变形监测中应用。

2001 年，解放军信息工程大学与郑州欧亚测量系统有限公司联合开发出了 ADMS（automatic deformation monitoring system）自动变形监测系统。该系统是在学习吸收徕卡公司研制的自动极坐标测量系统 APSWin（automatic polar system for Windows），并结合国内用户的实际需求基础上研制的，是一款完全本土化的自动化监测系统。并且，该系统在广州地铁 1 号线进行了实践应用，获得了令人满意的效果。

广州南方测绘仪器有限公司结合当前铁路隧道围岩监测的具体业务需求，研发出了铁路隧道围岩变形监测系统。该系统主要由自动化全站仪、终端数据采集软件、手持终端设备及专用通信模块构成。系统集自动完成周期变形监测、实时对量测结果进行分析和显示变形曲线等智能化的功能为一体，该采集终端软件已经在莞惠城际标二工区松山湖隧道完成了试点测试工作。

成都普罗米新科技有限责任公司利用自身在精密三维空间定位系统的优势，对铁路隧道围岩量测业务进行了深入研究，开发出了铁路隧道围岩量测终端采集软件，该软件是基于安卓系统手机环境下进行开发的，软件能够自动通过蓝牙技术控制全站仪。输入设计参数后，全站仪自动进行现场数据的采集，然后通过数据后处理软件的配合，分析出隧道围岩变形状况，最后对得到的数据分析结构给出图表展示。该软件实现了对隧道工程的围岩变形进行实时监测。

近年来，有着越来越多的学者加入运用测量机器人进行自动变形监测的研究及实践中。总的来说，对测量机器人的理论研究主要集中在基础的通信接口技术、数据的自动化处理、自动监测系统软件的开发、关键方法及技术分析、按大地测量基本方法和原理对观测角度及距离的精化计算等。对测量机器人的实践研究更是多种多样，主要包括（基坑）边坡变形监测、隧道自动化监测、盾构法施工变形监测等。这些研究和实践工作也为测量机器人的技术发展以及进一步的推广应用工作提供了动力，使得测量机器人的研究及应用更加广泛。

可以看出，我国对于地下工程监测自动化的应用实践迈出了坚实一步，亦收获了可喜成果，但是也遇到了不少如下问题。

（1）隧道施工过程围岩自动监测技术瓶颈。

隧道围岩位移自动监测技术手段多样，但是应用到隧道施工过程中依然存在诸多问题需要克服和攻关。①测量机器人和自动隧道断面扫描系统成本太高，受施工干扰大，监测基点及测点极易破坏，需要人工经常进行基点和测点的照准调试工作，同时仪器设备安放于隧道内极易被破坏，且其数据输出接口很少对外开放，难以与自动监测系统进行集成；②激光位移计技术目前仍然处于研究阶段，基本无成熟的产品投入生产，其量测精度和量程较小，其前端光敏原件受灰尘干扰较大，相关的信号处理技术还不成熟；③静力水准仪传感器之间采用物理连接，受施工干扰较大，量程较小，安装要求结构物表面平整，而隧道施工监测，测点位于初期支护上，平整度达不到要求；④巴塞特收敛系统为国外研发，成本较高，受施工干扰大，数据输出难对外开放以及与其他自动监测系统兼容。

（2）自动监测系统应用成本高。

由于隧道施工过程中围岩位移自动监测存在技术瓶颈，只能通过选测项目实现自动监测。隧道工程为长大的线路工程，监测断面较多，所需的传感器的数量巨大，根据经验每个监测断面选测项目传感器的购买至少需要 2 万～3 万元，而且随着隧道的深入，隧道内没有网络，监测数据的传输费用较高，自动监测成本居高不下是自动监测难以推广的重要原因。

（3）监测对象及监测预警指标不明确。

隧道工程为长大线路工程，围岩地质条件不清，导致结构受力薄弱环节不明确，需要重点监测断面布置不明确，往往出现监测断面没有出现问题，而没有监测断面出现工程事故。同时隧道工程个体化差异很大，并没有一个变形预警标准可以适用于大部分隧道，甚至同一条隧道不同的段落变形预警标准也不同，因此针对不同的隧道甚至是同一条隧道的不同段落要进行软件系统的开发，实施起来比较困难。

（4）施工过程中的干扰很大。

隧道自动监测系统的稳定运行需要稳定的环境保障，隧道施工过程工序繁多，监测测点很容易被破坏，爆破振动会产生信号干扰，隧道施工灰尘大，影响数据的采集和处理，且隧道施工过程中需要频繁地更换基点以及跟踪隧道施工过程进行传感器的埋设。传感器的埋设质量严重影响数据采集的准确性，受人为因素干预同样较大。

（二）信息化发展与现状

20 世纪 60 年代，新奥法思想和理念被引入了国内，并得到了迅速的发展和广泛关注。国内众多从事隧道工作的专家和学者开始从事新奥法的研究。

中铁西南科学研究院王建宇研究员从 20 世纪 60 年代起，就开始从事隧道工程中锚杆和喷射混凝土支护的研究和开发工作，在国内较早地提出并阐明了"形变压力"概念；在经验方法方面，对基于工程数据库的"模糊聚类设计法"进行了探索；作为信息化设计的基础，提出了以位移测试为主的监控量测手段以及量测数据处理和反馈的一整套方法。

近年来，由于隧道量测技术和计算机技术的快速发展和渗透，隧道工程结构体系的信息化设计和信息化施工方法有了极大的发展。20 世纪 90 年代起，"隧道信息化方法"得到广泛应用，作为一种设计和施工方法，已经被众多规范所认同，并得到了诸多学者的重视，甚至大力倡导隧道施工信息化方法。

隧道施工监控量测是新奥法施工的重要内容，对监测到的大量数据进行及时快速准确的处理、分析和自动化管理，成为了隧道施工信息化研究的一个重要领域。目前，一般工程施工期间都会运用围岩监控量测技术对隧道施工过程中围岩变形进行监控，一般只是用到自动全站仪进行变形数据测量，然后手动录入数据，并用工具进行曲线分析，不能形成完整的基于围岩监控量测信息化系统。近年来，国内各大从事地下工程施工监测的企业和研究机构一直在研究开发隧道围岩监测信息管理系统、监测系统云平台技术、多媒体运用技术等信息化监测技术。

由中铁西南院研发的隧道及地下工程施工监测信息系统在宝兰客专甘肃段和西成客专陕西段得到了成功应用，系统实现了对新建铁路隧道阶段的地表沉降、拱顶下沉和周边收敛等监测数据的上报，以及实现了量测数据查询、分析处理、数据统计、预警管理和工作报表自动生成等功能。

1990 年，结合南昆铁路，西南交通大学与铁二院合作共同研发出了"隧道工程计算机信息化设计、施工管理系统"，该管理系统是以隧道施工中的位移量测为依据而进行设计和研发的。

2002 年，以深圳地铁项目为背景，西南交通大学进行的"深圳地铁重叠隧道信息化施工技术研究"，将地下工程施工信息化技术成功应用于地铁重叠隧道中。

2002 年，孙钧、胡向东介绍了用于盾构法隧道施工的多媒体监控与仿真系统的盾构隧道施工监控系统，该系统的数据库可以对盾构项目管理系统的所有数据进行有条理的归类、查询。此外，该数据库还可以作为信息化施工管理的工具。通过输入的监测数据，可以实时动态地查询该监测点处的变化规律和该监测点与施工推进参数间的相互联系，极大地提高了施工安全性。

2008 年，重庆交通科研设计院林志等采用快速开发工具 Delphi2007 和 GIS 组件产品 Super Mapobjects 开发出了公路隧道施工安全监测可视化信息系统，实现了隧道安全施工监测的可视化管理、监测数据的快速计算、分析和反馈。

2010 年，王斌等利用 Delphi 的强大 Bde 数据库引擎开发出了公路隧道信息化施工与计算机辅助决策系统，该系统实现了掌子面地质及支护状态的观察、拱顶沉降、周边收敛、地表沉降、围岩内部位移监测、围岩内部位移时间图、回归分析及预测、锚杆轴力计算、围岩与初期支护间接触压力量测等功能，并在张石高速黑石岭隧道进行了应用，实现了对隧道开挖施工围岩变形动态监测。

2011 年，西南交通大学地下工程系副主任王明年教授在《海底隧道全寿命安全监控量测技术》一书中对监测系统架构进行分析，并对现场使用的全寿命安全监测系统进行集成，在 Visual Studio 2008 平台上利用数据库开发出海底隧道全寿命安全监测系统。系统由施工阶段监测子系统和运营时期监测子系统组成。施工阶段监测子系统主要包括量测数据录入、处理分析和围岩稳定性判定三个模块。运营时期监测子系统包括服务器端和客户端两部分，服务器端负责数据的输入存储、计算、统计、分析和处理等，客户端通过同步服务器端数据实现数据实时显示、数据查询和报警提示等。

2012 年，重庆交通科研设计院李星平等研究开发的隧道施工监控量测信息管理软件，实现了量测数据库管理、有限元分析、围岩分级与预警和图形可视化。

2012 年，北京市市政工程研究院副院长叶英在其《隧道施工信息化预警》一书中，提出了隧道围岩监测信息化动态设计方法理念，动态设计方法是通过隧道施工现场监控量测得到关于隧道围岩稳定性和支护结构等工作状态的各类信息，通过这些信息来对围岩稳定性和支护系统结构功能的安全性进行评价，通过分析得到的结构来确定和修改支护结构系统的设计参数、支护时间和施工工序对策，最终达到优化隧道工程设计、施工等目的。书中还分析了动态设计中主要方法，如回归分析、时间序列分析、灰色分析、极限应变、工程类比法和专家系统法等多种围岩分析方法。

2012 年，仇玉良等采用 C++开发平台和 SQL Server2000 数据库，研发出了隧道施工监测信息集成管理系统，该系统涵盖公路隧道施工监测信息集成管理的项目工程信息、监测方案管理、监测数据分析、监测报告生成等功能。系统实现了隧道工程项目、监测数据和仪器设备等多类型工程资料的动态信息化管理，并可对隧道周边收敛、拱顶位移和地表沉降等项目的海量监测数据进行可视化和实时数据分析，并完成多类型、多阶段的施工监测工作报告自动生成和打印功能。

由铁二院和美国天宝合资成立的中铁天宝有限责任公司研究开发了数字隧道解决方案，该软件能实现对三种必测项目量测数据终端采集、数据存储、数据分析等功能，并在成兰铁路标跃龙门隧道中进行试点工作。

我国在隧道工程的监测数据管理方面已经获得了大量的研究成果，并且有效地支撑了隧道工程的建设。以上这些系统监测管理软件已经很好地服务于所结合工程案例，信息化监测取得较好成果，但是，隧道监控量测技术还不够成熟，处于发展阶段，隧道监测数据管理软件的开发和实际工程应用方面，还存在诸多问题，落后于国外先进技术很多。主要存在的问题如下：

（1）大部分监测管理系统都是针对具体实际工程进行专门开发的，系统具有一定的应用局限性。处于单点应用，针对特定隧道进行管理，无法实现全路或全区域在建隧道的监控量测；系统业务之间标准不一，导致监管单位在对隧道施工中监管相对困难；各系统无法互联互通、实现信息交换和共享，造成信息闭塞，对于有些施工中遇到的相同问题，无法互相借鉴、快速采取措施进行解决，最终无法保证全路隧道施工的安全性。

（2）监测管理系统的功能不够完善、监控量测的自动化程度较低和数据分析处理的时效性较低。

（3）大部分监测管理系统软件缺少对监测数据的有效性检查和合理的数据处理方法。目前，需要开发更科学合理的监测数据的管理软件系统，可以适用于大部分监测项目，可以更合理地管理监测数据，可以及时准确地对监测数据进行分析处理。因此，设计一个可以科学处理监测数据的隧道监测系统是目前需要解决的工作，它不但能够提高现有隧道信息化施工的技术水平，确保隧道工程施工的安全与高效率，而且对指导隧道施工、优化施工设计具有重大意义，也是提高隧道监测技术的重要保证。

二、自动化、信息化的发展展望

（1）BIM技术在建筑方向的应用渐显规模，尤其是复杂异型建筑的应用成效明显。物联网和云平台正在得到日益广泛的应用，用于智能家居、智能农业方面的报道较多。由于隧道工程行业的特殊性，上述技术用于地质体和地下工程施工分析方面还不多见。BIM技术通过三维可视化显示及监测信息云平台结合，为实现隧道施工及风险管理一体化提供了良好的技术平台和解决思路，为解决隧道工程施工过程的信息匮乏、数据抽象和协调性差等问题提供有效途径，该方面研究将会促进隧道信息化施工方向的进步，具有重要的社会和经济意义。

（2）隧道自动监测技术想要逐渐替代人工监测技术并取得长足发展，应从以下几个方面深入研究，取得突破性的成果，研发出配套的检测设备。

① 监测设备方面。突破围岩变形自动监测的技术瓶颈，研发相关的监测设备，并提高监测设备在恶劣环境下的稳定运行能力。根据国内隧道的施工环境和相关技术的发展水平，建议从激光位移测量方面入手，实现目标光点位置信息光电信号的自动转化和自动传输，最终实现隧道围岩变形位移数据的自动采集。

② 变形预警标准方面。制定合理的变形预警标准是自动监测预警准确性的前提条件，

应根据具体工程特点开展相关的预警标准研究，设置相应监测预警值。建议监测系统加强人机交互性的设计，增加针对具体工程预警标准的人工录入窗口，增加监测预警的准确性和可靠性。

③ 监测成本控制方面。建议从监测指标和数据无线传输方面入手，监测指标的减少可以降低传感器的数量和成本，同时采取新型的网络传输，尽可能地减少网络节点的数量以达到长距离传输的目的，进而降低数据传输成本。

参 考 文 献

[1] 王梦恕. 中国隧道及地下工程修建技术 [M]. 北京：人民交通出版社，2010.

[2] 中铁隧道集团有限公司. 铁路隧道钻爆法施工工序及作业指南 [S]. 北京：中国铁道出版社，2007.

[3] 应惠清. 我国基坑工程技术发展二十年 [J]. 施工技术，2012（19）：1-5.

[4] 王毅才. 隧道的历史及发展 [J]. 长安大学学报：自然科学版，1985（1）：130-138.

[5] 郭陕云. 我国隧道和地下工程技术的发展与展望 [J]. 现代隧道技术，2018：1-14.

[6] 郭陕云. 隧道施工技术方案及方法遴选之我见 [J]. 隧道建设，2006，26（6）：7-11.

[7] 铁道部工程管理中心. 铁路隧道钻爆法施工技术要点手册 [M]. 北京：中国铁道出版社，2010.

[8] 安关峰. 沉管隧道施工技术指南 [M]. 北京：中国建筑工业出版社，2017.

[9] 杨立新，洪开荣，刘招伟，等. 现代隧道施工通风技术 [M]. 北京：人民交通出版社，2012.

[10] 王梦恕. 地下工程浅埋暗挖技术通论 [M]. 合肥：安徽教育出版社，2004.

[11] 洪开荣. 我国隧道及地下工程发展现状与展望 [J]. 隧道建设，2015，35（2）：95-107.

[12] 王梦恕. 隧道工程浅埋暗挖法施工要点 [J]. 隧道建设，2006，25（5）：1-4.

[13] 郭陕云. 论我国隧道和地下工程技术的研究和发展 [J]. 隧道建设，2004，24（5）：1-5.

[14] 何华武. 中国铁路隧道建设技术的发展 [J]. 铁道经济研究，2006：8-16.

[15] 朱垚锋. 基坑工程技术及其发展趋势 [J]. 四川建材，2017，43（12）：115-116.

[16] 戴文亭，白宝玉. 我国隧道及地下工程发展现状和前景展望 [J]. 东北公路，2000，23（4）：90-92.

[17] 王梦恕. 21 世纪我国隧道及地下空间发展的探讨 [J]. 铁道科学与工程学报，2004（1）：7-9.

[18] 王振平. 谈深基坑工程的发展历程 [J]. 呼伦贝尔学院学报，2013，21（3）：110-111.

[19] 占丰林，周玉莹. 基坑工程的研究动态及发展趋势 [J]. 山西建筑，2005，31（11）：3-5.

[20] 邓子胜. 基坑开挖与支护方法应用进展 [J]. 五邑大学学报：自然科学版，2004（4）：37-42.

[21] 孙静. 我国基坑工程发展现状综述 [J]. 黑龙江大学工程学报，2010，37（1）：50-53.

[22] 谢文利，王方，何琴. 深基坑工程存在的问题以及发展展望 [J]. 山西建筑，2007，

33（10）：146-148.

[23]孙嘉春．兵马俑坑：一座为大秦帝国奠基的军校遗址［J］．军事历史，2011（4）：48-55.

[24]胡晓晓，杨灵洁．放坡开挖在基坑工程中的应用［J］．城市建设理论研究：电子版，2014（35）：1-2.

[25]刘涛，晏雄成，潘纪业．浅埋隧道分段放坡明挖施工技术［J］．山西建筑，2013，39（31）：172-173.

[26]王毅才．隧道工程［M］．北京：人民交通出版社，2006.

[27]高水琴．放坡开挖基坑的施工技术［J］．科学技术与工程，2010，10（3）：818-821.

[28]郑伟涛，郑小兵．地下连续墙的发展史及研究现状浅议［J］．城市建设理论研究：电子版，2013（15）：1-4.

[29]付文光，杨志银．土钉墙技术的新进展及前景展望［J］．岩土工程学报，2010（S1）：17-21.

[30]刘政治．SMW工法在基坑围护结构中的应用探讨［J］．探矿工程：岩土钻掘工程，2008（10）：42-43.

[31]任安超，周桂峰，吉玉，等．热轧钢板桩的发展和应用前景［J］．特殊钢，2009，30（1）：22-24.

[32]刘幼如，石守芹，李艳，等．我国工程钢板桩应用前景初探［J］．中国水运，2011，11（1）：232-234.

[33]禹喜．人工挖孔桩技术的发展及实例［J］．湖南交通科技，1999，25（2）：64-66.

[34]于明华．钻孔咬合桩施工技术［J］．隧道建设，2003（2）：26-30.

[35]萧岩，汪波，王光明．盖挖法和盖挖法施工［J］．市政技术，2004，22（6）：359-370.

[36]徐至钧，赵锡宏．逆作法设计与施工［M］．北京：机械工业出版社，2002.

[37]高毓才．建设中的北京地铁：地铁"复一八"线［M］．北京：中国铁道出版社，2002.

[38]孙永福，等．中国铁路隧道史［M］．北京：人民铁道出版社，2002.

[39]陈敏，高维强．盖挖法施工技术研究［J］．安徽建筑，2012（1）：100-102.

[40]王元湘．地铁盖挖法技术研究［J］．地下工程与隧道，1994（3）：10-21.

[41]王元湘．盖挖法在浅埋地铁车站施工中的应用［J］．现代隧道技术，1995（5）：2-11.

[42]谢世华．天安门东站采用盖挖逆作法施工［C］//中国土木工程学会隧道及地下工程学会第八届年会论文集，1994.

[43]王梦恕．我国隧道技术现状和未来发展趋势［J］．安徽建筑，2015，22（4）：9-13.

[44]《中国铁路隧道史》编纂委员会．中国铁路隧道史［M］．北京：中国铁道出版社，2004.

[45]郭陕云．关于我国铁路隧道建设的刍议［J］．铁道工程学报，2005，22（2）：58-61.

[46]王效良，赵勇．从数字看中国铁路隧道的建设［J］．现代隧道技术，2006（5）：

19-29.

[47] 汪耀，颜冠峰，周宇正. 浅谈中国隧道工程的发展历程 [J]. 城市建设理论研究，2013：1-5.

[48] 吴颖. 中国隧道发展历程 [J]. 施工企业管理，2018（11）：48.

[49] 夏永旭. 现代公路隧道发展概述 [J]. 交通建设与管理，2006（12）：66-68.

[50] 蒋树屏，林志，王少飞. 2018 年中国公路隧道发展 [J]. 隧道建设：中英文，2019（7）：1217-1220.

[51] 邵根大. 采用矿山法开挖隧道的精细工艺 [J]. 现代城市轨道交通，2011（3）：109-111.

[52] 蒋锐，周一鸿，熊赞林. 对山岭隧道矿山法施工相关技术及注意事项分析 [J]. 福建质量管理，2017（12）：137-138.

[53] 张德喜. 公路隧道施工要点 [J]. 辽宁交通科技，2002（4）：45-46.

[54] 姜玉松，庞广峰. 论隧道施工技术的行业互通与统一 [J]. 现代隧道技术，2005（6）：1-5.

[55] 关宝树. 漫谈矿山法隧道技术讲座：后语 [J]. 隧道建设，2017，37（3）：275.

[56] 姜利军，徐义芳. 浅谈山岭隧道开挖与支护方法 [J]. 内蒙古科技与经济，2012（11）：89-92.

[57] 王洪志. 浅谈隧道施工的方法及质量控制措施 [J]. 城市建设理论研究：电子版，2013（15）：1-3.

[58] 樊翠英. 浅析隧道施工方案与衬砌设计 [J]. 装饰装修天地，2015（7）：253.

[59] 郭陕云. 隧道工程的技术进步和理念创新与建筑方法分类及术语的规范化 [J]. 隧道建设，2010，30（6）：621-624.

[60] 关宝树. 隧道施工的技术特性、理念及其发展：上 [J]. 铁道建筑技术，2003（3）：1-6.

[61] 关宝树. 隧道施工的技术特性、理念及其发展：下 [J]. 铁道建筑技术，2003（4）：1-5.

[62] 牛建府. 中国公路隧道的发展现状与展望 [J]. 住宅与房地产，2018（12）：229.

[63] 蒋树屏. 中国公路隧道建设成就画册 [M]. 重庆：重庆大学出版社，2009.

[64] 徐稳超，汤宪高. 贵广铁路双线隧道钻爆法施工机械化配套及适用性分析 [J]. 隧道建设，2013，33（6）：431-436.

[65] 陈建勋，罗彦斌，万利，等. 超大跨度公路隧道研究现状与面临的挑战 [J]. 筑路机械与施工机械化，2018，35（6）：36-44.

[66] 岳崇. 高速铁路隧道施工控制爆破方案设计研究 [J]. 工程技术研究，2019，4（9）：201.

[67] 党晗菲. 浅谈隧道钻爆法的施工方法 [J]. 建筑工程技术与设计，2015（13）：650.

[68] 中国土木工程学会隧道及地下工程分会. 日新月异的中国隧道及地下工程 [M]. 北京：中国铁道出版社，2009.

[69] 何华武. 软岩隧道台阶法与全断面（含仰拱）法施工比较研究：以成兰铁路平安

隧道为例 [J]. 隧道建设，2016，36（11）：1302-1309.

［70］中国土木工程学会隧道及地下工程分会. 世人瞩目的中国隧道及地下工程 [M]. 北京：中国铁道出版社，2008.

［71］郭陕云. 隧道工程技术进步靠什么 [J]. 建筑机械化，2009，30（10）：23.

［72］郭陕云. 隧道掘进钻爆法施工技术的进步和发展 [J]. 铁道工程学报，2007（9）：67-74.

［73］李建斌，才铁军. 中国大盾构 [M]. 北京：科学出版社，2019.

［74］张跃坤，张建超，郭文武. 隧道钻爆法施工的大型机械装备 [J]. 工程机械，2018，49（8）：4-10.

［75］康宝生. 我国隧道施工机械化的发展与思考 [J]. 建筑机械化，2017，38（9）：19-25.

［76］郭陕云. 再议隧道工程新奥法 [J]. 隧道建设，2007（S2）：1-4.

［77］王志坚. 郑万高铁隧道大断面机械化施工关键技术研究 [J]. 隧道建设：中英文，2018，38（8）：1257-1270.

［78］赵勇，田四明，孙毅. 中国高速铁路隧道的发展及规划 [J]. 隧道建设，2017，37（1）：11-17.

［79］唐泽林. IV 软岩隧道全环开挖施工技术研究 [J]. 土木工程，2018，7（5）：693-700.

［80］贺长俊，蒋中庸，刘昌用. 浅埋暗挖法隧道施工技术的发展 [J]. 市政技术，2009，27（3）：274-279.

［81］吕琪. 浅埋暗挖法隧道施工技术的发展分析 [J]. 工程建设与设计，2019（2）：183-184.

［82］许林虎. 浅埋暗挖法隧道施工技术发展研究 [J]. 散装水泥，2019（2）：31-32.

［83］彭跃松. 浅埋暗挖法隧道施工技术及其地面沉降控制 [J]. 工程建设与设计，2018（6）：133-134.

［84］葛婷婷. 试论浅埋暗挖法隧道施工技术的发展 [J]. 山西建筑，2018（24）：181-182.

［85］杨善胜. 试论浅埋暗挖法隧道施工技术在国内的发展 [J]. 建筑工程技术与设计，2017（23）：417.

［86］王磊. 隧道工程浅埋暗挖法施工要点及发展方向 [J]. 山西建筑，2018，44（12）：161-163.

［87］张鹏军. 隧道工程浅埋暗挖法施工要点及发展方向 [J]. 中国室内装饰装修天地，2019（9）：63.

［88］张治友. 隧道工程浅埋暗挖法施工要点 [J]. 建筑工程技术与设计，2017（22）：603.

［89］郑德生. 隧道工程浅埋暗挖法施工要点探究 [J]. 华东科技，2013（12）：119.

［90］徐光伟. 隧道工程浅埋暗挖法施工要点 [J]. 绿色环保建材，2018（11）：144.

［91］王树军. 隧道塌方理论分析与处理办法 [J]. 交通世界，2012（5）：258-259.

［92］钱焕奎. 大瑶山隧道工程回顾 [J]. 土木工程学报，1990（3）：81-85.

［93］周世祥. 军都山隧道三号斜井井身施工 [J]. 隧道建设，1994（2）：1-5.

［94］周振国. 侯月铁路云台山隧道施工技术浅论（七）：云台山隧道竖直投料孔的设计与施工［J］. 隧道建设，1993（1）：13-17.

［95］胡廷树. 全国最长的单线铁路隧道：米花岭隧道［J］. 铁道知识，1993（4）：10-11.

［96］翟学东. 乌鞘岭隧道大台深竖井千枚岩地层钻爆设计及施工［J］. 隧道建设，2008（2）：205-208.

［97］钟有信，郭得福，罗草原. 长大斜井有轨运输系统配套设计与施工技术［J］. 隧道建设，2008（1）：70-73.

［98］罗刚，潘少康，杨磐石，等. 天台山隧道陡坡双斜井有轨运输系统设计与优化［J］. 隧道建设，2019，39（12）：2050-2057.

［99］陈建勋，乔怀玉，尹增廉. 公路隧道通风竖井施工方法［J］. 筑路机械与施工机械化，2006，23（5）：5-9.

［100］张海超，刘晓翔，王业刚，等. 木寨岭隧道有轨斜井断面选择及装碴运输设备选配［J］.隧道建设，2010，30（2）：216-219.

［101］郭得福，李红军，周生喜. 象山特长隧道长大斜井施工技术［J］. 隧道建设，2009，29（S2）：58-66.

［102］卓越，高广义. 大瑞铁路高黎贡山隧道施工挑战与对策［J］. 隧道建设，2019，39（5）：810-819.

［103］李佩宁，徐矫，王丽华. 反井法在洞宫山隧道通风竖井施工中的应用［J］. 公路与汽运，2012（6）：216-218.

［104］雷军. 苤苤沟竖井掘进施工技术［J］. 铁道标准设计，2005（9）：133-134.

［105］唐协，林国进，何佳，等. 米仓山隧道深大竖井建井新法［J］. 隧道建设，2019，39（2）：268-274.

［106］胡百万，魏清华，刘丽. 羊角特长隧道营运通风系统研究［J］. 重庆交通大学学报：自然科学版，2008（3）：392-395.

［107］周文波. 盾构法隧道施工技术及应用［M］. 北京：中国建筑工业出版社，2004.

［108］洪开荣，等. 盾构与掘进关键技术［M］. 北京：人民交通出版社，2018.

［109］王梦恕，等. 盾构与掘进关键技术［M］. 北京：人民交通出版社，2010.

［110］陈馈，孙振川，李涛. TBM 设计与施工［M］. 北京：人民交通出版社，2018.

［111］铁道部工程管理中心. 西安—安康铁路秦岭隧道 TBM 掘进施工技术总结［M］. 北京：中国铁道出版社，2004.

［112］陈韶章，陈越. 沉管隧道施工手册［M］. 北京：中国建筑工业出版社，2014.

［113］陈韶章，任孝思. 广州珠江隧道工程简介［J］. 地铁与轻轨，1993（2）：2-5.

［114］高翔，吴德兴，郭霄. 宁波甬江沉管隧道建设和运营维护［J］. 隧道建设，2015（S2）：209-214.

［115］杨利华. 采用水下沉管法施工宁波甬江隧道［J］. 水运工程，1996（2）：62-63.

［116］熊卫兵，石长礼，季军. 软土地基沉管隧道岩土工程勘察方案设计探讨：宁波常洪隧道岩土工程勘察分析［J］. 地下工程与隧道，2004（2）：28-30.

［117］朱家祥，陈彬，刘千伟，等. 上海外环沉管隧道关键施工技术概述［J］. 岩土工程界，2003（8）：2-5.

[118] 潘永仁. 上海外环沉管隧道大型管段浮运方法 [J]. 施工技术, 2004 (5): 52-54.

[119] 司海峰, 陈胜. 移动干坞预制沉管隧道管段技术研究及应用 [J]. 广东土木与建筑, 2006 (8): 29-31.

[120] 常翔. 生物岛—大学城沉管隧道工程重难点浅析 [C] //中国中铁隧道集团 2007 年水底隧道专题技术交流大会论文集. 中国中铁隧道集团有限公司, 中国铁道学会, 2007: 62-66.

[121] 邓建林. 沈家门港海底沉管隧道浮运、沉放施工控制技术 [J]. 隧道建设, 2015, 35 (9): 914-919.

[122] 王朝辉. 天津市海河隧道工程沉管施工关键技术 [J]. 国防交通工程与技术, 2017, 15 (2): 74-77.

[123] 贺维国, 吕洋, 宋超业. 公铁合建超大型内河沉管隧道: 佛山东平隧道 [J]. 隧道建设: 中英文, 2018, 38 (2): 329-336.

[124] 孙钧. 论跨江越海建设隧道的技术优势与问题 [J]. 隧道建设, 2013, 33 (5): 337-342.

[125] 何毅. 内河中游南昌红谷沉管隧道施工关键技术 [J]. 隧道建设, 2016, 36 (9): 1085-1094.

[126] 李志军. 大流速高位差过江沉管隧道典型工程: 南昌红谷隧道 [J]. 隧道建设, 2017, 37 (10): 1341-1346.

[127] 王秋林, 韩占波, 刘志成. 科技之隧 生态之隧: 南昌市红谷隧道工程建设纪实 [J]. 施工企业管理, 2020 (1): 110-112.

[128] 韩建坤. 内河中游沉管隧道管节浮运沉放水文窗口选择研究 [J]. 隧道建设, 2016, 36 (9): 1037-1044.

[129] 王崇明, 张毅, 雷鹏, 等. 南昌红谷隧道管节浮运监控技术研究 [J]. 隧道建设, 2016, 36 (9): 1155-1160.

[130] 杨艳玲, 陈旺, 万安锣. 南昌红谷隧道沉管灌砂基础施工技术 [J]. 隧道建设, 2016, 36 (5): 562-568.

[131] 任耀谱, 赵志武. 襄阳汉江沉管隧道干坞选址比选研究 [J]. 工程建设与设计, 2019 (12): 121-122.

[132] 任耀谱. 襄阳汉江沉管隧道基础设计 [J]. 中国水运, 2019 (6): 107-109.

[133] 林巍, 刘凌锋, 林鸣. 沉管隧道的设计 [J]. 水道港口, 2018, 39 (S2): 86-92.

[134] 杨文武, 毛儒, 曾楚坚, 等. 香港海底沉管隧道工程发展概述 [J]. 现代隧道技术, 2008, 45 (S1): 41-46.

[135] 潘树杰. 香港地铁沙中线 (南北线) 过海沉管隧道设计及施工 [C] //中国土木工程学会 2016 年学术年会论文集. 中国土木工程学会, 2016: 301-316.

[136] 吕勇刚. 港珠澳大桥沉管隧道工程 [J]. 隧道建设, 2017, 37 (9): 1193-1195.

[137] 王吉云. 港珠澳大桥岛隧工程沉管隧道施工新技术介绍 [J]. 地下工程与隧道, 2011 (1): 22-26.

[138] 港珠澳大桥管理局. 港珠澳大桥混凝土结构耐久性设计指南 [S]. 珠海: 港珠澳大桥管理局, 2013: 5-24.

［139］陈韶章，苏宗贤，陈越．港珠澳大桥沉管隧道新技术［J］．隧道建设，2015，35（5）：396-403．

［140］林巍，林鸣，花田幸生，等．沉管隧道管节出坞、拖航、系泊与沉放准备关键问题［J］．水道港口，2018，39（S2）：49-53．

［141］尹海卿．港珠澳大桥岛隧工程设计施工关键技术［J］．隧道建设，2014，34（1）：60-66．

［142］李家林，王明祥，王明亮，等．超大型沉管隧道管节浮运安装船的建造与应用［J］．公路，2018，63（8）：60-63．

［143］李英，汉斯•德维特．港珠澳大桥沉管隧道技术难点和创新［J］．南方能源建设，2017，4（2）：1-16．

［144］黄广．"井点系统"简单介绍［J］．人民长江，1956（2）：25-27．

［145］张明．论井点系统设备的特性矛盾和负压差对综合效率的影响［J］．中国水利，1957（7）：34-38．

［146］张锡云．通廊工程大面积深坑降排水［J］．工业建筑，1964（8）：21-27．

［147］王远明．斜井施工用射流降水法过流砂［J］．煤炭科学技术，1978（3）：26-27．

［148］刘哲钧，陈幼雄．井点降水成孔设备：套管冲枪［J］．冶金建筑，1980（10）：7-11．

［149］李明堃．美国施工降水方法及设备［J］．市政技术，1980（4）：1-15．

［150］宋德聪，陈志强，王丽媛．北京地铁复八线建国门至永安里区间隧道施工洞内降水技术的应用［J］．市政技术，1996（Z1）：38-42．

［151］叶发广，葛树高，伍军，等．水平井降水技术在热力隧道暗挖工程中的应用［J］．水文地质工程地质，1998（3）：53-54．

［152］张治晖，伍军，赵华，等．辐射井降水技术在市政工程中的应用［J］．中国市政工程，1999（3）：38-43．

［153］闫树辉．深圳地铁车竹区间管井降水技术的应用［J］．隧道建设，2002（3）：4-6．

［154］雷军，罗荣富，王贵和，等．真空管井复合降水技术［C］//中国土木工程学会会议论文集，2007：171-177．

［155］侯景岩，魏连伟．用降水回灌法改善北京地铁"复八线"工程地质环境和施工条件［J］．水文地质工程地质，1997（3）：38-41．

［156］李鹏．济南地铁 R2 线烈士陵园站施工过程中的降水与回灌关键技术［J］．施工技术，2019（S1）：763-766．

［157］铁道部隧道工程局三处七队．用小型导管注浆法处理大坍方及其量测监控：张滩隧道出口坍方处理实例［J］．隧道建设，1983（2）：36-58．

［158］王汝澄．上半断面周边短孔预注浆：突破大瑶山隧道九号断层核心部位纪实［J］．隧道建设，1989（2）：1-17．

［159］崔玖江，崔晓青．隧道与地下工程注浆技术［M］．北京：中国建筑工业出版社，2010．

［160］燕云翔．岩溶地区隧道设计施工新技术的应用［J］．铁道工程学报，1987（2）：

152-156.

［161］刘勇，孙星亮，朱永全，等．水平旋喷预支护技术在铁路隧道中的应用［J］．岩石力学与工程学报，2002（6）：905-909.

［162］于峰．YZB-32 型液压注浆泵研制成功［J］．探矿工程：岩土钻掘工程，1999（4）：55.

［163］茅伟才．长管棚注浆法在砂卵石地层浅埋暗挖隧道中成功应用［C］//中国土木工程学会会议论文集，1994：449-455.

［164］张民庆，孙国庆，邹冲，等．圆梁山隧道深埋充填型溶洞施工技术［C］//中国土木工程学会会议论文集，2004：564-572.

［165］董裕国．注浆加固工法在齐岳山隧道 F11 断层施工中研究与应用［J］．隧道建设，2010（3）：276-280.

［166］史永忠．金星岭竖井施工中用地面预注浆法堵塞裂隙涌水和加固岩层［J］．工业建筑，1964（10）：21-29.

［167］郑州铁路局科研所．用高压旋喷技术加固桥墩的新成果［J］．铁道科技动态，1976（25）：7-9.

［168］朱庆林．旋喷加固地基的新方法：三重管旋喷法［J］．铁道建筑，1979（9）：26.

［169］北京市第二市政工程公司，郑州铁路局科研所．北京市翠微路顶管工程旋喷桩土质加固总结［J］．市政技术，1983（4）：21-28.

［170］吴治生，傅伯森．南岭隧道岩溶注浆概况及经验教训［J］．铁道工程学报，1989（2）：168-176.

［171］黄立新，马栋，韦昌云．隧道地表深孔注浆处理断层及坍方施工技术［J］．西部探矿工程，1997（3）：48-51.

［172］李树良，刘兰利．流砂地层双套管地表注浆技术［J］．铁道建筑技术，1997（4）：19-20.

［173］钟勇军．浅谈地表注浆在暗挖区间隧道中的应用［J］．山西建筑，2002（9）：61-62.

［174］张民庆，黄鸿健，张生学，等．宜万铁路马鹿箐隧道 1·21 突水突泥抢险治理技术［J］．铁道工程学报，2008（11）：49-56.

［175］张梅，张民庆，黄鸿健，等．龙厦铁路象山隧道岩溶区段施工技术研究［J］．铁道工程学报，2011（9）：75-82.

［176］张建军，黄诒宝，沈增辉．地表注浆在隧道破碎围岩加固中的应用［J］．广东建材，2011（12）：62-64.

［177］刘世杰，刘泽，吴建和，等．铁路隧道全风化花岗岩地层地表注浆技术［J］．现代隧道技术，2019（6）：181-186.

［178］王怀义．我国第一个冻结法施工的井筒［G］//中国煤炭工业协会专题资料汇编，1995：27-28.

［179］荣传新，程桦，盛卫国．丁集煤矿风井深厚粘土层段冻结施工技术［J］．建井技术，2006（1）：5-7.

[180] 李连华. 龙固副井冻结过程及成功经验 [C] //中国煤炭学会会议论文集, 2006: 383-390.

[181] 杨平, 佘才高, 董朝文, 等. 人工冻结法在南京地铁张府园车站的应用 [J]. 岩土力学, 2003 (S2): 388-391.

[182] 黎明. 输水隧洞施工竖井冻结后施工法研究 [J]. 电网与清洁能源, 2008 (10): 63-67.

[183] 陈晓东. 深埋水工隧洞垂直冻结施工关键技术研究 [J]. 人民黄河, 2019 (11): 114-120.

[184] 祁卫华, 李国良, 赵录学, 等. 垂直冻结技术在大埋深山岭铁路隧道中的应用 [J]. 现代隧道技术, 2018 (6): 176-182.

[185] 周晓敏, 苏立凡, 贺长俊, 等. 北京地铁隧道水平冻结法施工 [J]. 岩土工程学报, 1999 (3): 319-322.

[186] 周晓敏. 地铁隧道工程人工地层冻结技术的发展 [C] //中国土木工程学会会议论文集, 2009: 613-619.

[187] 罗俊成, 史海鸥, 徐兵壮, 等. 长距离水平冻结法在广州地铁中的应用与实践 [J]. 现代隧道技术, 2002 (4): 22-26.

[188] 姜耀东, 赵毅鑫, 周罡, 等. 广州地铁超长水平冻结多参量监测分析 [J]. 岩土力学, 2010 (1): 158-164.

[189] 徐崇峰, 张利民, 张勇, 等. 水平冻结法在疏松砂岩地层隧洞 TBM 掘进超限处理中的应用 [J]. 中国水利, 2015 (16): 16-18.

[190] 张军, 吴树元, 程勇, 等. 长距离曲线管幕冻结浅埋暗挖隧道工程: 港珠澳大桥拱北隧道 [J]. 隧道建设: 中英文, 2019 (1): 164-171.

[191] 葛金科. 饱和软土地层中管幕法隧道施工方案研究 [J]. 上海公路, 2004 (1): 38-43.

[192] 朱正国, 朱永信, 姜艳红. 崇文门地铁车站管幕预支护施工效应模拟分析 [J]. 现代隧道技术, 2006 (4): 12-15.

[193] 赵文, 贾鹏蛟, 柏谦, 等. 浅埋暗挖车站带翼缘板钢顶管施工特性试验研究 [J]. 现代隧道技术, 2018 (S2): 172-178.

[194] 苟明中. 下穿运营铁路超浅埋公路隧道设计及施工关键技术 [J]. 隧道建设, 2013 (1): 59-64.

[195] 汪思满. 管幕支护法在地下连通道施工中的应用 [J]. 建筑施工, 2013 (2): 159-162.

[196] 刘涛, 霍亮亮. 浅析 NTR 新管幕工法工艺优势 [J]. 建筑与预算, 2014 (6): 111-113.

[197] 郭勇. 软土地层小直径管幕快速施工关键技术研究 [J]. 建筑技术开发, 2019 (6): 69-71.

[198] 马栋. 首都机场捷运联络线及汽车通道工程施工安全控制技术 [J]. 铁道建筑技术, 2016 (7): 1-5.

[199] 厉辉. 管幕-箱涵顶进法在南水北调穿越工程中的应用 [J]. 水利建设与管理,

2016（3）：23-26.

[200] 刘冬冬，周鑫，杨柠菠，等．管幕法在综合管廊暗挖施工中的应用研究［J］．施工技术，2019（12）：75-79.

[201] 段海龙．京张铁路隧道修建技术探析［J］．广西民族大学学报：自然科学版，2016（3）：24-30.

[202] 承伯仁．独头巷道工作面有效通风的风量计算方法［J］．北京矿业学院学报，1956（4）：41-54.

[203] 下垅钨矿．903 米长独头巷道通风［J］．工业安全与环保，1973（6）：25-30.

[204] 崔云雷．大瑶山隧道出口工区施工通风综合测定报告［J］．隧道建设，1984（2）：17-45.

[205] 周镕义，杨立新．长独头巷道用软管混合式通风的试验研究［J］．隧道建设，1994（1）：45-49.

[206] 杨立新，赵军喜，周镕义．圆梁山特长隧道的施工射流通风技术［J］．隧道建设，2005（4）：36-40.

[207] 陈绍华．青藏铁路西格二线关角隧道关键技术［J］．隧道建设，2016（3）：355-372.

[208] 张冠军，付恒友，周行泉．铁路隧道测量技术及应用［M］．北京：中国铁道出版社，2018.

[209] 张国良，朱家钰，顾和和．矿山测量学［M］．北京：中国矿业大学出版社，2008.

[210] 铁道部隧道工程局．大瑶山长大铁路隧道修建新技术（中册）［G］．洛阳：中铁隧道局科研所，1988：657-758.

[211] 张正禄．工程测量学［M］．2 版．武汉：武汉大学出版社，2013.

[212]《中国大百科全书》总编辑委员会．中国大百科全书：固体地球物理学、测绘学、空间科学［M］．北京：中国大百科全书出版社，1985.

[213]《中国测绘史》编辑委员会．中国测绘史：第三卷［M］．北京：测绘出版社，2002.

[214] 宋超智，陈翰新，温宗勇．大国工程测量技术创新与发展［M］．北京：中国建筑工业出版社，2019.

[215] 杨俊志，尹建忠，吴星亮．地面激光扫描仪的测量原理及其检定［M］．北京：测绘出版社，2012.

[216] 王建宇．对隧道工程中监控量测问题的讨论［J］．现代隧道技术，2008（S1）：7-14.

[217] 陈熹，梁靖．浅述地下工程监测必要性与基本内容［J］．中国科技投资，2013（11）：94.

[218] 王冰，谭跃虎，杜青，等．量测与监控在地下工程中的应用［J］．工业建筑，2006（S1）：764-767.

[219] 王筱君．浅谈基坑监控量测技术在地铁中的应用［J］．科学技术创新，2018（36）：95-96.

[220] 雷坚强, 丁彰芳. 公路隧道施工监控量测与超前地质预报技术现状及思考 [J]. 现代隧道技术, 2013, 50 (6): 32-38.

[221] 甘淇匀, 周建. 国内外隧道监控量测技术发展现状综述 [J]. 地下空间与工程学报, 2019, 15 (S1): 400-415.

[222] 刘宝有. 隧道和地下工程施工监控量测技术的现状和发展 [J]. 铁道建筑, 1992 (1): 21-23.

[223] 唐文栋, 马振波. 隧道施工监控量测技术发展现状及思考 [J]. 安徽建筑, 2018, 24 (6): 83-85.

[224] 和坤, 苏轩. 隧道变形监测的管理及其质量控制 [J]. 河北工程技术高等专科学校学报, 2011 (2): 82-84.

[225] 杨志文. 浅谈隧道监控量测的分级管理 [J]. 中外建筑, 2019 (9): 164-165.

[226] 陈峰. 浅析地铁工程第三方监测 [J]. 技术与市场, 2019, 26 (6): 209, 211.

[227] 常昇宏, 唐娱瑛. 隧道工程施工监测信息管理系统现状及未来趋势分析 [J]. 门窗, 2013 (6): 243-244.

[228] 张勇. 隧道施工监控量测技术发展现状及思考 [J]. 工程技术研究, 2019, 4 (6): 64-65.

[229] 干昆蓉. 当前地下工程监测技术的发展概况及存在问题 [J]. 隧道建设, 1995 (2): 7-11.

[230] 于宁, 朱合华. 多种安全监测及预报手段在隧道建设中的应用分析 [J]. 探矿工程, 2003 (6): 59-64.

[231] 唐乾志. 监测和测量设备的电子化革命 [J]. 世界隧道, 1997 (2): 64-65.

[232] 李攀, 张娟, 王强昆. 浅谈岩土深基坑工程监测技术与设备应用情况 [J]. 科技经济导刊, 2018, 26 (16): 92.

[233] 孙泽会, 曾奇, 刘德厚, 等. 三维激光扫描技术在地铁隧道变形监测中的应用 [J]. 铁路技术创新, 2019 (5): 68-72.

[234] 吴忠杰, 罗根传, 刘新喜. 隧道监测系统研究现状及其发展趋势 [J]. 吉首大学学报: 自然科学版, 2012, 33 (6): 70-76.

[235] 许学良, 马伟斌, 蔡德钩, 等. 铁路隧道检测与监测技术的现状及发展趋势 [J]. 铁道建筑, 2018, 58 (1): 14-19.

[236] 张文川. 无线传感网络技术在地下工程监测中的应用研究 [D]. 南京: 东南大学, 2016.

[237] 穆清海, 徐文凯. 公路隧道监测数据异常的思考 [J]. 北京测绘, 2007 (4): 39-41.

[238] 吴秋军, 王明年, 刘大刚. 基于现场位移监测数据统计分析的隧道围岩稳定性研究 [J]. 岩土力学, 2012, 33 (S2): 359-364.

[239] 梅伏明, 史兴竹. 基于实际监测数据的浅埋隧道围岩稳定性研究 [J]. 云南水力发电, 2018, 34 (2): 161-164.

[240] 尚海松, 曹海静, 周济兵. 蒙华铁路隧道施工变形监测数据统计分析 [J]. 现代隧道技术, 2019, 56 (S1): 66-72.

［241］刘娜．施工隧道监测管理系统中的数据处理研究［D］．西安：西安建筑科技大学，2011．

［242］邹佳光．隧道围岩块体稳定性分析及支护对策［J］．铁道建筑，2017（3）：62-65．

［243］张昱辉，郭吉平，孔凡林．基于块体理论的隧道围岩稳定性分析［J］．隧道建设，2015，35（1）：41-45．

［244］李森林．基于块体理论的隧道围岩稳定性研究及其可靠度分析［D］．长沙：长沙理工大学，2007．

［245］王道良，刘新荣，钟祖良，等．山岭隧道群信息化施工监测技术研究［J］．公路，2012（6）：287-290．

［246］武胜林，邓洪亮，陈凯江，等．隧道监测数据信息化技术及应用研究［J］．测绘通报，2013（8）：25-27．

［247］林常青．隧道施工监测信息化研究［J］．价值工程，2018，37（23）：272-273．

［248］李天斌，王兰生，李永林，等．隧道围岩稳定性信息化监测、预测与决策系统［J］．岩石力学与工程学报，2003（S1）：2405-2408．

［249］吴燕开，习小华．隧道围岩信息化监测及在工程实际中的应用［J］．中外公路，2008（3）：121-124．

［250］鲍榴．铁路隧道施工围岩监测信息化平台研究与实现［D］．北京：中国铁道科学研究院，2014．

［251］陈阵，刘纪峰．信息化施工监测技术在北京地铁 10 号线的应用［J］．施工技术，2008（S2）：243-245．

［252］段伟，王敏，钟金宁，等．地铁隧道结构稳定性自动化监测系统的研究与应用［J］．测绘通报，2015（9）：91-94．

［253］罗昊，陈宇波，何刚，等．西南地区山岭隧道自动化变形监测技术的效益分析［J］．隧道建设：中英文，2019，39（8）：1277-1283．

［254］付丽丽，叶亚林，陈昊，等．自动化监测技术在地铁隧道中的应用［J］．城市勘测，2012（6）：143-147．

［255］徐燕，唐卓怡，汪春桃，等．隧道施工自动化监测技术应用研究［J］．公路，2016，61（11）：277-282．

［256］蒋晨．测量机器人在线控制及其在地铁隧道自动化监测中的应用［D］．徐州：中国矿业大学，2015．

编　后　语

　　我国的隧道及地下工程事业自 20 世纪 80 年代以来，特别是进入 21 世纪以来，得到了快速发展。随着经济的持续发展、综合国力的不断提升及高新技术的不断应用，我国的隧道及地下工程得到了前所未有的迅速发展。

　　我国正处于社会主义经济发展的重要时期，而基础设施建设在国民经济中一直占有举足轻重的地位。近年来，由于我国经济的迅速发展、城市人口的急剧增长及复杂的国际局势和周边态势，为解决人口流动与就业点相对集中给交通、环境等带来的压力，满足国家环境和局势变化的需求，修建各种各样的隧道及地下工程（如城市地铁、公路隧道、铁路隧道、水下隧道、市政管道、地下能源洞库等）成为必然趋势，这就给隧道及地下工程的发展建设带来了机遇。隧道及地下工程事业的发展有利于国土资源的充分开发利用，具有环保和节能优势，特别是在改变我国水资源条件及油气能源储备等方面，具有重要的作用，但是同样面临诸多严峻的挑战。

　　面对机遇和挑战，回顾我国的隧道及地下工程技术史，总结近年来的技术发展与创新，对推动我国隧道及地下工程的进一步发展具有积极的意义。

　　近年来，随着我国隧道及地下工程建设事业的较快发展，隧道修建技术水平有了明显的提高，具体表现在项目规划、勘测设计、施工建造和运营管理等各个方面，特别是在应用领域得到了全方位的拓展，建设方法及手段也是"不拘形式、实效为主"。隧道及地下工程不再是"单一工程的设计"概念，任意一项隧道或地下工程的规划与设计必须要结合环境保护、工程风险与造价、运营舒适度及全生命周期进行系统性的评价。

　　在勘测与地质预报方面，遥测遥感、多点高频物探和高速地质钻机的综合使用，使得地质及水文资料的信息量和准确度大为增强；卫星定位系统的应用，不仅使野外勘测工作效率翻倍、费用减少，而且使控制精度等级得以提高；地质素描、物探与钻探相结合，长短距离预报相结合，预报资料与地质分析相结合，使得预报的准确度大为提高。其中，主要物探技术有 TSP、HSP、陆地声呐、直流电法和地质雷达等，钻探技术有中长距离钻探、超长炮孔等。固源阵列式三维瞬变电磁探测方法更是实现了隧道前方 80 m 含水构造的三维电阻率成像，能够探测含水构造的规模和空间展布；孔中雷达与跨孔电阻率 CT 成像则使钻孔周围 15 m 范围含水构造的探测更为准确。

　　在设计方面，在围岩荷载、水压力取值和岩体微观力学行为等领域做了大量的研究与探索。在设计图方面，引入了三维图，特别是近年来应用 BIM 技术对将空间结构、物料特性、工艺设计、全生命周期管理融于一体进行了探索，并进行了试点性应用。在设计理念上，建立了地下立体互通理念，在隧道扁平度、隧道埋深方面都有很大突破。在公路隧道建设方面，已建成 2 座双向 8 车道隧道，并且立体交叉隧道在铁路、公路、地铁建设方面也得到了广泛应用。

　　在施工方面，在浅埋暗挖技术的应用中，继其在大秦线与北京地铁取得成功后，目前已广泛应用在我国大部分地铁工程及部分公路隧道、铁路隧道、跨江越海隧道工程中。特别是注浆、超前管棚、超前小导管、水平旋喷、冻结、降水法（轻型井点和深井降水）、降水回灌等辅助工法进一步发展，拓宽了浅埋暗挖法的使用范围。目前，我国隧道浅埋暗挖法施工技术处于世界领先水平。在盾构、TBM 装备与施工技术的应用中，经过十多年的引进、消化吸收、再创新，我国盾构与 TBM 的自主制造技术已取得了骄人的成就。2012 年我国自主制造的盾构占据国内近 80% 的市场，且已出口到新加坡、马来西亚、印度等多个国家。盾构与 TBM 技术在国内的大部分地铁工程中得到了广泛应用，在穿越长江、黄河、黄浦江、珠江、湘江、赣江等大型河流的市政道路、高速铁路、地铁、输气管道等工程方面都取得了许多技术成果。在盾构施工中，面对复杂和困难的施工需求，开发了基岩凸起与孤石海底精确探测技术，海底地层定层位和定长度的碎裂爆破技术，带压动火刀盘修复与刀具更换技术，单护盾 TBM 技术改造，敞开式 TBM 技术，超浅埋、大跨度、小净距矩形顶管技术，沉管隧道技术，盾构始发、到达零覆土技术，岩溶隧道处理技术，机械化钻爆法作业线，衬砌同步施工工法和"相向掘进、地中对接、洞内解体"的特长水下隧道施工理念与方法等极具创新性的技术和施工工法。此外，还解决了高地应力隧道变形问题、高地应力岩爆问题、具有突出危险的瓦斯隧道问题等多项实际工程技术难题。

在风险控制与运营管理方面，提出了施工失效引发人员、设备、工期损失的动态风险评估的定量方法，并提出了基于监测数据的隧道施工对临近构筑物影响的动态风险评估方法。在隧道风险监测方面，无线智慧感知及可视化预警已得到广泛应用。

通过本书，我们带领读者回顾了隧道及地下工程的技术发展历史及目前取得的优秀成果，在此基础上可以进一步展望未来：

一是特长隧道将成为"新常态"。埋深大、隧道长、修建难度大是目前及今后较长时期隧道及地下工程建设普遍面临的问题，有众多的新难题需要攻克。随着我国铁路、公路进一步向西部地区延伸，不仅隧道数量与总长度会不断提升，而且大于 10 km 的公路隧道、大于 20 km 的铁路隧道将会越来越多。

二是地铁工程将持续发展。我国现已规划发展城市轨道交通的城市总数已经超过 54 个，全部规划线路超过 400 条，总里程超过 15 000 km。截至 2020 年底，中国已有 28 个省（自治区、直辖市）的 44 个城市开通城市轨道交通运营线路 7 545.5 km，而且数量仍在持续增长。我国城市地铁建设方兴未艾，已经从一线城市延伸至二、三线城市。

三是城市铁路地下化。目前，高速铁路远离城市中心，给人们的出行带来了不便，但城际铁路正在兴起，城市铁路地下化将给隧道及地下工程带来机遇与挑战。

四是城市地下公路会悄然兴起。伴随着人性化的城市发展，居住、就业、休闲区域的一体化统筹，以及适合人居环境的要求，城市地下公路必将有广阔的发展前景。

五是城市地下排蓄水工程建设加快。城市规模快速扩张，致使原有的排水和净化能力不能满足要求，城市内涝频发，老城区溢流污染严重。加快城市地下排蓄水工程建设，能够有效地推进相关问题的解决。

六是地下空间开发与地下管廊工程建设创新升级。我国城市的各种管线"各自为政、冲突不断"，地下空间开发受到制约。在城市总体规划中，地下空间的开发利用已经由原来的"单点建设、单一功能、单独运转"，转化为现在的"统一规划、多功能集成、规模化建设"的新模式。城市地下空间是一个十分巨大而丰富的"空间资源"。一个城市可发展利用的地下空间资源量一般是城市总面积乘开发深度的40%。

七是地下储油、储气洞库工程建设成为必然。未来全球能源或供不应求，而我国的能源风险更大，这使得建设大型地下储油、储气洞库成为必然。

此外，值得期待的还有南水北调西线工程、三大海峡通道和互联互通的国际通道建设等大型隧道及地下工程建设将稳步推进，持续创新，必将再次取得一系列世界瞩目的成果。

21世纪将是隧道及地下工程建设的黄金季，铁路、公路、地铁隧道，水电隧洞，地下能源洞库，以及跨江、跨海通道建设都将进入高峰期。未来，隧道及地下工程建设将面临重大机遇和挑战。我国的隧道及地下工程建设已经取得了辉煌的成就，随着我国经济的不断发展，施工技术、方法和设备的不断进步，管理和各类规范的不断完善，展望未来，我国隧道及地下工程事业将会有更大的进步及更为广阔的发展空间。

抚今追昔，愿读者读完此书能领略到我国隧道及地下工程技术史的波澜壮阔，在隧道及地下工程技术未来的发展长河中勇立潮头，中流击水，不忘初心，奋勇前进！

编 者
2021 年 12 月